# 叛逆精神

## 乔布斯与苹果企业文化

〔美〕卢克·多梅尔（Luke Dormehl）著
李永学 译

**THE APPLE REVOLUTION**

STEVE JOBS, THE COUNTERCULTURE AND
HOW THE CRAZY ONES TOOK OVER THE WORLD

浙江人民出版社

1964 年，加州大学伯克利分校爆发言论自由运动，该校一批技术极客用计算机语言表达对当局的愤怒。那时计算机仍被视为政府的控制工具，多年后，计算机成为获得自由的工具。

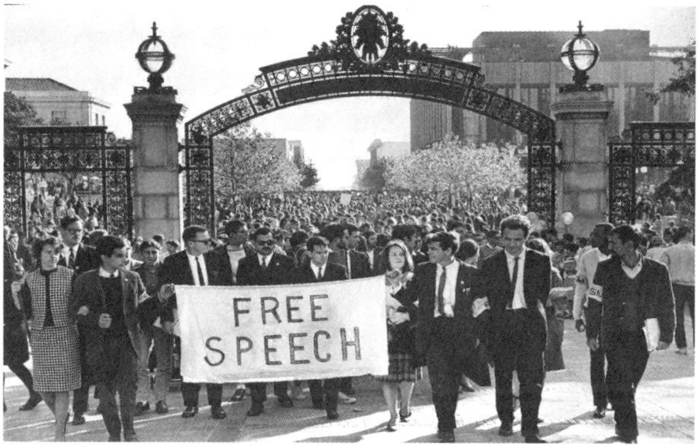


1965 年 5 月，民谣皇后琼·贝兹在英国特拉法尔加广场参加反战示威游行活动，演唱“We Shall Overcome”。

1967 年，数十万人聚集在海特 - 阿什伯里，掀起一场嬉皮士运动，他们宣称“要做爱，不要战争”。

1969 年 8 月，第一届伍德斯托克音乐节举行，吸引了超过 40 万年轻人参加。此时，乔布斯还在上初中，还没有资格加入这场“爱与和平”的传奇盛宴。但他自称是反主流文化的孩子，一生都认为自己精神上属于 60 年代。

伍德斯托克音乐节开幕式上，瑜伽大师沙吉难陀发表演讲，他是反主流文化青年的精神领袖。

鲍勃·迪伦和琼·贝兹的音乐定义了“伍德斯托克一代”。乔布斯在谈论自己最喜欢的歌手迪伦时说：“他是一位思路非常清晰的思想家，也是一位诗人。”这两点也贯穿了他的职业生涯。图为鲍勃·迪伦和琼·贝兹在滚雷巡演上合作（1975）。

苹果凭借 Apple I 起家，但它真正改变计算机行业靠的是大受欢迎的突破性产品 Apple II。图为乔布斯和沃兹尼亚克拿着 Apple II 的主板（1977）。

1977 年的西海岸计算机展上，乔布斯第一次穿上西装，开始了从赤脚嬉皮士向主流企业家的转变。

1977 年，迈克·马库拉投资 25 万美元，获得苹果公司三分之一的股份。他不仅是苹果的第一位投资人，更是乔布斯最重要的导师。他提出的“共鸣”“专注”“灌输”成为乔布斯做事的信条，也是苹果公司企业文化的基础。

乔布斯和他的良师益友里吉斯·麦肯纳（1984）。乔布斯当年费了九牛二虎之力才见到这位硅谷公关之王，请他的团队设计了如今世界上最具价值的苹果商标。

“1984”广告是乔布斯事业生涯的里程碑，他成功将一个商业行为转化成政治行为。奔跑的女子（上图）手挥铁锤砸碎屏幕，象征着守旧、压迫、专制的老大哥（下图，暗指 IBM）轰然倒塌。苹果由此将自己塑造成反主流文化的领袖，20 世纪 60 年代蓬勃发展的嬉皮士理想再次流行起来，反主流文化的主力成为麦金塔的信徒。

离开苹果后，乔布斯仍想做出独一无二的产品，创建了 NeXT 公司。他渴求完美，对团队严苛，希望自己的新企业仍是硅谷的反叛力量。只不过这次对准的不是 IBM，而是苹果。图为乔布斯为 NeXT 计算机的镁金属外壳而苦恼。

在科技界人士看来，买下皮克斯是有钱人的荒唐之举。但乔布斯知人所不知，他看到了皮克斯和苹果公司有着共同的梦想：发起技术革命，创造乌托邦。

2003年4月28日，在鲍勃·迪伦《时代在改变》的歌声中，乔布斯走上舞台，正式推出iTunes Store，为音乐行业带来一场革命。

2011年10月，iCloud介绍会结束后，乔布斯和妻子劳伦斯在一起。这是乔布斯生前最后一次公开演讲，此时他的身体已经非常虚弱。

献给安迪·帕尔默

（信息时代）起初是虚空。而虚空是数字。但是，看啊，史蒂夫·乔布斯（还有史蒂夫·沃兹尼亚克）君临大地。史蒂夫（与史蒂夫）说："要有苹果。"于是便有了苹果。史蒂夫（和史蒂夫）看这苹果是好的。苹果生下了麦金塔。这麦金塔是好的。没过多久，大地上开始出现麦金塔的信徒。因为他们品尝了苹果，看这滋味是好的。

——拉塞尔·W. 贝尔克、古丽努尔·通巴特：《麦金塔信徒》

（《消费、市场与文化》杂志，2005 年 9 月，第 8 卷，第 3 期）

计算机正朝人们走来，不管有没有准备好。这是一个好消息，或许是自迷幻剂出现以来最好的消息。

——斯图尔特·布兰德：《太空大战：计算机迷的狂热生活与象征性死亡》

（《滚石》杂志，1972 年 12 月 7 日）

永远不要相信一个嬉皮士。

——马尔科姆·麦克拉伦（原性手枪乐队经理）

# 目　录

# 说明与致谢

作为高科技的忠实粉丝，同时也是一个工业趋势的狂热追随者，我能够轻而易举地论证，本书的基础差不多是在过去30年间逐步打下的。更正式地说，我是在2011年年初开始写这本书的，比沃尔特·艾萨克森（Walter Isaacson）宣布他将受权出版一本史蒂夫·乔布斯的权威传记还要早几个月。在一年多的时间里，我进行了100多次采访，会见了苹果原来的员工和那些熟悉史蒂夫·乔布斯、史蒂夫·沃兹尼亚克以及故事中其他主要人物的人，尽力弄清楚硅谷历史上一段重要的时期。我对他们愿意花时间真诚接受我的反复询问而表示感谢。这些询问往往涉及多方面事件的细节，有些甚至发生在差不多40年前。

这并不是一本财经类著作，也不是苹果联合创始人中任何一人的传记。相反，这是一部作为社会产物的苹果公司的历史：它展示了20世纪六七十年代及其后的反主流文化（the counterculture）运动，如何以其原初的精神塑造了这家公司，并持续了几乎半个世纪。其间自然免不了题外的叙述。为做好准备，我试图为硅谷变幻莫测的网络自由主义表象绘出一幅图景。因为苹果革命正是其他许多相互牵连的革命中突出的一例，这项工作试图填满苹果周围的空间。同样，在一些章节中，我也会讲述NeXT公司的故事，这家电脑公司是乔布斯离开苹果的10年间创建的：正是在那里，他首次有了作为首席执行官的经历。我也会叙述皮克斯动画的故事：这是一家与苹果有着共同基因的公司，并最终让乔布斯变成了亿万富豪。这两家公司都以某种方式对苹果造成了冲击，我认为，这两个故事都是构建我们最为棘手的一项工程的关键：勾画一幅更大的图像。

我愿在此对所有帮助我写作本书的人表示深切的感谢。维珍图书出版社（Virgin Books）的埃德·福克纳（Ed Faulkner）是位不知疲倦的编辑。从一开始，他便对本书抱有无与伦比的热情，而且，他自始至终都在为我提供有益的建议。这本书的写作是在埃伯里出版公司（Ebury Publishing）的杰克·林伍德（Jake Lingwood）的帮助下开始的。我的经纪人是玛格丽特·汉伯里（Margaret Hanbury），我永远高度评价她对本书坚定不移的支持。蒂姆·马茨（Tim Matts）与亚历克斯·米灵顿（Alex Millington）是我的好朋友，他们阅读过本书的不同章节，并做出了详细而且极其有用的反馈与建议。维基·托马斯（Vicky Thomas）是本书的誊写员，她的速度远远超过了我的预想。我还要把我真诚的爱意献给克拉拉以及我的各位朋友和家庭成员们，他们人数众多，无法在此一一列举。

在此，我还要向我之前的各位无畏的苹果历史作者们表示谢意。其中有几部作品对本书的研究工作尤其有帮助。约翰·马科夫（John Markoff）的神奇之作《睡鼠说》（*What the Dormouse Said*），在精神上可被视为本书的前传；它讨论了在乔布斯先生与沃兹尼亚克先生首次出场之前个人计算机的社会历史。迈克尔·莫里茨（Michael Moritz）的著作《重返小王国》（*Return to the Little Kingdom*）在初版时的原名为《小王国》（*The Little Kingdom*），它为此后出版的所有关于苹果的著作打下了基础；而且，对于任何想要更多了解苹果早期岁月的作者来说，它都是必读著作。弗兰克·罗斯（Frank Rose）的著作《伊甸之西》（*West of Eden*），是一件价值被低估的瑰宝，它讨论了20世纪80年代中期苹果的内部运作。兰道尔·斯特罗斯（Randall Stross）的《史蒂夫·乔布斯与NeXT大事记》（*Steve Jobs & the NeXT Big Thing*）与艾伦·多伊奇曼（Alan Deutschman）的《史蒂夫·乔布斯复出记》（*The Second Coming of Steve Jobs*）描述了乔布斯离开苹果的那段鲜为人知的茫茫岁月，角度不同，但同样吸引人。

最后，我要向所有那些同意与我交谈的人，以及所有今天在苹果或者其他类似的高科技公司工作的人表示最诚挚的谢意。无论我们的这些谈话是否会在书中出现，它都是我研究的一部分。没有这些人为创造未来而做出的持续努力，我们这些科技作家们就根本无物可写。

# 第一部分 | 两个史蒂夫

# 序　谈论i世代

我认为，自美国宪法的制定者以来，计算机黑客……是美国脑力劳动者中最有趣、最有效率的一部分。据我所知，没有任何其他阶层曾经这样成功地让一项技术得到自由。在这样做的时候，他们不仅与美国企业的冷漠对抗，他们的成功甚至最终迫使美国企业接受了他们的风格……如今，高科技是广大消费者主动参与的某种事业，而不仅仅是为他们准备好的东西……20 世纪 60 年代最为沉默的亚亚文化已经崛起，变成了最富首创精神、最强有力也最令人怀疑的力量。

——斯图尔特·布兰德：《全球概览》(1985)

在 1999 年 3 月底的一天，如果一位纽约人开车回家，在沿着曼哈顿东 14 街行进时刚好抬头一瞥，那么他可能会大吃一惊。在 A 大街与 B 大街之间，一块 246 平方英尺的庞大广告牌紧贴着一座 6 层公寓楼的侧面，上面苹果公司家喻户晓的广告语"非同凡想"赫然在目。广告牌的存在本身实在平淡无奇，口号人们也司空见惯。1977 年，在高科技的荒野飘荡 10 年之后，苹果的联合创始人史蒂夫·乔布斯终于重返这家总部在库比蒂诺的公司，此后，苹果便一直使用这个口号，并广受称赞。这句广告语虽然不符合标准语法，却准确道出了苹果的老板、员工与粉丝们自公司草创时便一直在说的话：苹果非同凡想。

与这句口号交相辉映的，是最近 100 年来最了不起的一些人物的照片：阿尔伯特·爱因斯坦、马丁·路德·金、约翰·列侬、穆罕默德·阿里、巴勃罗·毕加索等。他们由乔布斯和苹果的广告代理商 TBWA/Chiat/Day 挑选，因为这些人都在不同方面对 20 世纪的生活做出了深刻的、不可磨灭的贡献。

但是,他们大都在某些方面引起了激烈的争议。正如“非同凡想”广告指出的那样,这些人在有生之年既受到尊敬,也受到辱骂。作为披头士乐队的一员,约翰·列侬曾和乐队一起从根本上震撼了流行音乐。前《滚石》(*Rolling Stone*)杂志副主编罗伯特·格林菲尔德(Robert Greenfield)曾经写道:“不会再有人比他更富革命性、更有创造力、更与众不同了。”然而,列侬也曾充满渴望地说,他希望有一个免于意识形态暴力的世界;在美国演唱他 1971 年的名曲《想象》(“Imagine”)时,列侬有时把歌词“也没有宗教”改成了“也有一个宗教”,这一点鲜明地表现了他的这种渴望。同时,作为世界重量级拳王,穆罕默德·阿里或许获得了人们的敬畏与尊重,但他告诉约翰逊政府:“从来没有哪个越共叫我黑鬼。”他拒绝应征入伍前往越南作战,因此在 1967 年被剥夺拳王称号,拳击执照也被吊销。

讽刺的是,这些人在今天受人喜爱和敬仰的原因,正是当年他们遭受诽谤的原因。因此,在某种程度上,苹果的广告代表了这样一种理念:经过足够长的时间之后,每一件事情都会变得值得尊敬。

这就是这幅广告显得如此张扬无忌的原因。一些经过东 14 街的人下车来一探究竟。当时数码相机还有两年才普及,但还是有人拿出了他们的一次性相机拍照。不管怎么说,这都是一个令人瞩目的广告。年纪稍长的人或许认为它很粗俗,用最糟糕的品位来博人眼球。年轻人或许觉得这很刺激,认为这是复古流行文化的又一个例子——就在这一年,金牌演员马克·沃尔伯格(Mark Wahlberg)主演的《不羁夜》(*Boogie Nights*)横空出世,这部表现 20 世纪 70 年代加利福尼亚成人娱乐界人士生活的电影横扫影坛,疯狂收割票房。然而,不管人们反应如何,这幅广告中的人物形象无疑具有极大的争议。当人们仰视广告牌上冷眼斜视自己的表情怪异的人时,他们自问,同时也互相询问着同一个问题:难道邪教杀人犯查尔斯·曼森(Charles Manson)[①]**真的**是苹果新计算机的最佳代言人吗?

---

① 查尔斯·曼森是美国历史上最疯狂的超级杀人王,是美国著名类公社组织“曼森家族”的领导人。曼森家族崛起于 20 世纪 60 年代后期的加利福尼亚。曼森事件之后,美国民众开始对嬉皮士产生了恐惧感,各大城市都出现了反嬉皮士的浪潮。(圈码注释均为译者注,星号注释均为原书注,下文不再标明)

* * *

正如情况表明的那样，不管曼森本人的想法是否有所不同，他并非真是这个世界上最为另类的计算机公司的最新代表。这一形象来自街头艺术家、文化干扰者罗恩·英格利希（Ron English）的创作，他以“解放”广告牌为己任，以传播他的颠覆性理念。他将这一行为称为“破坏性的”。1990 年，纽约市的一块英格利希广告牌上出现了全美的代表形象山姆大叔，上面写着：“审查制度是好的，因为 × × ×。”另一个广告牌反映了骆驼牌香烟的广告形象，画面是一头卡通骆驼问另一头骆驼：“今儿个你又勾搭上新的小家伙了吗？”

英格利希并不是随机选择攻击对象的。他的所有作品或者体现了他对之抱有强烈反对态度的问题，或者针对那些以某种方式冒犯了他的公司。英格利希反对苹果“非同凡想”广告的原因在于，他认为该公司擅自利用世界上最为非传统的名人形象，来提升公司地位。例如，圣雄甘地是一位反物质主义者，他认为现代文明贪图财富和世俗享乐，这是其自身衰败的最大原因。如果他活到今天，会第一个站出来成为一款新计算机的代言人吗？英格利希说：“我们的文化信仰商业主义，但我第一次看到‘非同凡想’的广告时直接崩溃了。我无法相信这些人的形象就这样地被人拿来卖钱。就好像是在说今天的革命者就是明天的公司雇来的托儿。我想，你想要非同凡想：**给你**。”

广告牌变形事件发生在一天上午，就发生在人们的眼皮底下，或者更准确地说，就发生在人们的眼皮上面。英格利希住在特里贝克地区（Tribeca）的一间阁楼里，妻子塔萨·雅兹达尼和两个孩子泽费洛斯、马尔斯与他同住。他一大早就从家里出发，陪他一起实现这一使命的三个人分别是：下东区一家出版公司的编辑唐·格德（Don Goede），一个现代舞蹈团的成员珍妮特·奥法莱恩（Janet O'Faolain），以及一家独立唱片公司的老板杰克·祖弗纳罗斯基（Jake Szufnarowski）。这个四人组搭乘一列从市政厅地铁站开往联合广场地铁站的火车，然后步行来到了东 14 街。奥法莱恩独自架起摄像机记录这一行动，英格利希、格德与祖弗纳罗斯基则爬了 6 段楼梯，来到一座邻近建筑物的楼顶。他们在那里冲兑了一桶玉米淀粉糨糊，然后用长柄硬毛刷把滑腻腻的糨糊涂满广告牌表面。一切就绪后，他们便小心翼翼地展开了英格利希特地准备的22英尺×11英尺的“非同凡想”图画，把它牢牢地贴到了广告牌上。整个过程不超过20分钟。多年的广告牌解放运动经验让英格利希深知，要想在行动之后不受干扰地翩然而去，最好的方法就是公然行之。没有哪个纽约人会对这种光天化日之下张贴广告的行为表示惊讶。如果是暗夜之下悄然行事，人们反而会产生怀疑。因为即使在这样一座不夜城中，找到如此敬业的工人也不是一件寻常的事情。

一些线索表明，这并不是苹果公司的正式广告。仔细查看之后会发现，这份海报上并没有出现组成苹果商标的绿、黄、橙、红、紫、蓝彩虹色带，而是一堆互相缠绕的火蜥蜴——这是英格利希的特殊签名，从伊利诺伊州迪凯特市（Decatur）的中学时代沿用至今。考虑到自己作品的煽动性，英格利希对那些极端反应已经习惯了。虽然当时没有几个人会跳出来声援烟草公司、麦当劳餐厅或者政府的审查制度，但苹果的情况大不相同。它是艺术家、设计师、音乐家以及为自由而战的记者们偏爱的品牌。甚至连反全球化宣言《No Logo：颠覆品牌全球统治》（*No Logo: Taking Aim at the Brand Bullies*）这部畅销书的作者内奥米·克莱因（Naomi Klein）也在使用Mac电脑。这方面其实对英格利希也有影响。他回忆道：“有许多人对我说过：‘伙计，苹果产品好极了啊。你为什么一定要针对他们呢？’”

值得称赞的是，他并没有因此退缩。如果这些话对他有作用的话，也只是让他接下来的一份“鼓动性大幅画作”对苹果信奉者的攻势更为猛烈而已。

那是一份“非同凡想”广告，上面画的是微软的CEO比尔·盖茨。

* * *

史蒂夫·乔布斯在2011年10月5日去世，享年56岁。当时，许多文章与媒体提到，在60年代，乔布斯是一个思考方式与众不同的孩子。乔布斯在美国西海岸的库比蒂诺长大，从那里只要开车走一小段路就可以到旧金山，旧金山当时正发生一场重大的文化变革。至少表面看来，这种转变似乎与奢侈的个人计算机或者便携式音乐播放器的制造毫无关系。不过，远大的抱负让这两者发生了联系。当时那一代人执迷于发起革命：**性革命、政治革命、生态革命、技术革命**……就在苹果的 CEO 史蒂夫·乔布斯去世的那个月，超人气乐队 U2 的主唱波诺（Bono）告诉《滚石》杂志："海特－阿什伯里（Haight-Ashbury）[①]运动带来的结果是引人注目的，20 世纪 60 年代的那批孩子大大地改变了这个世界。史蒂夫·乔布斯就是他们的一个代表。从许多方面来说，他是计算机领域的鲍勃·迪伦（Bob Dylan）；他是硬件—软件辩证关系中的"猫王"埃尔维斯（Elvis）。他非常具有革新思想，他对形态、声音、轮廓与创造性的敬畏并非来自会议室。"

尽管这样的技术今天无处不在，但诞生于不起眼的家庭车库的个人计算机一跃成为一个庞大的产业，这实际上代表了反主流文化被人遗忘的部分。当鲍勃·迪伦、吉米·亨德里克斯（Jimi Hendrix）、约翰·列侬、琼·贝兹（Joan Baez）、滚石乐队与感恩而死乐队（Grateful Dead）的音乐和喇叭裤、扎染印花头巾潮流以及对迷幻剂的合理需求，总是让人联想到青年叛逆者的形象时，互联网行家、电话飞客、网络黑客以及其他技术痴才的贡献很容易就被忽视了；而正是后者，抓住了反主流文化运动这一让高科技为大众服务的良机。如果像人们时常宣称的那样，为美国带来这种反叛现象的三大团体是毒品贩卖者、摇滚乐手和地下艺术家与作家，那么计算机工程师与技术预言家便紧随其后。用商业历史学家彼得·德鲁克（Peter Drucker）的话来说，所谓"技术守护者中的吟游诗人与狂热布道者"变成了反主流文化的火炬手。1996 年，在回归苹果之前不久，乔布斯告诉《连线》（*Wired*）杂志："是工程师创建了硅谷。他们学习商业，他们学习许多不同的东西，但他们抱有一种真正的信念：如果和其他具有创造性的聪明人一起努力工作，人类便能够解决自己的大部分问题。我对此深信不疑。"

乔布斯本人的感受力形成于美国历史上的一个关键转折点。在这个时期，官僚机构的层层大门刹那之间坍塌，异教徒涌进了城堡。他是一位与众不同的 CEO，他曾宣称，服食 LSD 迷幻剂是他一生中最重要的两三件事之一。而正是出于这个原因，他本人身上的许多方面，是现代美国企业界永远

---

① 又称嬉皮区，是 20 世纪 60 年代旧金山嬉皮士运动的中心。

无法真正理解的。斯图尔特·布兰德创办了对未来影响深远的《全球概览》(*The Whole Earth Catalog*),他认为:“在乔布斯的生活中,迷幻剂与计算机是重叠共生的。他当然很早便全身心投入计算机领域,就像他也很早便投身于迷幻剂的世界一样。他提到‘迷幻剂观点’贯穿他一生。”

乔布斯和苹果的另一个创建人史蒂夫·沃兹尼亚克(Steve Wozniak),很容易让人想起嬉皮士占领高科技产业的时代。前哈佛大学教授、LSD 的倡导者、自诩先锋派代言人的蒂莫西·利里(Timothy Leary)曾经说:“史蒂夫·乔布斯与史蒂夫·沃兹尼亚克都是长头发、光脚板的另类,这一点绝非偶然。他们是第一批网络朋克。他们的名字将与史上伟大的自由意志主义者一起被铭记。”* 在嬉皮士公社衰落很久之后,LSD 让位于新的化合致幻剂,流行音乐也从抗议歌曲蜕变为舞台摇滚乐,而苹果还在继续对抗社会一致性、现有体制与标准化文件类型。

在这个过程中,一些意想不到的事情降临到这个不起眼的、叛逆的电脑公司身上:它变成了世界上最大的科技公司。

苹果的角色变化是本书要讨论的核心问题。过去的 15 年见证了苹果的逆袭,它将作为企业史上最令人瞩目的逆转之一被载入史册。1996 年,这家公司岌岌可危,单那年的第一个季度就损失了 7.4 亿美元。迈克尔·戴尔(Michael Dell)曾被问及,如果他是苹果的 CEO 将如何行事。对此,他答道:“我会关了它,把钱退还给股东。”今天,这种说法听上去荒唐至极。自 2003 年以来,苹果的股票几乎狂飙了 6000%。** 与此同时,这家公司改变了一切:从购买和聆听音乐的方式(iTunes 在合法音乐下载市场有几乎 70% 的占有率)到打电话的方式,再到浏览互联网的方法,直至日常生活中搜集信息的方法。2011 年 4 月,苹果的盈利超越了它过去的敌人微软。几周之后,有报道称苹果的市值超过了微软与英特尔的总和;正是这个所谓微特尔联盟(Wintel),曾在 10 年前将苹果逼到了濒临出局的地步。有时,苹果的钱比美

---

* 当文中使用“自由意志主义者”(Libertarians)一词的时候,请将之理解为新自由主义者,而非任何意义上的无政府共产主义者。此条适用于我在本书任何地方对于这个词的使用。

** 说起来,如果有人在 1984 年用他购买一台麦金塔计算机的钱购买苹果的股票,今天他将坐拥大约 25 万美元的股值。想到这一点,人们多少感到有些沮丧。

国国库的钱还多：前者是 760 亿美元，后者只不过区区 740 亿美元。至少在本书写作的时候，苹果是世界上市值第二大的公司，仅次于埃克森石油公司（Exxon）；甚至有几次它还暂时超越了后者，成为横跨全球征服一切的庞然大物。当然，乔布斯一直认为苹果可以做到这一点。

尽管罗恩·英格利希做出了最大的努力，苹果仍然是这一事实的明证：文化无法被干扰。一个奉行福特主义的公司能够成为世界上最大的公司并保持自己酷炫的反主流文化主义，这正是嬉皮士一代做梦也想象不到的。归根结底，本书讲述的是这样一个故事：两位长发辍学青年在家庭车库中创建的企业，如何在今日成为世界科技公司的龙头老大。这就是苹果。这也是征服一切的苹果意识形态崛起的故事。这个故事关乎孕育它也是它亲手发起的革命，而这一革命至今还方兴未艾。

# 第一章　计算机秘史

当反主流文化运动的数码男女牛仔们接受了反传统的一代、嬉皮士、瘾君子、摇滚乐手、计算机黑客、网络朋克和电子前景展望家的眼界与自由主义态度时，情况变得复杂了；他们闯入硅谷，开发了个人计算机这一伟大的智力均衡器，击败了庞大的大脑掠夺。

——蒂莫西·利里博士：《混乱与网络文化》(1994)

20世纪70年代初期，麦金塔计算机、iPhone与iPad尚未成为史蒂夫·乔布斯眼中闪烁的光芒，一件神奇的新发明动摇了整个技术世界最核心的理念。它的出现改变了高科技的历史进程，把那些过去只有少数人才能拥有的东西带给了公众。这就是掌上计算器，而且在短时间内，这是硅谷极客们见过的最伟大的事物。按人均来看，当时这种骨灰级粉丝在硅谷的人数多于世界上任何其他地方。对于他们来说，计算器远远不只是一个便携的加法器，或者一种可以买回家的相对高科技的设备。它的优点远远不止于此，它能用来编程。换言之，把一个这样的计算器(低端的可能花费两百美元，高档些的花上近千美元)买回家后几个小时，便能够用上面那些诸如INT、STO、GTO和TAN的按键输入简单的程序，当然，前提是使用者具有这方面的知识。这些程序包括从简单的画圈打叉游戏，到像一位雄心勃勃的美国宇航局科学家那样，设计一份完整的太阳系模型，预测星空中各个天体的位置。作为一种编程工具，计算器当然有它自身的缺点。它的数据存储能力极其有限，这一点严重限制了能够向它输入的“步骤”的数目。更糟糕的是，如果这款加法器被关闭或者它的电池耗尽，已经输入的程序便永远消失了，除非你下功夫重复一次原来的过程。用一位计算器爱好者的话来说，这种不寻常的重复过程非常残酷，简直堪比一种“中世纪的刑罚”。然而，总的来说，硅谷的极客们知道，在他们得到某种明显比计算器优越的东西之前，计算器的优点远远超过了其缺点。

对计算器的狂热创造了一个全新的市场，制造商也尽职尽责地冲上前去，全力满足市场需求。除了那些已有的厂家如惠普公司（Hewlett-Packard）与德州仪器公司（Texas Instruments）之外，一些小厂家也蠢蠢欲动，开始加入这一生产热潮。新墨西哥州的阿尔伯克基市（Albuquerque）有两个人，埃德·罗伯茨（Ed Roberts）与福雷斯特·米姆斯三世（Forrest Mims III），在1970年首先闯入了这一业余爱好者的市场。他们一起创建了一家叫作微型仪器和遥测系统（Micro Instrumentation and Telemetry Systems，MITS）的公司。他们希望这家公司能够向空间爱好者出售模型火箭。但这些产品的销售状况不佳。于是MITS转而关注计算器，将其视为另一种潜在的赚钱产品。这一次他们的预测是正确的，而且到了1973年，这家公司生产的每一台计算器都卖了出去，它的110名员工两班倒地生产以满足订单。但是最终，价格战也把他们赶出了这个市场。因为罗伯茨与米姆斯在一家电子商店里发现，他们可以用低于各个零件价格总和的钱，买到一只组装完好的计算器。MITS又一次走了霉运。在亏损了几百万美元之后，如果两人就此认输，没有人会责备他们。但他们拒绝那样做。1975年，他们重出江湖，推出了一款神奇产品牵牛星8800（Altair 8800）。许多人认为，这台机器是世界上第一台真正意义上的个人计算机。当他们要为新产品定价时，幸运之神再次光临。一台完全组装好的机器定价621美元，但大批潜在顾客更愿意付439美元购买全套零件。之前，电子器具的组装只不过是整个工作中一个勉强可以接受的部分而已。两位创始人惊奇地发现，有一大批科技极客都很喜欢组装东西，而且机器越复杂、越难以处理、越让人心烦，他们就越兴奋。不到一个月，MITS的银行账户余额便从负值增加到了25万美元的盈余。

无论作为科技产品还是消费产品，Altair都相当初级。除了一系列闪光信号外，它没有内置显示器，没有软件，甚至整机都不带键盘。而且，它所使用的语言只有极少数几个人能够理解，这种情况在两位戴眼镜的大学辍学青年比尔·盖茨（Bill Gates）与保罗·艾伦（Paul Allen）拼凑了一种语言放进去之后才得到改观。Altair 呈现的是初始空白状态，无论用户想写什么程序，它都可以执行。同时，它毫无疑问是一台真正的计算机，而且，对于因为科技冷场而被遗忘的一代科技书呆子们来说，这样的计算机已经足以让他们大显身手。这是围绕着 Altair 出现的第一批有充分意识的计算机极客，他们对此近乎狂热。其中的一些人创办了一批爱好者杂志，并取了诸如《多布博士的计算机身体保健与牙齿矫正杂志》（*Dr. Dobb's Journal of Computer Calisthenics and Orthodontia*）这样稀奇古怪的名字。通过这些杂志，他们得以共享有关计算机发展方向的乐观主义狂想。还有些则在“电脑天地”（Computer Land）与“字节商店”（Byte Shop）这类新兴的计算机专卖店中工作。工作本身赚到的钱常常只够租一个小小的一居室，但这无所谓。一位早期投身计算机事业的先驱迈克尔·霍利（Michael Holley）承认：“不管怎么说，我们中有许多人都能从商业活动上获得报酬。”

纵观 70 年代这些计算机极客投身计算机的凶猛势头，令人惊异的一点是，它最初迈出的试探性的几步，最终演变成全体公众对这种媒介的重新评估。仅仅 10 年之前，计算机还被怀疑是政府镇压的阴险工具：庞大的主机远远地隐身于实验室的背后，躲在迷宫一样的房间中，在身穿白大褂、高度专业化人员的监护下工作。关键的操作者谈论着那些围绕在脱离主流社会的机器旁边的技术教士。只有通过漫长的虔诚学习，人们方能认定某人可以与某台机器交流互动。有一个故事能很好地简述这些超高规格的保密措施、安保规定与清洁要求。据说，负责一台主机的经理竖起一块牌子，要求任何进入计算机机房的人员都必须穿上特别设计的鞋套。这位经理承认，这种防范措施其实并无必要，“但能确保不让人来计算机机房”。

与此同时，比起仅仅让星期五晚上无所事事又穷苦不堪的科技狂热爱好者忙得不可开交，MITS 的 Altair 取得了一项总的说来更令人瞩目的成就：让逐渐衰亡的反主流文化运动精神勉强维持了下去，就好像电流可以让一颗在正常情况下早该停止工作的心脏维持跳动一样。那些开始得足够早的人还能够记得Altair 8800 给人们带来的振奋之情，后来他们成了个人计算机革命的无畏拓荒者；就像嬉皮士与反传统一代诗人变成了 20 世纪 60 年代嬉皮士精神的创始人一样。

尽管多年之后这种理念逐渐为人所接受，人们仍然倾向于认为，网络思想家只是整个反主流文化革命的一个奇怪的支流。他们在聚会上处在边缘的地位，也不跳舞，看上去手足无措；**而感恩而死乐队与吉米·亨德里克斯**占据着舞台的中心。考虑到这一革命的许多代表人物所具有的人格魅力，这或许是真实的；但当说到他们的进攻目标，或者说到他们的远期影响时，情况却完全不是如此。从根本上说，反主流文化运动的实质是对20世纪50年代——那个时候，随着庞大的公司的兴起，长久存在的个人主义传统逐渐消亡——墨守成规的纪律顺从者的回击。按照政治活动家阿比·霍夫曼（Abbie Hoffman）的说法，这一运动的精神实质是拒绝“一个驱使人类的体系。这个体系像对待许多肛门被塞入电极的实验室小白鼠一样对待人类，引他们进入一个高度机械化的迷宫，一个由阶级、学位、职业、张灯结彩的超市、军工产业、郊区、受压抑的性欲、虚伪、溃疡与精神分析学家们组成的迷宫”。人们普遍认为，发明“反主流文化”一词的是一位名叫西奥多·罗斯扎克（Theodore Roszak）的美国学者。他在1969年出版了一部名为《反主流文化运动的形成》（*The Making of a Counter Culture*）的著作，其中提到了青年反叛运动的各个层次，无论这一层次是不是科技层面的，它们都在联合起来反对某种形式的所谓“技术官僚”（technocracy）：政府秩序就像一台计算机主机，以越来越高的效率工作，自动解答人们可能会向它提出的大量问题。他认为，计算机有能力作为一个无感情但有着精密逻辑的机器发挥作用，即通过硬件设计使之趋于理性。这一点给美国政治精英们留下了如此深刻的印象，以至于他们公开炫耀自己国家的“超量杀伤力”能够消灭10倍的敌人。罗斯扎克写道：“人类对于机器的迷恋经常被错误地理解为对于纯粹力量的一种爱恋，……我们对机器可以极度程序化能力的赞美程度，不是和我们对纯粹力量的赞美一样吗？”

1964年12月，当抗议学生为言论自由（Free Speech）示威游行时，湾区有一批较为年长的（超过30岁的）计算机极客正在加州大学伯克利分校就读。这些极客不愿意被学校当局视为非人类的“数据片段”，他们用计算机语言来表明他们的愤怒。许多人在空白的穿孔卡片（那时，计算机程序是存储在硬纸片上的，在这些纸片上，数码信息是通过事先规定好的位置上的孔洞进行传递的）上将奇形怪状的孔洞组合成句，写下“罢课！”与“言论自由”字样。这些卡片不大可能产生任何能够工作的程序，而是被这些人挂在脖子上。其中一位抗议者特别有创意，他的卡片是进步政治与富含尖锐批评的幽默结合，这种现象只可能出现在学生身上。他用一个与穿孔卡片使用说明类似的句子加强了装备的效果，上面写着：“我是一位加大学生，请勿折叠、扭曲、拉长我或者剪断我。”*

当然，科技可能并不总是代表着人类的最大利益，这一观点和冷战恐慌的盛行并不互相排斥。科技怀疑主义的历史至少可以回溯到浪漫诗人关于“黑暗的撒旦磨坊”①的观点上。尽管如此，伯克利的学生并没有弄错。究其本质，当时的计算机是战争的工具，设计它们的本意，主要在于破解军用密码以及帮助制导导弹飞行。例如，直到朝鲜战争期间，IBM 才在美国国防部的要求下，制造了他们的第一台可编程计算机。将军工复合体“黑暗的撒旦主机”重新定位为仁慈的人道主义援助，这一点需要时间，而公众的全面转变将让那些甚至最坚决的公关公司感到不安。这种转变是逐步开始的。在马萨诸塞州的麻省理工学院（MIT），一批富有同情心的学者制订了一份极度精英化的原则。后来，史蒂芬・列维（Steven Levy）在他的著作《黑客：计算机革命的英雄》（*Hackers: Heroes of the Computer Revolution*）一书中称其为“黑客道德准则”。这一黑客道德准则包括下列信条：

- 人们应该无限制地、全面地使用计算机以及任何可以教导人们有关世界运行方式的事物；
- 所有的信息都应该是免费的；
- 不信任权威——促进非集权化；

---

* 随后几年，这种对于现代人如机器或人脑似硬件的批判，渐渐形成了某种规模效应。在《绿化美国》（*The Greening of America*）一书中，作者查尔斯・莱克（Charles Reich）将之称为第二种意识（Consciousness II），即工人们忍受着“机器人式的生活，在这种情况下，他被剥夺了自己的存在，他变成了单纯的角色、职业或者功能”。然而，与他们的父辈们不同，年轻的反主流文化一代认识到了第三种意识（Consciousness III）的存在。他们对于政府的背叛感到愤怒，将用新发现的“回应愤怒的能力”进行还击。

① “黑暗的撒旦磨坊”出自英国诗人威廉・布莱克的作品《耶路撒冷》，后来人们用它来比喻英国的工业革命。

- 评价黑客应该以其黑客行为作为依据，而不是以虚假的准则如学位、年龄、种族或者地位等为依据；
- 你可以在计算机上创造艺术和美；
- 计算机让生活更美好。

当这些理想向西部传播的时候，反主流文化的技术呆子们对此深表赞同。当时在斯坦福大学人工智能实验室（Stanford Artificial Intelligence Laboratory）工作的程序员马克·莱布伦（Marc LeBrun）记得："我们有一种感觉，天空才是我们的极限。我们能够重新设计我们的意识、重新设计社会，那为什么不能重新设计科技呢？"从此科技便开始了滚雪球式的发展。诺伯特·维纳（Norbert Wiener）出版了一本名为《人有人的用处》（*The Human Use of Human Beings*）的著作。在这本书中，这位著名数学家提出，应该以一种使人类受益的方式使用控制论。几位怪才抓住了诺伯特·维纳的这些想法。1967 年夏季，《旧金山纪事报》（*San Francisco Chronicle*）以《我是一个嬉皮士》（"I Was a Hippie"）为总题发表了一系列文章，其中一篇引用了一个匿名受访者的话："这些年轻人是一些探索者，他们正在试图寻找休闲时代的创造性生活方式。这一时代 10 年后就会到来，那时机器与计算机将完成大多数工作。"而在加州理工学院（California Institute of Technology），一位 32 岁的住校诗人理查德·布劳提根[①]写下了一首题为《慈爱的机器照看一切》（"All Watched Over by Machines of Loving Grace"）的诗歌，并分发给其他人欣赏。在这篇诗作中，布劳提根抒发了他对于一个未来世界的梦想：科技与小小的丛林生物能够欢快地和睦共存，这也是越来越多人的共同渴望。

较早对科技提出批评的人或许认为，单纯通过科技进步追求效率，的确给人类与自然造成了数不清的伤害。对于哲学家马丁·海德格尔来说，情况当然确实如此。按照他在 1949 年的一次演讲中的抽象说法，据说机械化农业与纳粹屠杀犹太人的毒气室毫无差别，与电椅杀人毫无差别，与原子弹也毫无差别。许多花之子[②]乐于接受这种观点。不过，技术嬉皮士却成长为

---

① Richard Brautigan（1935—1984），20 世纪美国小说家、诗人。

② flower children，嬉皮士的一个流派。

第一代偏激的电子产品的消费者。对于他们来说，取得这些产品的更好方式，是从政府霸权那里拿来被他们非法占用的科技，破坏他们头重脚轻的权力结构，并为了大众使之民主化。最响亮的反对声，来自一个名叫泰德·纳尔逊（Ted Nelson）的哲学家，他因创造“超文本”（hypertext）与“超媒体”（hypermedia）这两个词而声名显赫。1974 年，纳尔逊出版了后来被称为世界上第一部个人计算机专业著作的《计算机解放/梦想机器》（*Computer Lib/Dream Machines*）。这是一本罗马神话中两面神那样的法典式著作，由两卷背对背连接在一起的书籍组成。在这部著作中，纳尔逊展示了雄辩的论证，反对形形色色的中央集权处理形式，并强调“**现在**你能够，而且必须理解计算机”：

> 知识就是力量，因此知识往往被人存储起来。每个领域的专家都不太愿意让人理解他们正在做的工作，而且通常很享受贬低别人……医生、律师、建筑工程师，他们在这一点上并无差异。但计算机非常特殊，我们必须处处与它打交道，而这实际上让计算机教士们控制了所有大型组织、政府机构以及他们管理的一切机构的运营……出于许多理由，如下一点势在必行：必须消除公众与计算机业内人士之间的可怕鸿沟。就像俗话说的那样，战争如此重要，不能只由将军们做出决定。

于是，加州大学伯克利分校暴动过去多年后，人们重新思考计算机，不再认为它仅仅是人类制造的一种炫酷的东西，一种为高智商人群和焊接技术爱好者做的蚀刻（Airfix）模型，而是乌托邦未来的关键元素。在这个未来中，控制论能团结人们而不是让人们彼此分裂。阿尔维·雷·史密斯（Alvy Ray Smith），一个披着爆炸长发的嬉皮士，后来成为计算机动画巨头皮克斯动画室联合创始人，他说：“我不觉得科技本身有任何问题，问题在于政府如何运用科技。我是在新墨西哥州长大的，那里时时有火箭发射。我两岁的时候便听到了第一颗原子弹的爆炸，火箭在我对面的群山中穿过。我住的地方离白沙导弹靶场（White Sands Missile Range）不远，第二次世界大战之后，美国人把韦纳·冯·布劳恩（Wernher von Braun）与他的 V－2 火箭带到了白沙，向德国人学习如何制造火箭。高科技无处不在。我在那里学会了计算机。我仍旧是一个短头发、政治上幼稚的小地方男孩,疯狂地热爱科技和未来。”

透过20世纪70年代初的视角观察,未来看上去是一个很有意思的地方。20世纪60年代结束了,人类已经踏足月球,这似乎将是高科技乌托邦时代的先声。约翰·F.肯尼迪总统曾于1961年宣称:“我相信,在20世纪60年代结束之前,美国应该致力于达到人类登月并安全返回地球的目标。”当他做出这一预言的时候,他的热情显然是具有感染力的。庞大的商业界立即参与了行动。在那个10年内的纽约世界博览会(New York World's Fair)上,进入通用汽车公司(General Motors)展厅的观众受邀登上一座主题公园内的缆车,畅游美好的未来世界,其中包括多道高速公路、闪闪发光的摩天大楼、活动人行道、水下社区与空中度假胜地。这些美景出现的同时,核战争大屠杀的幽灵依旧在人类头顶上阴魂不散:这时,好几代小学生都被教导,一旦受到苏联核弹袭击,要“低姿匍匐,寻找掩护”。* 无论会发生哪种情况,科学事实与科学幻想之间的鸿沟正开始迅速弥合,而公众向自己提出的唯一问题是,科学事实最接近哪一种科学幻想模式。如今,极客们大量阅读科幻小说,因而对可能发生的两种情况都了如指掌。他们一直自信地认为,未来会令他们满意。技术嬉皮士企业家斯图尔特·布兰德在1995年的一期《时代》杂志上以《我们把一切都归功于嬉皮士》(“We Owe It All to the Hippies”)为题发表了一篇文章,他在文中回忆道:“我们全都读过罗伯特·海因莱因①史诗般的著作《异乡异客》(*Stranger in a Strange Land*)与他冗长的自由意志主义小说《严厉的月亮》(*The Moon Is a Harsh Mistress*)。嬉皮士与极客一样,都特别欣赏海因莱因对中央集权权威的蔑视……自20世纪50年代以来,因为一些我并不清楚的原因,科幻小说便一直普遍地抱有自由意志主义的观点。”

当然,现在看来,作为工业时代末期出现的最后一波普罗米修斯式的爆

---

* 有一份来自一部1951年在学校放映的民防影片中的简要叙述:“核弹可能在你附近没有成年人的情况下爆炸。保罗与帕蒂记住了这一点。他们总是准备好保护自己。现在,他们在一个美丽的春日走向学校。但不论他们向哪里走去或者正在做什么,他们总是试图记住,如果原子弹恰好爆炸的话,他们应该怎样行动。”

① Robert Heinlein(1907—1988),美国著名科幻小说家,硬科幻小说大师,被誉为“美国现代科幻小说之父”,除文中提及的作品外,其代表作还有《星际迷航》等。

发，空间火箭似乎不可思议地过时了。事实将证明，在对于未来及未来被实践的规模上，极客的看法才是正确的。通往自由的钥匙，无法在土星 5 号运载火箭的强力发射中找到——尽管它能让人类从地球的束缚中解放出来，而只能在植根于自主性（autonomy）而非天文学（astronomy）的，更小范围、更为个人的自由中找到。“人们对各方面的自由都抱有强烈的渴望，而个人计算机被视为获得自由的工具。”前感恩而死乐队词作者、自命为网络自由意志主义者（cyber-Liberbarian）的约翰·佩里·巴罗（John Perry Barlow）如此说道。“从某种形式上说，这是一种不自觉的思绪。这种观点认为，生产资料被劳动者占有，不再是某种严格隶属于大机构势力范围的东西。这直接与 60 年代发生的每一件文化事件相联系。”某种既非彻底政治上的，也非全然科技上的，类似于准凝聚力的事物正在兴起。这正是嬉皮士意识形态的萌芽，一种为**有经验的玩家，为具有更好的联网能力的新左派**（New Leftists）**准备的伍德斯托克摇滚音乐节**[①]。这个被广泛接受的宣言，就如一份以黑客为受众、名叫 PCC 的当地期刊所述——透过陈腐的、“夸大其词的”廉价漫画书，阐述了这一运动的宏大计划：“在大多数情况下，计算机被用以反对人而非支持人，被用以控制人而非解放人。现在，改变这一切的时刻到了，我们需要一个……人民计算机公司（People’s Computer Company）。”

如果说语言本身具有革命性，丝毫不足为奇。1976 年，美国庆祝建国 200 周年。这标志着，作为一个独立的共和国，这个国家已经走过了 200 年的历程。“革命”一词随处可见，一些过去被简单视为进步的变化，也开始以无异于离经叛道的方式得到讨论。

然而，即使去除了不必要的夸张，科技极客仍然有种种理由感到，未来将由数字而不是钢铁铸就。从 1972 年起，由于陆续遭受一系列石油短缺危机带来的震撼性打击，美国的战后繁荣时代戛然而止。自大萧条以来，人们几乎第一次清楚地看到，资源或许并不像公众普遍认为的那样永不枯竭。与此同时，对经济的依赖超乎想象的反主流文化开始广泛传播。过去乐于

---

① 全名 Woodstock Rock Festival，目前世界上最著名的摇滚音乐节。最早举行于 1969 年，主题是“和平、反战、博爱、平等”，是嬉皮士的狂欢。

按照蒂莫西·利里博士“聚神、入世、出尘”(turn on, tune in,drop out)准则行事的人,现在转而开始信奉乡村摇滚乐歌星比利·克拉多克(Billy Craddock)的格言,采取了“兴奋迷幻、胡作非为、龟缩原地”[freak out, fuck up (and) crawl back]的模式。在这一时期的硅谷,一条人称摩尔定律(Moore's Law)的小定理认为情况并非一定如此。摩尔定律以英特尔公司联合创始人戈登·摩尔(Gordon Moore)的名字命名,它对计算能力的一个长期趋势进行了理论化叙述,即认为能够放置在集成电路上的晶体管数目每两年将增加一倍。在罗斯扎克等人认真为青年革命的启动欢呼的同一年,英特尔隆重推出了它的8008芯片——世界上第一批8位元微处理器。继8008芯片之后出场的更受欢迎的英特尔8080芯片,构成了MITS的Altair计算机的基础。

单个微型芯片的内存存储引起了硅谷半导体制造商之间的所谓“内存竞赛”,但除此之外,20世纪70年代还见证了另一个极具冲击力的现象,它将扭转个人计算机的前景,并帮助催生数十家新公司。就在英特尔这样的公司竞相制造内存越来越大、质量越来越高的芯片时,各个单机的价格不可避免地下降了,与早几年的计算器之战十分相似,半导体公司开始竞相争夺更大的市场占有率。以英特尔8080A为例,一个芯片在1975年的售价为110美元,两年后价格就跌到了20美元。到了70年代末,一个标准的8位元微处理器的售价可能在5至8美元之间。为了弥补半导体公司面临的损失,越来越多的微芯片被批量投入生产,因为规模经济意味着产量越大,生产价格越低。大批廉价微芯片涌入市场,也带来令人欣喜的影响。英特尔公司的联合创始人安迪·格鲁夫(Andy Grove)将这些微芯片称为“高技术的果冻豆”。**所有这些,对于制造个人计算机来说不啻为福音!**

面对个子更大、动作更笨拙的对手,穆罕默德·阿里只需在退回安全处之前,朝对方全身猛挥重拳,就能轻松迈着蝴蝶舞步躲开对方。科技极客以便宜的微芯片全副武装,丝毫不害怕使用它们。与阿里一样,他们知道,面对比自己更大的计算机制造公司,他们有一个主要的优势:他们比较小,行动更为迅捷,并且毫无疑问,他们与时代进程更为合拍。的确,尽管美国在全球市场上具有整体优势,但人们从来没有像现在这样认为,美国企业界已经不像以前那么时尚了。《纽约时报杂志》(*New York Times Magazine*)上有一篇题为《情已逝》("Love Is Dead")的文章,作者厄尔·夏润思[1]欣喜地强调,压抑的公司职员和无忧无虑的嬉皮士,几乎就是两个活生生的对立面。他描述了"一个人,越来越厌倦于在 IBM 举行的野餐会上咏唱公司歌曲,对在国防股票上的获利心怀愧疚。在 10 年中,他没有真正爱过他的妻子。他肯定赞美、嫉妒且渴望一种充满爱与沉思的生活,一种带来幸福的宁静的简单生活。他以某种可能性抚慰着自己绝望的心情,即嬉皮士们会找到那些他不敢面对的问题的答案"。

大公司认为个人计算机之路行不通。他们告诉自己,个人计算机太小众、太小、太卑微了,无法承担公众实际感兴趣的事务。当时正在施乐公司(Xerox)研发部门工作的阿尔维·雷·史密斯承认:"我当时完全没把他们当回事儿,我认为他们都是些傻小孩儿。"他们自己的经营模式不需要五花八门的小型、低成本机器的制造与销售,而主要在相对少量的高端计算机,并让顾客花大价钱来保持它们的运转。(我们也不要忘记,那个时候,任何事业有成的生意人都不应该被逮到自己在打印信件。)在掂量了他们的潜在敌人之后,IBM 以及其他公司觉得无须担心。后来成为苹果公司早期雇员的兰迪·威金顿(Randy Wiggington)说:"他们想的是,我们只不过是从家庭车库起家的一伙狂想家而已。"公众或多或少也同意这种意见。对于他们来说,电子产品爱好者生活的世界无疑带有卑贱的标志。产品本身的名字也无多大助益。马蒂·斯珀格尔(Marty Spergel),绰号"破烂王",是湾区一个地方零件分销商。有一个星期,他有一批电脑控制杆被美国海关没收了,货物包装盒的标签口写着"供业余爱好者使用"——这使它们看上去像是某种性玩具。[2] 典型的电脑极客也没有让他们追求的东西看上去不那么可疑。

一位深陷于此项事业的业余爱好者李·费尔森施泰因(Lee Felsenstein)说:"我不是很擅长社交,直到 20 岁出头的时候,我才明白,当某人说

---

① Earl Shorris(1936—2012),美国著名作家、记者、社会批评家,著有《天堂的政治》(*The Politics of Heaven*)、《穷人的财富》(*Riches for the Poor*)等。

② "控制杆"的英文 joystick 有"阴茎"之意,而"业余爱好者"的英文 hobbyist 也有"沉迷嗜好者"之意。

‘你怎么样啊’的时候，他其实并不是在问一个客观问题。我以为他们真的想知道我怎么样了，也就是说我的身体怎么样了。有人只好坐下来对我解释这不过是客套话而已。”还有一位，他后来在科技行业赚了数百万美元。他给我讲了一个故事：据传一位年轻女性当时参加了一次黑客会议，希望遇到合适的青年男子，因为她完全清楚，所有的与会者都是男人。她在会后得出的结论是：“机会是不错的，但不错的货色都是古怪的（the odds were good but the goods were odd）。”

公众、企业与不少学术界同辈都对这伙人敬而远之，很明显，极客与科技嬉皮士需要一个可供交流的地方。后来这个地方以家酿计算机俱乐部（Homebrew Computer Club）之名为人所知。（起初有人认为“8位元字节拳击手”或者“侏儒大脑”更好，但最后还是“家酿”胜出，主要是对俱乐部的精神创建人——一位家酿啤酒的狂热爱好者表示尊敬。）一位前成员回忆道：“计算机的这种魅力以及无法欣赏这种魅力造成的遗憾，在硅谷创造了一种受到压抑的需求。家酿俱乐部就是这样一个可以满足渴望的地方。”家酿俱乐部是一个不谙社交的人的社交聚会，有定期的讨论会和互助组。这个俱乐部是由戈登·弗伦奇（Gordon French）与弗雷德·摩尔（Fred Moore）发起成立的，他们俩初次见面是在门洛帕克（Menlo Park）附近的社区计算机中心（Community Computer Centre）。俱乐部的成立大会于1975年3月举行，弗伦奇自愿提供他的车库作为会场。他们在公告栏上张贴了一份通告宣传此事，邀请有兴趣的伙伴“参加志趣相投之人的聚会。交换信息，交流思想，协力完成一个项目，诸如此类”。

鲍勃·拉希（Bob Lash）是首批回应该俱乐部诱人召唤的人，他还记得：“那是一个阴雨绵绵的下午，我们只是绕着车库漫步，互相交谈。其间的大事是到戈登的家里看他正在组装的计算机——这是一部以8008芯片为基础的微型计算机，他把它叫作苍鹰（Chickenhawk）。”出席第一次会议的共有32人。没过多久，参加者便迅速增到大约300人。几年之内，俱乐部的通讯录上记有约3000人的姓名与住址，只有那些参加过一次以上会议的人才能上榜。在这个过程中，俱乐部的会场一变再变，从最初戈登·弗伦奇的家到一家私立学校嘎吱作响的二楼，然后那里也装不下了，便又改到了斯坦福线性加速器中心（Stanford's Linear Accelerator Centre，SLAC）的礼堂。科技怪才们有自己的工具，已经组建了一支军队，而现在，他们又有了一个值得炫耀的后方基地。**革命已经开始了！**

* * *

当时 30 出头的李·费尔森施泰因担任俱乐部主席。在个人计算机的发展史上，费尔森施泰因是一位重要人物。他生于 1945 年，在费城的一个犹太人社区度过了童年和少年时期。他回忆道："我成长的家庭坚信机器是人类社会的一个典范。"费尔森施泰因的父母是典型的垮掉的一代和共产主义者的结合体，基本上是因为"具有自由思想而被驱逐出党的"。据他本人承认，他是一个"红尿布婴儿"①，家里具有成熟的共产主义思想。他 18 岁时离家去加州大学伯克利分校读书，那是一个在国家另一端相对不那么昂贵的公立学校。该校欢迎来自非西海岸家庭的学生，希望以此增加学生总数。1963 年，他到达加州时受到了极为强烈的文化冲击，他发现，整个环境有一种不可思议的魅力。他记得："我的印象是，这是一个传奇之地。"所到之处，都会有某种具有传奇色彩的东西提醒他东海岸与西海岸之间的差别。第一件事便是他到一家当地银行开账户，而这家银行居然叫作富国银行（Wells Fargo）②。费尔森施泰因简直不敢相信。对于他来说，这个名字就是西部荒野传说中威尔斯－法戈驿站马车的同义词。这让他有些错乱了。他说："它不过是一家银行，却起了一个伟大的名字。"他觉得自己好像离开了 20 世纪中期安全的犹太人社区，然后不知怎么就回到了美国旧西部。他受到的共产主义教育*让他公然表明了政治态度，并立即参与了当时正在进行的各种学生抗议活动。入校的那一年，他与一群志同道合的青年一起度过了广岛

---

① 指美国共产党（前）成员的孩子，以及亲近该党或对该党目标抱有同情的人的孩子。

② *Wells Fargo* 是一部美国西部片，以富国银行的创业史为故事原型拍摄。其中"Wells"和"Fargo"分别取自富国银行两位创始人 Henry Wells 和 William Fargo 的名字。

* 许多年后，李的治疗师帮助他偶然发现，他的兄长、数学生物学家乔·费尔森施泰因的取名实际上是随苏联领袖约瑟夫·斯大林的。李回忆道："治疗师在谈到我的童年时提到了'乔叔叔'。我说：'不，不，乔是我的哥哥。'然后我便意识到了是怎么回事……但不要忘记，1942 年，斯大林曾作为年度风云人物登上了《时代》周刊的封面。在我父母的生活中，他是一个具有非凡影响的大人物。"

纪念日(Hiroshima Day)——“试图通过提醒人们这是投放原子弹的纪念日,来让他们的星期天变得索然无味”。除此之外,他还参与了当地的民权组织CORE(The Congress of Racial Equality,种族平等协会),并全力投身于言论自由运动(Free Speech movement)。1964 年 12 月,史布罗广场静坐抗议(Sproul Hall Sit-In)活动达到高潮,费尔森施泰因成了被捕的 768 名学生之一。不久,费尔森施泰因便开始为湾区的一家重要地下报纸《伯克利芒刺报》(*Berkeley Barb*)工作,成了该报的军事编辑。

这次抗议冲动直接导致费尔森施泰因对计算机改变世界的可能性产生了越来越浓厚的兴趣。1970 年,他被派去参加一次学习编程的课程。他指出:“教课的老师是一群与我年纪相仿的家伙,但他们身穿三件套正装,看上去趾高气扬,不可一世。”有一次,其中的一个老师指出,费尔森施泰因使用的主机终端速度突然放慢的原因,是网络从以洛杉矶为基地的主机切换到了以堪萨斯城为基地的主机。这让他突然意识到,所有的机器都是通过网络连接在一起的。既然所有的计算机一直在相互对话,费尔森施泰因推断,那就可以用它们帮助组织他所投身的各种群众抗议活动。他说:“加州大学伯克利分校有两万名学生,另外还有几千名员工。一个显著的特点是学生一直都有种疏离感。他们处在众人中却是孤单的,而学校的管理机构知道并利用了这一点。但我想到,如果我们能够提供一些让人们认为自己是共同体成员的工具,这便会减少学生横向交流的藩篱……当人们开始横向交流而不是纵向交流(层级交流)的时候,奇迹就会发生。”以此为基础,他开展了社区存储器项目(Community Memory Project)。这是一系列放在公共区域的电传打字计算机(teletype computers),当地人可以用它们相互交流。一开始,费尔森施泰因因为这个想法而遭到了一些责难。

一个人问:“李,你为什么想把计算机放在人群中呢? 如果我想与那边的珀尔说话,为什么我不可以直接过去对她说‘珀尔,我想跟你聊聊’?”

对于这个问题,费尔森施泰因顿了几秒钟才回答。

“嗯,如果你不知道你想要与之谈话的人是珀尔,那该如何?”他问。

两人都没说话。

“我想我明白你的意思了。”那个人回答。

过了一阵之后，他转而考虑个人计算机这一想法。公共社区存储器中有几台计算机损坏了，他意识到，如果人们拥有自己的计算机并通过它进行交流，这会更加合理。费尔森施泰因对于科技的想法与计算机乌托邦主义者所关心的问题遥相呼应，但多少更倾向于末日天启者的概念。他梦想最终创造一种能在下一次世界大战中存活的个人计算机，到了那时，全世界的农民必然会涌入美国，将它从资本主义的控制下解放出来。他确信，“工业基础设施随时可能被夺走，人民应该能够索取零件让他们的机器在被摧毁的社会的废墟上保持运转；理想的情况是，机器的设计足够清楚，让用户清楚如何组装零件”。

在家酿俱乐部，李·费尔森施泰因认真履职，并用铁腕维持秩序。讲话的时候，他会拿一柄教棒打手势，并用它挑选听众。如果有人不注意听讲，他会用一只手把教棒按在讲台上，另一只手把教棒的另一头往上挑，然后松开，发出响亮的声音。他自认为，他在对专制的教授做完美的戏仿。大多数出席家酿俱乐部会议的人都认为他很严格。

会议通常遵照一定的模式。在要求与会者遵守秩序之后，费尔森施泰因会郑重宣布“并不存在的家酿计算机俱乐部”现在开会。掌声停止之后，他便宣布“映射时间”(mapping period)开始，于是当晚的活动就此启动。在这段时间，俱乐部成员可以起立提出一个问题，或者对他们听说的某个科技传闻加以猜测，或者讨论某种人们感兴趣的物品——通常以演示的形式。之后便是“随机存取”(random access)，在此期间与会者可以随意走动、交换信息、相互帮助。有关一群狂热的电脑极客每两周聚会一次的消息传了出去，当地企业闻风而动，来到了会场。每一家都希望能够卖出不知名的硬件元件或者倾销一批新的英特尔微芯片，从中渔利。关于个人计算机，他们的承诺一个比一个让人印象深刻，这成了一项常规项目。不过毫无疑问，这些电脑中的大部分从来都没有真正地见过天日。兰迪·威金顿回忆道：“人们试图出售从来都没有被设计过的计算机，这些都是相当早期的事情。一种新计算机被宣布即将问世，几周之后它就消失得无影无踪，此后再也听不到任何消息。这里面的猫腻比任何别的地方都多。”

尽管每个人都急切地盼着当晚的“随机存取”时间快点到来，但事实证明,此前“映射时间”中的演示时常具有不可估量的价值,甚至偶尔会代表着某种突破。一个特别值得纪念的演示出现在俱乐部 1975 年 4 月 16 日的会议上,当时一位名叫史蒂夫·东皮耶(Steve Dompier)的俱乐部成员站到大家面前。他利用电子干扰的魔力,用他的 Altair 计算机在不远的收音机上演奏了一首曲子。他选择的乐曲是披头士的专辑《奇幻之旅》(*Magical Mystery Tour*)中的《山上的傻瓜》(“The Fool on the Hill”)。在写下他的发现的时候,东皮耶问:“对于一个迄今为止没有输入/输出板或者外围设备的机器你能做些什么呢? **但它毕竟还是有前面板开关与机器语言的。** 于是我赶忙写程序检测 8080 芯片的所有功能,结果我的 10 个‘输出设备’都磨出了老茧。我发现了 8080 的许多指令! 我完成一项‘分类’程序时恰好正在收听一台低频小半导体收音机播出的天气预报,这台收音机刚好就在 Altair 计算机的旁边。我按下了计算机的‘运行’键,结果它就开始一遍又一遍地运行同一批数字。与此同时,我的收音机也开始响了起来。计算机在输出数字,收音机则在发出‘吱吱噗噗! 吱吱噗噗! 吱吱噗噗!’的声音。”经过一番调查,东皮耶发现,收音机是在拦截 Altair 计算机发出的无线电波干扰。他试用了几种不同的程序看收音机有何反应,然后发现他可以输入代码让收音机发出不同的音调。他回忆道:“我为我自己弄出了一个程序,它实际上可以谱写乐曲。”接着他又补充了一句:“权且把那东西算作乐曲好了。”*

在当时的与会者心中,这代表科技大众化的开始。当东皮耶表演他的无线电干扰交响乐的时候,真正让人兴奋的不仅是他发明了一种使用 256 字节内存的计算机在一台调频收音机上演奏乐曲的方法,更重要的是,他作为一个**完全没有受过计算机专业训练**的业余爱好者,却发明了这样的方法。

---

* 一个对东皮耶的音乐合成器印象深刻的人是 19 岁的比尔·盖茨。一年不到,比尔·盖茨就会再次出现在家酿俱乐部。他义愤填膺地写了一封《致业余爱好者的公开信》,发表在家酿俱乐部通讯上。信中抱怨未经授权使用 Altair BASIC 软件的现象太普遍,让他的微软公司(那时的拼写是 Micro-Soft)白花了 4 万美元(工作时间折合成钱)。李·费尔森施泰因说:“我和俱乐部的其他人都对此嗤之以鼻。我不认为他们的工作时间值 4 万美元。他们没花那么多。其他人都是下班后在计算机中心工作一会儿,谈谈他们对计算机的使用,保罗·艾伦(微软的联合创始人)做的就是这些。所以当比尔说花了 4 万美元,我们就知道这很虚伪,这个货币数字是趣味货币。那时他就信用全无了。点我们的名儿一点用都没有。”

费尔森施泰因说："对他而言，能在俱乐部成员面前演示这一成果，是一项壮举。这极大地激励了我们。如果他做得到，那么大家都能做到某些令人震惊的事情。"

* * *

兰迪·威金顿参加家酿俱乐部活动的时候只有14岁。因为他还有好几年才达到可以合法驾车的年龄，往返俱乐部活动所在地斯坦福线性加速器中心对他来说甚为不易。一天晚上，费尔森施泰因问与会者是否有消息要分享，威金顿举起了手。他告诉大家他住在哪里，并询问是否有人可以在今后活动时让他搭便车。那天晚些时候，史蒂夫·沃兹尼亚克缓步走来做了自我介绍。他说朋友们通常称他为沃兹，他刚好住在邻近的森尼维尔市(Sunnyvale)——他住的公寓距离威金顿父母的住处只有一英里。他说他非常乐意顺道接上威金顿一起来参加活动，活动结束之后再载他回家。威金顿说："沃兹就是这样，总是愿意帮助别人，非常友善。他一点都不做作或者虚情假意。他每次都让我搭便车，在车上他总是与我谈话。我一直不停地问他问题。这也是我接受的计算机教育的一部分。"开会的时候，沃兹尼亚克、威金顿与一组十几岁的孩子占据大厅靠后的两排座位，而且这个队伍越来越壮大。克里斯·埃斯皮诺萨(Chris Espinosa)如今是苹果的一位高级雇员，但当时只是一位年轻的计算机爱好者，他在一次暑期学校中结识了威金顿。他说："就像是高中的自助餐厅：坐在你旁边的是'对的人'。那种感觉很有意思。在'随机存取'时间里，大家更多是混坐在一起的，但在'映射时间'，你确实知道该坐在哪里；除非你是新来的，那种情况下你就四处走动。"埃斯皮诺萨的母亲也在苹果公司工作过10年，她开车接送儿子参加会议。埃斯皮诺萨说："当这伙略微有点肮脏和危险的人在讨论(计算机)问题的时候，她就坐在后排读书。"

沃兹尼亚克与威金顿每两周去一次家酿俱乐部。有一次，沃兹尼亚克不经意间提到，他正在从零开始组装一台他自己的电脑。即使是在家酿俱乐部，一个以制造个人计算机为**存在意义**的团体中，像沃兹尼亚克这样的情况也是不常见的。大多数成员——如果他们有计算机——都倾向于购买配套部件，如 Altair 8800。威金顿回忆道：“这就有点像一个法拉利汽车俱乐部。里面可能有 10% 的人确实拥有法拉利，剩下 90% 的人想要一辆或者想要和那些有一辆的人在一起。”

沃兹尼亚克正在组装的那台计算机，让聚集在他周围的人越来越多。它平易近人的绰号巧妙地体现了家酿俱乐部追求的那种朴素、有机、友好的计算方式。他在这台计算机名字的末尾加了一个罗马数字，暗示它将是几台计算机中的第一台。尽管目前，人们满足于现有的这一台。沃兹尼亚克为这台计算机取的名字是：Apple I。

# 第二章 天使般的嬉皮士黑客

东海岸的人听说了许多有关加州的传闻，诸如加州冲浪者、加州自行车骑手、改装老爷车的车迷、拆装汽车服务商、加州嬉皮士以及政治抗议者，而他们看到的景象是身穿牛仔裤与T恤的年轻人——随意、自然、冲动、感情充沛、纵情声色、无纪律，而且令人厌恶地以此为傲。所以，他们觉得硅谷的这些半导体企业以及它们穿着打扮如同野营顾问一样的CEO们，就是上述事物的商业版本。不可能有什么比他们错得更离谱了。

——汤姆·沃尔夫[①]:《罗伯特·诺伊斯的修补》(1983)

一个常见的说法是，没有一个人出生在加州。人们**去**加州。20世纪60年代自然是这种情况，那时，数以万计的年轻人来到旧金山，想要“聚神、入世、出尘”，一些人头上插着花，另一些人则不着一物。不过，这些人并不是来到西海岸的第一波移民。自从19世纪中期以来，对于那些想离开守旧僵化的东海岸，拥抱更宜人的加州气候的人来说，这里便一直是理想的目的地。就像这个国家的建国先贤一样，早期进入硅谷的实际上都是一些在此地没有根基的白人，而且所有人都表达出对他们家乡那种“老式”的工业经

---

① Tom Wolfe(1931— )，美国作家、记者，于20世纪60到70年代开启了美国的新闻运动，被誉为“新新闻学之父”。

营方式的厌恶。* 他们带来了创新精神。尽管西班牙人于 18 世纪 70 年代在这一地区建立了传教团,但硅谷的现代时期开始于 1850 年。当年,爱尔兰移民小马丁·墨菲(Martin Murphy, Jr)一家在那里建立了贝维尤大牧场(Bay View ranch)。从一开始,墨菲便为企业家精神和与众不同的思考定下了基调。他许可圣何塞与旧金山铁路公司(San Jose and San Francisco Railroad Company)建设一条经由他的土地开往旧金山的铁路线。这条铁路成了该州建成的第一条完整路线,大大促进了邻近地区的经济发展。20 世纪 20 年代,墨菲的部分产业被出售给一位名叫阿尔伯特·W. 贝塞(Albert W. Besset)的发明家,他有一项设计专利,为养鸡业提供更安全的新笼子。贝塞通过朱比利孵禽器公司(Jubilee Incubator Company)赚来一些钱,为儿子的无线电经销业提供了启动资金,后者随后成了该地区第一家电子制造商。从那时起,这一产业便一直持续发展。斯图尔特·布兰德说:"这块大陆很容易让疯子与创新者蜂拥前往西部,直到他们碰到太平洋,无法继续向前飞翔。然后他们便在大洋岸边开始创新。"这一点对于高科技行业来说尤为真实。看一下在今日硅谷文化中占据主导地位的那些名字,我们会立即发现,这些人也是外来者,他们怀着对新的生活方式的期许,奔赴充满机遇的美国新大陆。例如,英特尔公司的安迪·格鲁夫生于匈牙利,后来于 1963 年来到加州。Adobe 系统公司的约翰·沃诺克(John Warnock)称犹他州的盐湖城是他的第一故乡。惠普公司的戴维·帕卡德(David Packard)来自美国中西部的科罗拉多州,而他的合伙人比尔·休利特(Bill Hewlett)的老家则在密歇根州。谷歌的拉里·佩奇(Larry Page)也是密歇根州人,而该公司的创始人之一,谢尔盖·布林(Sergey Brin)则出生于俄罗斯的莫斯科。就连硅谷最新的超级巨星,脸书的马克·扎克伯格(Mark Zuckerberg)也生于纽约州的一个高档社区,并在哈佛大学的一间学生宿舍里创建了他价值数十亿美元的社交

---

* 硅谷的所谓"谷",指的是坐落在旧金山湾(San Francisco Bay)南端的圣克拉拉谷(Santa Clara Valley),那里聚集着大量从事半导体工业的公司,硅在这种工业中用于半导体元件的生产。故得名"硅谷"。硅谷这个词本身是由一位成功的加利福尼亚企业家拉尔夫·韦尔斯特(Ralph Vaerst)杜撰的,它第一次被公开使用是在 1971 年,出现在行业周报《电子新闻》(*Electronic News*)上。当时该报发表了以《美国的硅谷》("Silicon Valley in the USA")为总标题的一系列文章。

网站——开始名字是“Thefacebook”,但随后他也决定迁往加州。

与他们不同的是,苹果公司的两位创建人,史蒂夫·乔布斯与史蒂夫·沃兹尼亚克就出生于此。这个地区,寻找新生活的外来移民占大多数,他们则是彻头彻尾的加州人,自童年起,当地与众不同的影响便一直伴随着他们成长。

在别的方面,他们更像是外来者。

* * *

史蒂芬·加里·沃兹尼亚克(Stephen Gary Wozniak)生于1950年8月11日。那个月最值得纪念的当地新闻,是一架满载炸弹的B-29超级空中堡垒轰炸机(B-29 Superfortress)在加州的居民区坠毁。这一悲惨事件导致17人丧生,另有68人受伤。作为洛克希德公司一位工程师的儿子,沃兹尼亚克的童年消磨在组装各种电子器件上面,并因此成了一个满怀热情的业余无线电行家。沃兹尼亚克在回忆录中说道:“我从来都不太知道我的父亲是靠什么维持生计的……我设法把各种零碎的东西组装到一起。我记得我见过类似属于美国宇航局的火箭照片,还有和从潜艇这类地方发射的北极星导弹(Polaris missile)有关的照片,但他对此守口如瓶,砰地一声关上了门。”沃兹尼亚克11岁的时候,他留着小平头的形象出现在《圣何塞水星报》(*San Jose Mercury News*)上,他紧挨着理查德·尼克松(Richard Nixon)摆了个姿势,当时尼克松正在进行1962年的州长竞选。这张照片代表了库比蒂诺的塞拉学校(Serra School)业余无线电爱好者小组的成员对尼克松全体一致的支持。但实际上这一小组并不存在,沃兹尼亚克或许是方圆许多英里内唯一而且无疑也是最年幼的一位业余无线电爱好者。当别的孩子卧室墙上贴着威尔特·“高跷”·张伯伦(Wilt ‘The Stilt’ Chamberlain)或者《贝弗利山人》(*The Beverly Hillbillies*)的人物剧照时,沃兹尼亚克则在床头的镜框内贴了一张4K超新星计算机的照片。* 有一天他告诉自己,他要

---

* 有意思的是,在2008年的一次采访中,一位报纸记者未经沃兹尼亚克证实,就在报道中说它是一台“伊拉克超级计算机”。这类错误以及它们在网上的迅速传播,就是互联网梦想之所在。

有一台这样的计算机。父亲告诉他，一台计算机主机的价格相当于一幢房子（house）。这时，年幼的沃兹尼亚克答道："没关系，我会住在一间公寓里（apartment）。"

与许多为电子产品着迷的业余爱好者一样，幼年的沃兹尼亚克十分孤僻，有些神经质的羞涩、内向。他的母亲曾经说："他在中学时非常安分守己，很少跟女孩来往。"他受到同辈人越来越多的关注，主要原因是他非常善于开一些恶作剧式的玩笑，而且这些吵吵闹闹的玩笑还特别有创意。不过，有一次他的玩笑或许开得太过火了。他把一些废旧金属之类的东西做成炸药棒的样子，还把它们和一个振荡器联接了起来，结果整个装置滴滴答答发出很响的声音。然后他把这一套东西放进了一个朋友上了锁的储物柜里，还特意在柜门上留下了一些可疑的引线。接下来的事情大家都很清楚了，校长伸长手臂抓住沃兹尼亚克的"炸弹"，英勇地冲进了足球场，接着便开始疯狂调查究竟是什么人想要炸毁霍姆斯特德中学（Homestead High School）。沃兹尼亚克被指控为罪魁祸首（开始他以为自己被叫到校长办公室是校长要祝贺他赢得了数学竞赛），结果他被送到当地的少年感化院里度过了一夜。第二天走进教室的时候，他受到了同学们的热烈欢迎。但随后他又回归了不为人注意的状态。

沃兹尼亚克并没有专注于交朋友，他花大量时间制造电子产品。其中一台绰号为"奶油苏打电脑"（Cream Soda Computer）的机器，便是后来 Apple I 计算机的前身。之所以取了这个名字，是因为他在制造这台计算机时喝了大量克拉格蒙特（Cragmont）奶油苏打饮料。为了完成这台计算机的组装，他说服邻居比尔·费尔南德斯（Bill Fernandez）帮他安装了一台功能正常的电源。计算机装好之后，沃兹尼亚克的母亲让他与她认识的一位当地报纸记者取得联系。这位记者同意前来采访，写一篇有关这两位男孩的报道。记者适时前来，让沃兹尼亚克与费尔南德斯摆好姿势，在他们组装的计算机旁拍照。照片刚一照好，奶油苏打计算机便开始冒浓烟，接着便发出一声巨响，机器报废了。费尔南德斯发现，事故原因是电源装置上的一个没有标志的芯片，那是他帮别人在花园里干活获得的回报。

中学毕业之后，沃兹尼亚克暂时去了加州大学伯克利分校，后来证明这是一次短暂的大学经历。而最难忘的时刻再一次与他的恶作剧有关。这次，他悄悄潜入大学的计算机机房，装了几个程序让计算机无穷无尽地吐出打印纸，上面打着“**狗娘养的尼克松**”和“**废纸真不赖**”的字样。一年之后他彻底辍了学，还搬了家，并开始在惠普公司工作，设计计算器的电路。正是在这个时候，他开始参加家酿计算机俱乐部的活动，成为勇敢的与会者出现在第一次会议上。他曾回忆家酿俱乐部的整体氛围：“我们充满兴趣与热情。驱使我们向前的是内在激励……这并不是说你得到了更高的工资、更好的称号，或者工作时得到更多的尊敬，或者一辆新车。我们是自觉的创造者。我们知道要做出一台简洁的计算机，接下来该做些什么。我们会完成它，然后拿出来炫耀。我们也能从同伴那里得到极好的反馈。”他完全理解支撑俱乐部的那种自由战斗的文化意识。他后来在回忆录中写道：“我们是一批革命者。像 IBM 与数码设备公司（Digital Equipment）这样的大公司听不到我们传来的社会信息。而且他们根本没有意识到，这种小型计算机将会有何等强大的力量。他们看到了我们正在进行的工作，就是那些小型计算机、业余爱好型小计算机，然后认为这些东西只是玩具……他们无法想象这些东西会有怎样的发展。”

* * *

史蒂文·保罗·乔布斯（Steven Paul Jobs）比沃兹尼亚克小 5 岁，生于 1955 年 2 月 24 日。他的母亲是 23 岁的德裔美国人乔安妮·卡罗尔·席贝尔（Joanne Carole Schieble），父亲是年轻的叙利亚穆斯林移民阿卜杜勒·法塔赫·让达利（Abdul Fattah Jandali）。席贝尔来自保守的白人基督教家庭，她的父母无法接受她与让达利之间的婚姻。为了在不被父母发现的情况下生下孩子并找到人收养，席贝尔离开威斯康星州，来到了更为自由的旧金山。她的孩子后来被旧金山的一对中产阶级夫妇克拉拉·乔布斯与保罗·乔布斯（Clara and Paul Jobs）收养。像沃兹尼亚克一样，乔布斯的童年也恰逢美国历史上的一个政治动乱期。他在回忆约翰·F. 肯尼迪遇刺身亡时说：“那天下午 3 点，我正穿过学校草地回家，突然有人大声喊道：‘总统受到枪击，已经死了！’我想我那时一定有七八岁了，我完全知道这意味着什么。我也清楚地记得古巴导弹危机。或许我有三四天晚上都睡不着觉，因为我担心如果睡着了，就再也醒不过来了。我那时大概7岁，完全明白发生了什么事情。我想每一个人都知道。那个可怕的时期我永远都忘不了，或许也永远挥之不去。我想当时所有人都是这么想的。”对于那些关注贯穿乔布斯一生的美国反主流文化运动的人来说，注意到这个人的生活与这一运动之间的紧密关系，是非常有趣的。在乔布斯出生后几个月，艾伦·金斯伯格（Allen Ginsberg）便写下了他的非凡之作《嚎叫》（“Howl”），这一作品后来成了美国垮掉一代传颂最广的诗歌。这首诗写于伯克利的一家咖啡厅，那里距离库比蒂诺不过一小时车程。

在日后的生活中，乔布斯又进一步反思了他的这段童年时期。在说到20世纪50年代末与60年代初时，他指出：“这是美国历史上非常有趣的一个时期。美国当时差不多处于战后繁荣的顶峰，一切都相当刻板和狭隘，无论是发型还是各方面的文化无不如此。这种情况扩展到60年代，但就在这时，事情开始向新的方向发展。所有的事情仍然非常成功，处于新生的阶段。根据我的记忆，美国从各方面来看似乎都还很年轻，很幼稚。”

当然，值得注意的是，那时的美国对于乔布斯来说之所以显得年轻而幼稚，恰是因为他本人就是年轻而幼稚的。尽管他的个人经历恰好与被笼统地称为“反主流文化”的那段时期（人们甚至更笼统称之为“60年代”，尽管其时间跨度明显远不止10年）有所重叠，但乔布斯晚生了10年，因此他没能成为反主流文化活动最初几波浪潮（包括垮掉的一代、前卫人士甚至嬉皮士的主力）中有意义的一部分。丹尼尔·科特基（Daniel Kottke）是乔布斯在里德学院（Reed College）的一位亲密朋友，后来成为苹果公司第一批领薪雇员之一。科特基说：“我们想成为嬉皮士，但我们太年轻了。我们还没有资格去参加伍德斯托克摇滚音乐节。”事实上，这一传奇音乐节举行的时候，乔布斯还在上初中。尽管如此，他一生都尽可能抓住一切机会，声称自己在精神上是60年代的一个成员。对个中缘由进行的辩论可以无休无止。当然，乔布斯从不反对有几分杜撰，特别是当他早期生活的真实细节看起来不但伤痕累累而且平庸得令人吃惊的时候。*

作为一个经常表现出不良行为的学生，他谈道，如果不是在四年级时碰到了一位善良的老师，他“绝对会进监狱的”。跟那些高智商而又不容易交到同龄朋友的人一样，乔布斯也受到比他年长的人的吸引。他说：“我要比我的实际年龄更成熟一点。”与苹果的最佳解决方案一样，他的童年也曾经过微调、简化与重新设计，直到它从一个中产阶级家庭的孩子的故事，变成了“伟大的美国小说”①。当然，乔布斯就是这部小说的主人公。硅谷记者迈克尔·S. 马隆（Michael S. Malone）在他的回忆录中写道：“乔布斯带着一种独特且完全成型的个性……引起了全世界的注意——这个人物半是嬉皮萨满，半是科技学者。”马隆比乔布斯年长两岁，曾与这位未来的科技界富翁就读于同一所傍山小学：蒙塔洛马小学。多年后的 1984 年，就在麦金塔计算机隆重上市前几周，他为撰写一篇杂志文章采访了苹果的这位联合创始人。说来很巧，马隆不久前发现他手头有一份乔布斯四年级时的地理作业报告。不知怎的，这份文件与他自己 20 年前的童年作业混杂在一起。作为一个玩笑，马隆决定采访开始的时候把这份报告拿给乔布斯看。他认为乔布斯会觉得很有意思。但乔布斯并没有这种感觉。

“你从哪儿拿的这份报告？”乔布斯厉声问道，好像马隆偶然发现了尚未公之于众的下一代苹果计算机的计划一样。

---

* 尽管精神分析法试图说明乔布斯后来独特气质（从完全控制的渴望，到他被残酷地拒绝之后的全面接纳的二元关系模式）的形成，源于他对早年遭受父母遗弃一事的认知，但是我会避免对此进行详细论述。对于我来说更有意思的是比较乔布斯与比尔·盖茨的童年，后者通常被视为乔布斯职业生涯中的对立人物。乔布斯，出生即被领养，成长于一个机械师（父亲）和会计（母亲）组成的中产阶级家庭。盖茨，著名律师的儿子，母亲是第一跨州银行系统（First Interstate BancSystem）与劝募基金会（United Way）的董事会成员，他还有一个作为国家银行行长的外祖父。史蒂夫·乔布斯曾劝说父母别再让他去他的第一所学校就读，据他的一位同班同学说，他这样做是因为，在这所学校里，“打架是家常便饭；厕所里的敲诈也同样如此……乔布斯来到这所学校的前一年，一批八年级男生因为轮奸而进了监狱。乔布斯七年级那年，学校在与森尼维尔市的曼格初级中学（Mango Junior High）的一次摔跤比赛中败北，结果学生们便把客队的大巴捣毁了。”反之，盖茨就读的是华盛顿州西雅图市的湖滨中学（Lakeside School）。这是一所专向特权人士子弟开放的预备学校，其中四分之一的毕业生会进入各所常青藤盟校，99% 都会进大学。乔布斯的成长背景将大大加强苹果的受压迫者心理，同样，盖茨的上流社会教养似乎铸就了微软“当权者”（the Establishment）的形象。

① 《伟大的美国小说》（*The Great American Novel*）是美国当今著名作家菲利普·罗斯（Phillip Roth）写于 1973 年的一部讽刺小说。

“那天晚上，他一直在努力构造一个伪装的外表，”马隆写道，“……他最不需要的，就是一个掌握了他一生卷宗的新闻记者。”与沃兹尼亚克一样，乔布斯在成长过程中也对电子技术产生了兴趣，尽管他的热情完全无法与他后来的生意合伙人相提并论。乔布斯接受了一位工程师邻居拉里·朗（Larry Lang）的建议，加入了惠普公司探索者俱乐部（Hewlett-Packard Explorers Club）。后来，为了得到安装一台频率计数器所需要的零件，他打电话给惠普的创始人比尔·比利特，结果后者还提供给他一份暑期工作。

少年乔布斯的特点之一，是他作为一个孩子所表现出来的轻度反叛。“**作为那一代人**（强调语气是笔者加上的），乔布斯先生或许服用过非法毒品。”1991 年，联邦调查局（FBI）在有关他的简况汇编中如是说。他当然抽过大麻，高中时开始使用迷幻剂。这种事他通常是在库比蒂诺附近的田野里干的，如他后来所说，他由此体验到了此生最为深刻的瞬间感受。“突然间，整块麦田演奏起了巴赫，”他这样回忆道，“那一刻，我感受到了生命中最神奇的体验。我觉得自己就像一位交响乐团的指挥，而巴赫的乐曲就在麦田中滚滚而来。”

* * *

经由共同的朋友比尔·费尔南德斯，两位史蒂夫在 20 世纪 70 年代初第一次见面了，并且很快就变得相当亲密。“我们熟识起来是因为有两个共同点：电子技术和恶作剧。”沃兹尼亚克如是说。乔布斯后来有些谦虚地把他的抱负描述为要“在宇宙中制造点动静”（put a ding in the universe），他以更具星系特色的语句描述了他们之间的友谊。“我们有点像两颗在各自轨道上运行的行星，偶尔相遇，”他曾这样告诉《花花公子》（*Playboy*）杂志，“而且，也并不仅仅是在计算机方面。”乔布斯是听着披头士长大的：这个乐队组建的时候他 5 岁，出最后一张原创专辑《顺其自然》（*Let It Be*）的时候他 15 岁。在沃兹尼亚克的影响下，他对鲍勃·迪伦产生了强烈的兴趣。事实证明，迪伦的音乐是乔布斯一生的挚爱。在少年时期，他们两个几小时几小时地在一起讨论这两类艺术家的精妙之处。他们的结论是，披头士确乎伟大，他们的乐曲目录上都是受电台听众欢迎的热门单曲，迪伦的音乐则让人产生更大的共鸣。“迪伦的歌曲能激发道德上的共鸣，”沃兹尼亚克回忆道，“它们会让你思考世事之是非对错，你将如何生活，成为什么样的人。”乔布斯最喜爱的迪伦唱片是1975年的《路上的血迹》（*Blood on the Tracks*），它被公认为是这位艺术家最好、最真挚动人的作品之一。乔布斯的朋友丹·科特基说：“我们常常反复听这张唱片。”许多年后，当《滚石》杂志就iTunes的发布采访乔布斯时，记者杰夫·古德尔（Jeff Goodell）在进行了几次不成功的尝试之后，终于与他就迪伦的作品进行了一番简短的讨论。“他是一个思路非常清晰的思想家，他也是一位诗人。”乔布斯说，而这两个特点，正是他本人在整个职业生涯中努力做到的。“我认为，他所写即他所见与所想。他早期的作品非常严谨；但是，当他成熟了的时候，要理解他就必须费点力气。而一旦你这样做了，其中深意就像钟声那样清晰明澈。”

“史蒂夫对嬉皮士的一切都很着迷，”沃兹尼亚克回忆道，“他四处跑着大喊‘自由性爱，伙计们’，他还吃种子。”“这是加州，”乔布斯指出，“你能得到斯坦福刚刚生产出来的迷幻剂。夜晚你可以与女友在海滨相拥而眠。加州有一种实验和开放的氛围——一种向新的可能性开放的感觉。”沃兹尼亚克本人十分符合当时电脑极客的典型形象，虽然他偶尔也会赞同嬉皮士的高级时装。“我会戴上这种小的印第安人头巾，把头发留得很长，还留上一撮胡子。”他在自传中回忆道，“从脖子往上看，我有点儿像耶稣基督。但从脖子往下看，我还穿着普通孩子穿的衣服，嗯，一个年幼的工程师。”沃兹尼亚克也不肯尝试迷幻剂，担心它会对他的工程能力产生负面影响。据他本人说，直到而立之年，他才第一次尝到醉酒的滋味。

20世纪六七十年代，愤世嫉俗的少年很难找到比硅谷更适合他们的地方。由于流淌在这整个地区的反叛精神，一种对严格精英教育的普遍态度得到发展。一个人可以从大学甚至中学辍学，只要他智力达到一定水平，就可以闯入无数正进行开创性工作的地方中的一个，并发现人们很乐于雇用他。斯坦福大学人工智能实验室（Stanford Artificial Intelligence Laboratory）便是这样的一个研究中心，并以SAIL广为人知。这一实验室的带头人是两位从麻省理工学院逃离的学生：约翰·麦卡锡（John McCarthy）与莱斯·欧内斯特（Les Earnest）。在他们的带领下，SAIL成了硅谷怪才乌托邦的一个缩影。实验室房间以 J. R. R. 托尔金(J. R. R. Tolkein)的中土世界传说中的地名命名,而它里面的打印机竟然可以打出三种(!)不同的精灵字体。尽管如此,SAIL 仍然能够展现自己离经叛道的反主流文化的理想主义运动特点,并将这一点作为它的荣誉标志。作为一个很有智慧的学者,约翰·麦卡锡没有将时间浪费在乏味、僵硬的管理上。他从来不是一位事必躬亲的管理者,他略显冷淡的个性营造了一种极为自由的氛围,并因此吸引了一大批非常随性、思想包容的科学家。同时,莱斯·欧内斯特则代表了这个实验室的无政府主义精神,这种精神在很大程度上得益于麻省理工学院的黑客伦理。他与当局之间的冲突故事不胜枚举。在 60 年代初期,作为迈特公司(MITRE Corporation)的雇员,欧内斯特曾经被"借调"到中央情报局(CIA),帮助整合几套军用计算机系统。作为安全调查的一部分,他被要求填写一份个人简介。在"种族"一栏中他填上了"杂种"(mongrel)。他在许多高层领导面前接受询问,并受到了狠狠的训斥,最后他们总算接受了他选的种族,条件是他要为此签署一份誓言书。

两位史蒂夫从来没有当过 SAIL 的雇员,他们共同的朋友艾伦·鲍姆(Allen Baum)在那工作过一段时间,有时为了和艾伦·鲍姆一起出去玩,两人偶尔会过去。尽管如此,SAIL 里存在的那种显而易见的兴奋,让沃兹尼亚克更加渴望拥有属于他自己的计算机。乔布斯则声称,他步入这间实验室时所感受到的那种"共鸣"终其一生都与他同在。

* * *

如果说,斯坦福大学人工智能实验室对于乔布斯尚在发展的感受力有影响的话,那么这种影响与《全球概览》对他的影响完全无法同日而语。《全球概览》是在邻近的门洛帕克诞生的一部"自己动手"手册,融合了科技极客的网络自由意志主义理想和嬉皮士对生态学的兴趣,其受众是那些因大批微芯片产生回归自然想法的人。《全球概览》与《滚石》杂志一起,成了起源于海特－阿什伯里运动的最值得纪念的两大反主流文化运动刊物。《全球概览》是一个名叫斯图尔特·布兰德的 29 岁湾区嬉皮士创办的,他从父亲那里继承了一笔遗产,于是创办了这份杂志。布兰德生于 1938 年,1960 年毕业于斯坦福大学，获得了生物学学位。作为伞兵在美国军队服役了一段时间后，布兰德与《飞越疯人院》(*One Flew Over the Cuckoo's Nest*)的作者肯·凯西(Ken Kesey)及其乐队快活的恶作剧者(Merry Pranksters)搭到了一起，后者早期乘坐改装巴士环游美国的经历被详细记录在了汤姆·沃尔夫的重要著作《令人振奋的兴奋剂实验》(*The Electric Kool-Aid Acid Test*)中。布兰德一直在充斥着迷幻剂的海特－阿什伯里运动中发挥着关键的作用。他亲自参与并帮助组织了兴奋剂实验，实验的参与者是一些急于扩展自己思维的志愿者。

“你感觉如何?”第一次服用了 LSD 之后有人问他。

“正是我想要的!”他回答。

有一次，布兰德服用了迷幻剂之后，他感觉自己跃入餐盘，在蔬菜中穿行。其中一片马铃薯变成了他的英雄形象。在此期间，布兰德有关计算机作为头脑扩展媒介的观点也逐渐成熟。1968 年，他协助计算机先驱科学家道格·恩格尔巴特(Doug Engelbart)进行了一次演示。在那次现在被称为“演示之母”(The Mother of All Demos)的演示中，恩格尔巴特第一次向全世界展示了计算机鼠标、视频远程会议、电子邮件、超文本与文字处理方法。* 同年，布兰德创办了他的《全球概览》。该杂志的油印版首印只有 1000 册，封面是美国国家宇航局从太空拍摄的一张地球照片，副标题便是人们熟悉的“获取工具的途径”(Access to Tools)。这是一张有所言说的图片，采用了最新的太空时代的科技，同时又将之重新放入一种反工业化甚至完全反现代的框架中。就在登月行动让大多数人满怀惊叹地凝视着宇宙、畅想星际旅行的可能性时，《全球概览》选择将视线转回地球。

这一期刊出的是一个大杂烩式的目录，分为七个不同的类别，它们分别是：理解全球系统(Understanding Whole Systems)、居所与土地利用(Shelter and Land Use)、工业与手工艺(Industry and Craft)、通信(Communications)、社区(Community)、游牧(Nomadics)以及学习(Learning)。里面有关于“运动员是否

---

* 道格·恩格尔巴特曾在测试条件下服用了 LSD，其基本想法是，看自己是否能够直接通过这种方法为他想象中的创新铺平道路。他花了几个小时，着了迷似的凝视着一堵墙，并在梦想中看到了一个微型水轮。他把这个微型水轮叫作“儿童嘘嘘玩具”。可以把这种微型水轮放到便池里面，有人向里面小便的时候它就会转动起来，以此帮助训练儿童撒尿。

应该服用兴奋剂?”这一类令人头疼的问题的文章,有关于建立“南加州自由游牧协会”(Libertarian Nomadic Association in Southern California)的提议,还有快活的恶作剧者乐队成员肯·凯西与罗恩·贝维尔特(Ron Bevirt)的通信,以及关于在哪儿能买到目录上的物件——从野营装备到可编程计算器,应有尽有——的说明。本质上说,有自尊心的科技嬉皮士真正“自己动手做”(DIY)而可能需要的一切事物,都包含在这个目录里。布兰德回忆道:“‘DIY’曾经是过时的事情,是乏味的父亲们在后院、阁楼、地下室与车库里干的营生。不知怎的,我们让这些事情听起来很时髦、新鲜而且成了一代人的标志。这本杂志成了嬉皮士的自由主义圣经。这是约翰·肯尼迪那段著名的说辞之后不久的事情:‘不要问你的国家能为你做些什么……’,然后我们都说:‘没错,自己动手做。’”当安德鲁·柯克(Andrew Kirk)在《想象之国:20世纪六七十年代的美国反主流文化运动》(*Imagine Nation: The American Counterculture of the 1960s and 70s*)这部书中写下《慈爱的机器》一文的时候,或许,《全球概览》最令人吃惊的地方,是它建议反主流文化理想主义的抽象观念应该让位于物质表达:

> 布兰德的创造完美地抓住了20世纪60年代中期后越战时期的反主流文化运动的精髓,它强调生活方式与实用主义的行动主义对于乌托邦式的理想主义与政治的超越。《全球概览》推广真实的产品,而不仅仅是想法,其关注点总是现实问题的解决方案在理论上的可行性,即便并不总是合理。对于布兰德和他的同事来说,《不再用5加仑水冲厕所》(Stop the 5 - Gallon Flush)这样一个用简单的家居技术修理方法防止浪费水的指南,如同《资本论》一样具有革命性,甚至犹有过之。*

尽管布兰德的杂志第一次开始销售的时候,距个人计算机的出现尚有数年之遥,他还是很快就把它们的存在视为完成科技涅槃的手段。“《全球概览》的成功,成为狂热者通往科技之路的载波,而没有成为对科技的抱

---

* 后来,乔布斯对此提出了自己的认识。他评论道:“或许,就对于我们这个世界的改进而言,托马斯·爱迪生的贡献比卡尔·马克思与(得道高僧)尼姆·卡罗莱(Neem Karoli)加在一起还要大得多。”

怨。”他说，“其意义犹如 E. F. 舒马赫(E. F. Schumacher)指出‘小即是美’以及诸如此类的时刻。现在，弗雷德·舒马赫也反对科技了，他甚至不喜欢汽车上的自动升降窗户。从某种意义上，我们说，小型**科技**是美的——我们不妨再向前进一步。‘小’关乎个人享有力量。”

受到斯图尔特·布兰德影响的人，远非史蒂夫·乔布斯一个。当《全球概览》作为一本书于 1971 年出版的时候，它变成了一部全美畅销书，激起了无数追风续作者与盲目仿效者。创刊号发行的时候，乔布斯还是一个十几岁的少年，他当然处于读者群中年幼的一端，而且他当时也实在太年幼，无法逃离家庭，加入布兰德热心倡导的那种社区。然而，从每一页超出一般规格的纸上，乔布斯绝对感受到了起伏激荡的兴奋。布兰德谈起乔布斯的少年时代时说：“那是一个发展的年代。史蒂夫正是在那个时代的库比蒂诺成长起来的。因此，当他的嫩枝柔软而弯曲的时刻，很容易受到我与其他人的影响。在 20 来岁的时候，他选择的人生之路就沿着那条嫩枝所指的方向。”当然，就苹果的精神气质而言，人们很难找到比印刷在《全球概览》内页上的话更好的总结。布兰德的宣言为个人自主、摆脱传统的权力集权形式，以及人类改善世界的能力奠定了理想。这些理想正是苹果后来所倡导的——并被一种确定无疑的霸气所强调，成为库比蒂诺的这家公司的特点：

> 我们**如同**神祇，不妨变得擅长做这种事。迄今为止，从政府、大企业、正规教育、教会等获得的微小的权力和荣耀，成功证明了巨大的缺陷掩盖了实际收益。为应对这种两难处境，为了回应这些收益，一个私人的、个人的权力的领域正在发展，即一种个人自我教育、寻找自己的灵感、塑造自己的环境，并与任何有兴趣之人分享探险的力量。**《全球概览》**寻找和推广的，正是能促进这一过程的工具。*

---

* 开头语借自英国社会人类学家埃德蒙·利奇爵士，他出版于 1968 年的著作《一个失控的世界？》中有一句类似的表达：“人类已经变得像神了。”利奇写道：“现在是否已经到了我们理解自己神性的时候了？科学让我们完全掌握了我们的环境和自己的命运。然而，我们并没有因此而感到雀跃，反而感到了深深的忧虑。为什么会这样？怎样才能消除这种恐惧？”

许多年后,2005 年,乔布斯对斯坦福大学毕业生发表了一场异常坦率的演讲。他在演讲中反思了《全球概览》对他产生的影响,并主动向新一代人介绍布兰德的工作。乔布斯说:"……那时个人计算机和桌面出版还没出现,因此,它完全是通过打字机、剪刀与宝丽来相机完成的。它有点像纸质版的谷歌,但比谷歌早了 35 年。这是一部理想主义的著作,其中充满了灵巧的工具与伟大的理念。"让乔布斯印象特别深刻的是一幅照片,它出现在 1974 年版的《全球概览》的封底上。那是一条风景如画的乡村道路照片,是布兰德的一位朋友在湾区东北部拍摄的。乔布斯如此描述:"是富于冒险精神的人,在搭顺风车时常看到的那种路。"照片上有一行由简单的黑白字母写成的句子:"**保持饥饿,保持愚蠢(stay hungry,stay foolish)。**"

斯图尔特·布兰德与《全球概览》对乔布斯还产生了另外一个更为直接的影响,尽管乔布斯当时并没有意识到这一点。1971 年 6 月 21 日,布兰德决定为《全球概览》举办一个稍显过早的"休刊派对",以纪念这份杂志最后一次出刊。这次聚会在旧金山的艺术与科学宫(Palace of Arts and Sciences)举办,闻讯前来的狂欢者约有 1500 人。布兰德身穿黑色僧袍,主持了所有的活动,其中包括一项无停歇、无比分的室内排球赛。那里还有一个事先设计好的放满气球的区域,参加者可以吸气球中的一氧化二氮(笑气)。一支名为金蟾蜍(Golden Toad)的乐队演奏着一曲曲原声音乐,从蓝草音乐到肚皮舞音乐,应有尽有。当聚会达至高潮,当晚的主持人斯科特·比奇(Scott Beach)走到麦克风前通知聚会者,布兰德给了他一个口袋,里面装有总数为两万美元的 100 美元钞票。这些钱是准备给聚会者的,条件是他们能够就如何处理这笔钱达成一致。

比奇说:"用它作为一枚种子。《全球概览》至此停刊。种子已经播下。你们将共同决定,该用这笔钱做些什么。这里有麦克风,有很多理由,有许多可能性。"

布兰德后来回忆了人群的疯狂反应:"**'把它丢进厕所里放水冲走!''别,不能这么干!''把它交给印度人!''给孟加拉人!''我们的社区需要一个泵,不然的话我们都会得肝炎!'**"辩论一直持续到第二天上午 9 时,最后留下的十几个参加者一致同意,把这笔钱送给当地一个名叫弗雷德·摩尔的洗碗工。摩尔承诺用这笔钱创建一个让人人受益的公共服务项目。几年后他创办了家酿计算机俱乐部，实践了他的诺言。

* * *

中学毕业之后，乔布斯进入里德学院就读。里德学院是位于俄勒冈州波特兰市（Portland）的一所私立文理学院，校园的微风中还飘荡着源自 20 世纪 60 年代的浓烈的大麻的味道。这所学院学生人数相对较少，只有 1200 人，素以吸引自由思想者著称，乔布斯将其视为远离家庭、重塑自我的一个机会。他告诉一位传记作家："我只想让人们把我看成一个来自肯塔基州的孤儿，多年来一直换乘货运列车在全国各地周游。"然而，一旦来到了里德学院，他便发现自己在这里与在故乡一样格格不入。他还是那个心理上极度敏感的年轻人，只是被送到了 700 英里之外的地方。乔布斯在里德学院没有几个朋友，其中一个叫罗伯特·弗里德兰（Robert Friedland）的告诉传记作家迈克尔·莫里茨："史蒂夫在学校是一个异类。让我吃惊的是他的偏执。无论他对什么事情产生了兴趣，他的专注都会达到一种非理性的极端状态。他不是那种能自由坦率交谈的人。他有一个突出的特点，喜欢在说话时目不转睛地盯着对方。他会死死盯着他们的眼珠子，问一些问题，并让对方在不移开视线的情况下做出回答。"多年来，这种让别人身心很不安的方式让乔布斯得益不少，特别是在和程序员打交道时，后者通常不愿意与他有眼神交流。当他带着一个科技传道者的超凡魅力，向公众推销高科技产品时，他的这一策略确实奏效；但当他试图与同学正常互动时，就是另一回事了。他选择了一些问题与人进行讨论，这一策略并没有让人觉得这些问题有什么不寻常。有一次，乔布斯阅读了阿诺德·埃雷特（Arnold Ehret）于 1922 年出版的《非黏液饮食治疗学》（*The Mucusless Diet Healing System*），由此产生了为了健康而采用一种无黏液生活方式的想法。结果这成了他谈话的唯一主题。无论一次谈话以何种话题开始，它都会在人们还没说完或讨论完相关内容之前，就以这种或者那种方式转到人的腺体分泌这个问题上。弗里德兰回忆道："当时，整个世界都围绕着消除黏液转。"

正是在里德学院，乔布斯遇见了丹·科特基，一个在纽约州的佩勒姆

(Pelham)长大的性格温和的男孩子。科特基回忆:“这里可以算是纽约的一个近郊住宅区。我并不认为我们是有钱的孩子,但生活极具田园风味。很多时候我和朋友们到处闲逛,玩得很过瘾。我对汽车不算很感兴趣。我还有一些朋友喜欢搞音乐,但我不那么喜欢。我个人喜欢读书,阅读范围很广。整个中学时期我都在读科幻小说。”不像乔布斯是自己特别选择的里德学院,科特基到这里多少是出于偶然。他说:“我以为我很有希望进哈佛大学,但实际上不是这样。我想到波士顿生活,那里有我的朋友。但哈佛大学没有录取我,我又不想去安蒂奥克(Antioch)。我不知道该怎么办,最后,中学的指导顾问建议我去里德学院。”科特基完全不知道他应该朝哪个方向努力。他在那里弹钢琴,主修了音乐,但觉得做一个职业音乐家没什么前途。有一段时间他考虑接受训练成为一个心理学家,但当他发现必须对小白鼠进行斯金纳操作性条件反射行为研究时,便打消了这个念头。

乔布斯与科特基之间的友谊与电子技术无关。相反,他们俩是因为读书而走到一起的。尽管多年之后,乔布斯对亚马逊出产的 Kindle 大加攻击,认为这种产品的“核心概念便存在着瑕疵,因为人们已经不再读书了”,乔布斯从童年到青少年一直都是个如饥似渴的读者。他的一份六年级的报告指出,他是一个“杰出的读者”,而且这一爱好一直持续到他的青春期。他与科特基花很长时间讨论的一本书,是 1971 年出版的一部重要著作《活在当下》(*Be Here Now*)。该书讨论的主题是精神性、瑜伽与冥想,作者是生于西方的瑜伽信徒与心灵导师巴巴·拉姆·达斯(Baba Ram Dass),他出生时的姓名是理查德·阿尔珀特(Richard Alpert)。与这本书的主题同样令人吃惊的,是这本书多少有些离谱的定价:3.33 美元。对于包括乔布斯与科特基在内的一代人来说,《活在当下》是迷幻剂经历的一个关键成分。科特基说:“我和朋友都在中学服用过迷幻剂,但我们没有形成一个概念框架。那本书与意识有关,对迷幻剂也有很多讨论。一旦我们开始阅读这一东方文学,迷幻剂就变得更加有趣了。”这个时期,科特基和乔布斯阅读的其他有关精神的书籍还包括铃木俊隆(Shunryu Suzuki)的《禅者的初心》(*Zen Mind, Beginner's Mind*)和帕拉玛汉沙·尤迦南达(Paramahansa Yogananda)的《一位瑜伽行者的自传》(*Autobiography of a Yogi*)。将近 40 年后,《一位瑜伽行者的自传》成为唯一一本被乔布斯下载到他 iPad 2 上的书。他与科特基也曾在一个占地 220 英亩的社区做义工，这一社区坐落在波特兰市西南方 40 英里的地方，由一个苹果园改造而成。这个社区有一个新名字，叫作“团结农场”（All One Farm），由乔布斯的朋友罗伯特·弗里德兰管理。然而，不久之后，当他看到弗里德兰通过他这样的人的无偿劳动而获利后，乔布斯的幻想破灭了。“事情开始变得非常物质主义了。”乔布斯如是说。许多年后，弗里德兰成为一个价值数十亿美元的铜金矿山的高管。

此外，乔布斯在里德学院的这段时间，热切接受了各种受到严格限制的饮食方式，并在余生继续尝试这些方式。按照其中的一种方式，他与科特基只吃新鲜水果，而另外一种则只允许吃扁桃仁与枣。这两个人决定要成为素食者。乔布斯曾经读过弗朗西斯·摩尔·拉佩（Frances Moore Lappé）写的一部畅销书，书名为《一座小行星的饮食方式》（*Diet for a Small Planet*）。作者在书中提出，避免食用以粮食喂养的牲畜的肉，让人类有力量创造一个更清醒的世界。与此同时，科特基拿到了一期《素食时报》（*Vegetarian Times*），上面刊登的屠宰场的照片把他吓坏了。放假回家的时候，他告诉他的母亲，他不会再吃她烧的菜肴，科特基夫人忍不住哭了起来。

* * *

很多因素导致乔布斯从里德学院退学。尽管这种现象在这样成功的硅谷高管身上无疑很不寻常，但事实上，这在里德学院司空见惯，那里超过三分之一的学生都没有毕业。后来，乔布斯在斯坦福大学 2005 年的毕业典礼演讲上复述了这一段经历：“在学院里待了 6 个月后，我看不出继续待下去有什么价值。我不知道我想如何度过我的一生，也看不出大学教育能帮助我搞清楚这一点。而且我在这里花着我父母一辈子的积蓄。”令人吃惊的是，乔布斯还是可以在校园里闲逛，随便进出朋友们的寝室，尽管他那时已经不再付学费了。他也可以旁听他感兴趣的课程。他以每月 20 美元的租金租了一间没有暖气、带车库的公寓，吃饭就靠当地的哈瑞奎师那神庙（Hare Krishna temple）提供的免费餐，再加上有时候科特基的女朋友伊丽莎白·霍姆斯（Elizabeth Holmes）做的饭。即使在这种情况下，乔布斯也拒绝在他的饮食问题上妥协。

1974 年 2 月，乔布斯搬了家，并浏览当地的《圣何塞水星报》找工作。正如传记作家沃尔特·艾萨克森指出的那样，工作机会从来都不少。那 10 年的招聘高潮期，《圣何塞水星报》刊登的招聘广告多达 60 页。其中电子游戏制造商雅达利（Atari）的一份广告引起了乔布斯的注意。广告上写的是："好玩，又有钱挣。"这两条听起来都不错。雅达利是当地另一个成功的案例，它的发展轨迹——从高科技创业公司到大企业——符合反主流文化的一切标准。该公司的创始人诺兰·布什内尔（Nolan Bushnell）比乔布斯年长 12 岁，是犹他大学（University of Utah）电子工程专业的毕业生，该大学是计算机绘图的先驱阵地。布什内尔在犹他大学的时候，偶然见到了一款由麻省理工学院的黑客在 60 年代初期开发的早期数字计算机游戏，名字叫《太空大战》（Spacewar）。

《太空大战》是一款双打游戏，两位游戏者各自驾驶二维宇宙飞船互相攻击。受到该游戏开发者的实验性努力的启发，布什内尔创造了他自己的游戏版本《电脑太空》（Computer Space），并试图投放市场。然而，这款游戏惨遭失败，布什内尔又回到了他的设计室。之后出现的便是《乒乓》（Pong），一款独具匠心、让人容易上瘾的游戏。人们在游戏中用虚拟球拍来回击打一个方形的球，让它在显示屏上来回穿梭，就像在冰冷的外空间玩一盘看上去真正存在的网球游戏。电子乒乓球游戏大获成功，不到 6 个月，诺兰的小创业公司便成了游戏机市场的龙头老大。如果说计算机仍被视为科技专业人才的专利，那么电子游戏则用弹球游戏桌和其他电子机械永远无法企及的方式展现了冷战（Cold War）的科技力量之梦。* 当然，电子乒乓球游戏一夜成名，直接导致各家竞争公司蜂拥而至，加入淘金行列。最初，雅达利在投币电子游戏市场上一枝独秀，而这款游戏入市不到一年，就有超过 15 家公

---

* 由于种种原因，例如技术的再语境化（从军工—学术复合体的工具到消费产品的转变），人们常把早期的电子游戏（如《乒乓》）和计算机技术的发展混为一谈。事实上，最初的乒乓球游戏与程序编码相近之处不多。它并没有使用某种微处理器，也没有使用某种定制集成电路，而是采用了元件构成的数字逻辑设计，例如阿尔·奥尔康（Al Alcorn）等电视工程师所熟悉的那种方法。奥尔康清楚地知道产生与调控脉冲波形的不同方式。

司进入市场展开竞争。这些游戏大都在模仿《乒乓》，充其量只是它的翻版。例如，拉姆泰克公司（Amtrak）的《大获全胜》（Clean Sweep）让游戏者用控制杆发出的球撞击屏幕上分布的点，以清空它们。布什内尔或许对此感到烦恼，但他并不担心。他说："我觉得我们可以在创新方面击败他们。"雅达利现在资金充足。它开始吸引富有创造性的一流程序员加盟，并为他们创造了一种乌托邦式的工作环境。该公司过分强调平等，代表着硅谷反主流文化自由意志主义令人讨厌的光荣。布什内尔回忆道："我们把程序员当小神一样对待。我们给最优秀的程序员私人办公室，还在工程大楼里放了热水浴缸。我们为那个部门雇用能够找到的最漂亮的秘书。为庆祝达到公司收入目标而举行的雅达利通宵啤酒狂欢已经成为传奇。我们在规划会议上吸过大麻吗？绝对有。我们是不是有过一些疯狂的庆祝聚会？或许是真事。我们的公司说不定是世界上工作最辛苦的地方？这或许也是真的。"为了保证雅达利不会偏离自由思想的道路，布什内尔起草了一份两页纸的公司宣言，向雇员们保证，公司将"保持这样一种社交气氛，除了组织层级之外，我们也是朋友和同志"。尤其是，公司不会存在"短头发反对长头发，或者长头发反对短头发"之类的歧视。

简言之，这看上去是一个为史蒂夫·乔布斯量身打造的完美公司。尽管乔布斯有些衣衫褴褛，总工程师阿尔·奥尔康还是给了他一个时薪5美元的技工工作——当时乔布斯的个人卫生状况明显不佳，这一决定在公司其他员工眼里极为轰动。奥尔康后来回忆道："工程师们不喜欢他，他身上有股怪味。"

* * *

在成为雅达利第40名雇员以后不久，乔布斯宣布他要去印度进行一次精神之旅。他对奥尔康解释，唯一的麻烦是他手头资金不足。雅达利是否有兴趣为他出资购买机票？"扯淡，"奥尔康回答，"你要去见一位得道高僧，我一分钱也不会出。"但他们最终达成了一项妥协。雅达利运往慕尼黑的一批产品存在一些技术问题，乔布斯要先飞到欧洲解决这些问题。从那里前往印度的一切费用他都得自掏腰包，但至少他可以上路了。由于美国大学生对于东方的灵性学说突然兴趣大增,对于那些想要体验一番“聚神、入世、出尘”的人来说,印度成为一个流行的圣地。乔布斯尤其因为罗伯特·弗里德兰讲述的故事而感到兴奋,后者描述了一种“带电荷的爱的氛围”。光这一点便足以让他与丹·科特基踏上旅途。“我们读过的书中有许多圣人的神奇故事,我们很想知道到底是怎么回事。”科特基如是说。但事实证明,印度的情况实在令人失望。他们曾经因为过于年幼而错过了伍德斯托克摇滚音乐节,情况与此类似,乔布斯与科特基晚来了几年,无法感受《活在当下》中描述的那种轰鸣震撼的狂热。他们俩到达的时候,精神领袖们(gurus)**几乎都**已离开。颇为讽刺的是,他们中的许多人去了美国,认为那里是一个不断增长的市场。对此科特基说:“我们没有获得任何奇迹体验或者深刻的领悟……我们很高兴去了印度,但我和史蒂夫都感到,真正的故事正在美国上演。”

不过,科特基确实看到了他朋友身上此前从未呈现的一些方面。“你会从街上的商贩那里购买食物,”他回忆道,“史蒂夫对于价格是否合理有着非常敏锐的感觉。他总是先看看别人付了多少钱,然后要求支付同样的价钱。但事实上我们在当地格格不入,我们一看就是外国人,因而对我们要价总是高些。说白了就是这么回事。在那里生活的人大多都非常非常穷……史蒂夫有好几次都因为要按本地价格付款而跟人争论了起来。我永远也无法明白他为什么会有这种问题。我觉得只不过是几美分……按照他们要的价格给钱就行了。(但是)你会看到,这种想要得到尽可能低的价格的个性,将在他今后的生活中一步步发展。”

* * *

回到美国之后,乔布斯定下心来准备干活了。他回到了雅达利,并且直接得到了他原来的那份工作——尽管他看上去甚至比离开公司的时候还更邋遢。这次,他得到了为雅达利的一款新街机游戏设计电路的机会,这个游戏的名字叫《打砖块》(Breakout)。乔布斯是一个说得过去的工程师,但这个工作远远超过了他的专业水平。他找来了史蒂夫·沃兹尼亚克,因为他知道沃兹早就对解决这类问题垂涎三尺。尽管沃兹尼亚克受雇于惠普公司,但雅达利公司的员工对他并不陌生。在前往印度之前，乔布斯就因一些侮辱性言论惹恼了雅达利的同事，于是阿尔·奥尔康只安排他上夜班。奥尔康为此给出的正式理由是：出于安全与健康的考虑，脚上穿着露趾凉鞋的乔布斯不可以进入可能有大型起重装置工作的场地。

这对于乔布斯来说再合适不过了。每天，沃兹尼亚克结束工作并吃过晚饭之后，乔布斯便邀请他过来，陪着他工作。沃兹尼亚克可以免费玩雅达利的第一款竞速街机游戏《格兰 10 号高速道》（Gran Trak 10），这是该公司继乒乓球游戏之后最火的拳头产品。作为交换，沃兹尼亚克会在乔布斯碰到棘手的技术难题时施以援手。* 《打砖块》给他这样做提供了一个合适的机会，而且他还可以从中得到报偿！作为一款游戏，《打砖块》并没有什么引人注目的地方。从本质上说，它是《乒乓》游戏的单人版，只不过屏幕的另一端是可以击碎的砖墙，而不是能够将“球”凌空击回的对手。然而，这是一种通过典型的雅达利方式孕育的游戏：一个发生在苍茫大海边的思想风暴，这个时候，一位员工提出的任何想法都可以被整个团队采纳。

布什内尔十分喜欢“打砖块”这个想法，但他也担心，需要多少个集成电路才能完成这款游戏。他给了乔布斯一项挑战：电路设计中每少用一个集成电路，乔布斯就能得到一笔奖金。布什内尔原本认为这项设计需要好几十个集成电路，但当沃兹尼亚克成功拿出一份非常简洁、显然具有创新的设计的时候，布什内尔惊喜不已。布什内尔付给乔布斯几千美元的奖金，外加原来答应给他的 700 美元工资。[乔布斯给沃兹尼亚克写了一张 350 美元的支票，但从来没有提起其他的钱。许多年后，沃兹尼亚克乘坐飞机参加苹果公司的一项促销活动，当他第一次从一本讲述雅达利公司历史的书上读到这件事时，他忍不住哭了起来。“他意识到，史蒂夫并没有把他们到底挣了多少钱告诉他。”苹果工程师安迪·赫茨菲尔德（Andy Hertzfeld）说，他是第一个提醒沃兹尼亚克这一事实的人。]《打砖块》一举成为 1976 年最受人欢迎的街机游戏，并在下一年被收入豪华型屏幕弹珠台（Video Pinball）的家庭

---

* 尽管《格兰 10 号高速道》大受玩家追捧，但这款游戏几乎让雅达利公司踏上市场的不归途。由于一个会计方面的失误，这批游乐场机器以低得可怕的价格投放市场，这意味着每卖出一台机器，公司都会赔钱。

游戏机中。

与此同时,乔布斯开始参加家酿计算机俱乐部的活动。如果说沃兹尼亚克在家酿俱乐部的表现是意料之中,那么乔布斯则属异军突起。这并不是因为他的天才立即被每个人清楚地看在眼里,也不是因为他总是一副嬉皮士装扮,在家酿会场上,这种装束根本不会让人们多看一眼。就像一位成员说的那样:“头发的平均长度是让发梢远低于大家的领口。”如果有某种原因让乔布斯与其他人有所不同,那就是他似乎并不特别迷恋计算机,至少按照那些愿意参加俱乐部活动的人的标准来说如此。“他就像一条离开了水的鱼那样不自在。”家酿俱乐部成员、早期的苹果雇员兰迪·威金顿这样说,“我们身在硅谷,因此我们被计算机和科技包围,但我认为,如果乔布斯周围是另外一批朋友,他也会被他们拉过去,改造另一个行业。”当然,谁也不知道,如果乔布斯出生成长在另一个地方,他是否也能做得如此成功。就像他时断时续的朋友与竞争者比尔·盖茨一样,史蒂夫·乔布斯出生于个人计算机革命的关键时刻。当《大众电子学》(*Popular Electronics*)杂志刊出它著名的 1975 年 1 月号封面文章,为 Altair 计算机欢呼,称其为“世界上第一台能与商业化的计算机竞争的微电脑装置……”时,他还有一个月才满 20 岁。如果早生几年,他很可能会坚定地在一家像 IBM 这样的公司建立事业,好好利用 Altair 计算机实现飞跃。如果晚生几年,他就不可能有机会利用任何东西。

当然,尽管就其出生时间与成长地点来说,乔布斯无疑是幸运的,但是硅谷有许多跟他一样生于 1955 年并对电子技术怀有兴趣的孩子,只有一个人最终变成了**史蒂夫·乔布斯**。从一开始,乔布斯就是一个具有强大吸引力的人,这一点与他的轻松销售行话(easy sales patter)结合,让他具有了明显的优势。威金顿说了一番话,许多人有同样的看法:“史蒂夫具有一种令人难以置信的魅力。只要站在他旁边跟他谈话,你就想取悦他。”沃兹尼亚克告诉乔布斯他正在安装一台计算机,这种计算机很像 Altair,能让人在家里玩雅达利公司正在做的那些游戏,这时候,乔布斯在这位年长的工程师身上看到了新的价值。乔布斯对此很感兴趣。

“你以后打算拿它做什么?”他问。

“我还不很确定。”沃兹尼亚克回答，“**我可能会把图纸给施乐公司**。然后免费分享给家酿俱乐部那些想要的人。”

乔布斯目瞪口呆。就这么白给出去？很显然，沃兹尼亚克根本没有搞清楚状况。乔布斯有点像家酿俱乐部的一个局外人，他从来没有完全抓住这个俱乐部的道德主旨。就像一个纯学术机构一样，它是一个“有福同享、有难同当”的地方。沃兹尼亚克对于他最终能在印刷电路板上显示错综复杂的工艺感到十分自豪，而看到俱乐部其他成员使用他的蓝图组装自己的计算机，他的野心就满足了。不管怎么说，他现在是惠普公司的全职员工，在那里他能随意使用计算机主机。家酿俱乐部只不过是一种夜间的兴趣活动，他不觉得有人会为他的计算机设计掏钱。乔布斯无法理解这一点。他尚未到遭遇发明者困境的人生阶段。相反，他正面临的是**销售者的困境**：他需要卖出什么东西。沃兹尼亚克后来回忆道：“他有强烈的意愿要建立自己的公司……史蒂夫想推出一件成功的产品，赚到一笔钱。他对即将到来的家用个人计算机也有着绝妙的产品理念。”

这种观念上的差异屡见不鲜。硅谷一直有一个非常显著的特点，即科技人员共享信息的要求和企业家追求利润的动机之间存在着内在张力。两位史蒂夫（更确切地说，是史蒂夫·乔布斯）这么快就提出了要把计算机爱好者朴素的理想主义变成一个可行的企业的想法，以至一些人认为，苹果从一开始就“背弃”了反主流文化所珍视的一切。而这一点又转而引发了一个有关反主流文化的基本迷思，即反主流文化一直是毫无异议地反对资本主义的。驱除这一迷思十分重要。简单来说，这种说法是不真实的。当然，在某些方面，反主流文化是坚决反资本主义的。新左派代表了其中的一个观点。像乔布斯这样的人则代表着另一个极端。约翰·佩里·巴罗解释道：“旧金山的反主流文化有两翼，其中的一翼确实是马克思主义的，而另一翼则基本上是非政治的。后者的观点是，能赋予人力量和自由的事物都是好的，资本主义不一定是奴役人的工具。”

在个人计算机革命的早期阶段，在诸如家酿计算机俱乐部的那种情况下，这两种看法可以相安无事。这与使用迷幻剂的嬉皮士和新左派之间的关系非常相似，他们在大多数情况下都愉快共存，前者不会去谴责后者过分热衷于政治,后者也不会反唇相讥,说前者只不过是在无聊地浪费时间。但无论在反主流文化还是技术极客中,这两种哲学的不同确实说明了他们之间的一个基本分歧。对于业余爱好者(黑客)来说,尽管某个既有的象征秩序天生就存在着错误,但他们并没有一个要推翻这种秩序的无政府主义目标,甚至也不是要获得它的批准以得到使用科技的权利。他们寻求创造一种杰斐逊式的新民主,不是以平均分配土地而是以平等获得信息为基础的新民主。换言之,并不是说科技不好,计算机是邪恶的,或者商业是有问题的;而是说,他们想要分一杯羹,得到一些目前得不到的东西。新左派的观点有所不同,同时更为激进。他们有一些诸如李·费尔森施泰因关于社区存储器项目的概念,确定想推翻某个体系,把统治集团拥有的工具分配给受该集团剥削与排斥的人民。

从这些不同的(尽管当时暂时汇合)目标中,一个人可以了解到计算机行业一直以来的发展路径。对于业余爱好型的黑客,他们追求的是可通过科技取得的社会地位;新左派企盼的则是造成社会变革。于是,尽管多年来苹果这类公司一直存有改造世界的野心,但通过同一种新世界秩序谋取利润的想法并不存在意识形态方面的问题。在乔布斯看来,可能除了计算机没有什么会卖光,而计算机卖光后又可以再重新订货。不在任何人身上赔钱,事实上是反主流文化的声音,像乔布斯最爱的迪伦这样的音乐家,通过大量出售原声音乐掀起了一项革命,同时从各大唱片公司那里获得数百万美元的报酬。在很大的程度上,嬉皮士实际上是**进步的**资本主义者,热烈支持自由市场的自由意志主义观点。随着时间的推移,这些成为西方世界的主流意识形态。留着长发的人对美国企业说三道四,并且嘲笑那些穿着灰色法兰绒西装、内心压抑的商人与生俱来的守旧和一点也不嬉皮的形象。同时,他们的神话赞美那些白手起家的另类企业家中的代表:从毒品商贩和地下艺术家,到像《雌雄大盗》(*Bonnie and Clyde*)中的邦尼和克莱德这种银行抢劫者那样的暴力罪犯。正如斯图尔特·布兰德所解释的那样:"当他们遵循'聚神、入世、出尘'的信条行事的时候,60 年代的大学生也放弃了学术界厌恶商业的传统。'做你自己的事情'很容易就变成了'创办你自己的公司'。"按照这种方式,苹果公司的完美创建,就不是肆无忌惮的资本主义的一个例子，反而具有一种反叛的意义，成为嬉皮士 DIY 精神理念的延伸。

乔布斯说服沃兹尼亚克时，是否在努力掩饰出于赚钱而行的必要邪恶，这一点我们不得而知。但有一点很有趣，即几乎每个谈起苹果早期情况的人——包括撰写了史蒂夫·乔布斯传记的沃尔特·艾萨克森，都不会将苹果的创建描绘成一项资本行为，而认为它是一个“有趣的探险”。沃尔特·艾萨克森写道：“这对于沃兹尼亚克十分有诱惑力，甚至比发财的前景更让他神往。”*

* * *

为公司选择一个好名字并不能保证它的成功，但选择一个坏名字的后果可以是毁灭性的。今天，公司的品牌化形成了一个完整的产业，其中包括咨询人员、专题讨论会与书籍，用以帮助人们回答这样一个问题：在所有的名字中，哪个名字最能定义你的公司？多年后，乔布斯和任何一个沿着这条路走下去的人一样有罪过(guilty)。** 然而，在 1975 年年中，乔布斯与沃兹尼亚克加在一起也穷得叮当响，根本没有这样的选择。这两个人开着沃兹尼亚克破旧的汽车转悠，反复考虑着一个又一个名字，想从中找到一个合适的。**矩阵电子(Matrix Electronics)如何？或许选一个更简单的，就叫个人计算机公司(Personal Computer, Inc)怎么样？你觉得执行科技(Executek)这个名字会不会太隐晦了一点？**

乔布斯突然蹦出来一句：“叫苹果计算机公司如何？”

---

* 一个可以思索的有趣观点涉及这样一个问题：从新左派意识形态到总体上更温和的嬉皮士的迷幻乐的转变，这一趋势应在多大程度上归因于越南的形势变幻。诸如李·费尔森施泰因等人都是积极反越战的。乔布斯是在霍姆斯特德中学读书的 13 岁新生。围绕越战的许多官方论述，都与什么是结束这场战争的最佳方式有关。在那一年的总统选举中，理查德·尼克松竞选活动的中心是承诺结束征兵。乔布斯的同龄人基本上没有什么机会被征召入伍，而情况也确实如此。乔布斯年满 18 岁之后的一个月，美国的最后一支作战部队撤离越南，尼克松总统宣布：“我们所有人都一直努力实现并为之祈祷的一天，终于来临了。”[尽管最后一批应征入伍的是那些出生于 1952 年的人，但事实上，义务兵役(Selective Service)的暂行规定将所有生于 1954、1955 与 1956 年的男子全部计入优先征召入伍者的行列，乔布斯恰恰在此之列，尽管这一规定从未执行。]

** “guilty”或许是一个错误的词，因为如 iPhone 和 iPod 这类品牌名称已经以一种少有产品能企及的方式(且不论质量)，成功进入公众意识。

沃兹尼亚克也找不出更好的名字来。**就叫苹果了！**在这两位辍学者以每小时60英里的速度在高速公路上疾驰时想出的所有名字中，苹果是相当好的一个。这个形象在乔布斯的头脑中还十分鲜活，因为他刚刚从俄勒冈州的团结农场回来，当时他在那里为苹果树剪枝；但要想出一个更有象征意义的名字是很不容易的。在《创世记》中，上帝告诫亚当："不要吃智慧之树上的苹果。你绝不能碰它，触之即死。"这一宣告是对人类智慧有限的警告，人类只有原始思维的能力，缺乏理性洞见。当然，苹果实际上对健康无害；相反，食用苹果促使人类揭示此前未曾意识到的更伟大的真理，它最终将解放人类的头脑，唤醒他们对于自己赤身裸体的意识。事实上，披头士乐队为他们的音乐公司选择的也是这一个名字，这一点是一个额外的收获。* 许多年后，蒂莫西·利里博士在他题为《混乱与网络空间》(*Chaos and Cyberspace*)的网络迷幻(cyberdelic)著作中以立意良好但不够准确的词句写道：

> 个人计算机是由两位蓄着胡子留着长发的家伙发明的，他们是圣史蒂夫大帝与圣史蒂夫亚帝。而让这一圣经比喻完美无瑕的，是这一初生的神童公司以智慧之树上的果实来命名：苹果！夏娃正是通过吞食了这种受到控制的物品，犯下了她的原罪：独立思考！

对于乔布斯、沃兹尼亚克和整个科技乌托邦运动来说，这正是革命的意义所在。如果说计算机只是高高在上的乏味大型主机，完全与自然脱节，那么，两位史蒂夫的新公司则恰恰相反：小而诱人，将《全球概览》式的生态田园牧歌风格与个人管理结合。沃兹尼亚克后来承认："对于一个营销者来说，苹果是一个古怪的名字。当你要为公司取一个好玩有趣的名字时会想到它。当你从业余爱好的角度出发时，你会做这样的事情……传统智慧通常认为，我们必须找到一个隐含着科技、数字处理、计算、数据存储这类东西的名字。我们就是认为苹果是一个好名字。我们的计算机会很友好。它具

---

* 对于世界另一边的两位长头发的披头士粉丝来说，这或许看上去是一个很不错的联系，但这却成了一次漫长曲折的法庭诉讼战争的开始。这一诉讼案最终到2006年才一次性地解决。

有苹果所代表的一切特点：健康、个人、家用。”除了这些还有一个好处，在电话簿上，这个名字（Apple）排在雅达利（Atari）的前面。

* * *

在家酿俱乐部的所有演示中，1976 年 4 月的一个星期四进行的演示具有无可匹敌的深远影响。两位史蒂夫站在众人前面，动用了 SLAC 仅有的那台电源插座，向大家展示 Apple I 的印刷电路板。大部分解说是由沃兹尼亚克做的，他拿着电路板，描述了它的特点，然后坐下来看众人的反应……几乎没有人提什么问题。这多少有些令人失望。沃兹尼亚克在设计一台计算机，这对于任何一个在俱乐部会议上与他谈过话的人来说都不是什么新闻。前一年秋天，他完成第一台计算机后，第一次向众人展示电路板，接着他又忙着装第二台。从企业计划以及乔布斯言不由衷的话语中，人们几乎看不出它会点亮整个世界。他们想花 25 美元组装电路板，然后用两倍的价格出售。如果卖出去的电路板足够多，他们或许能把花出去的 1300 美元赚回来。那笔钱用来将沃兹尼亚克的电路草图变成专业的印刷电路板设计，这样他们就可以制造电路板出售。为了筹集这笔钱，乔布斯卖掉了他的红白两色的大众牌箱式小汽车，沃兹尼亚克卖掉了他的惠普计算器，这是苹果创业神话中发生的富有牺牲精神的两件事。李·费尔森施泰因在家酿俱乐部的任务经常是设法刺激某个神经质的年轻黑客，让他被过分吵闹的一伙人问得张口结舌时能够开口回答问题。即便是他，似乎也没有因为这台计算机而感到兴奋。他说：“这台计算机没有给我留下深刻的印象，因为它的显示器每行显示 40 个字符，而且只有大写。从这个意义上讲，它几乎让我觉得乏味。那时我研究了显示屏的结构，因为那是我的专长……我发现它使用的是移位寄存式存储器，这种技术那时已经是落伍的东西了，是终端机在 60 年代中期开始使用的东西。它们非常笨拙……你必须通过它们锁住数据，等待它从另一端出现。”

尽管这个消息令人沮丧，但人们需要记得，黎明之前是最为黑暗的时候。当地的一位名叫保罗·特勒尔（Paul Terrell）的企业家开了第一家后来成为电脑连锁商店的字节商店。这家商店已经有一批现成的热心顾客一直耐心等着,但它得先有一些能够卖给顾客的商品。特勒尔通知乔布斯,如果他能生产 50 台 Apple I 计算机,他愿意以每台 500 美元的价格买进,整个订单价值 25000 美元。当然,还有一个小问题,就是一台计算机应该包括哪些东西。当乔布斯把第一批完成的计算机拿到店里的时候,看着这些设备的特勒尔呆若木鸡。它们没有外壳、没有键盘、没有电源装置,也没有显示屏。作为家酿计算机俱乐部的一名业余爱好者,沃兹尼亚克习惯用其想象来考虑**未来计算机能做什么**。对于他来说,一块印刷电路板就是人们需要的一切。有了它,他们就可以开始工作了。一旦误解澄清,Apple I 的生意就能继续进行下去了。到了 1976 年年底,他们发运了 150 台这种计算机。字节商店以多少有些可怕的 666 美元的价格出售。尽管如此,他们的生意势头渐渐放缓了。兰迪·威金顿说:"没人认为 Apple I 有什么了不起。说实话,它能够夸耀的东西实在非常有限。整个计算机都乏善可陈。人们觉得它看上去很精巧,认为它很酷,但这有什么轰动之处呢? 我觉得当时没有人认为它具有革命性的意义。"

乔布斯与沃兹尼亚克曾一度把 Apple I 带到雅达利的办公室演示。迈克尔·阿尔博(Michael Albaugh)当时是雅达利的一名雇员,他后来在这家公司干了许多年。他说:"我觉得这台计算机很有趣,但我觉得它算不上一台消费品。"阿尔博的意思是,Apple I 的问题是,它既不是鱼也不是家禽。他说:"在我心目中,有一大批人可能对计算机感兴趣,他们可以组成一个连续谱系。在谱系的一端是那些今天或许会玩阿尔杜伊诺(Arduinos)* 单板机的人,而另一端是那些有 iPad 的人。当时我只是感到,对类似 iPad 用户的人来说,Apple I 不够简单易用;但是对于 1976 年的阿尔杜伊诺用户来说,它又不够便宜。我的意思是,666 美元,你还得加上电源、键盘和显示屏? 这可是好大一笔钱啊。"

然而,如果阿尔博这类人是感到困惑的话,那么沃兹尼亚克父亲的脸都气得发紫,他因儿子的艰苦劳动被某人剥削了而感到愤怒。在他眼里,这个人干的一切根本配不上获得苹果利润的 50%。据传他曾对乔布斯说:"你连

---

* 阿尔杜伊诺(Arduino)是一种许多人喜爱的开源单板微控制器。

狗屁都没做。”至于乔布斯，他有更重要的问题需要对付，特别是沃兹尼亚克开始对 Apple I 这项生意失去了兴趣。开始，乔布斯感到有些恼火。他迫切想要推出一种产品，沃兹尼亚克阻碍了这一过程。但当沃兹尼亚克解释了他的考虑之后，乔布斯的态度软化了。沃兹尼亚克建议开发一款新的计算机，这款计算机将在各个方面对 Apple I 加以改进。如果有人曾经怀疑苹果这家公司，那他见到沃兹尼亚克的新东西之后就不会这样了。1976 年是《警探哈里》(*Dirty Harry*)的续集《辣手神探追魂枪》(*The Enforcer*)在全球各地狂扫票房的一年，这一年也正是史蒂夫·沃兹尼亚克成就了 Apple I 续集的一年。

还有比 Apple II 更好的名字吗？

# 第三章　令人迷狂的苹果

诺曼·梅勒:“他们接着就会这么做的。那些搞计算机的人看到了计算机的非凡价值……有一天,计算机能够告诉你唐璜如何做爱。”

迪克·卡维特:“它们也能逆转时间吗?”

——诺曼·梅勒在迪克·卡维特脱口秀上接受采访(1970)

1977 年 1 月,两位史蒂夫脚步蹒跚地爬上了帕洛阿尔托市(Palo Alto)的一座建筑物的楼梯。他们一个带着一台 JVC 出产的便携式电视机和一台卡碟式录音机,另一个则紧抱着一个中等大小的木头盒子,里面的电路板满得快要掉出来,还有一个用金属丝线编的老鼠笼。所有这些东西加在一起,就是 Apple II 的原型机:世界上第一台 16 色个人计算机。沃兹尼亚克后来说:“Apple II 是通过改进 Apple I 得来的。它的速度更快,有彩色,有高分辨率图形,它在显示屏上的文字具有混合模式。许多精巧的特点让它看上去很漂亮。”短时间内发生了许多事情。为了寻找投资,乔布斯去见了他在雅达利的老板诺兰·布什内尔,诺兰又把他介绍给了传奇的硅谷风险投资家唐·瓦伦丁(Don Valentine)。瓦伦丁后来谈到他与乔布斯的第一次会面:“史蒂夫 20 岁,没有学位,有人说他也不洗澡,而且他看上去有些像胡志明。”尽管瓦伦丁最终还是投资了苹果,但他对乔布斯来访的第一反应是困惑。他问布什内尔:“全世界那么多人,你为什么挑了这样一个叛逆的人来见我?”不过,乔布斯给瓦伦丁留下的印象还算深刻,于是他打开了自己的名片盒,让两位史蒂夫带着名片去找迈克·马库拉(Mike Markkula)。马库拉是一个半退休的英特尔员工,在 20 世纪 70 年代的能源危机加剧的时候,他用在英特尔挣的钱投资石油公司,结果赚了大钱。马库拉同意为苹果提供最高额度的信用贷款，但要求持有公司三分之一的股份。那年1月3日，虽说苹果公司还在洛思阿图斯城（Los Altos）克里斯特大道（Crist Drive）11161号乔布斯父亲的车库里营业，但它已经变成了股份有限公司。

对于硅谷以外的人来说，两个20多岁的辍学青年能够成功开办一家计算机公司的可能性微乎其微。不过，尽管两位史蒂夫确实非常年轻，但他们并不比许多同辈人更年轻；而且，尽管他们的公司确实很小，也并没有小到令人咋舌的地步。虽然在之后几年中，苹果将以简朴的后进企业的身份惨淡经营，事实上，它的诞生却代表了一种规律而非例外。20世纪70年代后期，在硅谷的大约3000个电子产品制造公司中，70%的公司员工不到10人。而且，70年代后期见证了这一地区历史上最大一波新的创业浪潮。还有一个原因，1977年1月是苹果历史上的一个重要时刻。这是Apple II公开投入市场之前三个月，这个月标志着苹果**品牌**的诞生：在这个领域内，该公司取得的成就将超过历史上任何其他同类公司。接受了创造苹果品牌这一历史性任务的人，是里吉斯·麦肯纳公司（Regis McKenna, Inc.）的员工。这个公司是湾区一个中等规模的广告公司，主要为高科技企业处理公关事务和做广告。那个时候，开展这一范围业务的代理公司屈指可数。里吉斯本人在70年代较早时期第一次来到硅谷，为一家早期的大半导体公司工作。他很快便意识到，市场营销这个领域是大部分科技公司都需要的，但他们并不真正理解这一工作。他离开了他工作的公司，自己创业，并在几年内将一家小企业办得有声有色。理查德·梅尔蒙（Richard Melmon），曾经是麦肯纳集团（McKenna Group）的合伙人，如今是一位成功的风险投资家，他曾说："里吉斯认识硅谷里的每个人。"后来，尽管里吉斯说到他最大的客户苹果的时候总是带有明显的敬畏，但乔布斯当年费了九牛二虎之力，才勉强得到了与他见面的机会。他骚扰麦肯纳的客户经理弗朗克·贝奇（Frank Burge），每天例行打三四通电话到他的办公室，令其烦不胜烦。最后乔布斯总算接到了邀约。乔布斯之所以如此坚持不懈，是因为他见到了这家广告公司做的一则广告。那是为英特尔的SDK－80微型计算机做的广告。这款计算机是为更强大的MCS－80计算机设计的入门型机器，相对简单。这台机器以工具包的形式出售，安装时间大约6小时。但里吉斯·麦肯纳公司的创意部门并没有仅仅把 SDK－80 作为工程工具营销，而是把它作为某种类似于儿童科学项目的工具来加以推介。这种与众不同的思维方式吸引了乔布斯，他认为里吉斯·麦肯纳是一家需要死死抓住的公司。用他的话来说就是，**他们可能知晓他的思维方式**。

两位史蒂夫来到了公司前台，然后被人领到了会议室。从前台到会议室不过短短一段距离，他们却感受到了许多惊诧的目光，这些惊诧与沃兹尼亚克和乔布斯随身携带的设备无关。为了这次会见，沃兹尼亚克穿了一套职业装，乔布斯的穿着却与平时无二：凉鞋与破洞露膝牛仔裤。一位里吉斯·麦肯纳的员工回忆道："我认为如下说法不会有大的错误：任何第一次见到乔布斯的人，都会带着这样一种印象离开，即乔布斯不仅是反主流文化的一员，而且很享受以此挑战美国企业界。"客户经理比尔·凯利（Bill Kelley）同意这种说法："大部分计算机爱好者看上去像典型的连环画里面的工程师，他们打着窄领带，穿着白色的短袖衬衫，口袋里装着文具夹。史蒂夫是典型的打破陈规的一类人。他的头发经过了一番梳理，胡子却凌乱不堪，看上去简直就算不上什么胡子，而是从脸上长出来的各式各样的毛发。他看上去更像一个街头流浪汉，而不是一个你会与他谈生意的人。这么说吧，从穿着来看，他表现得一点也不好。"

按照当时在场的一个人的说法，里吉斯本人对于出席这次会议表现出了"不很情愿"的意思。会议开始，沃兹尼亚克把只有骨架子的 Apple II 安装好，它在桌子上一闪一闪，就像一个 8 位元的怪物弗兰克斯坦（Frankenstein）。为了演示这台机器卓越的性能，他在里面安装了一套名叫《生命》（*Life*）的程序。在剑桥大学受过教育的数学家约翰·霍顿·康韦（John Horton Conway）几年前构想了一种细胞自动机模型，而这一程序就是它的计算机版本。总的来说，他们这样做是一个错误。两位史蒂夫没有意识到——整个硅谷的科技人员与极客们竭力以模拟手段激发人们对个人计算机的兴趣，他们也没有意识到——在微型计算机泡沫外的普通人并不明白"生命"的重要意义。

一般人将个人计算机视为一种潜在的工具，能够帮他们比较支票本上的盈亏，帮他们记录诸多人的生日、他们的藏品，以及规整各类菜谱。乔布斯与沃兹尼亚克从中看到的是存在的奇迹，而房间里其他人看到的不过是从闪光的屏幕上缓缓爬过的一系列令人困惑的点。凯利十分宽容大度地回忆道："这些东西看上去很有趣，但我们并不清楚自己看到的究竟是什么。两位史蒂夫显然为之兴奋不已。"

对于里吉斯·麦肯纳的员工来说，现在的情况更加强化了他们已有的对这类爱好者的计算机的种种想法。这是想象力和侧重点不同的问题。看着眼前的个人计算机，他们问：它们能够**做些**什么。两位史蒂夫反过来问，他们**能够**做些什么。毕竟，乔布斯与沃兹尼亚克是自驾游一代：在全国周游，没有什么特定目的地，除了旅行本身之外别无目的。如果渲染一下，这种情况能够更好地反映传媒大师马歇尔·麦克卢汉（Marshall McLuhan）的观点：媒介即讯息。事实上，乔布斯和沃兹尼亚克想得更多一些，如果个人计算机能够恰当地模拟生活这种最深刻的抽象物，那么它们必然可以模拟一切——打字、管理账单、提醒你结婚十周年纪念日要到了，只不过程度大为缩小而已。第一个说话的是乔布斯。他注意到了一种普遍的困惑，于是便试图用语言说明，出现在屏幕上的东西为什么令人兴奋。尽管还没有成为日后所是的那种超级演说家，他当时已经是一个很有说服力的演讲者了：他的话简洁而富有魅力。显然，乔布斯对他精心排练的说辞很有信心，他谈到了个人计算机在未来几年内的巨大潜力。他梦想着有朝一日，这些古怪的盒子会出现在美国每一个家庭中，进而是全世界的家庭。他想让 Apple II 在计算机行业中取得舒洁（Kleenex）在纸巾业中的地位。

势头开始有所扭转。房间里的人有些动容了，其中以比尔·凯利最甚。他回忆道："史蒂夫是一个有使命感的人物。他身上带有那种先知的印记。他宣讲了有关个人计算机的福音。"会议看上去重新走上了正轨，或许会一直沿着这个方向走下去；但遗憾的是，沃兹尼亚克挑选这个时刻亮出了他的绝招。他伸手从背包里抽出了一份厚达 14 页的论文，其中一半是专业术语，一半是宣言。他身子倚靠在桌子上，把这篇论文交给了麦肯纳的公关代表。最后，里吉斯把握机会见缝插针，决定进行总结性发言。他觉得是时候挑明他们能做出一系列公关奇迹。

"我们可以帮助你把那份文件编辑压缩一下。"他指着沃兹尼亚克手里的小册子说。

没等他说完这句话，沃兹尼亚克一下子跳了起来，把那本材料抢回来抱在胸前，口中喊道："我可不想让任何一个营销人员的脏手碰我的稿子。"

对于麦肯纳来说，这次会议到此就结束了。一般情况下，一旦有人随意说出"营销人员的脏手"这类话来，客客气气的谈话就告一段落了。在这两位史蒂夫离开之后，麦肯纳小组的人坐下来讨论这项意外的生意。一位员工说："里吉斯是一个传统的生意人，他对于那个家伙缺乏职业修养的做法非常恼怒，于是他甩了甩手说：'凯利，这事由你跟进了。我不管了。'对于那些年纪稍长的员工来说，这一切是相当令人震惊的，尽管我认为他们也清楚这次淘到了一座金矿。"

* * *

新技术总是在赶最后的期限。无论制造什么产品，你永远都会担心竞争者会突然拿出一款更快、更小、更便宜、**更好**的同类产品，把你打得落花流水。除此之外，还要回报投资者、取悦老板，或者是仅仅创造利润。但通常情况是，最后期限可以改变。这样做会对市场营销部门造成严重损害，会让等待着那些非常重要、独一无二的演示的杂志编辑感到不安，还会让消费者感到丧气。但总的来说，推出一份经过精雕细刻的最终产品，总是比仓促推出一项显然尚未完成的产品要好。不过，这次 Apple II 的出场日期已经定好了。而且，如果两位史蒂夫想好好利用这个机会，就要保证如期完工。1977 年 4 月 16 至 17 日的这次展示是一项大事，这将是硅谷的第一次个人计算机大展览。包括康懋达公司（Commodore）在内的几家竞争公司已经宣布，他们的新计算机将在此次展览中首次亮相。如果苹果错过了这次展览，他们将失去一次宝贵的机会。

让这次特别的展览得以举办的，是一位名叫吉姆·沃伦（Jim Warren）的独特人物。像许多早期在个人计算机行业中全力挣钱的人一样，沃伦首先是一位思想自由的计算机爱好者，其次才是一名商人。他在得克萨斯州的圣安东尼奥市（San Antonio）长大，20 世纪 60 年代中期在一位朋友的建议下前往加州发展。他很快就发现，自己身处一个疯狂的世界。越战征兵仍在进行，口服避孕药已经问世，而言论自由运动正在全面展开。触目所及皆是迷幻剂、一夜之间冒出的公社、伟大的音乐，以及陌生男女之间无条件的滥交。有一天，他在拉洪达（La Honda）出租屋的门突然被人打开，走进来的是尼尔·卡萨迪（Neal Cassady），垮掉的一代中的重要人物，据说他曾是每一部反主流文化文学作品的主角原型，从杰克·凯鲁亚克（Jack Kerouac）的《在路上》（*On the Road*）中的迪恩·莫里亚蒂（Dean Moriarty），到肯·凯西的《飞越疯人院》中的兰德尔·麦克墨菲（Randle McMurphy）。卡萨迪在一群追随者的簇拥下在沃伦的家中走来走去，口中重复着听上去毫无意义的语句："我拿到了麦芽浆，但我藏东西的地方在哪里？"沃伦只能一脸茫然地看着。

直到1966年，沃伦都一直是个滴酒不沾的人，但他很快就开始抽大麻，并尝试LSD。同时，他设法找到了一份教师的工作，在旧金山半岛一家天主教女子学院管理数学系。他的业余时间分两部分，一部分在家酿俱乐部实践电子兴趣，另一部分用于主持湾区最大的裸体家庭聚会。他回忆道："从我住的地方出去不远就是全国最好的裸体海滩，我开始去那里，并遇见了一些人，接着便邀请他们到我家做客。然后我们就搞起了这个庞大的聚会。开始的时候大家衣冠楚楚，后来就都裸体相见。这里没有性，只是一群不穿衣服的人一起跳舞、吸食毒品，极力享受人生。"消息很快就传了出去，没过多久就有100多人——从半失业的嬉皮士到IBM的工程师——定期来到沃伦的门前聚会。最终，他生活的这一面令人尴尬地与他白天的工作发生了冲突。《旧金山纪事报》在头版发表了有关此事的一篇报道，接着他便在圣诞节假期接到了一通让他十分窘迫的电话。

"沃伦教授，我们注意到，有人说你在家中举办了一些裸体聚会。这是真的吗？"学院的院长问。

"是真的。"沃伦承认了。接着是长时间的沉默。

"嗯，当然了，你的私生活是你自己的事情，但这种情况下，人们忍不住会想你的私生活已经变得相当……公开了。"院长相当谨慎地说。

沃伦回答说，情况或许确实如此。

院长接着说："我想你至少会同意，这种情况与天主教女子学院的信条是相当不符的。”

沃伦问院长是不是想要他辞职。电话的另一端传来了一声如释重负的叹息。

“噢,沃伦教授,对此我们将非常感激。”

沃伦在学年中间辞职离去,改做其他工作。在一段时间里,他随便做了些学术研究工作,但后来他的研究基金被砍掉了。接着他又在《多布博士的计算机身体保健与牙科矫正杂志》这家编程通讯月刊当了一阵编辑。在前往大西洋城(Atlantic City)参加一次早期计算机展览会的前一个晚上,他与一位朋友鲍勃·赖林(Bob Reiling)坐在一起。赖林是家酿俱乐部(几乎是)每月通讯的编辑。

“他们在大西洋城开会究竟是要搞什么鬼名堂?”他抱怨道,“大西洋城什么都没有。谁都知道,微型计算机界的中心是我们硅谷。”

一时间谁都没有说话。两个人对望,几乎在同一时间想到了一个主意。

“我们应该举办我们自己的展览会。”他们说。

翻看了一阵日历之后,他们定了一个日期。然后,他们打电话给沃伦曾经就读的斯坦福大学,询问在他们挑选的那个周末,该校的纪念礼堂(Memorial Auditorium)是否无人使用。回答是肯定的。沃伦坐到合成器旁,为他们宣称的“西海岸计算机展”(West Coast Computer Faire)胡乱炮制了一份 8.5 英寸 ×14 英寸的广告。沃伦回忆道:“我是按照马林县举办的文艺复兴集会(Renaissance Faire)来考虑这次展会的。我感觉这就像一次科技的复兴,所以我们就按照文艺复兴展命名这次盛会。”第二天他乘飞机前往新泽西。他的行李箱里放了一叠刚刚印刷出来的传单,他要告诉每一个人,这次尚未落实的西海岸计算机展的举办日期与地点。

大西洋城的展览会与沃伦预期的情况毫无二致。他说:“天气热得要死。里面拥挤不堪。它就是在一年中的一个糟糕的时间里,在一个城市的臭水坑里举行的会议。但很好玩,也令人兴奋。”他毫不费力地就把传单发给了一批感兴趣的人。回到西海岸后,他立即找来赖林,告诉他需要立即开始实施他们的计划。

“这将成为一个大事件,”他满怀热情,“我已经找到了一大堆想参展或演讲的人。这将是一次真正的、非常神奇的事件。”

赖林也很激动，尽管他比沃伦要现实一些。

“让我们先把各项事务都确定下来吧。”他建议。

沃伦同意了。他们俩的谈话刚一结束，他就打电话预定斯坦福大学的礼堂。

“你好。我们将在我们原来谈过的那两天借用场地。”他说。

“对不起，”负责预定场地的女士说，“有一个大学生联谊会那天晚上要用礼堂，所以，礼堂恐怕已经不能借给你用了。”

沃伦的脸变白了。**噢，该死**！他心里想。

他们赶紧寻找替代方案。另一个选择是市中心的旧金山市政礼堂（San Francisco Civic Auditorium），如今以比尔·格雷厄姆市政礼堂（Bill Graham Auditorium）之名著称。沃伦与赖林到那里看了看，发现那里刚好符合他们的要求。沃伦回忆道：“这个地方简直太完美了。礼堂中间有一块很大的中心区，我们可以在那里放置展品。每一边都有四个不小的会议厅，而且二楼、三楼和四楼都有许多各式各样的小房间，可供人们谈话或者举行研讨会。”

“就是这里了。”参观结束的时候他们说。

“太好了，两位先生，”礼堂经理微笑着说，“我会让我的秘书起草一份合同。我们的收费标准是：展出日每天 1.4 万美元，摆放展品与带走展品时段每天 3000 美元。你们打算如何付款？”

这是西海岸计算机展的第二个危机。除了地理位置以外，斯坦福大学纪念礼堂的主要优点是，它只收取象征性的租金。租用市政礼堂几乎需要 5 万美金，这要比沃伦或者赖林能够拿出的在全世界的投资额多出 4.5 万美金。“见鬼，我每个月才挣 350 美元。”沃伦说。那位经理告诉他们可以先慢慢考虑，同时也提醒他们，这座建筑物随时都可能被人租用。沃伦与赖林垂头丧气地离开了。在开车回家的路上，他们决定到海湾码头边的一个露天咖啡馆——皮特避风港（Pete's Harbour）好好讨论一番。就在他们等饮料时，沃伦抽出了一张餐巾纸，开始在上面胡乱计算着。当他把结果加到一起的时候，他的脸上浮现出了笑容。他后来回忆道：“在此之前，我只不过想组织这么一次活动,所有想做一些真正有趣的事情的人能在这种环境下相互谈话。我真他妈的从来没有想过挣钱的事。我完全没有想到这是可能的。但到了那时,我们不得不想办法弄到足够的钱,至少要够我们租用市政礼堂的费用。于是我第一次抬头看着鲍勃说:‘我的天啊!我们不但付得起租金,我们甚至还能从中小赚一笔呢。’”他一回家就立即打电话预定了市政礼堂的场地。

当西海岸计算机展的消息传出去之后,沃伦几乎被有意者打来的电话淹没了。他后来说:“我和鲍勃以前从来没有组织过一次展览会。我们压根不知道自己在干些什么。我在家里组织这次展览会,我的卧室成了办公室。我雇了一个邻家女孩做秘书,然后在会期将近的时候又雇了其他邻居干活。”在沃伦接到的电话中,有一通来自史蒂夫·乔布斯,他热切地想要利用这次大会推出 Apple II。

“我们想要展厅中最好的位置。”乔布斯说。

沃伦告诉乔布斯那个位置需要付多少钱,乔布斯答应立即给他寄来一张支票。

* * *

杰里·马诺克(Jerry Manock)那年 33 岁,毕业于斯坦福大学,并取得了机械工程与产品设计的硕士学位。他是一个矮小壮硕的男子,长着满脸灌木丛一样的大胡子。他成年职业生涯的大部分时间都像个科技流浪汉一样——从一份工作换到另一份工作,以求得精神上的满足。他在惠普公司工作过一段时间,在那里专门为测试微波设计电子测量设备。然后他辞职和妻子一起在欧洲游历了 9 个月。回来之后,他在一家位于帕洛阿尔托的公司为残疾人制造电子辅助设备。随后他再次辞职,开了自己的设计公司,名叫马诺克综合设计公司(Manock Comprehensive Design)。* 当乔布斯打电话告诉他,有一个重大项目要讨论时,马诺克觉得这或许就是他在寻找的机

* 马诺克综合设计公司这个名字借用自马诺克心目中的英雄人物之一,未来主义者巴克敏斯特·富勒(Buckminster Fuller)。富勒曾称他自己是一位综合预想设计科学家。马诺克说:“这个名字写到商业名片上太长了,于是我就把它截短,只用了其中的‘综合’二字。”

会。当时他几乎要到山穷水尽的地步了，他开始担心，新冒险可能只不过是在塑造他的自我，而不是建立一个生机勃勃的企业。他决定倾马诺克综合设计公司之全力投入这一项目。要做到这一点完全没有什么难度，当时马诺克是公司的拥有者，也是唯一的职员。

乔布斯没有邀请马诺克到他的办公室来，而是建议他们在下次家酿计算机俱乐部会议的时候见面讨论细节。当马诺克来到斯坦福线性加速器中心的时候，他发现自己是众多围在乔布斯身旁的人中的一个，他们在讨论 Apple II 的各个方面。乔布斯并没有单独与每个人交谈，借用一个 20 世纪 70 年代计算机界的术语来说，乔布斯采用的是“分时”谈话方式——每人限时一分钟讨论，到时间则轮到下一位讨论者发言。当与最后一个人交谈完毕，他又回到第一个人，一丝不差地从前面中断的地方接着开始。马诺克对此印象深刻。他解释道，乔布斯想让他设计容纳 Apple II 的电路的机箱。这个机箱看上去要精美，就像是从 IBM 的安装传送带上生产出来的，而不像是从他父母的车库里粗制滥造地拼凑出来的。乔布斯说，唯一的条件是，这项工作要在两个月之内完成。尽管如此，乔布斯为此与自己接触，马诺克还是觉得十分有面子。他想，**他一定很喜欢我的作品**。后来他才发现，所有大的设计公司都拒绝了乔布斯。（唯一一个兴高采烈地做过一番尝试的人，是乔布斯在雅达利工作时的一位老朋友，他为 Apple II 画了一款外形非常新潮的机箱草图，并建议把机箱的颜色定为深紫色。乔布斯没有采纳他的建议。*）马诺克后来说：“我当时知道的信息不多，所以没有对他说：‘不行，这事做不到。’史蒂夫跟硅谷的好多人都说过这件事，他们都说在这么短的时间内搞定绝无可能。但我需要这份工作，所以不顾一切地抓住了这个机会。”

作为一个设计师，马诺克的真正强项是，他能兼顾审美与“核心工程”（hardcore engineering）问题。他觉得，在“可制造性与人性之间取得巧妙的平衡”是十分重要的。这一点并非像听起来的那样陈腐。许多工业设计师

---

* 许多年后，乔布斯和员工巴德·特里布尔（Bud Tribble）与一家获奖的英国设计公司见面，就他们对乔布斯的 NeXT 计算机设计的原型机进行讨论，这时也出现了同样的情况。漫长的组装之后，乔布斯两人才弄清楚了他们一直在做的东西到底是什么：一台形状看上去像人头的计算机。为了参加这次会面，乔布斯飞了 13 个小时从旧金山抵达伦敦，他见此情景震惊莫名。

严格按照从外至内的顺序工作。这就意味着，他们会持续与工程师发生冲突，因为后者不得不把技术复杂的内部构造塞进没有得到充分考虑的空间中。程序员肯定梦想着写出一行行优美的代码，而且要尽可能优雅与简洁。与此类似，马诺克的工作就是，在不牺牲功能性的前提下，把许多硬件放入尽量小的空间内。一台个人计算机比主机小得多，但究竟应该有多小呢？在 1977 年，这些都还只是一些假设性的问题。马诺克回到家之后，拿出笔和纸，开始处理这个问题。他知道，Apple II 必须包括一个内置键盘。考虑到这一点，再加上两个反应注塑模具（reaction-injection-moulded）外壁的厚度，以及一些必需的空间，他可以确定这台计算机的最小宽度。只要算出电源装置和主板加在一起的大小，计算高度不是问题。这台机器自然应该有一个平整的表面，这样外围设备如显示屏和后来的驱动器放在机箱顶上就不至于掉下来。（马诺克还添加了一个巧妙的小细节，在机箱顶盖上设计了一个略微凹陷的地方，这样，洒在机器上的液体就会在那里聚集，用户可以在液体弄坏下面的电子器件之前把它擦去。）深度更容易调整一些，只需要把电源放置在键盘后面时计算出电源的长度就可以了。

一旦上述工作完成，马诺克便推翻了这些问题，开始重新设计，现在他用审美的眼光考虑问题。他的一些想法被放弃了，例如在机箱侧面加上结实的把手使计算机便携——不过它在以后的苹果计算机机箱设计中会重新出现。几天之内，马诺克便为 Apple II 设计了一个硬纸板模型，然后他带着这个模型去了里吉斯·麦肯纳的办公室，让负责这个项目的人一饱眼福。大多数人都表示赞赏，但比尔·凯利提出了一项建议。凯利还记得："考虑到这款计算机将会非常流行，我觉得，他应该要求每卖出一台，便得到 25 美分的版税，而不是拿固定报酬。这样你会高兴得多。但杰里说：'我知道或许确实如此，但我现在需要这笔钱。'"事实上，作为苹果的设计咨询师，马诺克得到了每小时 20 美元的报酬。一段时间后，Apple II 像注塑烤饼模具一样大卖，他回过头提出了版税的想法。

"啊，史蒂夫，"他尽可能随意地说，"每卖出去一个机箱就给我 1 美元的版税，这样会不会好一些？"

乔布斯用严厉的目光死盯着他回答："你是个好人。但是如果你知道，在今后两至三年间我们预期会卖出多少台机器的话，你就没有那么好了。”

值得赞扬的是，马诺克对于这种安排一直保持着良好的心态，甚至承认他因为想一直保持自己独立分包商的地位，而放过了成为苹果公司第五个或者第六个员工的机会。尽管按照硅谷的惯例，许多员工的酬劳部分是通过股份认购权支付的。他笑着说：“就我而言，这是一次非常精明的财政决定。但当时我并不知道，这样一个总裁穿着勃肯牌凉鞋、乞丐牛仔裤和带洞眼的法兰绒衬衣的公司是否会有一番作为，甚至是否能存活下去。我想要我有保障的每小时 20 美元。”*

* * *

同时，苹果公司商标的设计交给了里吉斯·麦肯纳公司的一位年轻艺术设计师，罗布·让诺夫（Rob Janoff）。让诺夫时年 29 岁，生着一头拖布头般的黑色鬈发，还留着厚厚的胡须。他说：“对于极客来说，使用一台计算机算不得让人恐慌的事情，但对除此之外的所有人来说，包括我在内，这种想法都相当可怕。我是一个具有创造性形象思维能力的人，但不擅长数学，不擅长科学。不得不投入一项牵涉到计算机的工作，这让我很紧张。我对每个人都倾诉了这种想法：对许多人来说，放一台计算机在家里的想法，相当恐怖。我说，我们应该尽量把这个东西做得没有什么威胁性。”

苹果已经有一个商标了，是由一个名叫罗恩·韦恩（Ron Wayne）的中年人设计的。他曾在短期内投资苹果，之后感到恐慌就把钱撤了出来——这一行为让他损失了大约 26 亿美元。韦恩拿出的设计是维多利亚木版画风格的，表现的是艾萨克·牛顿爵士坐在一棵树下，头顶上吊着一个摇摇欲坠的孤独的苹果。在商标周围印着威廉·华兹华斯（William Wordsworth）《序曲》（*The Prelude*）中的引文：“一个灵魂，永远孤独地航行在陌生的思想海洋。”

---

* 难以置信的是，当杰里·马诺克作为正式员工加入苹果之后，他又犯了第二个判断错误。马诺克还想为其他公司兼职工作，便与公司谈判达成了一项协议，让他每周只在苹果公司工作半周。他说：“六个月之后我意识到，我每周工作 75 个小时，结果只拿到了正常工资的一半。直到 1979 年我才弄明白，我需要全职工作才能拿到全职工资。”马诺克后来变成了苹果的第一位产品设计经理，以及苹果工业设计团队之父。

尽管这个口号古怪而阴郁（买下了他们的第一台个人计算机的幸福家庭，难道真的想要一种注定永无止境的生活旅程和沉思的空虚海洋吗？），画面虽然十分吸引人，但还是太狭隘，而且不容易复制。

乔布斯给了让诺夫两项指示：不要把商标设计得太可爱，想办法融入 Apple II 的 16 色显示屏理念。得到了这些简要说明后，让诺夫在办公桌前坐下，开始在一张 A2 纸上草草地画出了一只苹果的形象。没过多久，这张纸上就画满了各式涂鸦，有些模仿了逼真的艺术品，带有明暗度变化、景深和阴影；其他就是一些基本的卡通图案。其中最令人瞩目的，是一个苹果的简单轮廓：一片与树枝没有连接的叶子漂浮在苹果主体的上方。但还是缺了点什么。让诺夫考虑了一会儿，然后拿起橡皮，把图形右上方擦掉一部分。他并没有画一条曲线，而是在苹果的一侧草草地凿出了一个深深的凹口，就好像有人在上面咬了一口，又把它放回去了。让诺夫觉得这让商标显出某种特色。更重要的是，这意味着，如果这幅图画被缩小或者放大，它仍旧会保留其比例感。毕竟，一个在海报上看上去像一只苹果的图像，如果缩小印到名片上看起来就会像樱桃，而按照现在初生的计算机公司涌现的速率，"樱桃计算机公司"的出现真的很遥远吗？这时，比尔·凯利刚好路过，他眼睛扫过让诺夫的肩膀看了看他正在做些什么。

"你知道有一个计算机术语叫作字节[①]，对吧？"凯利半开玩笑地问。

这一点让诺夫真的不知道，但一听到这话，他不禁豁然开朗。**就是它了。这就是苹果的商标**。当然，接下来的任务，是要找出一种展示 Apple II 彩色显示的图解方法。他想都不想地再一次抓起铅笔，在苹果上连续画下了 5 条水平线，一根接着一根，把这个苹果平均分成六个部分。然后他拿起一套记号彩笔，为每个部分涂上不同的颜色。效果好得令人吃惊：这看上去就像一只如幻如梦的苹果。他说："我在 60 年代末期的加州北部长大，嬉皮士精神对我有着深刻的影响。我曾尝试过所有迷幻剂产品，音乐与影像材料也不例外。对于我来说，画个这样的苹果要比画个红苹果更有趣。我的想法是要让它吸引人，要让它从所有其他东西中脱颖而出。"

---

① "字节"（byte）恰好与"咬"（bite）同音。

它当然是与众不同的。在那个时代，计算机广告（绝大多数都是企业对企业的）几乎毫无例外都是阴郁基调，好像任何一点幽默感都会污染这种保存高科技的压抑、无菌的环境。有几家消费品公司已经开始面向业余爱好者市场做广告，但这些广告往往追求一种《星际迷航》式的未来主义，带有相当多的具有科技特色的文字解说，就像支票上可机读的数字。这样的广告完全没有用处。让诺夫还记得："史蒂夫特别说明，他不想要某种太**米普**（meep）的东西。米普意味着科技的普及，计算机与机器人发出一种听上去像'米普'的声音。史蒂夫非常明智地意识到，计算机要告诉人们，它是易接近的。一种高度科技化的字体暗示着它不人性、不友好。他想要的是完全相反的东西。"对于商标上的文字，苹果选用了经过修改的 Motter Tektura 字体，一种三年前设计的澳大利亚字体，看上去很现代但并不显得过分雕琢。［后来锐步公司（Reebok）也用了这种字体。］最初，苹果的首字母用的是小写，后来通过一些设计手法对它稍作调整，使其与苹果上被咬了一口的形状相称。"今天我或许不会使用它，但你还能做什么呢？"让诺夫笑着说，"当时设计师圈流行的说法是：只要不是 Helvetica 字体就可以。"

作为如今世界最受认可的商标之一，苹果的彩色条纹多年来受到了恰如其分的研究。苹果后来的产品总裁让－路易·加西（Jean-Louis Gassée）曾说："对于我来说，最神秘的事情是我们的商标。作为欲望与知识的象征，那只苹果沿着顺序错落的彩虹色被咬了一口。你无法想象一个更妥帖的商标了：欲望、知识、希望与无序。"对于有宗教信仰的人（设计者罗布·让诺夫自然不在此列）来说，这个商标带有圣经的指涉，让人想起伊甸园里的亚当与夏娃。被咬掉的那一口代表了知识的获得，但同时也意味着堕落。对于怀疑派来说，问题变成了：**为什么只咬了一口**？对于工程师来说，这个商标毫无掩饰地指向了艾伦·图灵，计算机科学之父与算法概念的奠基人，他于 1954 年夏天咬了一口涂有氰化物的苹果自杀身亡。图灵曾被控为同性恋，如果他不想入狱，便必须接受强制性化学阉割。他的去世发生在此后两年，有人认为，这意味着白雪公主的故事的重演。至于乔布斯，他更在意商标的颜色选择，不断地否决让诺夫的建议，甚至达到了这样一种程度：不胜其烦的比尔·凯利被迫带着一本色谱书前来见乔布斯，这位苹果联合创始人翻阅各页以决定究竟用哪种绿色才能最好地反映他那特别的微处理器时，他就在一旁等着。

多年来，这些颜色也同样让人遐想无限。其中一则很有意思，与大多数彩虹旗不同，苹果商标有六种颜色，而不是七种。一份读物指出，这些颜色条纹明确地说明，苹果是世界上第一家支持同性恋的计算机公司，它使用了艺术家希尔伯特·贝克尔（Gilbert Baker）在旧金山设计的 LGBT 旗帜。这是一个有趣的猜测，但很遗憾，它无法自圆其说。这里所说的旗帜经常被称为同性恋骄傲彩虹旗（Gay Pride flag），但它是在苹果商标诞生的第二年才问世的。另外一个令人神往的推测，考虑到了乔布斯对于东方精神的兴趣。这一推测认为，这些彩色条纹指的是印度灵性导师美赫·巴巴（Meher Baba）设计的旗帜，其中的颜色代表了除七种业相之外的错综复杂事物的七个层次。巴巴曾经说："旗帜上的这些颜色，代表着人类从对于欲望与愤怒的粗暴观感（以红色为标志）上升到灵性的最高状态（以天蓝色为标志），达到与神的统一。"西方象征主义历史学家米歇尔·帕斯图罗撰写了一份题为《魔鬼的布料》（*L'Étoffe du diable*）的研究报告，它为一种总的来说更富革命性的解释打下了基础。帕斯图罗研究了自中世纪直至今日的条纹样式的历史，说明了从 1775 年以来，条形纹章是怎样逐步演变成美国革命的标志，并因而成为独特的美国式自由的简写。帕斯图罗写道：

> ……很可能出现的情况是，美国革命选择了一块象征奴役的条纹布料（在大约 1770 年，条纹制服已经是宾夕法尼亚州与马里兰州流放地的囚服了），表达奴隶们挣脱了身上的锁链这一想法，并从此逆转了条纹的含义。这样一种曾经象征剥夺自由的事物，通过美国革命，变为获得自由的象征。

事实上，IBM 此前已经抓住了条纹等于通过计算机的使用"获得自由"这一理念，保罗·兰德（Paul Rand）为它设计的商标，就是分裂为条纹的公司名称。很显然，让诺夫无意间吹响了苹果向即将成为他们生死大敌的 IBM 第一次进攻的号角。让－玛丽·弗洛克（Jean-Marie Floch）在《视觉身份》

（*Visual Identities*）一书中问道，苹果的商标是否具有以下意义：

> 我们或许……会发现，在苹果反其道而行之的用法中，包含了某种形式的历史嘲讽：在两个世纪的美国文化中，条纹从作为被奴役的象征变成了自由的象征，并再次回到被奴役的象征——至少在苹果的反主流文化中，情况确实如此。因此，苹果的商标……对于IBM的商标的意义将可以与另一事件类比：（对于1969年的伍德斯托克摇滚音乐节的观众而言）也就是吉米·亨德里克斯演唱的《星条旗》（"Stars and Stripes"）与美国的正式国歌之间的区别[①]。

用一种完全非乔布斯式的举动，巴巴只确定了两种颜色的位置：红色在最下面，天蓝色在最上面，而把剩下的选择权留给了旗帜的制造者。对于里吉斯·麦肯纳的员工来说，这些颜色本身并没有太大的意义。他们关心的是复制各种用于公关材料的彩色条纹所带来的成本：这些颜色的印制质量必须极高，以免相互渗透。该团队的一位成员甚至试图劝说乔布斯打消选用这些颜色的想法，并警告乔布斯，让这些颜色稳定出现所需要的高昂成本，可能会让苹果在真正开业之前便不得不关门大吉。但乔布斯丝毫不理会。

时至今日，苹果的商标依然是它的企业形象中最为稳定的一面。它稍微比以前更为对称，并在1997年乔布斯回归苹果后去掉了彩色条纹。比尔·凯利称其为"一个真正美好、整洁、一流的商标设计"。罗布·让诺夫构想这一设计的时候还是里吉斯·麦肯纳的一名员工，因此并未从20世纪最具标志性的图形之一中得到任何比例的分成。他在设计这个商标那年，带着它参加了几次竞赛。他在这些竞赛中毫无斩获，连靠前的排名都没有得到。用一只苹果来代表一个名叫苹果的公司？这很难给人留下深刻的印象。

* * *

这个时候，苹果有了它的第一任CEO，但却不是史蒂夫。迈克·斯科特

---

① 美国的正式国歌是《星条旗永不落》（"The Star-Spangled Banner"）。

(Mike Scott)是迈克·马库拉的一个朋友,他们都还是仙童半导体公司(Fairchild Semiconductor)员工的时候,马库拉便认识这位天使投资人。在考察苹果何时成为一个羽翼丰满的商业机构时会发现,它的情况并不像大多数硅谷以外的公司那样一目了然。首先,尽管商标设计好了,产品也制造出来了,但公司根本没有创造任何利润;一大堆启动资金如同风卷残云般被烧得一干二净。许多年后,斯科特回忆道:"我们已经不再生产 Apple I 了,所以完全没有资金流入。我们必须推出 Apple II……否则市场上便不再有我们的容身之地。于是马库拉拿出了 25 万美元,那就是我们的启动资金。"在高科技领域,业余爱好者的乐趣与考虑盈亏底线的商业之间有一个双向通道,这种现象很少出现在其他的商业领域之中。很少有会计师会纯粹出于喜欢而在自己的业余时间管理账簿。同样,也很少有律师会为了在游泳池旁放松而在度假期间自愿打开晦涩的法律细则。然而,家酿计算机俱乐部的成员们有力地证明了,有许多计算机极客会甘之如饴地投入数不清的时间,进行专家水准的学习或者研究活动。这样做的唯一原因是,享受修理电子设备带来的快乐。当资金最终确实滚滚而来了——在金钱流入方面,很少有别的地方能与硅谷相比,金钱的接收方会认为,他们在"劳动换取工资"这一观念上发现了一种此前未被察觉的漏洞。这一点丝毫不令人奇怪。"在圣克拉拉(Santa Clara),你周围的人几乎都在谈论半导体、操作系统、网络类型学、接口、高科技新兴企业与高科技火箭降落。"一名记者曾对硅谷人普遍存在的对于科技的纯粹挚爱发表评论,"时时处处,无不如此。无论是在商场、在教堂(如果你有时间去,并且没有放弃你在东海岸的习惯)、在报纸上、在电视中,还是在银行排队的队伍里,都是这样。这是一种一天 24 小时、每周 7 天不间断的行为。"

当计算机业余爱好者视他们的业余爱好为严肃的生意时,硅谷的正规企业事实上表现得像是在做喜欢的事。迈克·斯科特本人是从仙童半导体公司一层层爬上来的,而且他的管理方式大多是在那里学的。在建立圣克拉拉地区的企业文化方面,仙童半导体公司与惠普公司一起做出的贡献超过了任何其他公司。它那个时候的商业广告对此有精准的描述——"我们开创了所有这一切"。仙童半导体公司并没有雇用有经验的经理人,而是选择把工作交给年轻的工程专业毕业生,并由此培养了一种朝气蓬勃的气氛,为它在商业经营上的第一次重大突破提供了重要的动力。那些默默无闻的长发人士,渴望证明当局对这个国家的年轻人的蔑视,就不修边幅,带着吸食大麻的骄傲现身于公司,然后发现……自己被接受了。这些公司不仅接受了他们,而且给了他们高薪的职位、重大的责任与为他们服务的秘书。他们暗自对自己说,**或许这个大企业也不是那么糟糕透顶**。

尽管硅谷的公司代表了福特主义之后现代化资本主义的又一个层次,他们还是设法让自己合理地披上社会主义小天堂的外衣:一个也能够营利的公社。通过让员工拥有股票期权,这些公司营造出了一种家族氛围。因此,尽管这个地方的人换工作像世界上其他地方的人换内衣一样频繁,股票期权的做法让工人们感到,他们的雇主是否成功与自己利益攸关。与此同时,这些公司也去除了企业生活中传统的等级观念。为高级职员保留的停车位不复存在,高管的小食堂成为历史;并且,以英特尔为例,每个人,从工资最低的后勤部门技术员到挣钱最多的部门经理,全都在一间开放的大办公室里工作,用的是同样的二手金属办公桌,尽管后者可能开着一辆擦得铮亮的金色敞篷车上下班。

这种想以不同于东部的方式经营的热望,属于点燃嬉皮士梦想的轻蔑行径的一部分。对此,没有人比罗伯特·诺伊斯(Robert Noyce)诠释得更精辟了。这位仙童半导体公司与英特尔公司的联合创始人,同时也发明了有时被称为微芯片的集成电路,这些事迹让他获得了“硅谷市长”的绰号。尽管诺伊斯取得了如此巨大的成功,但他似乎从未因此放弃对那些显赫守旧的大公司竖中指的理念。当他于20世纪70年代中期离婚并重新结婚的时候,精英集团联手抵制,拒绝让他加入上流社会人士云集的加州洛思阿图斯乡村俱乐部(Los Altos Country Club),据说这样做的理由是,俱乐部管理层不赞赏他的新任夫人。诺伊斯咕哝了一句“去他妈的”,接着便斥巨资,在自己的地皮上修建了一套与这个俱乐部完全相同的设施,与该俱乐部遥遥相对。

当然,并非人人都可以成为罗伯特·诺伊斯,但新一代的硅谷经理们都热衷于模仿以他为代表的这种“玩命干活发狠玩”的轻松的道德规范。迈克·斯科特是加盟苹果的第五位员工，但他硬要说他是公司的第七位员工；这样一来，公司的所有正式文件都称他是该公司的“007 号员工”。用一位苹果前雇员的话来说，斯科特的专制管理风格是“走动式管理”。这一管理方法因比尔·休利特（Bill Hewlett）与戴夫·帕卡德（Dave Packard）而风行，他们认为，经理们每天都应该抽出一定时间到处游荡，并与各个层次的员工进行无计划谈话。到了中午的时候，斯科特会抓住身边的三四个人——不管是哪个部门的——和他一起出去吃午饭，由他来买单。这是让员工们感到高兴的绝妙招数。事实证明，这也是密切注意尚未显露的公司内部情况的有效方法。

* * *

里吉斯·麦肯纳小团队的下一项任务，是完成乔布斯要求的一个两页纸的广告。一页是文字说明，上面罗列了 Apple II 能给人深刻印象的性能，标题为“你再也找不出不买一台个人计算机的理由了”。另一页是一张彩色照片，上面展示了 Apple II 如何与一个普通家庭做到无缝融合。照片上有一位男子——身穿一件深色套头衫，和史蒂夫·乔布斯 20 年后的标志性着装有些类似，他一边在电脑前全神贯注地打字，一边注视着显示屏上的复杂图像。背景中，他的妻子在厨房里切菜，同时还冒险回头，满怀敬慕地看着她的丈夫。这份广告刊登在《字节》（*Byte*）杂志夏季的某一期上面。凯利后来说：“这份广告登出几周后，史蒂夫便收到了来自俄勒冈州的一位妇女的抱怨信，说广告带有性别歧视的色彩。的确是这样。广告上的这位女性显然从属于那位男子；而且更为糟糕的是，她未能共享科技的这一神奇进步。史蒂夫深深地记住了这一教训。”因为苹果没钱再进行一轮宣传，凯利只好恳求他的一位摄影师朋友无偿加入，又从里吉斯·麦肯纳的艺术部借调了一位女孩客串模特儿。这次他们保证绝不再犯错误。那位艺术部的女孩端坐在一台 Apple II 计算机前，显示屏上呈现出一条复杂的互调曲线；而凯利本人则扮演一个战战兢兢的男性，他紧张地盯着一个显然更简单、分辨率比较低的显示屏。这张图片代替了原来的那张，再也没有来自俄勒冈州妇女的抱怨了。

这次抱怨的是乔布斯本人。全面接管了苹果公司与里吉斯·麦肯纳公司的联系后（沃兹尼亚克对市场毫无兴趣），这位22岁的联合创始人开始充分发挥他的“苛求精神”。开始时一切顺利。最早的时候，文案人员提出的是：“用不着知道只读内存（Ram）与内存（Rom）之间的差别，你就能享受Apple II。”乔布斯喜欢这句话。他兴奋地说：“这正是我们想要的基调。”但当对于完美的追求占了上风时，他的热情很快便冷却了。关于应该传递给公众的信息量和基调，他一再改变想法，“介绍Apple II”的宣传册的草稿也一次次被枪毙，以至于让人觉得这份广告无法按期完成。最后，到第15稿时，乔布斯终于点头了，设计稿赶在截止日期前一天被送进了印刷厂。凯利不得不在周六上午驱车前往印刷厂，取那批实际上真的是墨迹未干的宣传册。然后他又从印刷厂驾车30分钟直奔旧金山市中心。他的目的地是西海岸计算机展。

* * *

展览第一天的早上，人群很早就开始聚集。上午8时，距离正式开门还有一个小时，等候入场的队伍已经占了整个街区的四分之三。到了中午，有8000名电脑极客获准入场，徽章与手册几乎被劫掠一空，危机勉强得以避免。不一会儿，踩着溜冰鞋在礼堂各处穿梭的吉姆·沃伦气喘吁吁地告诉一位记者：他估计已经有1万多人穿过售票厅进入会场了。（事实上，官方统计数字是12657人。）“但是，”沃伦补充道，“作为数字的1万与1万个边走边聊的计算机狂之间有着天壤之别，这一点我完全能够肯定。这是一个令人震惊的庞大场面。”如果一个人，特别是一个门外汉，第一次走进这个主展览厅，他会被各种声音与画面组成的不和谐音所震惊。一批音乐和语音合成器竞相争取关注，想吸引人们注意大型投射电视的计算机演示。整个周末，“令人着迷的宴会发言人”纷纷对全神贯注的听众发表讲话，如“你可以为兴趣或者盈利而制造的机器人”，或者“20世纪40年代[①]：**第一台**个人计算机的时代”等。沃伦说：“来这的人，95%都非常兴奋。”总的来说，175个

① 原文如此。

参展商都不遗余力地想证明,他们的计算机是在个人计算机时代占据统治地位的终极产品。顾客如果想接近一个出售某种产品的展台,在提出一两个问题接着掏钱之前,都至少要排 15 分钟的队。

正如史蒂夫·乔布斯所希望的,苹果是这一切的中心。他们的展台占据了正对主会场入口的四个展厅,因此 Apple II 是人们进来后看到的第一款计算机。两位史蒂夫的竞争者借助小型教学挂图与海报来推销产品,而苹果选择的是更为引人注目的方式。为了这次展览,他们把罗布·让诺夫设计的商标印在一大块背后配有光源的有机玻璃上面。当然,使用这种方法要比其他公司多花不少钱。这种高档的职业做法也延伸到了乔布斯与沃兹尼亚克的身上,他们接受了迈克·马库拉的建议,去当地的一家裁缝店各自缝制了一套三件套职业装。

苹果团队在几张桌子上一排放置了 12 台 Apple II,桌子上还特地铺上了黑色天鹅绒桌布(那时是 70 年代!)。地板上另外放了许多盒子,这让人觉得摆在桌子上的电脑只不过是冰山一角。当然,这一点并不完全是真的。实际上,盒子大多都是空的,而展出的每一台 Apple II 都是分别切削加工后装配到一起的,而且还一台台地经过了打磨与加工。一台计算机的顶盖与另一台的机身并不配套。“但谁也不知道这一点。”杰里·马诺克说。在受欢迎程度方面,个人计算机已经达到了临界值,即将出现爆炸式的增长,这一点至少在硅谷业余爱好者的古怪范围内如此。而苹果仅在周末便接到了 300 份订单,成为这次展会的最大赢家。

* * *

苹果公司的每一个人都迫不及待地要宣传 Apple II。西海岸计算机展是一次让他们遐迩闻名的成功实践。但迈克·马库拉拿出自己的 25 万美元投资给苹果,并不想仅仅把电脑卖给业余爱好者。毕竟,那无异于向已经皈依的信徒布道。马库拉向里吉斯·麦肯纳的总经理理查德·梅尔蒙说出了自己的困境。

“我真的想在公众中间一鸣惊人,但我们没有钱,没办法进行一次大型电视宣传。我们应该怎么办呢?”他问。

经过一番思考，梅尔蒙建议进行无线电广播宣传。他解释说，进行广播宣传所需要的费用要低得多。忘记那些摄像机、灯光以及昂贵的特殊效果，你需要的是一个让人愉悦、有趣的文字材料，以及一个有辨识度并容易受到信任的声音。

“你有什么好的建议吗？”马库拉问。

“让迪克·卡维特(Dick Cavett)试试如何？”梅尔蒙回答。

卡维特是一位美国脱口秀节目主持人，许多人认为，在因诙谐幽默而有女人缘的人中，他算是他们当中的约翰尼·卡森[1]。苹果通过其经纪人联系到了这位电视明星。卡维特过去曾为别克公司(Buick)的汽车和家乐氏食品公司(Kellogg)的早餐粟米片做过广告。尽管为个人计算机代言的要求多少有些不寻常，但在职业生涯中，他已习惯了按照顾客的要求转向。要知道，他曾经和以善变著称的马龙·白兰度(Marlon Brando)出去吃饭，那天晚上，这位演员刚刚在纽约市的一家餐馆打昏了一位狗仔队记者，打伤了他的下巴。就在诺曼·梅勒在绿屋中与人斗酒时喝得酩酊大醉，并用头冲撞戈尔·维达尔(Gore Vidal)的时候，卡维特正在主持《迪克·卡维特脱口秀》(*The Dick Cavett Show*)节目。因此，当晚晚些时候梅勒出来接受采访时，心情实在不怎么样。

“你为什么不看着你的问题单问问题呢？”他厉声问道。

“你为什么不把它折五下，然后塞到屁眼儿里！[2]”卡维特回答。

梅勒吃了一惊。他问这位脱口秀主持人，他自己是不是就按照这种方针行事。

“难道还非要我引用托尔斯泰的话吗？”卡维特惊愕地问。

**如果我能搞定这件事，那我什么事都能搞定**，卡维特这样想。然而，他还是有些忧虑。他回忆道：“我属于不了解个人计算机的那类人。那个时候，我对计算机的印象还停留在照片和文章中见到的样子，它是个庞然大物，占据了30英尺×40英尺的房间的一大半，看上去确实需要用一节火车

---

① Johnny Carson (1925—2005)，美国电视脱口秀主持人与喜剧演员。

② 这是卡维特脱口秀节目中的经典语录。卡维特说的是“where the Moon don't shine”，英语习惯用语大多用的是“where the sun don't shine”，意指肛门。

车厢才能送进来。突然，它们就变成了这么小的机器。”尽管他对于两位史蒂夫代表的那个年龄段的大学生并不陌生，里吉斯·麦肯纳的那些人仍然觉得需要给他适当的提醒，特别是有关乔布斯的反主流文化倾向。卡维特说：“他们几乎总会加上一句，说他们中有一个人在树上住过一段时间。那个人是史蒂夫·乔布斯。很显然，一旦从树上下来，他就取得了很大的成功。”

卡维特、乔布斯和苹果团队中的一位重要成员（可能是马库拉），以及里吉斯·麦肯纳公司的一名员工共进晚餐，讨论这次的宣传活动。

“做迪克·卡维特的感觉怎么样？”这是乔布斯问的第一个问题。

那天晚上晚些时候，里吉斯·麦肯纳的一位公关经理把卡维特拉到一边，对他说：“我必须对乔布斯的第一个问题道歉。”但卡维特对我说：“我一点都不介意。我真的很喜欢他，而且我很遗憾，我们后来很多年没有保持联系。”

迪克·卡维特为苹果做的宣传取得了重大的成功。正如马库拉原来希望以及梅尔蒙预测的那样，Apple II 名声大噪。在知道的人看来，这是为年轻人准备的朝气蓬勃的计算机；**在计算机界，它受人欢迎的程度类似于服装业中的尼赫鲁上衣**。就在公司开始盈利的时候，这支广告从广播上撤了出来，转战电视荧屏。在新的广告中，卡维特扮演了他本人的漫画人物，对有关家用计算机的那些先入为主的想法进行了含蓄的嘲讽。

他坐在一位姿色撩人的金发妇人身边说：“我身边的这位是一个典型的美国家庭主妇，她有自己的苹果个人计算机。请问，吉尔，你用你的计算机编制家庭预算吗？”

“其实我正在用它进行黄金期货方面的研究。”她回答。

“你好像放了很多食谱在里面啊，是吧？”

“嗯嗯，没错。而且你还可以进行趋势分析、普通条形图——”

“你真的是个家庭主妇？”卡维特突然打断了她的话。

“是啊，当然了。”吉尔傻笑着说。

卡维特总结道：苹果是“可以用于一切令人烦恼的家庭工作”的计算机。当卡维特向摄像机镜头恶狠狠地看了最后一眼的时候，吉尔插嘴道：“我还拥有一座小型钢厂。”

他回忆道：“现在回头看，令人尴尬的是，我当时在这个商业广告中扮演的那位迪克·卡维特几乎脱口称她为‘宝贝’，而且认为，如果她放弃工作，回家系上围裙，她的日子会过得更好。但这支广告远比其他的更时尚。”的确，事实后来证明，这是苹果与电视广告长达数十年不解之缘的开始，而这些广告，恰恰比当时的同类产品广告高明了那么一点。

此后不久，里吉斯·麦肯纳又爆出了天才之举。如果名人全都认为苹果产品是好货，那总不会出什么大的纰漏。乔布斯有一个习惯，一旦任何一位名人表露出想要一台苹果计算机的意愿，他都会给对方送去一台。正是基于此，苹果公司迅速建立了一个愿为苹果计算机背书的社会名流的名单。但麦肯纳百尺竿头更进一步，拿出了一个更好的想法。硅谷或许充满反社会的极客、性格内向的工程师与发型糟糕的书呆子，但那里也同样有大批罗伯特·诺伊斯那样的魅力型人物。乔布斯本人也属于这一类。他本人或许并不是一位工程师，但他说的是工程师的语言。与此同时，他也能讲一般人的语言，也就是说，他能够正常地说话。许多硅谷最好的计算机科学家能毫无畏惧地面对改变世界的创新，但一想到要向普通人解释这些革新，他们就结结巴巴，或者完全被吓坏了：**为什么有人会需要一台像个人计算机那样动力不足的机器呢？除了假设的用途，以及相当于一辆新汽车的三分之一的标价外，它没有其他明显的功用，还会占用客厅的空间。**“好吧，嗯，啊呀，让我们这么说吧……”乔布斯可不是这种人。从第一天起，麦肯纳便意识到，如果他下手足够早，他或许能把这位年轻客户打造成个人计算机界一个举足轻重的人物。这是理所当然的，不像他的许多高科技同行，乔布斯很上镜。但并不仅仅是他的形象很吸引人（尽管确实如此），还因为乔布斯有一张很**有趣**的脸。他的面部被一个棱角分明的瘦小鼻子一分为二。左半边脸很柔和，带有恶作剧的表情，让人着迷。而右边则看上去刚毅有力，带有一种严厉得令人吃惊的表情，让人措手不及。如果说一半代表的是诱惑，那另外一半则恰与此对照——代表的是残忍。

不过，这一特点在乔布斯第一次接受电视采访的时候并没有体现出来。那天，乔布斯的整张脸都十分紧张。在加州电视台的演播室里，他坐在自己的座位上，不停地用手指摆弄着头发。为了这一天的活动，他特地戴上了一副窄边眼镜，穿了一件锥形领口的白衬衣，打了黑色领带，搭配一套较为随便的棕褐色西装。不幸的是，这身装束无意中让他显得像一个参加面谈的刚毕业的学生。他看上去十分别扭，好像此刻根本不愿意待在演播室。然后，他突然发现了什么，满脸惊奇。

“天啊，快看啊！快看！”他一边指着，一边兴奋地喊了起来。乔布斯通过演播室中的视频监控器，瞥见了自己的身影。“我上电视了！”

“这很令人吃惊吧？”一位感到无聊的维修技术人员问。

“没错，是很令人吃惊。”乔布斯热切地回答。他开始放松了。

“这些画面也会在纽约的电视屏幕上出现。”另一个人指出。

乔布斯惊呆了。

“不不，”他结结巴巴地问，“你说真的？”

他们没开玩笑。录音师把一副耳麦放到他的耳朵里面。“看到这是什么了吗？这是对讲电话，”那人说，“他们会用这个跟你谈话。”

乔布斯没有去听这些。他的左眼开始跳动了。

“天啊！”他咬牙切齿地骂了一声。他感觉到自己的胃开始翻滚了。他让人给他倒了一杯水，然后咕咚咕咚喝了下去。

“你得告诉我洗手间怎么走，”乔布斯急切地说，“我恶心得要死，随时都会吐。”

那位给他倒水的妇女只是咯咯地笑。

“我不是在开玩笑。”他大呼小叫地说。

“穿过大厅就是。”有人出来解围。

乔布斯环视四周，一片死寂。“天哪！”他终于又开口了。

乔布斯到底有没有呕吐，这一点不得而知。我们知道的是，与以往一样，当灯光亮了起来，摄像机开机，他的发言再一次征服了人们。就像他曾经在里吉斯·麦肯纳的办公室里做过的那样，乔布斯耐心地、雄辩地、激情四射地说起个人计算机，尤其是他的那款苹果计算机将带来的乌托邦前景。史蒂夫·乔布斯完成了他的夙愿：他建立了自己的公司。而反过来，苹果计算机找到了它的明星。

* * *

如果说，史蒂夫·乔布斯在苹果找到了他的职业归宿，那么 1977 年的圣诞节，将见证史蒂夫·沃兹尼亚克真正找到他的职业定位。在此之前，Apple II 的数据存储全都依赖于盒式磁带，但这种方法慢得令人无法容忍。在圣诞节假期里，沃兹尼亚克离群索居，全靠从麦当劳买来的垃圾食品充饥，在他过去的家酿俱乐部追随者兰迪·威金顿（时年 17 岁）的协助下，他成功组装了苹果公司的第一台 5.25 英寸的软盘驱动器：Disk II。这两个人每天都在一起工作，只有 12 月 25 日圣诞节那天是个例外（威金顿休息了，沃兹尼亚克孤军奋战）。做好的软盘驱动器第二年投放市场，盈利之大，令人艳羡。完成一个驱动器需要的所有组件加一起只要 140 美元，但其市场售价竟达 495 美元以上。这是沃兹尼亚克做出的最杰出的一项工程，它证明一个二人团队也可以创造出卓越的东西。威金顿说：“这项工作如此令人敬畏、如此有趣，它无关金钱或者名声，它是一项我们为之自豪的书呆子式的成果。”这也是这类事情最后一次在苹果发生。公司正在迅速壮大，几位黑客爱好者纯粹出于古怪的兴趣，便凑在一起做一个项目，已经不再被列入议程了。

从此以后，那些一两个人的小团队行动将来自公司之外。

# 第四章　文字处理机双雄记

你可能听说过我。在计算机领域,人们称我为俄勒冈隐士(Oregon Hermit)。据传,我编写个人计算机程序时与世隔绝,在无休止的赋格曲中废寝忘食地工作。为了使后续的编程想法不至一闪而逝,我挂断了重要人物的来电,我住在荒野中一条肮脏公路的尽头。我来这里是要告诉你,这些恶毒的传闻都是真的。

——保罗·卢特恩,Apple Writer 的编写者

如果说 Apple II 对用户具有强烈吸引力的话,那么,喜爱编程的人也喜欢 Apple II 相对简便的操作。这让它成为一款在软件设计和外围设备方面都十分简便的计算机。除了包括一种标准的内置编程语言外,这种计算机还带有许多扩展槽。同时,苹果是一个平易近人的公司,这一点也帮助它获得了用户的喜爱。在办公时间,该公司在班德利车道(Bandley Drive)10269 号(人们往往称之为班德利车道 1 号)的总部一派繁忙景象。它热情欢迎任何商贩、零售商、潜在的雇员,或者那些只是偶然来访、满怀热情想要聊上一两句的人。有一天,一位名叫布鲁斯·托格纳兹尼(Bruce Tognazzini)的典型嬉皮士程序员(不久前帮助组织了和平与自由大会),来到了苹果公司。他手中拿着两行自己编写的巧妙的代码,其中给 Apple II 的 BASIC 语言加入了字符串数组函数。他发现自己以一个推销员的身份站在史蒂夫·乔布斯面前。

"你带了什么东西给我?"乔布斯问。

托格纳兹尼演示了字符串数组函数可以在多大程度上提高 Apple II 的文字处理能力,乔布斯当场给他签了一张支票,买下了这份发明。托格纳兹

尼回忆道："我们敲定了一个合同，我的那两行代码卖了 50 美元。史蒂夫让我发誓对此事保密，因为他担心要是其他人听到他为一行代码付了多少钱，就会拿着一个 2000 行的程序上门，索价 10 万美元。"

每一位程序员都在追寻的"圣杯"，就是所谓的"杀手级 APP"：一种必不可少的软件，仅凭自身即可说服投资人，让他们意识到某种特定的计算机值得他们花大价钱。个人计算机是伟大的民主缔造者。苹果之所以采取这种开门纳贤的政策，很大程度上是因为，没有任何人知道下一个伟大的理念将从何而来。

或者，人们甚至不知道这个伟大的理念会是什么。

* * *

20 世纪 70 年代后期，普通人尚未踏进高科技的世界，还将计算机黑客想象为一伙牙齿缺失、不修边幅的人。而约翰 · 德雷珀（John Draper）的出现，让那些如此臆想的人大跌眼镜。德雷珀留了一脸形如仙人掌的胡须，一头如未修剪的马鬃般的头发，还有一对看上去鲁莽、锐利、闪闪发光的眼睛。在计算机界，德雷珀［在业内以"咔嚓船长"（Cap'n Crunch）的名号著称］是硅谷非常像婆罗洲土著（Wild Man of Borneo）的人物。辗转来到西海岸之前，德雷珀过着无根的童年生活，不断地从一个地方搬迁到另一个地方，以适应他的空军工程师父亲的事业。他说："我每年都要去一所不同的中学上学，这多少有些令人厌恶。每次我都得重新交朋友。"1964 年，德雷珀也应征入伍，成为一名空军技师，并在退役前花了四年时间从事与雷达和安全通讯有关的工作。有一段时间他在湾区一带工作，先在国家半导体公司（National Semiconductor）当工程师，又在当地一家调频无线电电台当无线电工程师，最后去了一家名叫赫格尔国际（Hugle International）的小型电子公司工作。正是在那里，他开始自行设计无线电话。

当他遇见一位名叫丹尼 · 特雷西（Denny Teresi）的青年盲人的时候，他的生活发生了奇特的变化。特雷西给他演示了如何将单纯的口哨声通过一个有"咔嚓船长"商标的粟米片盒子调成某种精准的频率，从而控制美国电话电报公司（AT&T）电话网络长途电话的开关。由于这一项发现，德雷珀得以进入“电话飞客”(phone phreaks)的世界。这是一个黑客亚文化群体,这些人对于探索电话网络可以进入的极为广大的外部区域抱有兴趣。他运用他的科技专业知识,制造了一种多频音调设备,名为 M-Fer。这种设备能够产生进入电话系统各个部分所需要的音调。他发现,他不仅能够免费拨打国际长途,还能在全世界范围内串接这些电话。比如,有一次他从全球各地给自己打电话:首先用多频调制器调制到了东京,然后往西进入印度,再到希腊,而后南下到了南非的比勒陀利亚(Pretoria),之后历经南美,转道伦敦,又跨越大西洋到纽约市,最后打到了他身旁的一个加州电话亭。他接听了这个电话。总延误是 20 秒钟。1971 年,《君子》(*Esquire*)杂志发表了罗恩·罗森鲍姆(Ron Rosenbaum)写的一篇有关盗用电话线路的文章,之后,德雷珀顶着“咔嚓船长”的诨名,变成了一个不大不小的名人。这篇文章的标题是《小蓝盒的秘密》(“Secrets of the Little Blue Box”)(又名《一个如此不可思议的故事,它甚至会让你同情电话公司》)。史蒂夫·沃兹尼亚克当时还是一个准备前往加州大学伯克利分校就读的学生,他读了这篇文章(他的母亲特意为他翻开杂志,留在厨房桌子上)。读了第一段他就被吸引了。盗用电话线路涉及同样的黑客伦理,这些对后来参与家酿计算机俱乐部的他有不小的吸引力。他在回忆录中指出:“这不单单是免费电话的问题。文章中的一个人说,他正尝试通过找出电话系统中的漏洞做一件好事,让电话公司知道自己有哪些不足之处。”沃兹尼亚克非常希望与德雷珀见面,最后通过一家叫作 KKUP 的库比蒂诺当地无线电台找到了他。当德雷珀来到沃兹尼亚克的寝室时,里面满怀期待的几个人(包括沃兹尼亚克,他的室友以及乔布斯)都吓了一跳。他们一直期待着见到一个世界级超级工程师兼妙龄少女杀手(据《君子》杂志透露,他有一位女朋友),但怎么来了这么一个家伙? 后来沃兹尼亚克说:“他身上有股气味,闻起来好像已经两个星期没洗过澡了。后来我们知道,他真的两个星期没洗澡。”

“请问来的是咔嚓船长吗?”沃兹尼亚克有些怀疑地问。

“如假包换。”德雷珀带着夸张的表情说。

接下去的几个小时完全是德雷珀的个人秀:他用寝室的公用电话大变戏法,打国际长途,拨打了几个有“电话笑话”服务的号码,接着玩了一个让他闻名世界的电话接力手法。* 同时，德雷珀有关电话系统的知识还在不断扩充。除了拨打与接听免费电话以外，他现在学会了如何在电话系统上装上一些零件，偷听别人的电话。有一天，与他同为电话飞客的几个人来到他位于加州山景城（Mountain View）的家中，并在那里搭入了一根政府电话线路，窃听一段他们相信与中央情报局有关的秘密谈话。谈话中间有人提到了一个密码词语“Olympus”（奥林匹斯圣山）。就在这时，美国总统理查德·尼克松加入了谈话。几个人简直无法抑制他们的兴奋之情。其中一个跑去喊来了德雷珀，他当时正在楼下与几个朋友交谈。他刚好赶上了谈话的结尾。他们据此制订了一项计划，决定再次拨打那个电话，尝试接通美国总统。他们的心提到了嗓子眼上，然后拨打了这个电话。

“9337。”电话另一端的人说道。

“请接 Olympus。”

“好的，先生。请稍候。”

他们等了大约 60 秒钟，这期间线路上只听得见静电干扰音。接着便传来了一个声音，酷似人们熟悉的理查德·尼克松。

“什么事？”那个声音问道。

“我们在旧金山，现在出现了一个危机。”

“什么性质的危机？”

“厕所里的手纸用完了，先生。”

听筒里传来震耳欲聋的怒骂声，这伙人在地板上笑得喘不过来气。德雷珀说：“如果我没记错的话，当时是尼克松因为水门事件辞职之前的四个月。”这是电话飞客最为成功的恶作剧。后来沃兹尼亚克听说了这件事，他为此嫉妒了好几个月。

那年晚些时候，德雷珀在上完一节 FORTRAN 语言课程后回家的路上，

---

* 后来，两位史蒂夫开始销售他们自己的蓝盒子。他们的游击销售手法是：敲潜在顾客（他们决定从伯克利大学的男生开始）的门并提出问题：“请问乔治在家吗？”对方自然会感到十分困惑，接着两位史蒂夫中的一个就会煞费苦心地说：“你不知道？乔治嘛，就是蓝盒子小伙。哦，就是那个可以用蓝盒子拨打免费长途电话的家伙。”如果对方对这番宏论有任何兴趣，两人就会做进一步的演示。如果没兴趣，他们便会道歉，说他们敲错了门。

突然被几个身穿深色西装的人逮捕。据透露,这些人是联邦特工人员,他们已经监视德雷珀一段时间了。他因通讯欺诈而被课以 1000 美元的罚款,外加 5 年缓刑。德雷珀坚称他已经放弃了电话盗用,把兴趣转到了计算机方面。他现在在一家名叫致电计算机(Call Computer)的分时计算机服务公司工作,并加入了人民计算机公司——一个黑客团体,每周定期在门洛帕克市聚会讨论高科技问题,并每人自带一份菜搭伙吃饭。然而,他因此惹上的法律官司并没有完。1974 年德雷珀又一次被捕,这一次是因为他在人民计算机公司外盗听联邦调查局的付费电话。1976 年 10 月,正当乔布斯与沃兹尼亚克庆祝苹果计算机公司成立半周年之际,德雷珀被投入加州隆波克(Lompoc)的监狱。

* * *

1975 年,越南战争正式结束,苏伊士运河关闭 8 年之后重新开通, MITS 推出了 Altair 8800 计算机。这一年,保罗·卢特思认定他已经受够了。作为一个 31 岁的红发汉子,卢特思看起来很像一个有点古怪的数学教师,他认定自己厌倦了职场上的激烈竞争,厌倦了为保持收支平衡、略微剩余的个人财务状况所进行的斗争,厌倦了每天为挣取一点点面包屑而拼命。于是他急流勇退了。他向美国宇航局的分包商洛克威尔国际公司(Rockwell International)提出了辞呈,不再担任该公司年薪 20000 美元的航天飞机工程师。在卖掉了所有东西之后,他搬进了一所 12 英尺 ×16 英尺的木头小房。这所房子是他在俄勒冈州乡间 8 美元山(Eight Dollar Mountain)上为自己建造的,距离最近的市镇 23 英里。他正处在“错误的 30 来岁”(60 年代的活动分子杰里·鲁宾警告人们永远不要信任那个年龄),这个年龄正好也是嬉皮士的中年危机*应该出现的时候。现在该干点什么才好呢?卢特思最想做的事情,

---

* 顺便提一下,杰里·鲁宾继续按照他在 20 世纪 60 年代的反当局行动主义者的模式行事,并在 80 年代成了一个成功的企业家。他在与阿比·霍夫曼(Abbie Hoffman)一起进行的一次演说旅行中宣称:“财富创造是真正的美国革命。”这次演说旅行的题目是“雅皮士 vs 优皮士”(Yippie versus Yuppie,前面的 Yippie 指政治上活跃的嬉皮士,后面的 Yuppie 指中上阶层的年轻专业人士——译者注)。鲁宾最为成功的投资之一,是早期买入苹果计算机公司的股票。

是重新获得他还是一个年轻人时感受到的自由。那时他搭便车周游全美，曾在纽约的格林尼治村成为一位民歌手但遭遇变声，还服用毒品并试图在精神上厘清20世纪美国的复杂问题。俄勒冈州是他卷土重来的机会。这就是他，他的思想与他热爱的方程式。他说："我想拥有一种有尊严的贫穷的生活方式，想在这个国家地价不算太高的地方拥有一块菜地和一处完全属于我的房产。"一开始，他的这份浪漫理想几乎接近实现了。他养了一些鸡，出于自己的兴趣设计业余无线电装置，并为当地需要的人免费提供自己的运算能力。美国宇航局偶尔也会请他做一点报酬丰厚的自由职业者咨询工作，他可以在家里择时完成。然后，最糟糕的局面出现了。他开始对这些感到厌倦。在他搬到荒野两年之后，1977 年的一个晚上，他在浏览一份《科学美国人》（*Scientific American*）杂志时，偶然看到了一份 Apple II 的广告。他说："我突然想到，如果我手上有一台个人计算机，我能够进行所有这些神奇的、令人激动的、创造性的数学工作。"第二天，他骑自行车到离家最近的付费电话亭，订购了一台 Apple II。"尽管我不太能负担得起，我还是扔出去了 2000 美元，给自己买了一台。"突然之间，他想要的完全不要电、只靠电池和煤油灯照明的生活计划似乎有些短视——好像他在计划时完全忘记了这一点。为了给 Apple II 提供动力，他不得不穿过树林，从距离住处最近的电源拉了一条长达 1200 英尺的延伸缆线，爬上陡峭的山坡，直达他的小屋。时间证明，这是一种意外的幸运。此前有一家杂志与他联系，请他写一篇解释爱因斯坦相对论的文章，他已经同意了。他立即开始编写完成这篇文章所需要的几十上百个要点。没过多久，木屋地板上便到处都堆满了凌乱的草稿纸。"我环顾四周，接着就看到了 Apple II，于是想到：哇，我可以编一份程序，用它归拢那些扔得到处都是的凌乱笔记，并在计算机内存里把它们全都组织起来。"他回忆道，"于是，在随后的一个月里，我用一半的时间编写了一个组织思路的程序，用另一半时间动手写文章，以便在截稿期限到来之前交稿。"

这份程序并不是为公众消费而编写。这个程序实现了编写者的目的：能够输入并进行文本操作，但用的可能是最严苛、最不直观的方式。卢特思承认："这一程序极为原始。它出现在 40 列宽的屏幕上，字母不分大小写。

使用者必须用 shift 键输入大写字符，它们是白底黑字；而小写字母则是黑底白字。用户使用这一程序的时候，还必须记住它们代表的意义。这非常愚蠢。”不过，这一程序的确包含了几个绝妙的创新。其中一个功能允许用户快速浏览整个文件，找出某个特定词或者短语，进行修改或者删除。另一项功能同样出色，即当用户不幸偶然误触了“重置键”的时候，它能自动保存已写下的东西。卢特思以最为戏剧化的方式检测了这个特别的功能。有一天完成程序之后，他决定用这个软件写一份附带的使用说明。当时窗外正下着倾盆大雨，但卢特思实在太专注于自己的工作，以至于完全没有意识到他置身的这间小木屋，正在暴风雨之中高踞于 400 英尺高的山脊之上。突然，随着一声巨响，一片炫目的火花划过房间。卢特思的 Apple II 出了故障。事后他才知道，窗外的一棵树遭到了雷击。静电抹去了桌子上放着的磁盘中的一半内容，但当他的 Apple II 噼噼啪啪起死回生的时候，他注意到，他刚刚的工作仍然保留在显示屏上，光标还停留在他写下的最后一个词的后面。他想：**不错，这个功能是有用的。**

* * *

史蒂夫·乔布斯不喜欢约翰·德雷珀。他的一切——从他猥琐的形象到他邀请人参与古怪的体育锻炼活动——都让这位年轻的苹果公司联合创始人担心是不是在这个所谓的“疯狂黑客”身上花了太多时间。同样，要让德雷珀认同乔布斯也不容易。他回忆道：“他真的有点以自我为中心，而且也有些古怪。”不过沃兹尼亚克就不同了。德雷珀说：“他是跟我关系最好的人。”沃兹尼亚克对这位标新立异的工程师同事也情有独钟。有一段时间他雇用德雷珀作为苹果的员工，正是在那里，这位曾经的电话飞客开始研发所谓的“查理电路板”——一种可以产生完美拨号音的插入式印刷电路板，它将 Apple II 变成了一台自动电话拨号机。沃兹尼亚克认为这是一项重大成果，是计算机最成功的应用之一。他设定程序，毫不留情地一次又一次地给他的一位朋友打电话。但苹果公司的大多数员工都站在乔布斯一边。他们说，德雷珀太古怪了。他让他们感到不舒服。当迈克·斯科特在室内点了一支香烟时，德雷珀歇斯底里大发作——他自童年时便患有恐惧症，这让他在苹果的短期打工史接近了尾声。当人们发现他确实利用查理电路板盗打电话，通话费高达5000美元时，他在苹果的职业生涯就**真的**结束了，他也因而再次锒铛入狱。

这一次，德雷珀可以在日间离开监狱。他可以在工作时间使用Apple II，于是他开始创造一种文字处理系统，作为他喜爱的FORTH程序语言的文件处理工具。他对此解释道："我对于程序的工作原理只有粗略的想法，但我有进入并拆分别人的代码的神奇能力。"通过这种方法，软件与硬件之间不再有任何区别，因为一个人可以打开并窥探其中的内部结构，并找出某种功能的运行原理。这个时候，保罗·卢特思还没有完成Apple Writer，市场上只有一种真正的文字处理软件，也还没有安装到Apple II上。这种文字处理软件叫作电子铅笔（Electric Pencil），是前一年由处于半退休状态的业余爱好者迈克尔·斯瑞尔（Michael Shrayer）研发的，他为了寻找一种更安静的生活从纽约搬到了加州。但对于进一步扩展他的初级版本的程序，斯瑞尔几乎没有什么兴趣。德雷珀觉得这里或许存在某种商机。他开始用FORTH语言编写程序。在他晚间返回阿拉梅达县监狱（Alameda County Jail）之前，他可以在正常工作时间使用一台计算机。他回忆道："这是一种非常理想的编程环境。没有比它更好的了。在回监狱之前，我会在一天工作结束的时候打印一份完整的编码清单，这样回去后就有了一份打印件。然后我在夜间仔细阅读代码，找到其中的错误，不需要一台计算机。用这种方法，我对这种代码熟悉多了。"

他也会用普通写法在零散的纸片上写下新的代码，第二天重回工作时再敲到电脑里。狱警们对此很感兴趣，而德雷珀也很热情地对他们解释他在做些什么。"当然了，对他们来说，这些信息只能是左耳进右耳出，但这些警卫还是很高兴看到我如此专注于自己的工作。"此后不久的一天，德雷珀与一位名叫史蒂夫·索耶（Steve Sawyer）的朋友谈话。索耶对于德雷珀在文字处理系统上取得的进展印象深刻，但他想知道德雷珀准备如何命名它。德雷珀还不能完全确定。他一直在考虑一个类似于TextWriter的名字。

"千万别这样，"索耶说，"你可以想出一个比这更好的名字。"

"你有什么想法吗？"德雷珀问。

索耶刚刚看过丹尼斯·霍珀（Dennis Hopper）执导的影片《逍遥骑士》（*Easy Rider*），影片说的是两个随心所欲的嬉皮士为了追求自由，骑自行车周游美国南方的故事。现在，他想起了这个故事。

“叫逍遥作家（EasyWriter）如何？”他提出了建议。

德雷珀觉得这个名字好极了。那就叫它逍遥作家好了。到这个时候，他已经在这个程序上花了好几个月的功夫，取得了不少成果，可以在即将到来的1979年西海岸计算机展上亮相了。德雷珀的另一位朋友是人如其名的马修·麦金托什（Matthew McIntosh）。他们两人第一次见面是在一个被称为苹果核心俱乐部（Apple Core Club）的苹果用户团体会议上。当时，麦金托什对于能有机会与电话飞客的传奇人物咔嚓船长谈话而感到非常振奋。麦金托什后来谈起德雷珀时说：“他不是一个天才，他并不是一个真正的知识分子。他没有受过多少教育。但他真的了解电话。”在西海岸计算机展上，麦金托什负责管理旧金山苹果核心俱乐部的展台，并给德雷珀的文字处理系统安排了一次演示。纯粹是因为运气，紧靠这个展台左边的是一批FORTH编程语言的热情信奉者。尽管逍遥作家在技术上并不完善，但它相当简单，而且在Apple II上运行速度非常快。人们来到苹果核心俱乐部的展台，询问这个系统是用哪种语言写成的。这时，德雷珀便会指着旁边FORTH语言展台上的那些人。而FORTH兴趣小组的人也对这种善意做出了回应：每当有人问起用FORTH语言编写的令人激动的最新应用时，他们就会让感兴趣的人去看逍遥作家。没过多久，苹果核心俱乐部的展台前便聚集了一大批人，其中大多数是出版商和文字处理系统的潜在买家，他们向德雷珀提了很多技术问题。不少人向德雷珀挥舞着大叠钞票，希望能够为自己购买一套文字处理系统。* 当德雷珀出席庭审的时候，麦金托什疯狂地复制这份程序。

“我们该定个什么价格呢？”麦金托什问。

“我不知道。”德雷珀回答，“《逍遥骑士》这部片子哪年的？”

“嗯……差不多1969年吧，我想。”

---

* 这时，吉姆·沃伦还在脚踩旱冰鞋四处逡巡，但经济状况很不错。他理解这些人正在做的事情；于是，在下一年的计算机展上，他因为新近命名的咔嚓船长软件而只收了旧金山苹果核心俱乐部一半的租金。

就这样，逍遥作家走进了市场。它带来了一场全面的革命，定价 69 美元。

* * *

苹果终于注意到了保罗·卢特思的存在。当卢特思开始进入个人计算机领域时，他的视野一如既往的狭窄。但在他购买了一台 Apple II 之后，他的视野就打开了，他开始通过信件与全国如雨后春笋般出现的苹果用户组成员进行交流。他们就像一个处在萌芽期的团体，相互交换新闻、小道消息、编程过程中的小窍门等，也就是说，任何能进一步增加拥有一台个人计算机所带来的乐趣的事情。与卢特思交流的人中，有一个人恰好认识苹果的员工，并且偶然对他们提起了卢特思的程序。此后不久，卢特思收到了一封信，盖着库比蒂诺的邮戳。信上说，他们听说卢特思正在做一种文本编辑程序，想问他是否可以让苹果公司看一下。卢特思非常兴奋。他把最新的版本存进了一张 5.25 英寸的软盘，然后骑自行车到离家最近的一个邮局把软盘寄给了苹果。几天之后他得到了回信：苹果想要他的软件。条件非常简单：7500 美元，一次性买断他的程序。卢特思仔细考虑后决定接受这一条件。他说："7500 美元大约是我当时所有资产的三倍。"他把签了字的合同寄回班德利车道的苹果总部，这时正是 1978 年后期。他们立即去掉了卢特思内置的版权声明，代以自己的版权声明。最后完成的产品取名为 Apple Writer，并于次年上市销售。

保罗·卢特思在合同上签字放弃了他对自己的文字处理系统的任何权利，这很可能意味着他与库比蒂诺的那家小型计算机公司之间的关系也就到此为止。但是命运的安排并非如此。自 Apple Writer 于 1979 年以 75 美元的标价上市以来，它就开始热卖……然后是大卖……接着又是狂卖。卢特思或许会认为那个界面相当基础，但它却成功地完成了当时很少有计算机程序能够完成的工作。没过多久，史蒂夫·乔布斯便要求苹果公司的程序员研发第二版：一个超越原来简单的"土豆加牛肉"式的版本，以保证苹果能够在新生的文字处理市场上保持应有的领先地位。不幸的是，苹果公司内部没有人能够弄懂卢特思的编码方式。他没有使用当时流行的任何一种编程语言,而是用计算机汇编语言编程。从本质上说,这是计算机的母语。如果说,BASIC 编程类似于利用预成型的塑料部件拼装成蚀刻模型的话,那么,汇编语言编程就相当于用火柴棒搭建一座摩天大楼的比例模型。把一行用 BASIC 语言表达的程序转换为汇编语言可能需要 5 行,不熟悉这种语言的人可能根本无法理解:

```
$0946: A5 FF   NEXT LDA *DEFINE
$0948: F0 01   BEQ END
$094A  60 RTS
$094B  A9 60 END LDA *RTS
$094D  4C 83 0F   JMP *PSHCOD
```

卢特思所喜爱的,正是汇编语言的那种完全的数学确定性。每一个非数字符号与字母都只不过是更多的数字的简写。对于一位数学奇才来说,这就像是在填一个神秘的字谜游戏。如果你能够正确地完成,那么一切都会十分完美,在逻辑上合情合理——最终的产品将如行云流水般运行自如。到苹果公司不情愿地回头找卢特思的时候,他已经从头到尾重写了整个文字处理程序。他把这件事告诉了苹果公司的人,他们非常兴奋。他们说:我们今天就给你寄一份合同。“这次不行,”卢特思答道,“我想跟你们开始一种新模式。这次我想要版税,我不想把我的程序一次卖断。”苹果居然接受了这样的安排。尽管这家公司正在稳步赚钱,但几乎每一分钱都套在不同的项目上。他们让卢特思回去自己起草一份令他满意的合同。他确实这样做了,他给自己规定了 25% 的版税,这就意味着,每卖出一份程序,他就得到收益的四分之一。他后来声称,他在这么做的时候完全不知道这是当时行业标准的 5 倍。尽管如此,他还是把这份合同寄给了苹果,苹果审查一番——签字同意了。

当 Apple Writer II 于 1980 年上市之后,版税突然如流水般涌入。用卢特思的话来说,这就是“一笔神奇的、数目不可思议的钱”。在此后 5 年间,这一程序一直是全世界苹果软件排行榜上的王牌。苹果意识到它每个月都要支付一大笔钱给卢特思,他们便雇律师仔细审查卢特思起草的合同。这批律师找不到任何可资利用的漏洞。看起来,在起草合同方面,卢特思也跟编程一样滴水不漏。在此期间，他与乔布斯有过几次会面，大多不欢而散。卢特思过去认为设计了 Apple II 的沃兹尼亚克也会是苹果的掌门人。“我过去认为，史蒂夫·乔布斯只不过是一个手段高超的推销员，但他才是公司的真正舵手，发现这一点略微有些令人不安。”他说，“外人很容易就看出来谁说了算，谁说了不算。”

* * *

苹果最终还是找到了它的杀手级应用。事实上，它完全不是文字处理软件。它是一款名为 VisiCalc 的电子表格办公软件。它围绕着黑板建立起来，对统计分析和财务计算十分有用。它不是由一位像保罗·卢特思那样的嬉皮士业余爱好者，或者像约翰·德雷珀那样的前电话飞客创造的，而是出自一位名叫丹·布里克林(Dan Bricklin)的哈佛商学院毕业生。布里克林是新一代程序员中崭露头角的人物：自信的职业 MBA，不仅精通计算机的工作原理，也能看出它对于长远经济发展的重大意义。1979 年，VisiCalc 以 100 美元的售价甫一上市，立即大受欢迎。它无与伦比的成功让苹果离大型企业市场更近了一步。从这个时候开始，对于史蒂夫·乔布斯来说，已经没有必要与所有跨入班德利车道大门的人会面了。

与此同时，诸如保罗·卢特思与约翰·德雷珀这样的人还在尽己所能继续前行——尽管为软件发展做出突破性贡献后，他们的人生将沿着不同的轨道向前。

德雷珀属于个人计算机时代早期命运较为凄惨的一个。在把逍遥作家装在 Apple II 之后不久，他与 IBM 签约，把这一软件装到了 IBM 正在研发的个人计算机上，这笔交易让他变得很富有。有一段时间，他开着奔驰 240D 四处游荡，去加拉巴哥群岛度豪华假日，在那里竟日观赏乌龟与异国珍禽。最后他的钱被挥霍殆尽，而且他江郎才尽。有一段时间他无家可归。再后来，他说“见鬼吧，计算机”，就像曾说“见鬼吧，电话盗用”一样，随后一头扎进锐舞音乐的现场，直到有一天，他在伊斯坦布尔摔倒，导致背部旧伤加重。由于他没有任何健康保险，湾区一位治疗师答应帮助他，但要他设计一个价值 1 万美元的网页作为条件。时至今日，德雷珀仍然生活困顿。至少有一段时间，他的一日三餐都是由离他住处不远的一家全食超市（Whole Foods）的员工在预定时间提供的，食材则取自马上要丢弃的过期剩货。

保罗·卢特思的境遇则要好得多。他生活在俄勒冈州乡间，还在使用自行车，但在 1983 年搬进了同一条路上的一所大房子。这所房子坐落在一片 32 英亩的土地上，是他用现金买下的，离他原来的住处 20 英里远。他还是觉得，一个人生活是最快乐的，并于 1988 年开始独自驾驶一艘 31 英尺长的独桅帆船周游世界，历时数年之久。如今，他大多数时间为互联网编制一份以 Java 为基础的源代码编辑器，名叫蜘蛛结网（Arachnophilia）。这份程序可以通过他的网站免费下载。

卢特思再也没有回国家宇航局从事航天飞机工程师的工作，尽管 Apple Writer 为他带来了源源不断的收益——最高达到了 600 万美元。他的确向他过去作为火箭科学家的职业生涯额首告别，不再与地心引力苦苦缠斗。

他为自己买了一架飞机。

# 第五章 超级操作系统

对于纽特·金里奇(Newt Gingrich)反60年代的夸大其词以及文化研究对差异、越界与狂欢的推崇而言,一个奇怪的共识出现了:商业与嬉皮士运动是天然的死敌,是美国大众文化全然对立的两极……嬉皮士的历史意义似乎已经盖棺论定:这是一系列的自由实践,它与战后美国社会主流脉搏从根本上水火不容。

——托马斯·弗兰克:《酷儿的征服》(1997)

今天,米奇·卡普尔(Mitch Kapor)是硅谷的主要风险投资家之一。他建立了莲花发展公司(Lotus Development Corporation),并担任过莫兹拉公司(Mozilla Corporation)首任董事会主席。他也是硅谷经历最为丰富多彩的达人之一——一个身穿夏威夷T恤的百万富豪,对印度教的超觉禅定派满怀热情(他过去的软件公司的名字正是从这一宗教流派的瑜伽莲花姿势脱胎而来),对个人计算机的网络自由意志主义理想怀有虔诚的信仰。然而,在20世纪70年代晚期,卡普尔只不过是受到加州强烈吸引的东海岸梦幻嬉皮士中的一个。在参加了伍德斯托克摇滚音乐节之后,他第一次产生了迁居加州的强烈愿望,但发现他的女朋友不愿意。于是他转而怀着宗教式的虔诚阅读《全球概览》与《滚石》杂志聊以自慰。他的父母对于他的所作所为感到困惑不已。“我曾在耶鲁大学接受了那种昂贵的常青藤高等教育,却在70年代初期作为无线电流行音乐节目主持人与冥想教师虚耗时光。”卡普尔如此说道。有一段时间,他在一家当地的社区精神病院做咨询顾问,直到认定这一领域没了他反而更好,于是便放弃了。受电影《毕业生》(*The Graduate*)中的本杰明·布拉多克(Benjamin Braddock)的影响,他开始担忧自己的未来，还为他是否应该去读研究所然后找一份合适的工作而感到苦恼。

当然，像往常一样，在这一事件上，计算机发挥了作用。卡普尔第一次接触计算机是在 1963 年，当时他在一次校科学展览上做了一个能够进行 1000 以内加减法的简单二进制计算器。后来，他阅读了泰德·纳尔逊的《计算机解放/梦想机器》，这让他对电子技术的热情与对反主流文化的兴趣得到了结合。但结果令他大失所望。他开始四处观察市场上的各色个人计算机，却发现所有的都超出了他的预算。当时，苹果公司已经把 Apple II 的价格下调了 300 美元上下，但卡普尔还是负担不起。于是他只好割爱卖掉了自己的立体声音响，然后驱车前往不需要缴纳消费税的新罕布什尔州。他回忆道："不知道什么原因，我当时买下了一台 Apple II。"他花了两个晚上摆弄那台机器，想象着它能带来的各种可能性。此后不久，失业的卡普尔正在一家计算机商店闲逛。这时，一个衣着考究的 40 多岁男子来到商店，走到服务台前。"我是一位眼科医师，"他先开口说道，然后对售货员解释说他想买一台 Apple II，以满足他某种工作需要。卡普里凑到跟前偷听他们的谈话。在他们谈话的间隙，他插了进去。

"先生，我想我能帮你解决问题，"他说，"我是一个计算机顾问。"

刚一开始说话，他就为自己的大胆吃了一惊。他回忆道："我不知道当时是怎么想的，这并不是我的风格，我平常不会如此肆无忌惮。"但他和那位眼科医师说上了话，那人同意以 7 美元的时薪雇用卡普尔，为他安装计算机系统。此后不久，在与女朋友关系破裂之后，他迁往加州，并在个人软件公司（Personal Software, Inc.）谋到一个产品经理的职位，正是这家公司推出了 VisiCalc。也就是在他担任这一职务的时候，他第一次与史蒂夫·乔布斯会面。"苹果当时已经是一家大公司，而史蒂夫正在走出他的嬉皮时光。"卡普尔回忆道。几乎和所有与乔布斯见过面的人一样，他发现这位苹果公司的联合创始人极为专断，但又具有令人震惊的魅力。对这样一个来自长岛的中产阶级犹太小伙子来说，乔布斯就像一位摇滚明星。"他具有一种自然之力，"卡普尔说，"他处在一个比我们其他人都更高的层次——这是我对他的第一印象。他确实是一位半神半人。"

* * *

如果说，史蒂夫·乔布斯正走在从赤脚嬉皮士向高科技半神转化的道路上，那么20世纪70年代后几年，正是他个人处在十字路口的时候。反主流文化与大企业文化之间的融合似乎总会带来一些思想问题，但有几年，乔布斯只是简单地忽视它们。现在，他至少在仔细考虑这些问题了。1977年，乔布斯邀请他里德学院的老朋友丹·科特基加盟苹果。科特基仍旧不知道他该做些什么，只知道他不想以为某个大公司工作的方式度过自己的一生。是乔布斯的热情洋溢将他收归旗下。**还记得在里德学院的第二年吗？当时我们在你女朋友家门外的槽隙里清扫蛛网，还把印度印花布和那块地毯铺到了地板上。还记得我们的那个小香炉和蜡烛吗？还记得我们去那里服用迷幻剂吗？在这里，一切都会与过去一样。**乔布斯给了科特基一个拿最低工资的工作，负责测试 Apple II 的逻辑电路板，并在键盘上按照正确的大小安装按键，使之与正确的插槽相配。他们俩一起，连同乔布斯中学时交的女朋友克里斯安·布伦南（Chrisann Brennan），在距离库比蒂诺的迪安萨学院（De Anza College）不远的地方租了一所带有四间卧室的房子。科特基戏谑地称这所房子为“郊区牧场”（Rancho Suburbia），如同他们的私人加州旅馆。出于好玩，他在一间卧室里放满了废弃的泡沫塑料包装材料，这些材料取自每天都会运到苹果公司的零件包装箱。科特基说：“我想，为什么要把这些东西扔掉呢？于是有几个星期我就把它们捡了回来，放到史蒂夫汽车的后备箱里，因为我当时没有自己的汽车。”最后，克里斯安的猫搬进了这个房间，它们撒的尿让房间里臭不可闻，他不得不放弃了原来的计划。科特基在公司的地位很典型。公司里有许多职务都由乔布斯与沃兹尼亚克的朋友担任，尤其是沃兹尼亚克的朋友。兰迪·威金顿，当时还在中学读最后一年，他的工资是每小时2.5美元。他每天早上3点半就起床，一直工作到他必须上学的时候才走，而且在一天的学业结束后，他再来公司上晚班。

但苹果日渐成为一个大公司，乔布斯似乎越来越无法确定它的状况。有一段时间，他甚至不算非常认真地考虑过停止经营企业，搬到日本加入一个禅宗寺庙修行。他观察着迈克·马库拉和斯考特等人，**天哪，你能想象自己成为那样的人吗？**他哀叹道：“我不想成为一个商人，因为我不想成为所有我认识的商人那样的人。”乔布斯的反商业言论完全算不上绝无仅有。1976年,有传言说附近的洛克希德公司的董事会为了拿到合同向外国官员行贿,金额达2200万美元。该公司几乎因此倾覆。第二年,吉米·卡特(Jimmy Carter)宣誓就任美国第39任总统,他上任后采取的第一个行动,就是大赦那些逃避越南战争兵役的人。看起来,时代正在变化。乔布斯决定静观其变,看看最后会有什么样的结果。然而,他在苹果清楚地看到一个问题:经常被称为“斯科蒂”的迈克·斯科特的存在。乔布斯认为粗暴专制的斯科特是一个古板守旧的人。斯科特认为乔布斯令人恼火,是个能够以百万英里的时速闹哄哄地跑来跑去,并且制造混乱的家伙。“应该好好地教训他一通。”斯科特抱怨道。他特别喜欢取笑乔布斯的一个古怪习惯:劳累工作一天后脱下鞋子,站在抽水马桶上,然后放水,以缓解紧张。

在乔布斯看来,他才应该是管理整个苹果公司的人,但这种想法没有几个人会赞同。兰迪·威金顿说:“一个21岁的人在管理公司或者建设公司方面能知道些什么呢?两位迈克在这一点上达成了一致:要把史蒂夫·乔布斯管好。”他认为,迈克·马库拉可以把斯科特当做一个缓冲带,一个在乔布斯喜怒无常时充当坏警察的人。由于乔布斯在苹果内部的管理权力受到了掣肘,他与斯科特的大部分争论——被戏称为“斯科蒂之战”——都只涉及滑稽的小事。有一次,他们两人为谁应该在一套采购订单上签字而几乎大打出手。其实争论并不关乎签字这件事本身,因为这终究是一个非常乏味的工作。他们争论的是,谁该享有这份权威。并不是所有的斯科蒂之战都如此恶劣。有时,它们会以更幽默的形式表现出来。有一年乔布斯生日,那天早上他来到自己的办公桌前,看到有人在桌子上留下了一个用白色玫瑰花编成的葬礼花环,上面有一张匿名便条,便条上写着“愿您安息——永志不忘”。乔布斯虽然处在一个相对温和的年纪,但与他有过争执的人实在不少,他根本不知道这个花环是谁放在那里的。没过多久,斯科蒂佩戴白玫瑰作为私人徽章,乔布斯得到了一个很好的线索。

1979年夏季,苹果出售了价值7273801美元的股票。乔布斯卖出了价值刚好超过100万美元的个人股份。他在24岁的时候成了一位百万富翁。他用这笔钱在圣克拉拉县最古老的社区之一——洛斯盖多斯(Los Gatos)的山岭之间买了一栋房子，还买了他的第一辆奔驰双门跑车。以后他还会买许多辆这种汽车。为了保持自己反叛的时髦特征，他花了更多的钱买了一辆宝马摩托车——尽管把手上的橘黄色小绒球与《逍遥骑士》中丹尼斯·霍珀骑的那类自行车并不完全相配。虽然他可能已经永远搬出了"郊区牧场"，但乔布斯仍然保持着与丹·科特基的亲密关系。工作之余，他们会乘车在山岭之间遨游，并沿着蜿蜒的道路开车到斯坦福大学的后面服食迷幻剂，或者在其中一座水库中裸泳。乔布斯搬出去后，科特基便招了些新租户：一对脱衣舞演员和一个有着令人不安习惯的牛仔——他用他的两把柯尔特0.45口径手枪向空中开火。而乔布斯已经不再做诸如此类的愚蠢行为了。他已经或多或少地转型为一个正经商人，会在形势需要的时候高兴地穿起一套西装。他已经与克里斯安分手，正在跟一个非常漂亮的半波利尼西亚、半波兰血统的女孩谈恋爱，后者在里吉斯·麦肯纳公司上班。最后，就像他在印度时剃了头发那样，作为一种个人象征，乔布斯剪了短发，而且再也没有留过长发。

* * *

苹果也在迅速变化。销售数字令人咋舌。谁会想象得到，会有这么多人想要个人计算机？公司收益从1977年的77万美元狂升至1978年的790万美元。1979年，这一数字再次飙升至4900万美元。对苹果产品的需求如此之多，似乎每周都要增加数以十计的新项目。新项目的出现也带来了新工程师的涌入。苹果公司从顶级的工程公司中挖来他们，并许诺给底层员工丰厚的股权。一个在苹果员工中流传已久的笑话说：这种招募如此激烈，以至于公司电话簿印出来不到24小时就已经过时了。汤姆·惠特尼（Tom Whitney）是苹果招募的一位高层员工，他是一位明星工程师，是沃兹尼亚克过去在惠普公司的上司。他曾参与研发了世界上首款科学电子计算器HP-35，并一举成名。惠特尼担任了苹果公司新的工程副总裁。

当然，这些新员工都需要有自己的工作场所。好几个月，班德利车道成了不间断施工的建筑工地，一座又一座的新办公大楼拔地而起。这些建筑物都以所谓立墙平浇建筑法修建，即竖立起一个塑料材料围成的水平框架，随后将刚刚搅拌好的湿混凝土浇灌在框架之内。在混凝土干了之后，便可以用起重机让这些预制板直立起来，然后便像变戏法似的出现了一堵新墙！在此期间，苹果给人一种混乱的感觉，这从新建筑物的命名上可见一斑。对于任何一个不是从一开始就目睹事件发生的人来说，这种命名法都毫无意义。这些建筑物并不是依次被编为班德利 1 号楼、2 号楼、3 号楼等，而是根据人们进入这些建筑办公的时间顺序确定名称的。这样一来，班德利 2 号楼便位于班德利 4 号与 5 号楼之间。这一切都让人加强了这样一个印象，苹果虽然是一家公司，却并**不太算是**一家公司。后来，产品营销主管菲尔·罗伊鲍尔（Phil Roybal）回忆道："苹果非常像一家俱乐部。我们在非凡的度假胜地，比如海边的蒙特利南部的帕哈罗沙丘（Pajaro Dunes）有管理人员的休养所。我们有机会就到那里开两天会，到了晚上就喝酒、跳舞，直到筋疲力尽。"

当时，那些在苹果工作的人强烈倾向于认为苹果不应该丢失它的家酿俱乐部黑客传统的根基。其他的成功企业可能会蜕变为冷血无情的大公司，但苹果不同。伙计，它其实是一家由两位随心所欲的嬉皮士从无到有建立的公司。当一位来自国家半导体公司的新任生产主管加入苹果的时候，这一点得到了明证。他提出的第一批建议，包括让苹果更加具有安全意识：检查每一个进入计算机组装区的人，增设保安和看不见的麦克风。他得到的回答是："根本不可能。"于是这个人发现自己还未来得及装扮办公室，就已经面临被人扫地出门的境地。为了帮助苹果保持诚实和正派，一些员工一起搞了一个听起来很嬉皮的"苹果终生质量保障项目"（Apple Quality of Life Project），这些人包括后来创建了艺电公司（Electronic Arts）的威廉·"特里普"·霍金斯（William 'Trip' Hawkins）。这一项目是要以浅显易懂的语言，清楚地表达那些作为苹果公司建立基础的理想主义原则：

人手一台计算机。

我们将设置雄心勃勃的目标，我们将为此而努力。

我们一起向前闯。

我们制造我们信赖的产品。

在盈利的同时，我们也要对社会带来积极的影响。

每一个人都很重要，每一个人都有机会和责任产生影响。

无论成败，我们同舟共济。

我们充满热情！

我们富于创造，我们设定节奏。

我们想让每个人享受我们一起进行的探险。

我们珍视我们所做的一切。

我们要营造一种环境，苹果的价值观在其中繁荣。

这一项目一经完成，苹果公司就要回答一个更大的问题：我们接下来要做些什么？尽管 Apple II 的销售热潮方兴未艾，但迟早会有新的计算机取而代之。为了苹果能够合乎逻辑地发展，有人提出了一些建议。有几位员工开始进行深奥的研究项目，或许在 3 年、5 年或者 10 年后才会产生结果。沃兹尼亚克领导了一支工程师团队，致力于对现有的 Apple II 的结构进行逻辑性升级，这将带来更大的 RAM，以及改进版的 Applesoft BASIC 编程语言。然后就有了 Apple III。这是一个振奋人心的产品。首先，这是作为一个公司的苹果从头开始设计的第一台计算机。Apple II 是在经费紧张的情况下，由一位工程师在一间车库里组装成功的。Apple III 则与此大相径庭。让我们看看，这些硅谷最厉害、最聪明的人，他们在没有财政压力的情况下，在设备齐全的实验室里推出的产品吧！史蒂夫·乔布斯热切希望参与任何有望成为下一个惊世之作的项目，这一次他也毫不犹豫地参与了进来。为了表示他对这一事业从一开始就全力支持，他向员工发了光滑的印刷海报，上面写着：**你现在做出的决定，将有助于公司在 1980 年推出 5 万台 Apple III 计算机。**

从一开始，Apple III 的定位就是一台商用计算机。有关 IBM 的个人计算机即将出炉的谣言早就传得满城风雨，而苹果的员工知道，赶在 IBM 个人计算机上市前进入市场很关键。Apple II 让人们意识到，这个国家的业余爱好者黑客比预想的多很多。显然，让计算机进入“财富 500 强”公司，就找到了真正的金矿。向大企业兜售计算机会让苹果失去其自由主义理想根基吗？当然不会，乔布斯这样认为。让个人计算机进入一个过去由 IBM 主机把持的世界，将是一个具有颠覆性意义的胜利。每个人都将因此受益。有了一台计算机，一个底层的秘书便可以成长为一个地区代理。那么，Apple III 究竟有哪些特点呢？一方面，它需要一个更好的高分辨率显示器，它还应该有一个更先进的操作系统，它也需要更大的内存来处理企业想用计算机处理的大型电子数据表。同样，人们也需要存储这些数据表，因此 Apple III 也要有一个内置的软盘驱动器。具有完整的大小写字母输入的键盘也是必备之物。它也应该能向后与 Apple II 兼容，这样，为 Apple II 设计的所有软件都可以在 Apple III 上使用。这份清单还可以不断地写下去。“对于 Apple III 应该能够干些什么，每个人都有一些想法；而不幸的是，这些想法都被包括进去了。”兰迪·威金顿在总结了黑客工程师的想法后抱怨道。

让一个委员会做一款计算机会出现的问题就是：它的创造者是一个委员会。对于 Apple II 来说，沃兹尼亚克是这台机器的唯一创造者。除了零件他要买得起这个条件之外，他感受到的唯一的限制是，他要对某些工程问题找到独创的解决方案。这个制约本身更多是一项挑战而不是一个问题。然而，当涉及一个委员会的时候，人们需要做出大量妥协，以至于最终创造的通常是一台缺乏灵气、平庸无奇的机器。许多人觉得尚可接受，但没有人会满意。但是老兄！苹果是一个民主的公司，对不对？尽力吸引尽可能多的潜在顾客，这难道不是一件好事吗？

需要有一个人来把所有关于 Apple III 应该成为怎样一台机器的想法，变成一种可操作的计算机。最终被选定的这个人名叫温德尔·桑德（Wendell Sander），他是一位杰出的硬件工程师。桑德原来也是仙童半导体公司的员工，用 Apple I 的一个加强版打动了史蒂夫·乔布斯，成功跳到苹果。大家请他为 Apple III 项目取一个代号（每一个苹果项目在公司内部都有一个名称，有别于它的发行名称），他决定以他女儿的名字命名：萨拉（Sara）。他要让他的工作与他相配。关乎整个项目方向的最重要的决定——用哪种微处理器，甚至不是由桑德做出的。尽管所有工程师都认为那个想法非常糟糕，但市场部非常热切地希望，作为一台从各方面来说都绝对优越的计算机，Apple III 也应该能运行为 Apple II 设计的软件。他们指出，到了这个时候，有这么多的研发者为这个平台开发了软件，让这些软件完全无用武之地，无疑是一种极大的浪费。事实上，在市场营销会议上听上去最合情合理的想法（还有其他一些讨论，如这台计算机名字的形式究竟应该是 Apple III 还是 Apple ///），最后却是工程方面的一个噩梦。最后，问题实际上可以归结为，Apple III 将需要某种“仿真模式”，如此，它将暂时忘记自己是苹果的下一代商业计算机，并摆出沃兹尼亚克的 Apple II 的姿态工作。为使这种想法比较容易实现，就必须让 Apple III 继续沿用其上代产品 Apple II 的 6502 微处理器。“我们只好这样了吗？”桑德问道。毕竟，无论如何乔装打扮，再次启用某种五六年来一直使用的相对古老的微处理器，很难说这是早期开会时讨论的科技飞跃。“不要担心，”桑德被告知，“当然不会这样。”苹果的宏大计划，是要把 Apple III 变成一种双处理器的计算机，实际上是给了它第二个大脑，而它主要的微处理器是更为强大的一个。但随后的一些数字演算排除了这种想法，于是，桑德只好将就着使用 6502 芯片了。他施展了一点工程魔法，找出了一个绝妙的解决办法，从 6502 可怜巴巴的 64k 内存中挤出了一些潜力。也就是说，他将使用一种被称为存储体转换（bank switching）的技术，它需要有几个操作系统可以追踪的 64k 存储体，以便记住存储信息的地方。当操作系统需要另一个存储体中的信息时，它就简单地摆动，检索需要的数据。微处理器本身表现得好像 Apple III 只有 64k 内存，但任何软件在它上面运行起来就像计算机能够处理 128k 或者 256k 一样。

帮助桑德的是丹尼尔·科特基，他在 Apple II 生产线上度过了最低工资岗位的试用期，转而担任 Apple III 项目技术员。在项目初期，科特基为电路板的绕线原型做了不少点对点接线工作。绕线（wire wrap）是制造电路板的一种方法，这种方法不需要制作印刷电路板。可以理解，Apple III 以后会用印刷电路板，但为了让软件有效运行，同时让一些原型机正常运行也是很有必要的。科特基戴着他崭新的卡式录音机随身听耳机开始了工作。当他完工后，软件工程师便开始运行这款计算机的新操作系统。这种操作系统或许只由黑底绿色字符组成，但相对于 Apple II，这无疑是一个进步。他们满怀骄傲地称这一系统为尖端操作系统（Sophisticated Operating System）。

*　*　*

平衡苹果内部各方观点已经够麻烦了,公司外的人也纷纷前来添乱,想就即将出炉的 Apple III 应该具有哪些功能提出见解。杰里·马诺克时任苹果产品设计经理。当他听说联邦通信委员会(Federal Communications Commission, FCC)将对所有数字设备发出的电磁辐射量作出规定时,不禁暗暗咒骂。马诺克回忆道:“FCC 开始从住公寓大楼的人那里收到不少抱怨了。人们突然发现,电视接收质量大为下降,因为隔壁公寓里的某人正在使用一种人称家庭计算机的新玩意儿。”美国全国人手一台计算机,这对于家酿计算机俱乐部的黑客来说就像一个乌托邦,对于那些通过销售计算机盈利的人来说就像一台造币机,但对于那些关心电磁污染的人来说却像一个噩梦。这就是官方要推出新规定的原因。这样做当然也没有错,马诺克想。但他们到底会给出什么样的限制值呢?没人知道,而且 FCC 也没有开诚布公地给出信息。就像要建造一个全能防空洞一样,马诺克唯一能做的,就是必须制造一种差不多能顶住一切的机箱。他当然没有闲工夫等待准确数据的发布。

为了保险起见,他决定,Apple III 释放的总电磁辐射必须为零。为了达到这一目标,他决定把 Apple III 放进一个压铸的铝制外壳内。他联系了一家名叫多拉-嘉维斯(Dolar-Jarvis)的公司,他们通常为汽车工业或者国防部提供服务。为测试结果,苹果公司甚至在加州西部圣克鲁兹市(Santa Cruz)以北一个原本荒凉的山谷租了一座面对大海的建筑物。他们在里面制造了一个法拉第笼(Faraday cage),一个用来隔断一切外来电磁干扰的网罩,并在这一装置周围布置了许多精密的检测设备。当马诺克收到多拉-嘉维斯公司的各种可能用做机箱的铸件之后,他在里面放入几块测试电路板,然后打包运往海滨。最后他们终于想出一种设计方案,即使 FCC 做了最为严格的规定,也能够轻松通过。

显然,采用固体金属片将电子产品完全封锁的缺点是,Apple III 内部很快会比火炉还热。解决这个问题需要加一个风扇。当然,由于工程师罗德·霍尔特(Rod Holt)的杰出设计,Apple II 没有风扇,此后它也没有。

“不要风扇。”史蒂夫·乔布斯说。这时他或许已经不再去洛思阿图斯禅宗中心(Los Altos Zen Center)度周末了，不过他仍坚定认为，操作一台计算机应该与坐在日本岩石公园一样能够抚慰心灵。但当人们试图在持续不断的呼呼噪音下集中精力的时候，心灵宁静又从何而来呢？不行，马诺克必须另谋出路。他又拿出了一个新的解决方案，这一方案依靠一系列复杂的外部散热片与凹槽，它们可以通过对流的方式，把机箱内的热量传到箱外。为测试这种方法，马诺克要想办法找出计算机内上升的热气流与阻力汇合的点。这类研究可能需要大量经费，需要引进具有最先进的热敏成像技术的特殊相机。马诺克找出了一种更为简单的新方案。在几位同事的陪伴下，他把 Apple III 带进工程实验室后面的一个小房间里，另外还带了手电筒与几根香。他把香插在计算机的电源装置上面，关了室内的灯。借着手电筒，他观察烟如何以微弱的气流的形式缓缓上升，飘到机器外面去。这种观察方法效果极佳，虽然事实表明，向不熟悉他们所做之事的人解释是一件非常困难的事。根据马诺克的回忆："三四位工程师聚集在一起，所有的灯都关了，再加上东方香料的气味，任何踏入这个房间的人都会奇怪我们为什么会在那里抽烟。"

* * *

当然，在考虑苹果下一个燃点的人中，有一个是史蒂夫·沃兹尼亚克。有一阵子他对加强版的 Apple II——现在被称为 Apple II Plus 进行了研究，却发现这款机器无法吸引他。随着新员工不断流入，他感到苹果早期的那些业余爱好者黑客正在逐步被有学位的工程师和工商管理硕士学校的毕业生取代。为找乐子，他玩起了恶作剧。有一天他悄悄溜进一位同事的办公室，在他的计算机里放了一只活老鼠。当这位程序员回到办公室的时候，他拼了老命也想不出来，连续不停的吱吱声到底是从哪里来的。

当然，Apple III 远远没有达到令沃兹尼亚克满意的程度。它不是 Apple II，这一点是可以肯定的。对他来说，这像是一台市场营销者构想出来的机器。

* * *

时隔不过短短几年，Apple III 的发布规模与其前辈的差别已变得如此之大,绝大多数二分法都无法说明这一问题。Apple II 登上历史舞台时曾让人眼前一亮,但它只是西海岸计算机展上无数计算机中的一款;而横空出世的 Apple III,却是一家 1980 年销售额达 1.2 亿美元的公司——苹果公司的新秀。它宏大的发布会在 5 月 19 日召开的美国全国计算机大会(the National Computer Conference)上举行,地点是加州阿纳海姆市(Anaheim)。同时,会上宣布,Apple III 将在秋季上市。桑德认为,真正瓜熟蒂落的投放日期应该在数月之后,但他的意见被大多数人喝止。只要有一台 Apple III 能够处于"工作状态",销售的时机便已经成熟。为了表示庆祝,苹果公司特意从伦敦运来了双层大巴,将参加全国计算机大会的 7000 名代表运往附近的迪士尼乐园度假区,苹果斥资 4.2 万美元包租此地 5 小时。宴饮结束后,一些出版机构试用 Apple III 的半成品后给出了初步报告,认为该款计算机性能良好。尤其是《信息世界》(*InfoWorld*),它滔滔不绝地介绍了苹果公司的体贴,能让 Apple III 向后兼容 Apple II 的现有程序:"这种软件的定向性代表了 Apple III 背后的设计哲学……"总的来说,苹果公司似乎正在打出又一项拳头产品——尽管史蒂夫·乔布斯曾私下抱怨人们读错了 Apple III 的尖端操作系统的名字。"应该读索斯(SOS),就像苹果酱(sauce)。"他指出,但这并没有起到多少作用,大多数人仍然读成国际莫尔斯电报电码中的求救信号 SOS。他当时并没有意识到,事实会证明这种读法多么具有先见之明。

* * *

第一批 Apple III 计算机发出之后没多久,坏消息便接踵而至。全美各处的顾客纷纷反映,新的苹果计算机是一款劣质产品。简单地说,它无法工作。第一个问题来自一种曾被大肆宣传的全国半导体公司的芯片,设计初衷是用来作为一种内置时钟。"基本单元中包括一个电池供电的时钟/日历。据该公司称,它能工作三年多,并准确地显示星期、日期、时间,误差在百万分之一秒内。"《信息世界》在其试用报告中写道。现在,事实证明,这完全是错误的。没有人事先发现这一点吗?苹果咬紧牙关同意降价销售,并退还给已经购买了 Apple III 的人 50 美元现金。但灾难仍旧层出不穷。经销商开始向公司抱怨,每 5 台到货的 Apple III 中就有一台根本无法工作,而其他的计算机也经常间歇性地神秘失灵。史蒂夫·沃兹尼亚克的一位兄弟在森尼韦尔经营一家计算机店。沃兹尼亚克接到了他打来的一些令人尴尬的电话，说他从来没有收到一台能够工作的 Apple III。最后，苹果领导层下令召回第一批卖出的 1.4 万台计算机并加以替换。一些对苹果产品比较忠诚的顾客称，他们愿意在存有疑虑的情况下认定公司无罪——直到替换的产品显然并无改进。

每个人都急着把责任推给杰里·马诺克，指责间歇性失灵的原因是散热不佳。他们问：为什么他一定要造一个结实的金属底盘呢？马诺克争辩说，他已经尽力了，有足够的内表面积与外凹槽，完全可以让热量散发出来。尽管如此，他还是带了更多点燃的香进入了实验室后面的小屋，进行一轮新的测试；他甚至还弄了一台热敏成像照相机，但谁也弄不清楚哪里有问题。所有这一切加起来，对于苹果来说是一个大灾难。软件研发者丧失了对 Apple III 的兴趣，这样一来，即使那些能够工作的计算机也基本上没有软件可用。一位顾客不快地感慨："我花了 4000 美元，最终换回来的不过是电子表格，外加一个压纸器。"

* * *

对于一家硅谷的新兴企业来说，没有比公开募股更为激动人心的时刻了。苹果要尽力从 Apple III 的失利中走出来（此时 Apple II 仍像硅谷薄煎饼一样抢手），1980 年 12 月 12 日，它举行了令人期盼已久的首次公开募股（IPO）。《华尔街日报》（*Wall Street Journal*）称之为"继夏娃摘下苹果以来，人类面临的最大诱惑"。一位美林证券公司（Merrill Lynch）的分析师评论道：就连她"只有在闰年 2 月 29 日才会投资股票的兄弟"也打电话询问她，这家位于库比蒂诺被人热捧的小电脑公司是什么状况。事实证明，公开募股的那个星期成了史蒂夫·乔布斯生命中十分古怪的几天。那个星期一，他与全世界的人一道听说了约翰·列侬的悲剧：在位于纽约的公寓外，一位疯狂的崇拜者开枪杀死了乔布斯喜爱的这位披头士成员。而到了星期五，乔布斯成了一个自己也没想到的富豪。

在 1980 年首次公开募股的 237 个公司中，苹果的规模远超同侪。事实上,它成就了自 1956 年福特汽车公司以来规模最大的公开募股。苹果内部一片欢腾,12 月 12 日也成了一个非正式的公休日。迈克·斯科特搬来了几大木板箱的香槟酒以示庆祝;几位员工试图为他们的一个想法寻求支持,即在苹果公司的两栋主要建筑物之间的路上设置一个模拟温度计,上面标注着公司股票在那天一升再升所达到的"热度"。苹果股票最初定价为每股 14 美元,但开盘的一刻即升至每股 22 美元,更于入市首日以每股 29 美元的价格收盘。由于公司给员工的优先认股权,大批百万富翁即刻诞生,数量打破了有史以来任何其他公司的纪录。总裁迈克·斯科特独揽 9550 万美元,迈克·马库拉收回了他的投资——还远不止此,总计收获高达 2.03 亿美元。风险投资家阿瑟·罗克(Arthur Rock)最初投下的 5.76 万美元的赌本,让他得到了 2180 万美元的回报。烟瘾很大的马克思主义者、工程师罗德·霍尔特是 Apple II 的电源装置的建造者,他烹制的咖啡很浓烈,能让团队一整天都欢欣鼓舞。他发现自己坐拥 6700 万美元的个人资产,这无疑对他的社会主义理想提出了挑战。一些新近一夜暴富的人指出,巨大的财富也给人带来了巨大的烦恼。由于出售股票会被视为对苹果在世界上的持续主导地位缺乏信心,一些过去对不可预测的股市毫无兴趣的工程师,突然发现自己沉溺于报纸的金融版面而无法自拔。布鲁斯·托格纳兹尼抱怨说,他的情绪随着股市中个人财富的升降而波动:"在整整一年里我都感觉十分怪异,因为我的心情完全随着道琼斯股市指数(Dow Jones)的波动而起伏。"在此期间,苹果的两位联合创始人的情况比其他任何人都好。沃兹尼亚克一举拿下了 1.16 亿美元,甚至考虑慷慨地从股份中拿出一部分创建一个"沃兹计划",这个计划让许多本来不够资格享有配股权的员工受益。拥有 750 万苹果股票的乔布斯成了公司最大的股东,成为年仅 25 岁便拥有 2.17 亿美元净资产的富豪。总之,这是值得纪念的一天。

对于乔布斯在里德学院的老朋友丹·科特基来说,这同样是值得纪念的一天,尽管理由并非那么令人振奋。职工优先股权的引入造成了苹果内部的阶级分化。工程师等领取固定工资的员工享受股票认购权,而领取时薪、资历不够的员工如技术员则没有这种待遇。科特基恰恰是后一类人。这件事让他感到很受伤、很困惑。他说:"我看了看沃兹与乔布斯,他们都是自学成才的工程师，他们俩都没有学位。”自从首次发行以来，苹果的股份有5次买一送一增股，换言之，当初接受了1000股原始股的人，在公司上市的那天他们将拥有32000股。“我并不是想成为一个富人，”科特基说，“这关系到公正……上市的时候苹果公司有100位工程师，每一个人都成了百万富翁。这是一个非常引人注目的事件，而我错过了这个机会。史蒂夫根本不想和我讨论这件事，所以这是一个令人悲伤的时刻。他确实非常残忍。”苹果公司内部有许多人质疑，乔布斯为什么要剥夺自己的朋友和其他人一样发财的机会。罗德·霍尔特曾经就此事当面顶撞公司的联合创始人。

他对乔布斯说：“丹在公司工作的历史比大多数人都长得多，我认为他有权在公司上市的时候与其他人一样受益。我本人有优先股权，所以，如果你把你的股权拿一些给丹，我也会拿出同样多的数额。”

“没问题。”乔布斯表示赞同。

“那你给他多少股？”霍尔特问。

乔布斯想了想说：“一股也不给。”

后来，乔布斯向他的一位密友透露了他有关科特基的想法。他冷冷地说：“丹尼尔总是夸大他对公司的贡献。他做了许多工作，但这些工作我们可以雇任何人来做；而他也在公司里学到了许多东西。”对于乔布斯来说，科特基从苹果得到的东西远比他希望得到的多。他得到了一个全职工作，是吧？没有乔布斯，科特基不会在硅谷工作。乔布斯不让他的老朋友得到优先股权还有另外一个原因：报复。乔布斯与克里斯安·布伦南生了一个女儿，但现在他拒绝承认这种父女关系。他的朋友都感到很震惊。乔布斯知道他的亲生父母遗弃他，将他送给别人收养，他是在这种情况下长大的。而现在他拒绝承认自己亲生女儿的存在。许多了解乔布斯控制狂人格的人都知道，乔布斯有着严苛的饮食习惯，并要求对苹果计算机设计的每一项细节享有最后决定权，连机箱的米色深浅度都不肯放过。他们推测，这样的一个人完全无法接受，他对于一个女儿进入这个世界这一点未能拥有决定权。当科特基公开宣称，“作为朋友不会让一个朋友拒绝承认亲生女儿”的时候，乔布斯便把他排除于自己的生活，甚至上班时在公司走廊上相遇的时候都不看他一眼。科特基说：“我感到这种做法有损尊严，这是我能想到的说法。

史蒂夫不肯跟我说话,这在我身上包裹了一层没有尊严的外衣。我认为他这样做毫无道理。这种做法令人厌恶。”无法拿到优先股权的不止科特基一个人。兰迪·威金顿、克里斯·埃斯皮诺萨与比尔·费尔南德斯都没有拿到优先股权,理由是他们在公司中的职位不够高。听到这一消息后费尔南德斯辞职了(但他后来又重新加盟)。埃斯皮诺萨说:“我们错过了美国梦,因为我们太高尚了,没有伸手去抓住它。科特基太高尚了,费尔南德斯太佛教化了,而我太年轻……我们都不够讨厌,这让我们无法成为百万富翁。”

* * *

30 年来,除了计算机之外,史蒂夫·沃兹尼亚克从未弄坏过任何更重要的东西。但 1981 年 2 月 7 日,他突然发现自己陷入了一种严重得多的困境:他弄坏了一架飞机。在硅谷,许多业余爱好者一旦赚了足够的钱,就会培养自己在简单的电路板与西斯公司(Heath)电子产品之外的兴趣,沃兹尼亚克也不例外。赚了大钱之后,他便把娱乐性飞行当成了自己的爱好。深思熟虑之后,他决定购买一架涡轮增压的单引擎 6 座比奇富豪型 A36TC 飞机(Beechcraft Bonanza A36TC)——飞机很便宜,只花了他 25 万美元。这是沃兹尼亚克生活中的一个动荡期,这段生活见证了他与他亲手帮助组建的公司渐行渐远,并看着它变成了某种他不再理解的东西。后来,乔布斯在接受《花花公子》杂志采访的时候指出:“沃兹从来就没有真正对作为公司的苹果感兴趣。他真正感兴趣的只是在电路板上把 Apple II 画出来,这样他就可以拥有这样一台计算机,带着它去计算机俱乐部,而不会在路上把线路弄坏。他做到了这一点,就决定干点别的。他还有其他的想法。”

沃兹尼亚克的个人生活那时也发生了巨大的变化。他刚刚与第一任妻子离婚,几周后就开始与一位名叫坎迪·克拉克(Candi Clark)的女子约会,后者是苹果公司的一位秘书。[*] 第一次约会,他带她去电影院看了一部糟糕

* 沃兹尼亚克的第一任妻子爱丽丝·罗伯逊(Alice Robertson)在离婚之后的情况相当不错。她于 1976 年与沃兹尼亚克结婚的时候,沃兹刚刚辞去一份收入不低的好工作,开办一家疯狂的新公司,出售他在一间车库里安装的计算机。5 年后,她在苹果的股份让她收获了 4240 万美元的净资产。她炫耀她新得来的财富,买了一辆金色的奔驰,车牌是“24 克拉”。

的科幻片；那家电影院是他用 IPO 的钱购买的。* （“我的律师跟我说，投资应该分散，所以我就……买了一家电影院。”）第二天这两个人又驱车去了离旧金山机场不远的马利布大奖赛赛车场（Malibu Grand Prix track），还围绕着环道玩碰碰车。沃兹尼亚克在他的回忆录里自豪地说：“我把她打得落花流水。”他们决定结婚，沃兹尼亚克提出驾驶飞机把坎迪、坎迪的兄弟与兄弟的女朋友从斯科茨谷（Scotts Valley）带到圣地亚哥（San Diego）——坎迪的一个叔叔住在那里，他提出要为坎迪设计一款定制婚戒。然而，飞机起飞的时候出了大事。沃兹尼亚克向上飞得太猛了，结果发动机熄火，飞机倾斜着穿过了两层围墙，掉进了一个滑冰场的停车场。事故原因仍然不清楚。国家运输安全委员会（The National Transportation Safety Board）的调查认为是起飞准备不足，再加上沃兹尼亚克的经验不足。他总共才飞了 50 小时。不过沃兹尼亚克认为，可能是当时坐在他身边的坎迪无意中靠在了控制仪表上。不管怎样，苹果的这位联合创始人被送进了医院。他在恢复期玩电子游戏消磨时间，并说服了家酿计算机俱乐部的老朋友丹·索科尔（Dan Sokol），偷偷把披萨和奶昔送进病房。但他没有再回苹果工作。

* * *

沃兹尼亚克是苹果公司两大创始人中更受员工爱戴的那位。如果说他这次侥幸生还，在可见的将来不会回公司工作的消息让苹果员工极为震撼，那么在他们还未从这一震撼中恢复过来时，另一个让他们深受打击的灾难出现了。不到三周以后，迈克·斯科特决定大量削减公司的工程师数量。苹果差不多有 2000 名员工，他认为公司成长得太大、太快了。一流员工或许会雇用其他的一流员工，但二流员工只会雇用三流员工。所有持续不断地雇佣都会导致人们所说的“庸才当道”。在前一年的夏天斯科特曾试图解决

---

* 这家电影院坐落在一个低档地区，附近频频发生一些小型的破坏活动。当沃兹尼亚克买下这家影院的时候，洗手间里到处都是糟糕的涂鸦，以至于他根本没有让人把它们去掉，而是直接下令将墙壁重新粉刷为黑色。结果这种做法只在短期有效，因为那些涂鸦艺术家们转而使用白色的喷漆。总的来说，事实证明，这项投资的眼光很成问题。他差不多唯一成功放映过的影片是 1979 年的警匪片《战士帮》（*The Warriors*）。他回忆道：“考虑到我们的电影院所处的城市街区，这种情况是合情合理的。”

这一问题。当时是有史以来第一次,公司被划分成不同的部门,其中包括以汤姆・惠特尼为首的个人计算机系统部门,这个部门由 Apple II 与 Apple III 的生产线组成。还有专门的办公室操作系统部门,由约翰・库奇(John Couch)担任主管,负责研发苹果的下一代商用计算机。此外还有外围设备部门,该部门负责研制打印机、驱动器与其他外围产品。斯科特认为这种划分有一定的好处,但远远不够。有些人得卷铺盖走人。他开始要求每个部门经理列一个他认为可以弃之不用的人的名单。他把这些名字编制到了一个备忘录中,并发给全公司的经理,让大家从中提出 40 个名字。在得到了这份新名单后,他开始于 2 月 25 日让有关人员挨个去他办公室,告诉这些人他们已经不再是苹果的员工了。这次大规模裁员很快被员工称为"黑色星期三"。最令人困惑的是这次裁员的时机选择。当时的一位系统程序员安迪・赫茨菲尔德回忆道:"通常情况下,公司内部的剧变是在情况糟糕的时候出现的,黑色星期三是在苹果走向辉煌的时刻发生的众多剧变之一。当时苹果的销售额差不多每个月都在翻番,所以我必须说,这很不寻常。"

赫茨菲尔德当时已经在苹果工作了 18 个月。他是从加州大学伯克利分校毕业的计算机科学家,放弃攻读博士的机会加入苹果。他往往工作到很晚,并在早上睡觉。于是他错过了斯科特的第一轮最初裁员。他试图把蛛丝马迹拼到一起。他还记得:"我一进公司就觉得出了什么大事。"那种气氛就好像在举行葬礼,人们三三两两地抱成小团站在一起。没有谁在工作。他们为什么要干活?人人都知道,他们可能是斯科特案板上的下一块肉。赫茨菲尔德正在考虑应该跟谁说话,刚好一位名叫唐・登曼(Don Denman)的工程师从他面前走过,他们俩的小工作室相隔不远。

"出了什么事,唐?"赫茨菲尔德问。

"你没听说吗,安迪?斯科特今天上午差不多解雇了 Apple II 团队一半的人。"登曼回答,"现在已经走了 30 多人了。没人知道是为什么,或者谁会是下一个。看起来大约中午的时候会开一次会,那个时候他应该会告诉我们是怎么回事。"

并不是所有人都像赫茨菲尔德那样觉得事出突然。像杰里・马诺克,他几天前发现迈克・斯科特和一些工程经理在会议室里开会,就意识到有什么事情正在酝酿。因为会议室的墙壁是玻璃的，他能够清楚地看见白板上写了一个名单，上面详细罗列了苹果正在研发的每一个项目。大约四分之三的项目都被划掉。马诺克说："如果你是一个在5个项目上工作的工程师，而这5个项目都被取消了，那么你的工作也就没有了。"黑色星期三以多种形式表示，苹果早期的乌托邦主义至此宣告终结。那个时候，人们曾经拼命工作死命地玩，似乎没有谁存在着失去工作的风险。正如布鲁斯·托格纳兹尼解释的那样："这是卡米洛特[①]的末日。这是忠诚的末日。如果他们可以这样对待我们，我们为什么还要在乎苹果？"尽管迈克·斯科特是裁员的直接执行人，但史蒂夫·乔布斯整天都在四处巡视，对那些因已经失去工作或不确定是否会失去工作而非常紧张的员工，他毫不掩饰自己脸上的欣喜。克里斯·埃斯皮诺萨看够了这一切，他愤怒地向这位公司联合创始人提出了挑战。

"用这种方法是没法管理一家公司的。"他说。

乔布斯茫然地看着他。

"你会怎么管理一家公司呢？"他回答，表现出由衷的兴趣。到了中午，管理层宣布休战，余下的员工受邀参加一次按照大苹果传统举行的"啤酒狂欢会"。通常这种聚会都在室外举行，但那天时不时地下雨，只好改在一座新落成的建筑物的停车场内举行。这座建筑物坐落在苹果新近租下来的迪安萨大道（De Anza Boulevard）上。停车场本身是沿着斜坡建成的，所以当越来越多的幸存者到来的时候，员工便越来越走向地下。迈克·斯科特感受到了每个人的压力，所以他开始讲话的时候便宣布，这间停车场里的所有人都是安全的，裁员已经结束，一切都将回归正轨。为了缓解气氛，他甚至开起了玩笑，但在此后30年间，人们仍旧认为这个玩笑毫无品位。

"我过去常说，如果我觉得苹果的CEO当起来不好玩，我就辞职。"他说，"但现在我改主意了：如果我觉得CEO当起来不好玩，我就裁员，一直裁到我感到好玩为止。"

这个笑话比它最初看上去的更糟糕。"其间，经理们还在人群中穿梭，

---

① Camelot，古代传说中苏格兰王亚瑟的城堡，他与他的骑士们围绕圆桌开会以示大家平等。

轻拍着人们的肩膀，因为事实证明，裁员那时并未结束。”托格纳兹尼回忆道，“于是又有些人被叫了出去，得知他们不再有工作了。这是我看到的最丑陋的事情。如果你处于金字塔的底部，你通常会被辞退，因为你的老板正在裁人。他们让人感到自己毫无用处，尽管实际情况并非如此。这完全是一件可怕的事情。”几天后，一份匿名传单出现在公司各处的告示板上：

**苹果的工友们！**

你们是否厌倦了被专制的管理层任意摆布？

因缺乏斗志而感到厌烦？

对于最近反复无常的裁员感到厌恶？

对于裁员的方式感到愤怒？

对于自己被像孩子一样对待感到恼火？

让我们为此**采取行动**吧！我们正在组织**计算机从业者工会**（CPU），这样我们可以让苹果的管理层**守点规矩**。他们最害怕的事情，无过于员工们的一致行动。他们用来对付我们的策略是分化我们、征服我们，并用经济报复相威胁。

**如果我们团结起来，他们就无法成功！**

苹果曾经是一个愉快的工作场所，管理层向我们宣扬“苹果精神”。让我们给他们看看什么是真正的苹果精神，并把这种精神灌输给他们！

我们有真正的问题：工作保障（难道你不认为，最近的裁员只不过是恶意使然而非对生产的担心？），工作环境（大多数工人与员工委员会**不想要**开放办公场所，但**现在**他们告诉我们，除非我们坐下否则就闭嘴——这变成什么了，小学吗？），还有偏执的管理层（你喜欢在公开场合被人大吼大叫吗？）。

我们很快就会确定会议的地点与时间。**你不会因为来开一次会就被解雇。请告诉你的朋友。**

这是有关计算机从业者工会的最后一次消息。无论出于何种原因，这次会议从来都没有召开，尽管许多苹果员工多年来一直记着这份通知。这一切很快就变得很清楚，任何组织工会的企图都会以失败告终。这就是优先股权的另一个功能，设计这个功能并不是为了让人感到自己是家庭的一分子。由于硅谷有着短暂工作后便跳槽的文化传统，优先股权可以用来留住员工，这便是所谓的“金手铐”。优先股权带有三个日期：股权发放日期；行权期，即员工可以拿到股权的日期；以及兑换日期，即人们可以把股权变为真正的股票的日期。由于每个阶段之间的间隔通常是一年，而员工得到的股权数是递增的，因此这就意味着，在苹果上市那天创造的百万富翁中，只有少数人货真价实地具有这一身份，其他人都还只是理论上可能会成为富豪。如果一位员工在他能够将股权转变为股票的那天之前被解雇，他就无法得到任何股票。换言之，在黑色星期三这天被解雇的员工失去的不只是工作，他们失去的还有未来数以百万计的美元。由刨花板分隔形成的小隔间办公室的暂时性，既可从字面意义也可从比喻的意义上来理解。某天某人或许得到了一份看上去十分保险的工作，有自己的办公室。第二天，围成办公室的那堵墙或许就倒塌了，而他将不得不走上街头，手中一无所有。与其考虑员工的权益，大部分人更愿意低下头来，为了生活保住他们的股权，而不去冒得罪管理层的风险。

事实证明，就连迈克·斯科特本人也无法从飘忽不定的裁员形势下安全脱身。裁员带来了强烈不满，为了平息愤怒，迈克·马库拉不得不将他的朋友降为副总裁，自己挺身而出维持秩序。斯科特继续在苹果度过了两个月凄惨的时日，最后愤而离去。走之前，他向苹果的全体管理人员递送了一份措辞冷酷的备忘录：

> 我相信，一个公司是一个商业机构，而不是一个社会机构。公司必须要求员工具有竞争力并能为公司做出贡献，以此换取公正的报酬。一个公司是一个互动的体系，必须有恰当的管理与团队。伪善、唯唯诺诺的人、有勇无谋的计划、推诿塞责保全自己的策略以及盲目扩张，这些都会置公司于死地。我绝不信赖一个“高管社会俱乐部”……我不再感到骄傲或有趣。所以，我正在获得新的学习经验：一些我此前未曾做过的事情。我退出不是因为要辞职加入一个新的公司，也不是因为个

人原因（包括作为一个经选举产生的董事会成员）而退休。我这样做并非为了那些畏惧我的意见和风格的人，而是为了那些被给予虚假希望的忠诚人士。

他签下名字“迈克，普通公民”，然后便永远离开了苹果。在斯科特任总裁的日子里，他目睹公司登上了令人震撼的高度，成为硅谷人人向往的工作场所；同时又看到它摇摇晃晃，走向悲剧性的毁灭。他需要让一些别的东西占据心头，让他暂时忘却这场史诗般的闹剧。他决定买票去听歌剧。

* * *

尽管 Apple III 产品线在市场上几乎被认为是彻底失败了，苹果公司还是不顾员工的懊恼，坚持在每个办公桌上放上这么一台计算机。有一天，丹·科特基正在用他的 Apple III 工作。突然，屏幕上开始出现乱码。计算机死机了。他受够了这一年，这就是他需要的一切。他深感失落，把那台 Apple III 举离桌面几英寸之后再重重地放下。突然，显示屏在一阵闪光之后恢复了正常。**究竟怎么回事**？科特基冥思苦想。在正常情况下，如果一台 Apple III 有这种表现，便意味着它已经寿终正寝。他思索了一分钟，然后意识到一定是芯片脱离了逻辑电路板。放下计算机形成的突然冲击，让芯片重新复位。他有过几秒钟的冲动，想把这个想法告诉别人，但接着决定不这样做。他们为什么要听他的意见呢？他不过是一个低级技术员。所以他一言不发，等着一个真正的工程师——百万富翁工程师来解决问题。这就是丹·科特基的报复。

# 第六章　伟大的艺术家剽窃

在电子时代，说艺术家引领时代已经没有任何意义。如果我们通过认识技术的能力来衡量技术，那么，我们的科技也走在了时代的前面。为了防止不当的社会迫害，艺术家正从象牙塔走向社会的控制之塔。

——马歇尔·麦克卢汉:《理解媒介》(1969)

两年前的 1979 年 2 月，在时隔多月之后，史蒂夫·乔布斯第二次访问了帕洛阿尔托的凯犹提峰路(Coyote Hill Road)333 号。这个地址是帕洛阿尔托研究中心的大本营，在硅谷更为人所知的名字是 PARC。PARC 是施乐公司(Xerox Corporation)的研发机构，而该公司是东海岸的巨头公司，因其利润庞大的工业用复印机闻名于世。施乐公司的帕洛阿尔托研究实验室成立于1970 年，旨在使公司为一个反乌托邦的未来而做好准备。在这个未来中，办公室的人不想要或者不需要有复制文件的能力。对于硅谷极客来说，施乐公司的出现正当其时。计算机科学长期以来受国防部的资助，但日益高涨的反战情绪，加上国防高级研究计划局(Defense Advanced Research Projects Agency, DARPA)所有研究的军事化，使这一领域的许多工作人员开始另谋出路。当然，为一个东海岸公司(身穿灰色法兰绒西装的人所在的毫无生气的总部)工作自然不算理想，但这自然要比帮助政府轰炸越南的男人、女人与孩子好上一个层次。PARC 的员工与身居纽约州罗彻斯特市的施乐公司老板远隔千山万水，他们立刻开始着手规划未来的办公室，这是一家大公司交付给他们的最富自由主义宗旨的使命之一。毕竟，稍微进行一下横向思考就会发现，实际上任何事物都可以折叠放入这一计划。**没人知道未来的**

**办公室会是什么样子,或者里面会有些什么工作**。一位前 PARC 科学家回忆道:“这完全取决于我们在各个层面上对它的诠释。”

在此后 10 年间,PARC 作出了许多革新,这些创造将彻底改变今后 40 年的计算机界。这对于高科技的意义,可以与 20 世纪 20 年代的尼尔斯·玻尔(Neils Bohr)在哥本哈根的研究对于量子物理的意义相比,也不亚于战后的格林尼治村对于受抽象表现主义启发的艺术家的意义。最能说明 PARC 吸引什么样的人这个问题的,是它的第一批员工之一艾伦·凯(Alan Kay)。凯是一个长着满脸蓬松胡子的计算机科学家,总是留着一撮汤姆·塞立克(Tom Selleck)式的八撇胡,脸上带着促狭的露齿微笑。凯有许多想法,其中有一半撞了南墙,根本行不通。但另外一半绝对是天才的设想。“计算机领域是一个神奇的地方……因为在这里,你不需要是博士或者别的什么。”他曾经如是说,“这是一个你仍然能够成为艺术家的领域。不管你有什么好点子,人们都乐于为你投资,而你也会有大量时间混日子。”作为一个神童,凯天然无理由地反专制主义,这种反叛可以一直追溯到他能够记事的年龄。他回忆道:“不知是幸运还是不幸,我三岁便能够流畅地阅读,到了上小学一年级的时候,我已经读了大概 150 本书,而且已经知道老师在对我说谎。”他雇用了一批与他类似的人。据他说,在 PARC 里,哪怕其中最寻常不过的科学家,“也绝对可以算作一辆改装过的高速汽车,是你能够在想象中看到的最强大的那种……他们在孩提时期便被寄予厚望,却对传统目标没有多大的兴趣。”凯总是喜欢说,全世界最一流的 100 名计算机研究人员,有 58 位(或者像他有时候说的,是 76 人?)都在 PARC。他们大多具有过分的嬉皮士特点:蓄着无赖式的长发,具有天才的智商,睡得很晚,在室内骑自行车,穿着勃肯凉拖鞋和具有“质疑权威”字样的 T 恤工作。他们正在创造一个他们想象中的世界。凯在 1977 年为《科学美国人》杂志写了一篇题为《微电子学与个人计算机》(“Microelectronics and the Personal Computer”)的文章,并在其中写下了那句著名的话:“预测未来的最佳方式是创造未来。”* PARC 拥

* 这句话随即被意大利诗人西泽·帕维塞(Cesare Pavese)改造成了他自己的版本:“要想认识世界,就必须创造世界。”

有的第一本书是《全球概览》，凯认为，这是对于他们试图成就的事业的一个总结。甚至连 PARC 的大楼本身看上去也像翻转的世界的图像。因为这座建筑物建在一座小山的半山腰，其中的一半嵌入了地下，大楼的主入口实际上在顶层，也就是地平面。要到二楼去，人们需要**向下走**。

这就是 PARC 极客的摇滚明星形象。在 1972 年，《滚石》杂志刊载了一篇文章报道这个地方，文章的作者是《全球概览》的斯图尔特·布兰德。一同刊登的还有一张照片，由时年 23 岁的摄影师安妮·莱柏维兹(Annie Leibovitz)拍摄，这张照片中，PARC 最有价值的科学家正懒洋洋地躺在地板上，就像坐在宿舍般的“豆荚坐垫室”(Bean Bag Room)里的大学生。布兰德写道：“这就是施乐公司研究所普遍存在的怪现象。与宏大、核心不沾边的柔和，朝着小型、个人的方向发展。他们试图将最庞大的计算机能力放到每一个想拥有它的个体的手中。”按照他的说法，PARC 多少有点像一个有工资可领的家酿计算机俱乐部，再加上高科技的技术世界与迷幻剂的“内层探索”之间似有若无的联系，远在纽约的大老板对此感到担忧。这很容易理解。**难道 PARC 的科学家没有意识到，他们要管理的公司，几乎毫无意外地要成为一个守旧的大企业吗？**施乐公司的首席科学家杰克·戈德曼(Jack Goldman)坐上了第一班飞往加利福尼亚的飞机，责备这伙像学生一样淘气的人，并警告他们说：如果这种事情再次发生，施乐公司将永久关闭这间实验室。*

然而，对于 PARC 在做的所有开创性工作，施乐公司的高层一直不知道究竟该如何处理。公司对这些工作缺乏理解，发生在 1973 年的一件事很好地说明了这一点。当时施乐公司的 CEO 彼得·麦卡洛(Peter McCullough)从纽约飞过来观看新研发的奥托(Alto)计算机的演示。奥托计算机领先于世界上其他地方研发的计算机好多年。它的显示屏不像一般计算机那样充满数字、字母与指令，而是由被这个团队称为“窗口”的许多大小不等的正方形组成。这些窗口上点缀着几十个小图画，它们被称为“图标”。而且，施乐公司的科学家不是用键盘和这些图标互动，他们使用一个被称为“鼠标”的

---

* 斯图尔特·布兰德后来联系了施乐公司 PARC 的计算机系统实验室经理，提出要把他在《滚石》杂志上的文章扩展为一部书。这时他们达成了一项妥协，即他将不用这个中心的真实名字，而是在书中把它说成是“腼腆研究公司”(Shy Research Corporation)。

小盒子——用细小的电缆线与奥托计算机相联。接着,工作人员又给麦卡洛看了两款软件:布拉沃(Bravo)与吉卜赛(Gypsy)。布拉沃是世界上第一款所见即所得(WYSIWYG,读音为"wiz-ee-wig",是艾伦·凯对"what you see is what you get"的缩写)的文件编辑器——后来经过修改卖给了微软,并在被重新包装之后以Microsoft Word之名亮相。吉卜赛是一个包含多项创新的文字处理器,这些创新后来在这类程序中无处不在。施乐CEO注视着这两个程序的演示,演示者的手在键盘上飞快地移动,给某些段落加亮并挪动它们,就好像在变戏法。

"你觉得如何?"PARC的常驻图形专家罗伯特·弗莱戈(Robert Flegal)后来问。

"我觉得,我从来没有见一个人打字这么快。"麦卡洛回答。

换言之,他彻底漏掉了关键性的问题。对于硅谷那些知情者来说,这就好比施乐公司的大老板们正坐在一座金矿上,但却对钻头的价格锱铢必较。PARC的科技或许还会继续高速向前发展,但无论在哪方面,施乐公司都不会有大的作为。

正是在那个12月的上午,史蒂夫·乔布斯驱车前往凯犹提峰路,随同前往的有七位苹果员工,包括三名硬件工程师、一名软件工程师、负责软件的副总裁、负责市场的执行副总裁以及公司总裁迈克·斯科特。上面所说的这一点尤其能够解释乔布斯一行来此的原因,也同样能够解释为什么一个由三名PARC研究人员组成的小组正急切等着与他们见面。PARC的这三位员工分别是阿黛尔·戈德堡(Adele Goldberg)、丹·英格尔斯(Dan Ingalls)与拉里·特斯勒(Larry Tesler)。尽管这个三人小组代表施乐公司的某种统一战线,但他们各有想法。每个人都有不同的目的与合理性考虑,这些铸成了他们对苹果的态度。尽管原因不同,但他们都在问一个同样的问题:**该死的施乐公司到底在干些什么**?对于戈德堡来说,答案是这种行为无异于自杀。为了长期的发展,她的老板已经给了PARC 10年的自主经营权,现在怎么会为了一点蝇头小利而把它卖掉呢?这简直令人难以置信,她曾断然拒绝参与此事,但她的雇主立场坚定。老板们决心已定,而戈德堡认为她已经把她的看法说明白了。英格尔斯则感到兴奋。他对于议程中的商业事务并无真正的兴趣，只是很高兴能有机会把PARC的突破性工作展示给感兴趣的来访者观看。拉里·特斯勒的态度差不多介于两人之间。对于这件事会对施乐公司的财政收支平衡有多大的影响，他与戈德堡有类似的评价，但他感到这个决定是正面的而非负面的。*

在为《纽约客》(*New Yorker*)撰写的题为《创造神话》("Creation Myth")的文章中，马尔科姆·格拉德维尔(Malcolm Gladwell)认为，苹果与PARC之间的合作本质上是掠夺性的。"乔布斯是一只狐狸，"格拉德维尔写道，"……而PARC则是鸡舍。"还是一个把鸡养得特别好，拥有能下金蛋的母鸡的鸡舍。当然，这是一种事后分析。当时，施乐公司认为他们在这次交易中占了大便宜，事实上苹果知道确实如此——只有个别人，如阿黛尔·戈德堡及少数有类似想法的同事是引人注目的例外。两家公司，至少是最高层，都感到他们可以从这种交流中获益。对于苹果来说，他们得以一瞥施乐的内部，而施乐公司则将苹果视为一个机遇，可以把他们的一些产品推到更为广大的观众面前。通过乔布斯这样一个计算机爱好者，施乐能把他们的科技触角伸到个人计算机市场，弄清楚其中的水究竟有多深，然后他们就可以伺机采取自己的行动。由于这一行为的敏感性，双方制定了一些基本原则，规定了苹果被允许参观和不允许参观的内容。除此之外，双方还就一些商业条件达成了协议。这些条件可以分解叙述如下：在苹果上市前一年，施乐可以以每股10美元的价格购买10万股苹果股票，总价100万美元。(当苹果于第二年上市的时候，那些股票的价值立即变成了1760万美元。)此外，施乐将使用它的国际业务关系，帮助苹果打入拉丁美洲市场。在这个潜在的高利润市场上，施乐将作为苹果的分销商与中间商代表苹果的利益。事后来看，戈德堡是绝对正确的，而乔布斯完全赞同她的观点(虽然当时完全不肯承认这一点)。"从根本上说，施乐的那帮家伙是些榆木脑袋，他们对于计

---

* 特斯勒是施乐公司少数能够立即意识到个人计算机重要性的人，苹果与他的反主流文化情感相吻合。苹果远胜于同一时期的另一个造访者美国中央情报局(CIA)，其对PARC的几项创新也表现出了浓厚的兴趣。CIA来访的时候，特斯勒的表现远比对待苹果逊色。他当时穿着一件风衣，戴着软呢帽和一副深色眼镜，为来宾演示了他的一些工作，私底下却整天对这批新来者怒目而视。与他相反，阿黛尔·戈德堡却对这批来访者十分热情，她认为这些人比乔布斯的杂牌军更像施乐公司的传统付费顾客。

算机或者计算机能干些什么根本一无所知。”许多年后,他为纪录片《书呆子的胜利》(*Triumph of the Nerds*)接受罗伯特·克林格里(Robert Cringely)的电视采访时如是说。他还补充道,这或许是这家公司做出的许多决定中的一个,这些决定让施乐在计算机行业的关键对决中,将胜利拱手相让,自己一败涂地。

到达之后,苹果团队被带到一个距 PARC 主入口不远的正方形会议室,那里有一台为了当日演示而准备就绪的奥托计算机。房间不算小,但里面只有一把椅子,一个当时负责演示的施乐员工坐在那里。其他人都只能站着,聚在显示屏前看接下来会发生什么。乔布斯一点儿也不喜欢坐下。他感到极度兴奋,就像一只被困在笼子里的野兽一样在房间里走来走去。当他最后终于可以站定一会儿的时候,他的头也在不停摇晃,好像要增加血液向他的大脑皮层的流动,以便更好地消化狂风暴雨般进入头脑的新信息。特斯勒还记得:“你可以看到许多想法正快速穿过乔布斯的大脑。他能以不可思议的速度在信息之间建立联系。”特斯勒感到,乔布斯有一种不同于他接触过的大多数人的天分。他说:“我们都是具有非常强大的逻辑思维的科技工作者,但乔布斯也理解市场、营销、资金,以及你能够想到的商业经营的每一个方面。”乔布斯的团队已经预先做过研究。戈德堡手下的一位工程师想用施乐花哨的吉卜赛文字处理程序来分散他们的注意力,就像用新玩具让小孩分心那样。但乔布斯呵斥说他们正在浪费时间。

“快把这狗屁东西关掉!”他厉声喝道。

作为 PARC 雇用的研究人员,泰德·凯勒(Ted Kaehler)为苹果团队似乎已经知道那么多东西感到惊讶。“他们立刻就知道他们在看什么,”他说,“有人后来说,这批人是我们带进来的最危险的人物,因为当他们在屏幕上看到某种东西的时候,立即就明白了那是什么。”施乐此前也对苹果做了功课,但所有调查都显示,这仍然是一家由家酿计算机俱乐部的黑客组成的公司。他们没有意识到,苹果在过渡期就雇用了一些天赋异禀的计算机科学家。他们从不提空泛的问题,而是直指他们看到的东西的技术核心。在几个关键时刻,参观暂时中断了,因为负责演示的 PARC 员工透露的东西太多,他们感到越来越紧张。

“你们还是没有给我们展示我们想看的东西。”乔布斯大发牢骚。尽管他个人以前没有参观过 PARC，但已经有人就 PARC 现在所做的研究预先向他做过汇报。他也曾打电话与施乐的风险资本部门联系过。“他们想知道什么就告诉他们什么。”来自东海岸的大老板们这样说。阿黛尔·戈德堡愤然离去。最后，苹果团队终于如愿以偿，见到了三项创新成果。第一项是奥托的图形用户界面（graphical user interface），第二项是艾伦·凯面向对象的编程语言 Smalltalk，第三项是 PARC 令人震惊的以太网（Ethernet）网络，它能看到 100 多个奥托联网计算机，相互可以发送电子邮件。然而，乔布斯完全被第一项成果迷住了，根本没有注意到后两个。他并不是一位工程师，他总是对视觉刺激物作出最好的回应。他从来没有真正因为干净利落的代码而激动，也没有体验过电烙铁拿在手上发出的嗡嗡声。尽管奥托的图形用户界面还存在缺陷，但乔布斯认为，这种界面确实是他一生中见到的最伟大的事物。他在 1994 年接受《滚石》杂志采访的时候回忆道：“还不到 10 分钟，事情就非常明显了，总有一天，所有计算机都会以这种方式工作。你身体的每一个细胞都意识到了这一点。现在，你或许会问，到底需要多少年才能做到这一点，或者说，在这一行业中，哪个公司会是胜利者或者失败者。但我认为，只要你是理性的人，就不会对所有计算机有朝一日都会以这种方式工作这一点提出任何异议。”

如果还有什么事情存在疑问，那就是苹果究竟打算如何利用这个信息。据施乐员工所知，苹果公司是一家仅仅生产 Apple II 计算机的公司（1979 年，距离 Apple III 的问世尚有 6 个月）。即使他们理解了这项技术，又能拿它做什么呢？要把这些技术应用到他们当前的计算机产品线上，只怕 100 万年的时间也不够吧？在苹果与施乐之间的一次早期会议上，这个问题的可能答案曾经隐约出现过。有人问过乔布斯这个问题，他看上去有些激动不安，好像想说点什么。最后他终于开口了。

“好吧，”他恳求房间里其他的苹果代表人员，“如果我们不告诉他们一些事情，我们有些问题也没法开口问他们。”

苹果的律师们聚在一起，对迈克·斯科特耳语了些什么。迈克抱怨了一会，接着就勉强同意了。

“好吧，史蒂夫。”

乔布斯连一秒钟都没有浪费，马上把他的注意力转到了拉里·特斯勒与其他施乐代表的身上。

“伙计们，”他说，“我要告诉你们有关丽莎的事情。”

* * *

事实上，丽莎确实让人非常兴奋。苹果在1978年已开始研发丽莎，当时史蒂夫·乔布斯与市场计划部的经理特里普·霍金斯开始讨论创造一款新机器，它将从Apple II止步的地方继续发展。乔布斯想要一款16位的计算机，有一段时间他把这一项目交给了史蒂夫·沃兹尼亚克，后者开始在一张餐巾纸上简单地画出了草图，说明采用一种技术的可能方式，这种技术他看到别人应用在微型计算机上。然而，事情并没有什么进展，直到第二年的7月，苹果雇用了一位名叫肯·罗特穆勒(Ken Rothmuller)的前惠普员工担任这个项目的经理。乔布斯对这项任命感到有些心烦意乱。不管怎么说，研发丽莎的目的是要将苹果变成一个年销售额达到5亿美元的公司。到现在为止，所有这一切似乎都只不过是些排练，是一种事后产生的想法。乔布斯热情洋溢地告诉来访的《时代》周刊记者迈克尔·莫里茨(他现在是一位成功的风险投资家)，丽莎“将在头6个月售出1.6万台，第一年售出5万台”。现在有人把这个项目从他的手里拿走了。乔布斯负责寻找大众计算机的发展方向，他现在感到，这足够说明公司管理层对他从头至尾监督一个项目没有足够的信心。**过去不相信我能管理整个公司，现在也不相信我能管理这个项目。真是见鬼！**“在确定了概念框架、找到关键人选并确定技术方向之后，斯科特认定我没有足够的经验管理这件事。”乔布斯后来回忆道，“这非常伤人，这一点显而易见。”当罗特穆勒加入的时候，丽莎除了有一系列的性能规范外还什么都不是。这是一款面向企业的计算机，售价将达2000美元。首批上市时间是1981年3月，当时距交货刚好还有20个月。它或许会使用沃兹尼亚克尝试用过的摩托罗拉68000机芯。而且，至少按照当时的计划，它带有内置的荧光显示器、键盘和传统的用户界面。丽莎要比以前的各代苹果计算机有更强大的内存功能，这要归功于一位名叫比尔·阿特金森

(Bill Atkinson)的工程师。阿特金森曾力劝乔布斯以人们称之为“纸张”的范例为基础设计和制造丽莎。这里的意思就是，这款计算机是白色屏幕上显示黑字，而不是经典的黑色背景上不停地闪烁绿字。尽管这一点听上去没有多大的改变，但这意味着，为了避免持续的屏幕闪烁，显示器的屏幕刷新率要比大多数机器都高得多。因此必须有更大的功率，价格也必须更高。在乔布斯对施乐的人口若悬河地鼓吹这款计算机的时候，他绞尽脑汁地要说明这一点。他要说的，或者说他要传达的重要信息是，丽莎实际上将能够应用施乐 PARC 的员工正在研究，或者至少是乔布斯认为他们正在研究的东西。

PARC 之行几个月后，霍金斯被要求写出一份修订后的丽莎指标清单。现在，丽莎将有一个图形用户界面、一个鼠标、一个局域网、一些文件服务器，以及许多新的富有创造性的软件应用。它的定价仍然是 2000 美元。而且它仍然会在 1981 年上市销售，现在，只剩下 12 个月了。罗特穆勒犹豫了。

“保持原来的定价与销售日期不变的话，我们根本没有办法整合这一切。”他抱怨道。

由于他的这种悲观主义态度，苹果炒掉了他，换了另一个名叫约翰·库奇的人主持这一项目。此人原来也是惠普的员工，一直作为苹果新产品的研发主管与乔布斯一起工作。如果有任何人能够确保丽莎项目的成功，那个人一定是库奇。

* * *

苹果应该给它的这款新计算机取一个什么名字呢？在这个项目进行的时候，班德利车道的人提出了这个问题。作为内部使用代码，丽莎是一个可以接受的名字，但正式推出的时候还需要一个新名字。在苹果历史上第一次，大家认为征求专家的意见或许是一个好主意。苹果拿出 7.5 万美元给一家广告代理公司，同时规定了 8 周的期限，让对方取一个只有索取报酬的创意人员才能想出来的好名字。两个月后的一天，名字揭晓的日子到了。一批苹果员工聚集在丽莎大楼的会议室里。这家广告代理公司的人在房间前面拉了一个红色天鹅绒帷幕，遮盖着众所期待的新名字。会议正式开始之前，乔布斯走进来，到前排就座。广告公司的总裁先作了一个简单的开场白介绍，他解释说，选定的这个名字经过一系列头脑风暴、问卷调查与重点小组讨论的检验，每一次都得到了绝佳的结果。他说，人力所能及的情况下，这个名字将成为商用计算机市场的赢家。他没有继续说下去，而是拉动了主席台旁边的一根绳子。帷幕打开了，露出了那个选中的名字——

**苹果大喝彩**(The Apple Applause)。

还没有人来得及反应，乔布斯坦率地说话了。

“我们不会叫它苹果大喝彩的。如果这款计算机出现了任何麻烦，每个人都将称它为‘苹果大关机’。”

说完，他站起身来，大步走出了房间。从名字揭晓至此仅20秒钟。这款计算机继续被称为丽莎。

* * *

在为苹果进行演示之后不久，拉里·特斯勒辞去了他在施乐公司的工作。如果有人相信命运的话，那么这次的情况即是如此。一年前，特斯勒曾经做过一次环欧洲旅行。在法国乡间的一个村子里，一位塔罗牌算命师为他解说了他未来的命运。她看着塔罗牌告诉特斯勒，他会在12个月内放弃他现在的工作。特斯勒怀疑地看着她说：“但我有一份最好的工作……”现在他离职了。一个原因是他得到的报酬不算多，实际上比他几年前做软件顾问的时候拿的还少。然而，更重要的是，施乐公司未能把PARC的任何一项天才想法转化为产品。能够自由地工作、可以随心所欲地决定最后期限是一回事，但永远也看不到一件成品上架，就是另外一回事了。他用了几个月时间试图说服老板将团队一直在研发的手提电脑NoteTaker投入市场，但无济于事。当他们对他的要求置之不理的时候，特斯勒愤而辞职。* 他开始

* 施乐的NoteTaker手提电脑看上去很像一台便携式缝纫机，其售价可能会高达5万美元，但从未投入生产。尽管其中的一些设计元素后来被人们应用在奥斯本1号手提电脑(Osborne 1)与康柏手提电脑(Compaq Portable)上，10台原型机做出来之后，这个团队转而进行其他项目了。尽管施乐公司大谈特谈纸张在其中无用武之地的“未来办公室”，但最终证明，正是激光打印机这项发明，成了这家公司的救命稻草。这是由PARC的研究人员加里·斯塔克韦瑟(Gary Starkweather)创造出来的。正是由于他的原因，今天办公室的纸张使用量远远超过以往。

试探行业中的同事，寻找新职位。他们提到的大多数职位听起来都非常枯燥无味。然后他想到了苹果。“说起来很好笑，因为苹果实际上是我离开施乐公司的导火索，但我从来没有认真把它当作一个职业选项。”他说，“尽管那批来PARC观看演示的人给我留下了深刻的印象，我仍旧认为，这只不过是一家主要由业余爱好者组成的公司。这并不是说我拒绝去为他们工作，但我并没有‘我必须跳槽为苹果工作’的想法。”后来他与一位老朋友菲利斯·科尔（Phyllis Cole）见面，后者是苹果的第32号员工。这次见面说服了他，他进一步考虑了这一选项。科尔让特斯勒与约翰·库奇取得了联系，后者又转而把他介绍给了苹果研发团队的其他几位成员。当时特斯勒不知道的是，苹果正力图招募特斯勒在PARC的同事丹·英格尔斯。当时为乔布斯演示Smalltalk程序语言的正是英格尔斯。苹果邀请他加盟，他却断然拒绝了。就在这时特斯勒出现了。苹果的老板们认为，好吧，如果英格尔斯不肯来，特斯勒也是一个不算太坏的备选方案。于是他们便雇用了特斯勒。

在个人计算机的历史上，拉里·特斯勒是一位令人着迷的人物：一个完美融合了嬉皮士与高科技文化的人。正是这种融合，使个人计算机的未来成为可能，并赋予个人计算机以人格。他身材瘦削，留着胡须，生了一头浓密的红色头发，后来升到苹果副总裁的位置。在他到施乐公司的PARC工作之前，他参加过反战游行，并在旧金山自由大学（San Francisco’s Free University）讲授课程。其中一门在1968年秋季开始的课程，题目是“如何结束IBM的垄断”（How to End the IBM Monopoly）。古怪的是，事实证明，大多数来听这门课的人，竟然就是这家垄断公司自己的员工。另一门课不像上一门那样有明显的政治倾向，课程名字是“金牛座聚会”（Taurus Party），而且学校对听课人员有严格限制，只有那些“出生于金牛座恒星上的人方可参加。我们将以金牛座的①真正方式暴饮暴食、狂歌滥舞、疯狂做爱、疯狂睡觉、宿醉不起。请自带饮食，但非公牛者勿入。”

在这种疯狂做爱与疯狂睡觉的情况下，特斯勒还是找时间自学了编程，发明了计算机中的剪切、复制与粘贴的概念。他对于非模态计算情有独钟，

---

① 此处为“Taurian”（蜥蜴的），应为Taurean（金牛座的）之误，但原文标注（sic），即原文如此。

这是某种今天已经被遗忘了的战争，但对早期不断出错的用户来说，这却是令他们极为烦恼的原因，因为他们必须在不同的输入状态之间来回转换。事实上，他对这种计算的感情非常深，以至于他在自己的道奇勇士汽车的车牌上写上了“**无模态**”的字样，还在车牌上下用较小的字体各写了一行字：“我如何才能摆脱这种模态？”他经常穿的一件T恤上写着：“不要把我放进模态中。”1970年，特斯勒25岁的时候，他曾对全世界宣告脱离无模态，采取某种模态生活。他说：“我要和女儿搬到农村的一块土地上去，在那里种植蔬菜。”他投了一笔资金，和一批朋友一起（其中的一个过去是《全球概览》的员工）在俄勒冈州乡下买了一块廉价土地，在那里创办了一个嬉皮士社区。他或许会一直在那里住下去，度过他随后40多年的生活。一个月后艾伦·凯来了，还带来了一份他无法拒绝的工作邀请。

1980年7月15日，星期二，特斯勒开始在苹果上班。虽然苹果还在成长，但它已经是一家大公司了。特斯勒立刻注意到在苹果上班与在大型的施乐公司上班之间有差别。他回忆道：“我们不会在全国和全世界遍地开花。苹果就在几座大楼里。在施乐，我要和某位副总裁预约见面时间，会面时间是从现在起三个月或者六个月之后。我们不知要花费多长时间才能见到面。而当我见到他的时候，他会建议我约见另外一位副总裁，这第二次会见又要再花我六个月的时间。在苹果，我走出办公室，顺着走廊走过几个门，就能和史蒂夫·乔布斯交谈。如果史蒂夫不在，我可以先跟他的秘书说，然后四个小时后跟他会面，或者去大厅找他。在接触他人与做出决定方面，这两个公司的情况完全不同。”也有一些不那么令人愉快的不同。苹果的员工始终在为不可能的工期而工作，他们从来都无法按期完成任务。早些时候，几位来自施乐的员工凑到一起，组成了一个类似于PARC式的研究小组，这种小组曾经十分有效。但一周之后这个小组就解散了。因为他们意识到，苹果完全不打算将其注意力集中于未来，而是全员一致地为完成这一代的产品线而努力。超时工作——现在仍是苹果生活的一个方面——也让这批来自施乐的人大吃一惊。“硅谷人的工作时间确实也不短，但大多数情况下，PARC相对轻松一些。”特斯勒说，“曾经有一个项目，我们几个月里轮班工作，每天12小时，但这是例外。而在苹果，这就是常态。”

与其他大约同一时期从施乐跳槽到苹果的员工一样，特斯勒也被派去参与丽莎项目。他早期遇到的一个伦理与法理上的问题是，他应该如何将自己丰富的经验融入丽莎项目，同时又不至于泄露施乐公司的商业机密。他直接去找了一个熟人汤姆·马洛伊(Tom Malloy)，后者曾与他一起在PARC工作。马洛伊提出了一个恰好可以绕过这个问题的方法。他对丽莎团队提出一些他在施乐公司遇到的问题(**我们应该如何创造这个东西？我们如何才能解决这个问题而不必改变这件东西的大小？**)，但他会避免回答施乐人实际上是怎样解决这些问题的。如果苹果团队的一个成员恰好提出了一个想法，马洛伊知道沿着这个思路有希望成功，他就会热情地鼓励他们，但却不说他为什么这样做。这就是硅谷猜字游戏。

* * *

负责丽莎计算机外观设计的是一个名叫比尔·德雷斯尔豪斯(Bill Dresselhaus)的人。他是杰里·马诺克之后，苹果工业设计团队的第二位全职员工。他之前受训成为一名化工工程师，并在洛杉矶工作，年薪超过4万美元。但他决定改变生活的方向。一个熟人把他推荐给了斯坦福大学产品设计学院的工作人员，然后又让他去参加一个毕业生工作岗位的面试。

“我过去是一位化工工程师，”他告诉面试官，“但我不喜欢化工。我想成为一位艺术家，我想设计东西。”

面谈很顺利。德雷斯尔豪斯得到了一个助教的职位，并被告知希望他能立即开始工作。他的面试官承诺斯坦福大学的工作会让他头晕目眩。“我完全不知道这话是什么意思。”他回忆道，“我不过是一个来自内布拉斯加州(Nebraska)、初出茅庐的化学工程师。但我去了斯坦福，而且不出所料，他们让我大开眼界。”

斯坦福大学是全美能够提供最先进的产品设计课程的大学之一。系主任罗伯特·麦金(Robert McKim)并不看重墨守成规的旧式工程学，而是强调“多面手思维”(ambidextrous thinking)与“具体化视野”(seeing by visualising)这些概念。德雷斯尔豪斯说：“斯坦福确实是一所鼓励创新的大学。如果你学会了创新，你就真的会与众不同地思考。你不能太古板、循规蹈矩，这样是没法提出新想法的。”作为助教，德雷斯尔豪斯的职责之一，就是引导学习工程的学生进行“定向幻想”(directed fantasies)，鼓励他们想象自己是各种各样的无生命物体，以便帮助他们从静态物件的角度看待设计。据传，这种极端的概念是麦金在向 LSD 的倡导者蒂莫西·利里博士咨询时提出的。* 麦金坚持认为，鼓励学生显示其“想象的力量”，是教导他们设计的最佳途径。为了达到这个目的，他下令在斯坦福大学的教室中修建了一个小型硬纸板圆顶建筑结构。德雷斯尔豪斯每次与 5 至 10 名工程专业的学生一起进入这个圆顶结构。当学生们在木质地板上张开四肢，仰面以五角星状躺下的时候，他以场外叙述者的身份引导他们进入想象。开始时，他会放映培养情绪的幻灯片或者来自某部影片中的一系列场景，并把这些投射到圆顶结构屋顶上。然后他便开始说话。

“想象你们自己是挂在树上的一个苹果，”有人告诉他，说话的时候，他的声音要轻柔，就好像要催人入眠。然后他打开了水果罐的盖子，释放出一股格拉文施泰因苹果的呛人气味。“你是果园中数以千计的苹果中的一个。这是夏末一个温暖的白天，一阵微风吹过，枝叶沙沙作响。你沐浴在阳光下，成熟待摘……事实上你已经熟透了，落到了地上。你跳了起来，一下，两下，然后就安静地躺在那里。现在来了一条虫子……”

在苹果没有如此离谱的事情，但上述经历能让德雷斯尔豪斯面对更为不寻常的事件与人物，这些人与事将打断他的工作任期。当牵涉到丽莎的设计时，史蒂夫·乔布斯亲自插手的程度令人无法想象。尽管他作为美学家的偏好尚未发展到以后那样的地步，但他非常清楚自己追求的是什么。事实证明，他的要求可以编成一个让人筋疲力竭的长长的清单。“史蒂夫对于他想要的东西有很多很多想法。”德雷斯尔豪斯回忆道。这台机器的外形因素(即设备的结构设计在技术上的说法)与杰里·马诺克在Apple II与 Apple III 中的设计完全不同。在这里，电路、显示器和两个软盘驱动器都放

---

* 从各方面来说，罗伯特·麦金教授都是 60 年代反主流文化的产物。有一次他让他班级中一半的学生服用墨斯卡灵迷幻剂，以便观察这些人是否会比另一半没有服用迷幻剂的人更具创造性。他把他家的一个房间租给了一位精神导师。另一位他过去的学生说：“想想这样一幅图景吧。有一天我去我的教授家，这位导师正以坐莲姿势在一张床上打坐。我就说：‘这他妈的谁呀？’”

在一个单一的、微波炉似的装置里，键盘则通过前面的缆线与其相连。因为有人告诉德雷斯尔豪斯，市场上最主要的竞争不会来自其他的高价计算机，而是来自无处不在的粗陋的 IBM 电动打字机。于是他便借来了打字机的设计图，看看应该把丽莎的键盘外观设计成什么样子。

当然，有些地方还是老样子，特别是在乔布斯的坚持下，这台机器仍然不包括内置的冷却风扇。马上就要到制造丽莎原型机的时刻了，德雷斯尔豪斯召集了一次设计总结会议，与会的包括销售、市场营销、制造、采购、工程与电子学各部的主管，外加几位苹果的管理人员。利用事先挂在墙上的一份概念图，德雷斯尔豪斯的首席工程师肯·坎贝尔（Ken Campbell）对与会者讲述了丽莎的蓝图。乔布斯突然从椅子上跳了起来，用力指着图上的一个黑色的小盒子。

“这是什么？”他问道。

一阵令人尴尬的沉默。

“嗯，这个，啊……那是一个风扇，如果，如果我们需要一个的话。”坎贝尔回答，“我们费了很大的努力想去掉风扇，但如果我们不得不需要一个的话，就把它放在那里。”

乔布斯大步冲了出去。德雷斯尔豪斯跟着他走了出去，他看到乔布斯靠墙站着，垂着头。他在哭泣。德雷斯尔豪斯被吓坏了。他变成了“让史蒂夫·乔布斯哭泣的人”。但乔布斯的感情迸发带来了他希望的效果。与 Apple III 一样，丽莎将依赖空气对流达到冷却的效果。没有风扇。“所以他的愿望达成了。”德雷斯尔豪斯说。

乔布斯对于完美的要求并不仅仅意味着让丽莎成为最易于使用的计算机，还意味着让它成为最容易修理的计算机。他想让它不借助工具也完全可以使用。“它的电源装置、两个磁盘驱动器、两个软盘驱动器、键盘、后面的印刷电路板、主板、底板、插件箱，所有这些，你都可以用那些简单的指旋螺丝或者卡扣拆开，或者替换所有的组件。”德雷斯尔豪斯回忆道，“从许多方面来看，丽莎都算得上是第一批绿色产品，尽管我们并没有有意地把它设计为绿色产品。”不过，即便有如此简洁的功能，他还是欣然承认，这台计算机的革命性意义并不在于外部的工艺设计。不过，一个小的外部线索的确暗示了其内部具有的受 PARC 启发的神奇特点——丽莎配有一个鼠标。

* * *

今天,用光标对准和点击图标,就好像用钢笔在纸上的句子下画一条线一样自然,我们很难想象,在 20 世纪 80 年代的前 5 年,让习惯了键盘的人突然被迫改用一个香烟盒大小的滚动盒子来控制屏幕上出现的事物,具有何等颠覆性的意义。正如苹果最佳解决方案一样,鼠标简单、优雅,最重要的是:**直观**。无论如何,正如这一新技术的拥护者很快强调的那样,指向一个对象以表明它是一个你感兴趣的区域,这是一个众所周知的表达方式。“如果我想告诉你,你衬衣上有一个污点,我不会这样用语言说明:‘距离你衬衣领口下方 14 厘米,纽扣左边 3 厘米的地方有一个污点’。”后来,《花花公子》询问他的这一决定时,乔布斯这样告诉他们,“我们就此做过大量研究与测试,用鼠标操作各种功能,如剪切、粘贴等,比其他方法快得多。因此,它不仅更易用,而且快捷。”科技作者菲尔·巴顿(Phil Patton)认为,与其说鼠标是苹果个人计算机反叛者形象新的简洁特性,不如说它是对这种形象的完整表达:

> 鼠标,一种象征着小型计算机赋予弱者以力量的设备。它的小巧,它与移动对象之间的联系,变得几乎无所不在……鼠标绝不仅仅是一种简单的功能装置。正如汽车与计算机本身一样,它是个体力量与潜能的象征;它的形状与轮廓让人想到速度、力量,以及某种抽象而不可触摸的未来。

被选中将这种对不可触摸的未来的一瞥转化为人工生命的,是霍维 - 凯利公司(Hovey-Kelley)。这是当地一家新兴的产品设计公司,由两位同毕业于斯坦福大学产品设计专业的 20 多岁大学生创建。霍维 - 凯利公司从帕洛阿尔托市中心一个还没一间卧室大的小办公室起家。他们的第一间机器商店在屋顶一个狭小的区域,完全违反当地的建筑计划,所以他们只能通过办公室的窗户爬出去。签给他们的支票必须写成给霍维设计公司(Hovey Design),这是迪安·霍维(Dean Hovey)中学时的副业——制造自行车车架的遗留产物。由于这两个人都没有钱开一个新的银行账户，他们只好考虑以后再把凯利的名字加上去。只有在硅谷，才有可能开办这样一个名字听起来就很叛逆的公司。“我在俄亥俄州长大，对于我来说，一个公司就是一个像通用汽车公司那样的庞然大物。”该公司的联合创始人之一大卫·凯利（David Kelley）如是说，“谁会一觉起来就说：‘我要开一家通用汽车公司’？但在硅谷，这种事似乎就不会有什么风险。我不想在美国公司工作。我只是觉得我要追寻我的激情。”霍维－凯利公司的咨询费用是每小时35美元，他们两人都承认，当时他们总是担心凑不到三个小时的咨询费来付每月90美元的办公室租金。他们的第一个客户是一家医药公司，对方花钱请他们做一个霍维的硕士论文的扩大版：一种白细胞差分计数器，用以确定血液是否存在感染。接下来一个项目来自远程感官系统公司（Telesensory Systems），想要他们设计一款盲人阅读器。苹果是他们的第三个客户。

当霍维驱车前往库比蒂诺的班德利车道与史蒂夫·乔布斯见面的时候，霍维－凯利设计公司刚刚庆祝了他们成立六个月的纪念日。这是一个星期五的下午，他列了一个清单，上面列举了为出售潜在的新计算机附件而准备的各种想法。然而，霍维刚开始发表他的演讲时，乔布斯便专横地举手打断了他的话。乔布斯说：“停！我完全知道你该做什么。”

乔布斯把他在施乐PARC得到的改变世界的经历全都告诉了霍维。乔布斯说到了图形用户界面令人瞠目结舌的天才设想，说到了在一间实验室里创造的不可思议的工程奇迹，但这些奇迹却被管理层全部浪费。最重要的是，乔布斯告诉了他有关鼠标的事情。

“什么是鼠标？”霍维问道。

“它是一种你能握在手里并在书桌上滑动的设备。”乔布斯解释道，“它里面有一个球。鼠标能够通过这个球取得信息，并把信息转化为电子信号，从而控制屏幕上的光标。你就通过这种方式与计算机软件互动。”

一段时间里两人都没有说话。

“你觉得你能弄出这种东西吗？”乔布斯问。

霍维承认他不太确定，但要求用一个周末的时间试试看能不能造出来。在此之前，乔布斯又从中捣乱，加了几个限制条件。

“它的造价必须低于 15 美元。”他说，“它必须能使用两年以上。它要能在普通的胶木桌面上工作，也能在我的蓝色李维斯牛仔裤上滑动。”

斯坦福大学产品设计课程强调的要点之一，是尽早做出一种物理原型机的重要性。这必然会提供一些线索，让人知道在最后的设计中哪些该做哪些不该做，而在纸上是看不出这些信息的。乔布斯对于鼠标制造所设置的限制对霍维来说不是什么问题。他习惯在限定条件下工作，而且从一个雄心勃勃的设计师的角度看问题，完全没有限制就像一个作家面对一张白纸。然而，当他离开乔布斯的办公室向停车场走去的时候，一个令人不安的问题困扰着他，对此他没有很确定的答案：**我究竟该到哪里去找鼠标的零件呢**？

霍维坐上汽车，把车开到了位于山景城的沃尔格林药店（Walgreens pharmacy），它刚好位于格兰特街与卡米诺街（Grant and El Camino）交汇的地方。“我走进这家药店，一直走到腋下除臭剂区，因为我知道那里有用于除臭的圆球，我可以用它在桌面上滚动。”他说，“我也去家居用品区买了一些杯子、盘子和牛油盘，我可以很快用它们做出某种样品，以此模仿适合用手操作的尺寸。”之后他又去了位于卡斯特罗街（Castro Street）上的 TAP 塑料用品店，在那里买了环氧铸模树脂与聚四氟乙烯材料。然后他就回家了。到了星期一早上开车去上班的时候，他已经组装好了四个不同的鼠标原型。

“这是什么东西？”霍维把原型鼠标放到他的办公桌上，这时候大卫·凯利问。

“先别管其他的想法，”霍维回答，“史蒂夫想要我们制造这个东西。它叫鼠标。我做了一些实验，这就是鼠标可能的样子。我觉得我们应该干这件事。”

那天上午他们打电话给苹果，接受了合同。

鼠标的概念可以追溯到 1964 年，当时道格·恩格尔巴特在斯坦福大学研究院（Stanford Research Institution）设计了这样一个装置。这个装置从一端引出了一条酷似啮齿类动物尾巴的东西，鼠标因此得名。但他的鼠标只不过是一个带有两个控制鼠标的金属轮子的木头壳。PARC 改进了这一概念，用一个以滚珠轴承支持的球代替了金属轮子。PARC 的鼠标比恩格尔巴特的更好用，但制造成本高达300美元左右，而且只用了两个星期就坏了。苹果的鼠标代表了这种设备进化的又一个阶段，它一方面要耐用、耐磨，另一方面制作成本只能是PARC版本的二十分之一。“最大的区别是通过球获得信息的方式，”霍维说起他做的改进，“在施乐公司的鼠标中，滚动球起了某种支持的作用，于是与桌子表面接触的滚珠轴承便承受了用户施加的压力。而我们发现，我们想让球尽量轻松自如地滚动。通过轻轻触碰球来获得信息，而不是用它作为支持，这就是突破。我们将之称为自由滚动球。”为测试这一浮点（floating-point）概念，霍维制作了一个自动测试器，其中鼠标与一个电动棒相连，而电动棒又反过来带动鼠标在桌面上每次不停地滚动三周。最后他满意地看到，鼠标不仅能够工作，而且能够经受胶木或者牛仔裤可能给它带来的任何考验。这时他把自己的鼠标拿给拉里·特斯勒看。

在苹果公司，特斯勒是鼠标方面经验最丰富的人，他受命负责完善这一概念。很早之前就做出的一个决定是，鼠标只能有一个按键来执行所有的任务。尽管原始的恩格尔巴特鼠标也只有一个按键，PARC的研究人员采用了三按键模式的鼠标，其中的原理是，使用者需要用两根手指——一边一根——稳住设备，这样剩下的三根手指便可以自由点击。不管怎么努力，特斯勒都无法说服PARC的工程师制造一个单按键的鼠标原型机。“他们说，如果你想试验只用一个按键，那你就权当另外的两个不存在好了。”他回忆道。苹果应用单按键鼠标，这成了这家公司努力打造用户友好型产品的一个象征。当迪安·霍维把原型机鼠标放到特斯勒手中的时候，他仔细检查，在手中慢慢地转动原型机。接着他又把它放到办公桌上，试着让自己站在用户的立场上用按键点击。**点击声是不是太大，以至于令人分心？是不是太小，以至于无法让人知道他到底点击过了没有？按键的触感如何？滑动时的阻力会不会太大？滑动时的阻力够不够？你的手指在进行了多少次点击之后才会感到疲劳？**这让他提出了下面的问题。

“点击多少次后按键会磨损？”特斯勒问。

霍维看上去很高兴：“我们估计最高可以达到5万次。”

特斯勒目瞪口呆。他回忆道：“我说：‘5万次？那可远远不够。’我解释道，不妨假定，你现在正在键盘上打字，然后你想点击一份菜单，你抓住鼠标开始点击。之后你又回头在键盘上打了一会儿字。他们把它看成一种偶尔才会用到的设备——只有当你想定位到文件另一部分的时候才会用一次，或许5分钟才会用一次。我说：‘不，很多时候就算你不动键盘，你也会用鼠标。’我不得不坐下来给他们演示，我会如何使用鼠标。于是我就在那里点击，他在一旁计算点击数。最后我们计算出，大约每年点击300万次。”霍维离开了，继续进行研究。这里的问题是要找到一种微型开关，在其使用周期内，它必须能够承担相当于在两年期间，每天8个小时、每分钟7次点击的工作量。最终他找到了一种能够达到这一标准的东西。这种零件的使用让制作成本增加了20美分。

下一个问题是连接鼠标与计算机的线。线的长度与粗细相当重要，但关键是要搞清楚线的张力。如果它像老式的电灯电线那样柔软，它就能自由移动而不会干预光标在屏幕上的运动。鼠标偶尔碾过线属于正常现象，但过于柔软的电缆线会让鼠标碾过线的次数过多。另一种选择是使用比较硬的线。在这种情况下，鼠标永远不会碾过线，因为当用户移动鼠标的时候，线仍然处于僵硬状态，从而远离鼠标。但这样一来，当用户不再移动鼠标而打算点击对象的时候便会出现问题。这时，线的张力会使鼠标自己移动，经常脱离用户正指向的屏幕区域。在某些情况下，这会引发软件执行违反用户意愿的行为。显然，这也是人们无法接受的结果。霍维不断地带来各种线，后来特斯勒请他一次带来许多种，或许有一次多达十几条。最后，据一位苹果员工回忆，总共有150条可能使用的线在长时间的“葡萄酒品尝会”上接受了测试。就像所有好的葡萄酒品尝会一样，在这些品尝会结束的时候，所有的人都会酩酊大醉，不再能够清醒地思考问题。为此进行的大量工作，让霍维-凯利设计公司挣到了大约10万美元——但苹果得到了它需要的鼠标。

* * *

当然，与鼠标一起，由丽莎第一次带给大众的另一项新事物是图形用户界面(GUI)。并非每一位用户都能像乔布斯及其团队那样，从技术上理解GUI的革命性本质，但几乎每一位用户都能够认识到，它代表着向前迈进的一大步。有了图形用户界面，像移动一个文档或者打开一个文件这样的概念，突然变得可以用直观的方式理解了。有史以来第一次，计算机为用户创造了一种可以遨游其中的环境。绝大多数人或许搞不清楚 BASIC 与 BIOS 之间的差别，[①]但他们确实能够理解这些隐喻：在桌面上工作，或者撕下一张纸在上面写字，或者从一个文件夹中取出一页并把它放入另一个文件夹。尽管图形用户界面没有做这些事情中的任何一件，但它似乎让用户拥有了自主完成这些任务的能力，而不是被迫让计算机用自己的方式操作。也就是说，是人类将机器作为一种外围设备加以利用，而不是相反。几年后，意大利作家、哲学家翁贝托·艾柯（Umberto Eco）在一篇文章中，通过宗教类比，比较了个人计算机中 MS-DOS 系统的冰冷，以及苹果图形用户界面的热情。他认为，苹果的系统是天主教式的：帮助它虔诚的会众，手牵手，一步一步地抵达天堂（或者至少是正确文件的打开或者打印）。"它是传教士的方法，"翁贝托写道，"使用简单的规则与华丽的图标来揭示本质。每一个人都有获得救赎的权利。"而另一方面，带有克制的、斯巴达式的黑底白字的 C:\ >DOS 命令的个人电脑，是新教式的，或许是加尔文主义的（Calvinistic）。DOS 允许对圣典的自由解释，要求绝望的个人自主决定（如你要把文件存储在哪里），强加给用户一套隐晦的诠释学，并将这一理念当做福音：并非每个人都能得到救赎。

如果说 GUI 与宗教经验有类似之处，那么，与全知的创世者这一角色最接近的，则非比尔·阿特金森莫属。阿特金森是一位头发蓬松、满脸大胡子的计算机科学家，正是他负责丽莎图形（LisaGraf），一种用在丽莎显示屏上的图形例程。它是这款计算机的图形界面的核心。阿特金森是华盛顿大学的研究生，1978 年加入苹果。有人邀请阿特金森去库比蒂诺参观苹果公司的研究，他一开始并无多大兴趣。不过，好奇心加上苹果答应为他报销双程机票，他还是去了加州与史蒂夫·乔布斯见面。乔布斯对于阿特金森的学术经历不是很感兴趣（作为一个辍学者，他在整个职业生涯中都对学者不屑

① BASIC：Beginner's All-purpose Symbolic Instruction Code，即初学者通用符号指令码；BIOS：Basic Input/Output System，即基本输入/输出系统。

一顾)。但他确实想说服阿特金森为苹果工作。

乔布斯展现了他迷人的一面,他说:“你是从西雅图过来的,你也知道全新的产品正在出炉,而你认为那就是最新的热点新闻了。但实际上,它们两三年前就被制造出来了。你只是在供应链的末端而已。如果你想塑造未来,就必须走在时代的前面。你就必须站在产品正在制作的地方。如果你来苹果工作,你就会帮助人们创造未来。”

阿特金森为乔布斯的强大自信感到吃惊。开始,他认为这位苹果公司的联合创始人有一点自吹自擂,但很快便觉得他的话或许有几分道理。“吸引我去苹果的是这样一种理念:你能在这一生中成就一些事业。”许多年以后,阿特金森在接受计算机历史博物馆(Computer History Museum)的采访时回忆道,“如果你正处在创造奇迹的地方,你就会对世界产生一些正面的影响。”就在那个周末,他打电话问他在西雅图的妻子:“你觉得在湾区生活怎么样?”他是为了妻子去的西雅图,他的妻子决定回报这份情谊,结束她在圣克拉拉大学法律学院的学习。阿特金森很快便证明了他对于苹果的价值。他天赋非凡,具有超常的迅速学习能力。加盟苹果时,让他大受震动的一件事是,这家公司缺少有经验的程序员。“大部分人学的都是野路子的黑客之类的东西,甚至没人想过诸如结构化编程或者模块化编程这些理念。”他回忆道。到史蒂夫·乔布斯于1979年年末访问施乐PARC的时候,阿特金森已经进入他最喜欢的员工行列。他牢牢地在乔布斯视为“英雄”而非相反的“白痴”阵营中占据一席之地。在从施乐PARC驱车返回苹果的路上,乔布斯问阿特金森,需要多长时间才能够创造出他们刚刚见到的那种图形界面。阿特金森考虑了几秒钟,然后给出了答案:“或许需要6个月。”

这是一个乐观的估计,但阿特金森就是一个雄心勃勃的乐观主义者。对于苹果来说,有样学样地从奥托那里把所有的东西都抄过来,这种事情难度不大,这就相当于让施乐复印机复印施乐的想法。但丽莎团队的人并没有这么做。他们确实借用了窗口、弹出菜单以及Smalltalk整齐的滚动条,但他们也从本质上改进了这些概念,如加上了菜单栏、下拉窗口、垃圾桶(删去的文件可以从这里恢复)及其他创新的功能。乔治·佩克(George Pake)是创建了施乐PARC的物理学家兼研究科学家,他认为,苹果的做法,类似于苏联在美国成功制造原子弹几年后便造出了他们自己的原子弹。佩克说："一旦他们知道这是可行的,很快就会做出来。"但这并不意味着发展初期不存在问题。像比尔·阿特金森这样的计算机科学家无疑是天才,但他们偶尔也会忽略某些基本方面。换言之,他们可以俯瞰整个森林,有时却会漏掉个别的树。

有一个例子显著说明了这一点。丽莎的图形用户界面到了需要寻找所谓的"路人"进行测试的时候。几位未接触过计算机的测试对象被找来,测试者想看着这些高科技新手能否在没有说明书的情况下,找出完成一项简单任务的方法。被选定的任务是创建并保存一份文档。实验在一个配有一把椅子、一张书桌和一台丽莎终端机的房间里进行。两台摄像机也安排就位,其中一台对准键盘和鼠标,另一台对准计算机显示器,以便看到通过显示屏反射的用户的面部。那里还有一个麦克风,它被放在一个能清楚抓住测试对象所说的每个词句的地方。阿特金森与他的团队静悄悄地站在隔壁一个光线昏暗的房间里,一面双向镜隔开了受测者的视线。他们入迷地看着,他们的辛苦劳动正一步步地通过检测。实验似乎进展顺利,直到用户被要求保存文档。屏幕上出现了命令框,有"确定"和"取消"两个选项,这时用户脸上闪现出极为厌烦的表情,然后他选择了"取消"。阿特金森不知道怎么回事。另一个人走进房间,进行同样的测试。整个过程同样进展顺利,但到了存盘的时候也出现了问题。这一次,当命令框出现的时候,一种几乎不加掩饰的愤怒表情出现在测试对象的脸上,她从屏幕前退了出来。阿特金森调高了麦克风的音量,这让他能更清楚地听到她在说些什么。

"这里的'傻瓜'(dolt)是什么意思?"那位用户说,眼睛死盯着上面标记着"确定"(do it)的按钮,"我不是傻瓜。为什么他们称我是个傻瓜?"

她点击了"取消"。事实证明,这是一个简单的理解问题。do 和 it 之间的空间太小,让这两个词看上去像是一个词,而且也让人把"it"中的"i"误认为另一个字母"l"。由于这些使用者都是计算机菜鸟,他们不假思索地认为自己犯了一个错误,计算机因此而嘲笑他们。这件事给阿特金森等人上了珍贵的一课,在计算机的设计中,没有任何一个元素可以被轻易忽视,哪怕是字体使用这样的小问题。这也同样是对过分聪明可能带来的风险的警告。阿特金森及其团队不想使用“OK”这个词,因为它太口语化,而且是一种缩略语,在这种场合下,甚至连正确的缩略语都算不上。于是他们选择了“do it”代替,但这伤害了那些感到困惑的人。在程序得到了必要的修改以后,测试者们便顺利地完成了剩下的 β 测试。世界再次变得美好。或者,看上去如此。

* * *

如果说有哪位丽莎团队成员起到了破坏作用的话,那个人就是史蒂夫·乔布斯。“显而易见,史蒂夫是一个非凡的人物。”在外围参与了这个项目的布鲁斯·托格纳兹尼说,“但同样显而易见的是,他非常令人讨厌,而且他显然过于年轻。他不管什么事都要插上一脚,他也插手丽莎项目。”尽管没有这种权力,也没有得到高层无争议的支持,乔布斯仍旧是公司的主要股东,因此任何人都无法忽视他的存在。在许多方面,他就相当于大老板的儿子:想要真正意义上的权威,但只拥有默许的极大的权力。“他具有追求完美的激情,当时我们很多人并不理解这一点。”比尔·德雷斯尔豪斯说,“无论是幸运还是不幸,他鞭策人或者鼓舞他们的一种方式就是告诉他们,某个东西看上去丑得要死或者令人作呕。”当乔布斯看到面前的丽莎机箱最终的原型机时,德雷斯尔豪斯深刻感受到了这一点。他当时不在现场,但后来听负责工程的执行副总裁汤姆·惠特尼说,当时乔布斯对实物模型投以厌恶的目光,嘴里嘟哝着一些骂人的话,然后冲出了房间。“问题是,如果他真的那么想,他第二天就应该把我给炒了,但他并没有那么做。”德雷斯尔豪斯说。的确,这位设计者最后通过小道消息听说,乔布斯喜欢丽莎形象的表现方式,尽管他本人从来没有直接表达过这样的信息。“有些时候,苹果有了乔布斯就连一天都活不下去,因为他的破坏力实在太惊人了。”公司的个人计算机部门总经理保罗·达利(Paul Dali)如是说,“但在另外一些时候,我会在去工作的时候对自己说,离开乔布斯这个公司根本什么都做不成,他实在是太有帮助了。”有些时候他还是会踩过线。一天晚上,拉里·特斯勒躺在床上睡得正香,电话铃突然响了。他翻了个身看了看闹钟。凌晨两点。他的第一反应是肯定出了什么紧急事件。结果是乔布斯打电话问他有关丽莎的一个技术问题，问题太小了，以至于他根本想不起来具体是什么。“我甚至想不起来，他后来是不是为这么晚来电话向我致歉。”他说，“我不怎么介意。我甚至有点因为他在那个时候给我打电话而受宠若惊，但我还是觉得这么做有点不靠谱。于是第二天我开玩笑似地对我的老板说了这件事。结果证明，这完全不是史蒂夫该做的事情。许多人提到了类似的经历，他们把这些事情攒了起来，准备哪天好好整整他。”

此后不久，**史蒂夫·乔布斯 vs 合理工作时间**的案子就提交到了高层管理团队面前，他们认定，他们已经受够了这位 27 岁的创建人的胡闹行为。判决下来了，他将被踢出丽莎团队，决定立即生效。作为一个受排斥的人，乔布斯突然发现自己无事可做。* 他已经跟 Apple II 与 Apple III 的团队脱离了联系，因为他曾把这两个团队的产品与丽莎相比，说它们与在技术上占绝对优势的丽莎相比就像是“马匹加四轮马车之于喷气式飞机”。在被苹果的四个主要项目中的三个排除之后，他只能选择最后一条道路。他走向一个小办公室，那里坐着一个名叫杰夫·拉斯金（Jef Raskin）的工程师与他的几名助手。拉斯金正在进行一项有偿研究项目，这个项目几乎没有引起苹果公司的任何注意。但情况很快便会发生变化。

史蒂夫·乔布斯即将加入麦金塔团队。

---

* 还有一个原因让乔布斯觉得，把他踢出丽莎团队是针对他个人的。在苹果早期的日子里，许多项目带有女性的名字，时常用的是那些参与者的妻子、女朋友或者女儿的名字。就丽莎而言，据传它的名字来自乔布斯的私生女丽莎·尼科尔（Lisa Nicole）。但也有反对这种说法的证据，即丽莎的研发正在进行时，乔布斯强烈否认他们的父女关系，甚至去做了血液检测，就是为了证明他不是丽莎的父亲。然而，在沃尔特·艾萨克森撰写的他的授权传记中，乔布斯回答了丽莎这个项目是不是根据丽莎·尼科尔命名的这个问题。他说：“很明显，它是根据我女儿的名字命名的。”其他人对他的这种说法是否属实尚有争议。“他……并没有为一个项目命名的权力，”丽莎团队的一位成员这样说，“他只是跟着这个项目跑龙套罢了。”不管怎么说，后来发生了否认这个项目与乔布斯的后代之间有任何关系的混战，这些人认为这是苹果的一个逆向工程，“局部集成软件架构”（Local Integrated Software Architecture）的缩写，但其他人戏称，其实丽莎（Lisa）这个名字代表的是“让我们发明某种缩写”（Let's Invent Some Acronym）。

# 第七章　年轻的疯子

我们中间很少有年满30岁的。我们一致感觉，我们好像错过了民权运动，错过了越南战争。我们拥有的是麦金塔。

——麦金塔团队成员

引自：《乔布斯复出记》（《君子》杂志，1986）

成长于东海岸的杰夫·拉斯金是典型的计算机极客。他早期的兴趣是硬件而不是软件，这对于一个接着研究用户界面的人来说很不寻常。“当我还是个孩子的时候，我是中学里唯一一个在自己的小车间里有一台泰克公司（Tektronics）示波器的孩子，其他孩子甚至都不知道示波器是什么东西。”他在2000年接受斯坦福大学档案室访谈的时候曾这样骄傲地回忆。作为一个纽约州立大学的本科生，他与他的哲学指导员发生了激烈的争论，争论的焦点是计算机能否通过简单的数字适应人类需要。拉斯金说可以。他的指导员说不能。拉斯金写了一个似乎能证明自己正确的程序，去证明他的观点。但他的指导员甚至拒绝去看计算机的运算结果。“我感觉就像伽利略遇到了拒绝透过望远镜看一看的教堂神父一样。”拉斯金说。他适时地从哲学转学计算机科学。为了毕业论文，他写了一篇文章论证，从本质上讲，计算机应该完全以图形而不是以文本为基础。然而没有几个人同意他的观点。他退出计算机领域长达数年之久，他发现，没有人性的庞大计算机主机“实在乏味得很”。在20世纪60年代过半的时候，拉斯金搬到了加州，开始参加其他的活动。有一段时间他领导了游击队剧院，管理了旧金山小型歌剧公司（San Francisco Chamber Opera Company），做过画家，他的一些作品甚至在现代艺术博物馆（Museum of Modern Art）展出过。他也曾在加州大学圣地亚哥分校（UC San Diego）任教，但他后来乘坐热气球飞到校长的住宅上空，并用录音机播放曲子，同时高声宣读辞职声明。这终结了他的教师生涯。

然而，他根本没有方向，只是从一种职业转向另一种职业，不断地寻找能真正感召他的东西。然后，1975 年，Altair 8800 面世，他的生活不可逆转地改变了。“啊哈！这就是我一直在等待的东西！”拉斯金说。他义无反顾地闯入了突然涌现的爱好者群体，并开始为《多布博士杂志》与《硅谷通报》（*Silicon Gulch Gazette*）等杂志撰稿。1976 年，两位史蒂夫找到了他，想让他为他们工作。那个时候，拉斯金开办了一家小型咨询企业，名字叫作“班尼斯特与格朗”（Bannister and Crun），这个名字来源于《傻瓜秀》（*The Goon Show*）中的两个人物。乔布斯与沃兹尼亚克认为，他是写作 Apple II 用户手册的完美人选。拉斯金对这两位辍学青年的反学术偏见有所耳闻，他选择对他过去的学术经历保密。“在乔布斯眼中……我是一个音乐家，一个来自旧金山、满身泥污的街头音乐家，也是个会写点文章的音乐教师。”他说，“我感觉，让他知道我的正式背景会是一种妨碍。”但看上去，开始时更大的妨碍是资历太高的拉斯金编写手册应该拿到多少报酬。

“每页 50 美元？”当这两位未来的雇主说出了数字之后，拉斯金有些拿不准地问道。

“整本说明书，总共 50 美元。”乔布斯纠正他说。

不管怎么说，拉斯金有足够的兴趣加入苹果，成为它的第 31 号员工，并在他的合同上写了一个附加条款：允许他根据歌剧排练时间安排他的工作计划。拉斯金曾在斯坦福大学的休假年里到 PARC 待过一段时间。实际上，让乔布斯考虑在 1978 年年末参观施乐公司的研究实验室，以便调查那里正在进行的开创性工作，正是拉斯金的主意。但乔布斯的世界观经常是二元对立的，在他的心目中，所有人要么是英雄，要么是笨蛋。不知什么原因，当时他对拉斯金的感觉一直固定在“关机”状态，并认为他是“一个什么事都干不好的饭桶”。当然，后来乔布斯转过弯来，还是决定前往 PARC 参观。

1979 年，拉斯金与迈克·马库拉会面，讨论他的未来。马库拉想让他研发一款价值 400 美元的游戏设备，类似于雅达利成功地制造出来的那种。这并不是一个拉斯金特别感兴趣的领域，于是他转而提出开发一种新的计算机的想法，这种计算机具有个人计算机的功能，但价格要便宜得多，用起来也更容易。“你可以看出苹果有多开放，因为我可以直接去见董事会主席，跟他说：‘你的产品策略是错的，我建议以此代替。’而他会倾听你的意见。”拉斯金多年以后回忆道。马库拉对拉斯金的想法有兴趣，同意他放手去做，并将这个想法变为一项研究项目。

5月，美国航空公司191号班机在从芝加哥奥黑尔国际机场起飞时坠毁，造成美国历史上伤亡最大的空难事件；研究生约翰·哈里斯（John Harris）被“大学炸弹客”（Unabomber）泰德·卡辛斯基（Ted Kaczynski）发来的一枚炸弹炸伤；而玛格丽特·撒切尔成了英国历史上第一位女首相。也就是在这同一个5月底的星期一，拉斯金坐在办公桌旁，开始撰写一篇题为《一台人类计算机的设计思想》（“Design Considerations for an Anthropophilic Computer”）的文章。他在文中讨论了为“路人”（他更隐晦的简称为PITS[①]）创造一种计算机。他提出，这种计算机应该“非常容易使用，而且……用户什么都不用学，以至于他在能够使用这种计算机之后，仍旧可以声称：‘有关计算机我一无所知’，并从中获得一种怪异的乐趣。”拉斯金认为，要想让计算机取得和电视或电话一样的公众接受度，最重要的就是：不要认为只有年轻的工程师才是潜在顾客。**人们不需要知道如何拆开一个小烤箱也能使用它，不是吗？**

到了这个时候，拉斯金已经重新命名了这个项目。它最初的项目代号是安妮（Annie），来自于每个月都会出现在《花花公子》中的连环漫画充气娃娃女主角小安妮·范妮（Little Annie Fanny）。拉斯金认为这个名字带有性别歧视，便决定想一个更合适的名字。他选定了他最喜欢的苹果品种McIntosh的语音拼写法Macintosh（麦金塔）。[*]他对于麦金塔的构想，显然与这款

① 即person in the street［路人］的缩写的复数。

* 因为当时已经有一个制造高端音响设备的麦金塔实验室存在，拉斯金把McIntosh的拼法改为Macintosh。“如果它与雨衣什么的有冲突，谁又会在意呢？”他说。后来，1982年，苹果在为这一名字注册商标的时候出现了麻烦。史蒂夫·乔布斯给麦金塔实验室的主任戈登·高（Gordon Gow）写了一封信。他在信中声称：“我们现在已经对麦金塔这个名字极有感情了。它就如同我们的孩子一样，我们为我们的产品培养了非常确定的人格。”在一段时间内，苹果设想将这一名字简化为MAC，是“鼠标激活的计算机”（Mouse-Activated Computer）或者“无意义的缩略语计算机”（Meaningless Acronym Computer）的简写；但后来苹果与麦金塔实验室达成了现金补偿协议，铺平了使用这一名字的道路。

计算机最终上市的样子有很大不同。正如他设想的那样，麦金塔是图形界面，但最终用户的成果不是由单独的文件与文件夹组成，而是积累在一个较大的多功能结构上，这一点与个人网页颇为类似。打开计算机，然后开始打字，这时你进行的是文字处理工作。当你写下一个公式的时候，计算机就变成了计算器。拉斯金不太喜欢鼠标，因为它需要用户的手不断离开键盘。他开玩笑地说，这种技术的用户的存在方式是"即买即耗的手喂老鼠"模式。

或许，拉斯金的计算机观点具有乌托邦色彩，但正如他看到的那样，真正的革命将与价格相关。简单地说，只有当每个人都买得起的时候，计算机才是为每个人而存在的。"在我看来，最重要的目标是，这款计算机的售价为500美元甚至更低。"他在一部统称《麦金塔经》的论文集上这样写道，这个标题是《摩门经》的变体。拉斯金认为，丽莎计算机注定会变得太大、太贵；与丽莎不同，麦金塔计算机的每一个特点，都是慎重权衡了价格和功能之后的结果。彩色显示屏当然很理想，但单色屏也能够很好地工作。丽莎的68000微处理器是拉斯金的首选，但其价格远高于不那么强大的6809E微处理器。一个Disk II那样的软盘驱动器非常受人欢迎，但为了省钱，数码磁带驱动器也是可以接受的替代品。他推断，反其道而行之——从理想的计算机特点出发，然后向后扩展——肯定是不行的。毕竟，如果按照他的想法，且不存在时间与经费限制的话，他梦想的计算机还应该包括语音识别与音乐合成功能，甚至能模仿卡鲁索（Caruso）与摩门教圣殿合唱团（Mormon Tabernacle Choir）一起高歌。这样不行，拉斯金在一份备忘录中下了结论："我们必须同时从价格目标与计算机性能着手，并一直关注今天的和不久后的将来的技术。"

为了帮助开发麦金塔，拉斯金找来了他过去的两个同事和他一起工作。一个是朋友布莱恩·霍华德（Brian Howard），毕业于斯坦福大学，有电子工程学的学位。与拉斯金一样，霍华德既热爱科学，也喜欢音乐。他的父亲曾是俄克拉何马大学（University of Oklahoma）的物理学教授，他的母亲是古典音乐钢琴家。有一段时间，拉斯金与霍华德是室友，在帕洛阿尔托共用一套很小的公寓。为使收支平衡，他们在婚礼和生日派对上演奏爵士乐，还在晚上煮食斯坦福大学生物系备用的实验室兔子。另一个是马克·莱布伦，一个 LISP 程序员。他在 10 年之内，从一个辍学中学生，变成了备受赞誉的斯坦福大学人工智能实验室团队中非常重要的成员。后来，天真无邪的 23 岁小伙伯勒尔·史密斯(Burrell Smith)加入了三人组。他此前一直在苹果的修理车间工作，修理那些因有问题而被顾客退回的 Apple II 上的逻辑电路板。史密斯是一个身材极为矮小的计算机极客，留了一头 14 世纪修士式的卷曲的金色短发。他曾经是家酿计算机俱乐部的固定成员，尽管缺乏训练(只在附近的福特希尔社区学院上过几节课)，却在解决复杂的工程问题上表现出了令人难以置信的能力。作为他解决问题过程的一部分，史密斯在参与任何项目时都会把一些零件带回家，铺在床上，然后在几个小时内死死地盯着它们。图像或迟或早都会浮现。**这不是很明显吗？这个**零件应该与**这个**零件放在一起，而**那个**可以连接到**那里**。“你围绕着设计空间翻来覆去地看，时间足够长之后便可以了解其中的特性。”史密斯说。到了第二天上班的时候，他总是会找到自己的答案。

丽莎计算机有 64k 内存可供写入软件；史密斯提出一种方式，可以在 64k 内存中写入更多代码，这让比尔·阿特金森很满意，也使史密斯迎来了自己的重大突破。由于丽莎团队的成员已经过多，没法增加新成员，阿特金森便把史密斯的情况告诉了杰夫·拉斯金，认为他是麦金塔项目理想的硬件设计师。

“我们拭目以待吧。”拉斯金回答。

史密斯为此欢欣鼓舞。在苹果公司，没有别的地方会给一个资历这么浅的人机会设计计算机逻辑电路主板。他后来说：“这是一辈子只有一次的机会，让我能穿过公司文化的裂缝，在电梯门即将关闭的时刻挤了进去。”在 1979 年的圣诞节假日期间，当其他人都回家度假的时候，史密斯几乎把全部时间都消磨在苹果大楼里，从各个不同的办公室里搜寻麦金塔的零件，以便完成任务。他在 1980 年的第一周内完成了这项工作，尽管还无法肯定，图形例程能否在他的这件创造上运行。在一天晚上临回家之前，他向一个工程部门的朋友提出了一项非正式挑战。那天吃过晚饭回公司之后，安迪·赫茨菲尔德接受了这项挑战。在一位名叫克利夫·休斯顿(Cliff Huston)的老技术员帮助下，他成功破解了史密斯有意弄乱的指令，使一张唐老鸭的图像出现在屏幕上。因为计划中麦金塔计算机具有256的线分辨率(Apple II是192),因此图形下面还有一些空间。赫茨菲尔德想了几秒钟,然后加上了一条信息:**“嗨,伯勒尔!”**用24号字体,等间距地占据了这些空间。

* * *

史蒂夫·乔布斯对这些都不是很感兴趣。他完全沉浸在丽莎项目中,读了公司传阅的拉斯金的备忘录,认为那些东西基本上毫无意义。**一款代替 Apple II 的低端计算机?什么样的蠢货才能想出这样的主意?**多数情况下,麦金塔团队几乎不与乔布斯接触。拉斯金已经在尽力避免使这一项目被取消的威胁,而最佳的解决办法,似乎是不和那些随时可能砍掉项目的人接触。的确,这个团队的人很少见到乔布斯,以至于马克·莱布伦第一次遇到乔布斯的时候,根本没有认出他来。乔布斯在一间会议室里,脚放在桌子上,正严厉地训斥一群唯唯诺诺的工程师。尽管他们显然十分胜任自己的工作,但还是在乔布斯大嚷大叫的时候喃喃道歉。莱布伦觉得乔布斯极为傲慢,认为他是“一个乳臭未干的营销垃圾,穿着可笑的白色条纹衫和银行家的马甲,脱了鞋,脚丫子臭气熏天”。莱布伦当然不知道,眼前这个人——“身上那种独特的目空一切,有时是科技广场9楼灌注给他的”——对他现在所做的工作拥有多大的权力,只是觉得他就是一个欠揍的粗暴朋克。就在这时,杰夫·拉斯金恰好路过,他注意到了莱布伦的脸色,便使劲拉了一下他的胳膊。

“你不知道他是谁吗?”他小声问。

“他是谁?”莱布伦茫然地问。

同时,麦金塔小组的工作蒸蒸日上,已经可以吸纳第5个成员了。盖伊·“巴德”·特里布尔(Guy ‘Bud’ Tribble)是一位自学成才的软件奇才,而且有着标新立异的性格。他第一次遇见拉斯金是在10年前,当时后者正在圣地亚哥表演一出名叫《多事之秋》(Happenings and Events)的行为艺术。从那时起他们便一直保持联系。当时特里布尔正忙于他的医学/哲学博士课程,研究课题是猫的精神错乱,但他确定这里的工作太有趣了,不容错过。他自然没有错。

*　*　*

1980年秋，乔布斯被踢出了丽莎团队。他牢骚满腹，决心不管用什么办法，让丽莎项目从地球上彻底消失。如果这种计算机获得了成功，他赚到的钱会比任何人都多，但他不在乎。对于乔布斯来说，他受到了怠慢，这一点是不可原谅的。他告诉自己，管理这个项目的人不懂苹果的文化。他们认为 Apple II ——**他与沃兹玩命做出来的那款计算机**——只不过是可笑的玩具。乔布斯曾认为自己是这群新生代的聪明工程师中的一员，但他的出局彻底把他拉回了现实。

这时，麦金塔团队已经搬出了苹果主楼，搬进了一间狭小的二楼办公室，就在一家名叫“美好地球”（Good Earth）的嬉皮士健康食品饭店背后的斯蒂文斯湾大道（Stevens Creek Boulevard）上。乔布斯在这个团队身上发现了某种类似于电子游戏《错位玩具岛》（Island of Misfit Toys）的东西：一个狭小的时间胶囊，却代表了苹果几年前所拥有的一切。这个团队的人干起活来不要命，然后就用一个碰碰球玩瞎子摸鱼的游戏放松，结果办公室飞满了碰碰球。每天下午他们都会跑到马路对面一家名叫西塞罗的披萨店去，然后在那里轮流吃披萨，并在饭店的“保卫者”游乐机上玩25美分一次的游戏。

乔布斯意识到，这些人，就是他要的人。像他一样，他们也是被人抛弃的艺术家，在进入个人计算机领域之前走了一段迂回曲折的道路。举例来说，这个团队唯一的营销人员乔安娜·霍夫曼（Joanna Hoffman），是东欧难民的女儿。在麻省理工学院拿到一个物理学学位之后，她改变了方向，去芝加哥大学研究生院研究考古。1978年，伊朗国王被推翻，她的考古发掘被迫终止，于是她不得不重新思考未来方向。**回加州去**！她声称：“我确信，我一直生活在过去，现在，我想生活在未来。”她和一个来自施乐 PARC 的年轻工程师一起搬了过来，然后加入了苹果，成了麦金塔项目的第6位成员。乔布斯自己的个人计算机道路（在硅谷长大，大学辍学，与史蒂夫·沃兹尼亚克成为朋友，开公司）没有那么多的曲折与变化，但这不重要。没有什么比想法更吸引他了。

乔布斯重获士气，对拉斯金的《麦金塔经》越来越感兴趣。书中包含足够多的“改变世界”的豪言壮语，还有一些马歇尔·麦克卢汉式的情感，这些都引起了乔布斯的兴趣。这本书让他意识到，或许，精简的大众市场计算机概念含有比他原来想象的更多的东西。尽管后来拉斯金与乔布斯在项目的指挥权方面发生了激烈的冲突，但值得一提的是，事实上，造就了两人观点的那些思想是何等相似。拉斯金在他的文章中宣称："如果计算机出于任何维修之外的原因必须被打开（我们必须假定，我们的潜在用户不会修理），即使是在分销商那里打开，那就说明它没有达到我们的要求。"他解释道，查看计算机的内部结构"是禁忌。插槽上的东西是禁忌……键盘上成千上万的按键是禁忌。计算机语言是禁忌。厚厚的说明书（厚厚的说明书肯定是劣等设计的表现）或者许许多多说明书是禁忌……如果你能去掉电源线，加10分……提供多种多样的机箱颜色，比具有可变数量的内存更好"。所有这些都是乔布斯本人后来倡导的。尽管拉斯金处于一种准学术研究的状态，他的观点也具有深刻的商用意义。他指出："如果我们预想，这种人见人爱的计算机两年半内卖不出10万台，这个项目就不应该上马。"

然而，如果说乔布斯同意拉斯金的意见，那他对自己的真实想法掩饰得真是滴水不漏。从他频繁造访麦金塔办公室开始，他就试图在这个项目上打上自己的烙印。第一个不经意的挑战，是他问伯勒尔·史密斯能否用更大的16位摩托罗拉68000微处理器，取代拉斯金所用的较慢、较便宜的6809E。几乎刚好在史密斯设计最初的麦金塔逻辑电路板后一年，他成功完成了这一任务。安迪·赫茨菲尔德回忆道："伯勒尔想出了这种天才的方式，成功把一个68000芯片与8块内存条连接在一起，这比任何人意料的都便宜得多。当他完成了这项工作，我们就成功得到了一台计算机，它的成本是丽莎的四分之一甚至更低，速度却是丽莎的两倍。这简直就像是在瓶中捕捉闪电。"尽管不是闪电，但它显然足够引起乔布斯的注意。乔布斯曾经嘲笑过麦金塔项目，但现在他彻底改观了。1981年1月20日，也就是罗纳德·里根宣誓就任美国总统的那一天，乔布斯宣布他正式加入麦金塔团队。拉斯金的情绪很复杂。公司的联合创始人如此倾心于他关于易用型计算机的观点，他当然很高兴，但他也担心自己在项目中的角色会受到影响。毕竟，一艘船上只能有一位船长。

拉斯金的担心并非空穴来风。乔布斯从来就不是一位愿意共享荣誉的人。如果说,他真的打算做一件名留青史的事,那首先就要想办法拆散拉斯金与他的宝贝。当然,部分原因是,迄今为止乔布斯一直未能在公司中扮演真正重要的角色,现在他看到了在苹果出头的机会。或许他觉得自己是一位硅谷诗人,他的情感在青年时期反主流文化激烈的抗议中铸就,但大部分人只是把他当做一个聪明的雅皮营销员。乔布斯对企业暗斗并不擅长,但与具有艺术家气质的拉斯金相比,他在这方面的条件更好。马克·莱布伦说:“杰夫有着天才的想法,但他显然是一个爱好者,而不是一个战士。”即使没有乔布斯,拉斯金也时常发现,公司中的一些更粗鲁的员工让他感到十分恼火。他说话有些结巴,伯勒尔·史密斯一有机会就惟妙惟肖地模仿他。这位年轻的硬件工程师竖起手指,靠在椅背上,用跟拉斯金极像的声音说他最喜欢的笑话。

“怎……怎……怎么的,是我发明了麦金塔。”史密斯模仿着。

然后他又坐直身体,换成电视采访者的声音说:“但我想,麦金塔是伯勒尔·史密斯发明的?”

最后,他又切换成拉斯金的声音,制造笑点:“哪……哪……哪里的话,伯勒尔·史密斯是我发明的。”

拉斯金无奈地重新核算了加入68000微处理器后麦金塔的成本,几乎同时,乔布斯宣布他想做出一个改动:现在他想要一个鼠标。因为68000能让麦金塔运行比尔·阿特金森的LisaGraf中的许多程序,他想采用同样的温普(WIMP)界面,也就是窗口(Windows)、图标(Icons)、菜单(Menus)与用户控制的鼠标光标(mouse Pionter)。对于拉斯金来说,乔布斯显然试图制造出丽莎计算机(他曾被驱逐出该项目)的低价版本。然而,乔布斯对拉斯金的抱怨充耳不闻。无论什么时候他情绪失控(这样的情况无疑不少),他跟人说话都粗鲁得令人难以忍受。有一次,一位来访者给苹果大军做演示。

“线性度是0.25%,”他说,“总精度——在这些操作中,总精确度并不重要——大约是2%。”

乔布斯大声插话:“我们苹果感兴趣的不是精度!什么是产品的线性度?那才是重要的东西。”

那位演示者看上去有些困惑,然后又重复了他开始讲过的话。这让许多苹果员工开始揣测这位公司联合创始人具有反社会倾向的原因。同时，就像在丽莎项目中一样，人们常常为乔布斯的独创想法而惊讶。尽管如此，有一件事情是肯定的，为乔布斯工作从来都不轻松。这一点，从布莱恩·霍华德于1980年12月12日写给杰夫·拉斯金的一份备忘录中便可见一斑：

> 你融合工作与玩乐的能力，有助于进一步减轻紧张情绪并增加工作的乐趣。我加入麦金塔团队的很大一部分原因是我想再次在这种环境中工作。然而，自从麦金塔项目丧失了它的研究地位，特别是自从管理层开始在你与史蒂夫·乔布斯之间分裂以来，我感到这种自由、放松和投入、努力工作的氛围已经岌岌可危。史蒂夫·乔布斯似乎想推行一种紧张、政治斗争与争执的工作环境，而不是享受劳逸结合带来的缓冲。我非常享受与他谈话，也非常欣赏他的想法、他实用的观点与旺盛的精力。但他没有为我提供我所需要的充满信任、支持与放松的工作环境。

向拉斯金抱怨毫无用处。没过多久，拉斯金也彻底离开了麦金塔项目。（但作为拉斯金选择的为数不多的几个人之一，特里布尔决定支持任何一位能让这个项目开花结果的人。他转而效忠乔布斯，继续工作，试图不去理会“眼前发生的这些……勾心斗角的坏事情”。）在试图让拉斯金下台的过程中，乔布斯展示了他那种冷酷的、羞辱别人的算计能力。苹果会定期就各种主题在午餐时间举行演示会，员工可以自由参加。1981年2月17日，按照日程安排，拉斯金要就他有关麦金塔的想法做一次报告。那天上午，乔布斯告诉他会议取消了，他不会对任何苹果员工谈论这一项目的问题。拉斯金有些心烦意乱，百无聊赖地走到了原定要发表讲话的礼堂，想看看是不是有人没接到通知。但他看到了满满一屋上百名苹果员工，他们饶有兴趣但略微有些不耐烦地等着听他讲话。会议根本没被取消：乔布斯只是想让他出丑。拉斯金亲自宣布会议取消，并就当前他感兴趣的公司工作做了一次即兴报告。两天后，他坐下来给苹果的总裁写了一封措辞激烈的信。这封信洋洋洒洒4页，把对乔布斯的抱怨列成一份清单，其中包括这些事实：他经常错过会面时间；他行事鲁莽，判断力很糟糕；他感情用事、好斗，并经常诉诸人身攻击；他未能在应该的时候给人以赞赏；他打断别人且通常不顾及对方的感受；他想像家长一样行事，结果做出了代价昂贵而又荒唐的决定；他不守信用；他对于完成一项任务需要花费的时间抱有不切实际的想法；他还是一个糟糕的软件项目经理。所有这些都属实。但这一切都无关紧要。管理层已经在丽莎项目上选择了反对乔布斯。除非他们想冒险惹恼这个公司最大的股东，他们不得不在某些时候对乔布斯让步。麦金塔项目看上去风险很小，像一个能让乔布斯开始他的权力之旅的试水沙盘。好吧，那就让乔布斯掌管这个项目好了。于是杰夫·拉斯金不得不离开。

* * *

为巩固他对麦金塔项目的恶意接管，乔布斯开始把他在 Apple II 中的老伙计们带进来。来的人有杰里·马诺克、兰迪·威金顿、罗德·霍尔特和其他人。霍尔特现在在附近拥有一家名叫埃里·麦克弗赖（Eli McFly）的酒吧，酒吧名字出自一个虚构的维多利亚时代的发明家。酒吧里面挂满了极客饰物，如一盏能够发出电火花的灯和描述时间旅行（“麦克弗赖教授的瞬移短途旅行”）的海报，目的地是诸如公元前 645 年的莱斯博斯岛（island of Lesbos）或者科幻主题中 2090 年的半人马座阿尔法星（Alpha Centauri）等。墙上贴着一张特立独行的科学家尼古拉·特斯拉（Nikola Tesla）的漫画肖像，他是电磁学领域的先驱，但其贡献未得到充分重视，排在他的劲敌托马斯·爱迪生之后。这种场景带有某种恰当的反专制气息。在埃里·麦克弗赖蒸汽朋克的虚构历史环境中，特斯拉非正统的电学理论完胜托马斯·爱迪生的理论。而在斯蒂文斯湾大道二层的办公室中，史蒂夫·乔布斯现在是麦金塔计算机的创造者。为了彻底抹去拉斯金的一切痕迹，乔布斯甚至试图重新把这一项目命名为自行车（Bicycle）。这样一个绰号实在过于拙劣，以至于它完全被忽略了，直到连乔布斯自己也忘记了。

另外一个被带进这一项目的新人是安迪·赫茨菲尔德。赫茨菲尔德住在库比蒂诺的一所凌乱的小屋中，和许多第一代苹果员工一样，他加入苹果之前就已经是苹果产品的消费者。换言之，他是真正的苹果粉丝。赫茨菲尔德出生成长于东海岸的费城，之后到加州大学伯克利分校学习计算机科学。他对权威向来无任何好感，最恐惧的事莫过于为那些身穿灰色法兰绒西装的著名人物编写代码了。他之后去参观了西海岸计算机展，看到了 Apple II。“当我摆弄它的时候，我发现它的设计风格如此不同寻常、如此不可思议，我整个人都被迷住了。”他说，“这台电脑的设计者成了我的偶像，尽管我不知道他是谁。最终，正是这种极具创造性、想象力和幽默感的风格带我走进了苹果。这个产品如此神奇，我必须追随它，一直到它的源头。”

“你有什么特长吗？”在一次即兴工作面试中，乔布斯这样问赫茨菲尔德。“我们只要真正优秀的人参与麦金塔项目，我还拿不准你是不是真的有本事。”

赫茨菲尔德回答说，是的，他认为自己非常擅长自己做的那些工作。他开始一一列举他做过的工作，乔布斯打断了他的话。

“我听说你很有创造力。你**真的**有吗？”

赫茨菲尔德说，他本人或许无法给出客观的意见，但他非常热爱他看到的麦金塔项目，并且将尽全力去做好。几个小时后，当他正在为 Apple II 的 DOS 4.0 做一些初级编程时，乔布斯再次出现了，并看着赫茨菲尔德的办公小隔间的墙。

“你现在在麦金塔团队工作了。”他说。

赫茨菲尔德对他表示感谢，并说他需要两天时间完成他正在做的工作。这时乔布斯一把断掉了他正编程的 Apple II 的电源，让他那天下午做的所有工作付诸东流，然后抱起那台计算机和它的显示屏走了出去。“跟我一起走，我带你去你的新办公桌。”他说。他砰的一声把那台计算机放在麦金塔办公室里的一张办公桌上。赫茨菲尔德注意到，这里还有它原来主人的东西，他问：“这些东西是谁的？”这就是杰夫·拉斯金原来的办公桌。他这么快就被扫地出门，连东西都没来得及收拾。

作为麦金塔团队的主要软件工程师，赫茨菲尔德成为让麦金塔变成它最终样子的主要推动者。在某种意义上说，他的出现，标志着麦金塔从杰夫·拉斯金项目向史蒂夫·乔布斯产品转化的最后一步。拉斯金称赫茨菲尔德是一个“最糟糕的黑客,一个程序补丁包”,从来没有真正重视过他。尽管正是赫茨菲尔德让图形程序首次在伯勒尔·史密斯原有的逻辑电路板上运行,拉斯金仍然不屑一顾。当然,赫茨菲尔德是典型的、躁动不安的新一代硅谷工程师,时刻追踪最新流行音乐,这与作为敏感艺术家的杰夫·拉斯金有着天壤之别。如果说拉斯金是第一代嬉皮士,那么安迪·赫茨菲尔德便是朋克摇滚乐手。从图形用户界面的角度上说,现在的麦金塔非常类似于精简版的丽莎,赫茨菲尔德的任务就是要确定哪些元素应该保留,哪些元素可以去掉。他把这一工作视为替丽莎的用户界面瘦身。丽莎用户界面非常具有开创性,但也有些不必要的复杂之处。正是赫茨菲尔德的简化工作,带来一种更为直观的用户体验。例如,他去掉了鼠标的三击设计概念,在丽莎计算机中,这一概念随用户当时使用程序的不同而不同。其他的改变还包括一次只运行一种应用的能力,这一点主要考虑的是节省硬件成本,如额外的 RAM 与特殊的内存映射芯片。

赫茨菲尔德个人与伯勒尔·史密斯配合得很完美,他们很快便走得很近。他们穿的 T 恤上都印着奇怪的、引人注意的词句,例如“我是友好型用户”之类,并且用某种高科技的纳查奇语(Nadsat)翻来覆去地聊天,称某种情境为“亚稳态”(meta-stable),或者某个迷人的女性是一个“很好的原型”。罗德·霍尔特的秘书佩吉·阿莱克希奥(Peggy Alexio)受命为团队定制名片,赫茨菲尔德坚持要在名片上称他是一名软件魔法师(Software Wizard)。史密斯听闻此事,便要求他的名片提到他是一名硬件魔法师(Hardware Wizard)。这让赫茨菲尔德感到烦恼,因为他感觉这就降低了他称号的独创性。但在大多数情况下,他们俩是一对形影不离的最佳拍档,是班德利车道上的前卫分子(hellraisers)。史密斯经常会在饭店里戏耍女侍者,要她们把披萨分成三等份甚至五等份,每一份上都加上不同的顶层食材。在经过反复的讨价还价之后,女侍者通常会叹一口气,说她去看看大厨能不能想办法满足他的要求。

“请问还要别的吗?”离开之前她会问一句。

“披萨吗?绝对不要了。”

“请问我能为你来点什么饮料呢?”

“我要四分之三的可乐，四分之一的雪碧。”史密斯回答。

赫茨菲尔德与史密斯展示了团队成员的普遍形象：与开创这一项目的那些更成熟的学究相比，现在的麦金塔项目组成员年轻了好多。“我们相差都不过几岁。”团队的另一名新成员布鲁斯·霍恩(Bruce Horn)说。“我可能是最小的了。1981 年加入苹果时我 22 岁，刚刚走出大学校门。安迪·赫茨菲尔德比我大几岁。史蒂夫比我大 4 岁。拉里·凯尼恩(Larry Kenyon)与史蒂夫·卡普斯(Steve Capps)都是程序员，都是 20 岁出头。”就像黑手党的聪明家伙一样，麦金塔项目团队的成员只会跟其他麦金塔团队成员一起出去玩。“史蒂夫·卡普斯会谈到叫一辆巨大的出租车，能坐 12 个人的那种，这样我们就可以全都坐进一辆汽车里出去吃午饭和晚饭。”霍恩说。大部分团队成员都没有家庭负担，没有女朋友，没有除在计算机屏前一坐就是好几个小时之外的爱好。乔布斯不断地提醒，说他们正在创造历史(每一个历史性的里程碑都会以香槟盛会来庆祝)，于是团队成员似乎也乐于把生活暂放一边，直到麦金塔计算机成功入市。“我只不过 30 多岁而已，但已经是这个项目中第二年长的人了。”一位从惠普公司转投麦金塔团队的模拟电子工程师乔治·克劳(George Crow)说，“它是年轻人导向的文化。”言论自由运动期间，克劳在加州大学伯克利分校，甚至作为当地报纸的一位摄影记者追踪报道了抗议活动。换言之，他经历过整个 20 世纪 60 年代。对于团队中较为年轻的成员，即安迪·赫茨菲尔德与史蒂夫·卡普斯这类人来说，麦金塔就是他们的越南战争和伍德斯托克摇滚音乐节——集二者于一身。

* * *

麦金塔团队发展迅速，没过多久，他们便再次搬迁，新办公室就是苹果在附近租的一栋楼里的一层。这完全算不上一个宏伟的总部，但这个团队仍然给了它一个宏伟的名字。因为它距离一座加油站不远，所以他们把它称为德士古之塔(Texaco Towers)。

新人才的涌入，标志着这个时期 Mac 计算机的发展。与赫茨菲尔德一样，苏珊·卡蕾(Susan Kare)是另一位新成员。卡蕾是来自费城的一位图形设计师，中学时代便认识赫茨菲尔德。麦金塔团队一直在寻找一个设计图标和字体的人。尽管很多成员都多才多艺，但没有一个人拥有图形上的灵感，能够设计出乔布斯要求的那种形象。当赫茨菲尔德与卡蕾联系的时候，她正住在帕洛阿尔托，刚刚辞去了一份旧金山美术博物馆（San Francisco's Fine Arts Museum）管理员的工作。当时她正创作一件不太寻常的雕塑作品：为阿肯色州温泉城的一家博物馆做一个实物大小的尖背野猪。卡蕾没有与计算机相关的工作经验，赫茨菲尔德向她解释了他们想要的东西之后，她说她很愿意试一试。卡蕾先在坐标纸上设计了麦金塔的图标，手工画出了这些32×32的马赛克图标（可能有超过1000种组合）。没过多久，赫茨菲尔德写出一个图标编辑程序，这意味着卡蕾可以开始在一台麦金塔原型机上直接工作了。她在她的小隔间办公室里放满了诸如亨利·德雷福斯（Henry Dreyfus）的《符号大全》（*Symbol Sourcebook*，巴克敏斯特·富勒为该书撰写了前言）一类的书籍。她最喜欢这部书中讨论流浪汉符号（hobo signals）的那部分：当那些流浪者从一个地方搬到另一个地方时，会在石头上留下简单的粉笔记号，说明他们对在某个地区遇到的人的看法。例如，一顶高帽子加上一个三角形，指的是“这些人很富裕”。但是书中没有一个符号表示的是“这些人想要改变世界”。

卡蕾的图标赋予Mac计算机一种友好、怪诞的特点。一打开计算机，用户首先看到的就是一幅带着笑脸的小肖像，这表明一切正常。要使用比尔·阿特金森开发的突破性绘图程序MacPaint，用户只需双击画在一张纸上的手形图标即可。如果计算机因为出错而死机，屏幕上会出现一个对话框，是炸弹的图像。这并不是Apple IV（或者Apple V，这取决于麦金塔是否能在丽莎之前上市），而是Apple II的后续版本，设计延续了沃兹尼亚克在他首款畅销的计算机中注入的轻松、诙谐的风格。卡蕾是Mac计算机字体的首席创造者，她为不同的原型机设计了不同字体。于是伦敦便有了那种老式的衬线体“哥特体”，查尔斯·狄更斯可能会喜欢，而日内瓦则保有一种更为清新的瑞士无衬线字体的模样。出于一些从未被充分解释的原因，被命名为San Francisco的字体模拟出了一种勒索赎金信的意味，每个字母看起来都好像是从不同的书或杂志文章中单独剪下来的。只是到了后来，更为人们常用的字体如Helvetica与Times New Roman才被加进来。

作为一个生活在工程泡沫之外的人，卡蕾用别的方式证明了她的价值。有一次，比尔·阿特金森正在开发一种菜单功能，包括所有不适用于别处的附加工具。他告诉卡蕾，他打算称这个菜单为“帮助菜单”(Aids Menu)。

“这个，是这样的——有这么一种病，我想，你最好还是别用这个词。”她说。

阿特金森不情愿地放弃了。他重新把它命名为“美味菜单”(Goodies Menu)。

* * *

卡蕾要完成的另一项非正式的任务，是画一幅骄傲地飘扬在班德利3号上空的大幅海盗旗帜(自然，苹果的商标是海盗的一只眼睛)。正如Mac团队那种傲慢、无礼、边缘的个性日后将成为苹果的主导文化，在走出Apple II诞生的车库后，麦金塔项目也第一次表现出：苹果能将一些小而具有献身精神的团体凝聚到一起，并在随后几年创造出这个公司最伟大的产品。乔布斯将这种公司套公司(company-with-a-company)的组合方式，称为向“隐喻性的车库”的回归。如果说，苹果是一个大企业，能比那些更大的竞争者稍快一步地向前发展，那么麦金塔团队仍旧保留着创业公司所有的朝气蓬勃。“创新与你掌握了多少研发资金毫无关系。”许多年后乔布斯这样告诉《财富》杂志的记者，“苹果提出麦金塔这个项目的时候，IBM花在研发上面的资金至少是苹果的100倍。这无关乎金钱。关键在于你有什么样的团队，你如何领导，以及你对研发对象有几分了解。”

开发麦金塔的这个小团队的主要优势，是各种不同部门成员带来的相互交流。如果不是因为身处一个团队，他们定期交流、打开沟通渠道的可能性很小。例如，有一次，杰里·马诺克正在与安迪·赫茨菲尔德谈话。赫茨菲尔德坐在他的办公桌旁为麦金塔的桌面设计图形。马诺克注意到，显示屏上有许多锐利的正方形边缘。按照他的想法，锐利的边缘带有“不要碰我”的意思，于是他在麦金塔的机箱上添加了带有斜面与斜角的边缘，让它看上去更加柔和一些。他向赫茨菲尔德解释这一切。

“如果我告诉你半径，你就能够把它体现在软件里，这样一切看上去都恰到好处,对不对?”他问。

“是啊,这一点我做得到。”赫茨菲尔德回答。

他只花了两分钟就完成了,这时马诺克还站在那里。“他处理的那些小细节加上我正在做的那些东西,就形成了一个统一的表达功能。”马诺克说。当涉及麦金塔的工业设计的时候,他还展现出不矫揉造作的一面。一次午餐时间,马诺克突然灵感迸发,于是跑出办公室,走进附近一家办公用品店买了一个展示大字海报的架子——能让顾客随意翻动不同的在售品设计说明。马诺克把它带回来后,便把麦金塔的设计蓝图贴到了架子上,一份蓝图一张纸,然后又在一根绳子的尾端缠上了一支红铅笔。“我告诉大家,如果谁有让麦金塔的设计变得更好的想法,都可以写到这些图纸上,同时标上他们的姓名与电话分机号。”他说,“对于我来说,是门卫还是董事长都无所谓,如果我看到有人给出了新的想法,我会把那个人请过来讨论。”

当然,所有想法最终都要通过史蒂夫·乔布斯的过滤。乔布斯的“疯狂注视”(用营销部经理麦克·默里的话来说),意味着他必须绝对拥有最终决定权。为让麦金塔的设计思想符合杰夫·拉斯金首创的“信息电器”的说法,乔布斯坚持要让这台计算机看上去不那么像计算机,而更像一种通常可以在厨房里面看到的家用电器。一个周末,他去了一趟帕洛阿尔托的梅西百货商店(department store Macy's),当他星期一早上回来上班的时候,他坚持对马诺克和他的工业设计师同事特里·奥亚马(Terry Oyama)说,麦金塔看上去应该像一台美膳雅(Cuisinar)料理机。拉斯金与奥亚马尽职尽责地跑去那家商店一探究竟。杰夫·拉斯金曾经断言,麦金塔计算机将极大地改变人们的生活,他们会随身携带。因此,便携性便是他要考虑的一个问题:要能放到飞机的座椅下面,还带有内置电池。乔布斯还没有考虑到便携性,他只是想让计算机看上去很漂亮。“如果你是一个木匠,正在做一个漂亮的衣柜,你不会在背面使用胶合板,尽管那一面对着墙,没有谁会看到它。”他说,“但你会知道它在那里,所以你会用一块漂亮的木料来做背板。为了晚上能睡个好觉,审美与品质必须贯彻始终。”马诺克本人或许便是一个完美主义者,但他想起一个更实际的理由,保证这台机器无论从哪个角度看都符合审美要求。“这个想法是,麦金塔计算机会在公司 CEO 的办公桌上占有一席之地。”他说，“所以，任何一个走进他办公室的人都会看到背面跟前面一样迷人。”

通常，乔布斯对一个项目的某个方面越是在意，他就会表现得越粗暴。而他对麦金塔的外观非常非常在意。

“你捣鼓的是什么垃圾玩意儿？”有一次他对着马诺克大呼小叫，态度令人难以忍受。

惊慌失措的马诺克结巴了起来。

“我不喜欢那个鬼样子。”乔布斯打断了他的话，看着马诺克身后桌上的设计图纸，“必须改小点。”

说完这些，满脸厌烦的乔布斯扬长而去。马诺克感到他没有清楚表达自己的想法，于是花了几个小时写下他这样做的原因，然后到乔布斯的办公室见他。“史蒂夫，你早些时候过来的时候，我没法回答你，因为当时我没有准备。”他说。然后他开始解释自己的决定背后的原因，向乔布斯清楚地说明，每一个设计师都必须在尺寸、成本、制造过程与人性因素等方面做出无数权衡。乔布斯听完了马诺克的全部解释后，意识到他的权宜之计是基于设计考量而非偷懒，他也就默许了。据马诺克所说，对于任何想在苹果享受长久而愉快事业的员工来说，关键的一点是，要搞清楚与乔布斯打交道时的这种心理机制。另一位前苹果的研究科学家回忆道：“假设某一天他来到你的办公室，你告诉他自己在做的事情。如果他说‘这是垃圾’，那么他的真正意思是：‘我今天不想跟你讨论这件事，我们明天再讨论吧。’你必须明白这一点，否则你就没法跟他共事。”然而，很多员工从来不明白这一点。特别是年轻的团队成员，或者那些只是被乔布斯威慑住或者对他过于敬畏而不敢在他面前挺直腰板的人，他们会停下正在进行的工作，并按照乔布斯一时冲动说出的建议行事。当然，这么做总是会惹出别的问题，这个时候乔布斯绝不会跑过来承担责任。那些附和他的想法行事的可怜傻瓜，最后要么被炒鱿鱼（无论自己提出辞呈还是被人请出大门），要么被边缘化，从此成为不被看好的员工。马诺克觉得，乔布斯只不过是在寻求互动，而且以任何可能的方式进行：“他不知道怎么说：‘让我们坐下来讨论你在做的事情。我很想知道你为什么以现在这种方式工作。我想了解。’他不知道该怎么说这样的话。反之，他做出了一个武断的评论，看你有什么反应。"

那些了解乔布斯的人只是摇摇头，想知道一个禅宗信徒与人打交道时怎会如此不耐烦。他们称他这种突然袭击的爱好为"老鹰抓小鸡"（swooping），称他的管理风格为"狂禅"（Zen Crazy）。事实上，乔布斯只是对他的工作抱有火一般的热情。他也极富竞争性。尽管丽莎团队比麦金塔团队起步早、资源更丰富，乔布斯还是跟丽莎的项目经理约翰·库奇赌 5000 美元，说麦金塔会比丽莎更早推出。结果他输了。

* * *

乔布斯或许没有赌赢约翰·库奇，但至少他这样做的时候没有输掉 1200 万美元。就这种情况而言，他仍然领先史蒂夫·沃兹尼亚克一步。飞机失事之后，沃兹尼亚克选择休息一段时间。一开始他想不起来有关这一事故的任何细节，并确信只是在做梦。最后他意识到，当他能够记得这次飞行直至起飞的所有细节时，他居然不记得飞机是如何降落的。这时，其他一切——祝愿卡、他在医院里玩计算机的照片，所有的一切——都开始变得明朗。他向他的治疗师透露了他恢复的好消息，治疗师认为他患上了狂躁性抑郁症。

"但我已经 30 岁了。"沃兹尼亚克反驳道。

"这个病是从 30 岁开始的。"他的治疗师回答。

沃兹尼亚克没有直接回苹果工作，他决定回大学完成他 10 年前撂下的学业。他在加州大学伯克利分校注册学习，接着上他过去的工程学课程，还主修了心理学，此外还有有关人类记忆的两门课。为了避免引起不必要的注意，他注册时用的名字是洛奇·拉库恩·克拉克（Rocky Raccoon Clarke），这个名字结合了他的狗的名字与他未婚妻的姓。一天，他开车去上课的时候，发现一家名叫 KFAT 的当地电台正在播放一种进步乡村音乐。音乐完全契合他的心情。这是他生命中的一个过渡阶段。他刚满 30 岁，第二次结了婚，很快失去了对他参与创建的公司的挚爱。"苹果已经变成了一家大企业，但我却怀念小修小补的工作。"他告诉《人民》（*People*）杂志，"我只想做一个工程师。"同时，他拥有的财富是他做梦都没有想到的。他决定去做任何一个手握1.16亿美元有抱负的嬉皮士在这种情况下都会做的事情。他要组织自己的伍德斯托克音乐节。

沃兹尼亚克很快就发现，他在筹划所谓“西海岸伍德斯托克音乐节”(Woodstock West)方面缺乏必要的知识。在苹果的早期岁月，沃兹尼亚克就已经完全独立自主了。仅有的限制是他本人能够想出的工程方案，与他能够担负的核心微处理器的成本。现在的沃兹尼亚克差不多什么都买得起，但他发现自己踏入了未知的领域，要打交道的那些音乐界巨头与他过去共事的硅谷技术宅毫无共同之处。他认定，他需要一个真正有资格的助手帮他梦想成真。这个人就是比尔·格雷厄姆(Bill Graham)，一个摇滚音乐的传奇推动者。他具有说服乐队在他的场馆演奏的雄辩能力，也乐于在必要的时候指手画脚。格雷厄姆请来了大批摇滚巨星，从感恩而死乐队与雷蒙斯乐队(Ramones)，还有奇想乐队(Kinks)与佛利伍麦克合唱团(Fleetwood Mac)。由于计划中的音乐节规模很大，许多艺术家表演一个节目就可以要求得到大笔报酬。“我看到钱就像流水一样花了出去，我的天，这么多钱，这些乐队从来没有挣过那么多!”音乐节管理员卡洛斯·哈维(Carlos Harvey)多年后如是说。沃兹尼亚克本人可以选择一位进步乡村音乐家演出助兴。他选择的是杰瑞·杰夫·沃克(Jerry Jeff Walker)，一名在20世纪60年代以歌曲《堡简阁先生》(“Mr. Bojangles”)而轰动一时的歌手。

格雷厄姆把场地选在了加州德沃尔(Devore)一块未开发的土地，面积500英亩。沃兹尼亚克坚持认为，音乐节不应该在体育场或室内运动馆举行，相反，它应该拥有伍德斯托克音乐节那样的气氛，人们可以去那里搭帐篷度过周末，自由交往，在草地上野餐或者烧烤。挖掘机与推土机开始平整这块土地，1800个临时厕所被搭建。自1969年夏季以来，一些人的交通工具已经完成了从爱虫金龟车(Love Bug)到豪华直升机的飞跃，于是两座直升机起降场地为此而建。舞台区尤其令人印象深刻。它宽达560英尺，是有史以来为一台音乐会建造的最大的舞台。仅圆形剧场一项，便花费沃兹尼亚克1000万美元。“我们拥有非常专业的人才。”沃兹尼亚克骄傲地说，“我们不是那种只会异想天开的狂野嬉皮士，那些人只是为了做而做。我们想保证音乐节圆满成功，想要一个我们觉得满意、社会也能因此受益的音乐节。我希望这会让圣贝纳迪诺县(San Bernardino county)看上去确实很不错。"

第一届"美国音乐节"于1982年9月的一个周末盛大开幕。选择这个名字，是为了纪念20世纪70年代这个"我的十年"的流逝。《自旋》(*Spin*)杂志[①]把它描述为"60年代的理想主义、70年代的颓废与80年代的金钱融合而成的一个光彩夺目的大杂烩"。比尔·格雷厄姆骑着一辆庞大的哈雷摩托在音乐会周围穿梭，如同一个威严的地狱天使巡视他的国土，对管理员和任何不幸挡了他道的狂欢者颐指气使。在音乐会开幕前夜这个紧要关头，沃兹尼亚克的妻子分娩了。她产下了一个健康的男婴。最初沃兹尼亚克想给他取名为杰西·詹姆斯(Jesse James)——一个美国旧西部的亡命之徒，后以反主流文化的反叛者形象受人推崇。[但最终他改变了主意，为他取名杰西·约翰(Jesse John)。]沃兹尼亚克就是沃兹尼亚克，这届音乐节带有浓重的科技特色。如果说伍德斯托克音乐节是"和平与音乐的三天"，那么，这次音乐节则是"欢庆当代音乐与科技的三天"。罗伯特·穆格(Robert Moog)[②]曾来到会场，为观众演示了他著名的合成器，而爵士音乐的传奇人物赫比·汉考克(Herbie Hancock)则发起了一次关于Apple II的Alpha Syntauri音乐系统的讨论，并以一系列即兴演奏技惊四座。此外，还有一个装饰着苹果商标的大热气球飘荡在主舞台区上空。"这是迷幻剂的幻觉，这是欢乐的海洋，有人赤身裸体到处奔跑，有人服用毒品。"时任苹果公司通讯项目经理的菲尔·罗伊鲍尔回忆说，他代表苹果公司参加了这次活动。苹果抓住机会，向有兴趣的人分发了数以千计的免费贴纸。

并不是所有的科技展示都是成功的。一个有关不明飞行物研究的演示，便由于野营地飞扬的尘土使仪器发生故障而无奈提前谢幕。同时，在一顶拥有巴克敏斯特·富勒风格球形顶的帐篷(人称Sensadome)里，原定有一场360度多媒体灯光秀，但其开始时间推迟，而且人们普遍认为它不如一个

---

① 1985年创办的美国音乐杂志，可与《滚石》杂志相抗衡，选材较《滚石》大胆。

② 被称作"合成器之父"，电子音乐的先锋。

商业天文展那么令人印象深刻。音乐节上的人同样对一个受L.罗恩·赫伯特（L. Ron Hubbard）的《地球战场》（*Battlefield Earth*）启发的展品而感到困惑。这件展品描绘的是几位身穿苏格兰服装的男子守卫着一个据说高达15英尺的外星生物——谢天谢地，这个外星生物已经服用了镇静剂。

麦金塔团队的几位成员也在这个周末参加了音乐节，尽管乔布斯本人并没有出现。这几个人都有音乐节的金牌通行证，上面印着"沃兹的客人"（WOZ GUEST）这样的神奇字眼，这让他们可以大摇大摆地去后台。他们来到后台，沃兹尼亚克欢快地跑了过来。按照《时代》记者杰伊·科克斯（Jay Cocks）的描述，他当时的形象，就像一个持续享用棉花糖的史泰福公司（Steiff）的泰迪熊。

"你们想不想出场介绍一个乐队？"他问，"哪个乐队？比尔·格雷厄姆替我请来了所有乐队，如果我的朋友愿意，你们可以向观众介绍你们最喜欢的乐队。我们还有许多名额没有用掉呢。"

安迪·赫茨菲尔德正想问是否可以介绍奇想乐队，但意识到让他在这么多人面前登台讲话，实在是他一生中最可怕的事情。

"我能介绍桑塔纳乐队（Santana）吗？"伯勒尔·史密斯问道，"那可是最酷的事情了。"

"没问题。"沃兹尼亚克无所顾忌地回答。

那天晚上，史密斯回到麦金塔团队的露营车，写了简短幽默的桑塔纳乐队的介绍词开始背诵。第二天，他拿着金牌通行证来到后台，耐心等待自己闪亮出场的时刻。不幸的是，这时比尔·格雷厄姆来了，打断了他的憧憬。

"你他妈的是谁？"这位策划者吼道，"你跑到我的后台干吗？"

史密斯拿出了他的通行证和手写的介绍要点摇来晃去。

"我来介绍桑塔纳乐队，"他说，"我是沃兹的朋友。"

格雷厄姆四处张望，想找沃兹尼亚克来证明这件不大可能的事，但找不到他。他转而打量着这位身材特别矮小的程序员。

"你肯定是他的朋友，"他哼着鼻子挖苦道，"我要去介绍桑塔纳乐队，而你现在就滚出我的舞台，马上！"

据麦金塔团队的其他人所知，接下来的事情就是，格雷厄姆手下那群身高体壮、满身刺青的重型保镖中的一位,拎着史密斯的衬衣领子,带着双脚离地的他走向音乐节大门的方向。在接下来的 6 个小时里,他们都没有再见到他。

音乐节的最后一天,沃兹尼亚克登上舞台,与杰瑞·杰夫·沃克一起表演了二重唱。他选的歌是《靠墙的乡下母亲》("Up Against the Wall, Redneck Mother")。音乐节在弗兰克·辛纳屈(Frank Sinatra)《我的路》("My Way")的吹管演奏录音中落下了帷幕,这首歌既可被理解为沃兹尼亚克的快乐的欢呼,也可以解读为恼火的比尔·格雷厄姆的嘲讽的哼笑。此后,沃兹尼亚克处在一种飘飘然的喜悦中。他告诉朋友们,这是他生命中最伟大的三天。只是在核算票据之后,他才意识到他损失了多少钱。尽管观众为这三天欢欣鼓舞,但很多人都没有支付入场费,或者用假票,或者干脆翻墙而入。沃兹尼亚克第二年又举办了一次音乐节。这一次他损失了 1300 万美元。更糟糕的是,一位男子被人用拆轮胎的钢棒打死,还有一位 12 岁的女孩在睡袋里睡觉的时候被汽车碾过。2500 名观众需要医疗救治,他们中的许多是因为过量使用毒品。沃兹尼亚克决定结束他的音乐会生涯。

他说:"如果我在 55 年中一直这么干,我会有麻烦的。"

* * *

当纯粹的蛮力不足以让史蒂夫·乔布斯达到目的的时候,他找到了激励团队的其他方式。"在麦金塔团队中,特殊待遇简直让人为之疯狂。"布鲁斯·托格纳兹尼说。作为在苹果其他部门工作的局外人,当看到一些同事如何受到款待的时候,他十分嫉妒。"在麦金塔大楼里,史蒂夫·乔布斯买了一架钢琴,任何想即兴一曲的人都可以去一显身手。这是一架贝森朵夫(Bösendorfer)钢琴,世界上最好的钢琴之一,每架价值 75000 到 80000 美元,而它就这么随随便便地被摆在休息室里。但只有麦金塔团队的人有资格弹奏,而且只有在研发期间才可以。"安迪·赫茨菲尔德对这种说法不以为然。"我甚至不知道你会不会把它叫作特殊待遇,"他说,"我更愿意认为它是某种**象征**。史蒂夫总在想,如何才能更好地激励这个团队,如何才能更好地体现我们的价值——事实上是**他的**价值。所以,他开始为麦金塔大楼找来这些美好的事物……你不妨把它们叫特殊待遇。我的意思是，它们很昂贵，但它们**确实**——至少在史蒂夫的心中是卓越的象征。”其他的卓越象征还包括乔布斯的一辆宝马摩托车和安塞尔·亚当斯(Ansel Adams)为麦金塔团队成员拍摄的一系列黑白照片。亚当斯是具有象征意义的摄影师，他为美国西部拍摄的别具风格的风景照，奠定了湾区先驱城(Pioneer Country)的地位。

摩托车与精美艺术或许是一回事，但真正让麦金塔团队兴奋的是新添的一台保卫者游戏机，这样他们就不必穿过马路，远征到西塞罗的披萨店去玩了。这是他们工作顺利进行的铁证。游戏很快就变得极富竞争性，各个团队成员竞相加入，看谁能够打出更高的分数。随着项目持续进展，每周工作 90 个小时越来越是一种常态而非例外。游戏便成为一种找出谁真正需要回家补觉的好方法。如果说，上帝选择用可卡因告诉你，你的钱太多了；那么，那个在保卫者游戏中打出了不寻常的低分的人，就是上帝在告诉你，你的大脑、你的身体(或者兼而有之)快要垮掉了。

即使在这种情况下，许多人仍然在坚持工作。对于乔布斯来说，人们总有机会在今后的生活中度假、生小孩或者建立家庭。但麦金塔的推出只有一次。每天无论何时，都至少会有一个人在办公室里。比尔·阿特金森与巴德·特里布尔日夜轮番上阵，在完全不同的时间为同样的任务埋头苦干。他们通过便利贴与宝丽来照相机进行交流。

* * *

随着 1982 年接近尾声，苹果做好了推出丽莎的准备。乔布斯不情愿地付给约翰·库奇 5000 美元，作为他们就哪台机器将率先进入市场打赌而输掉了的赌金。为了演示丽莎在图形界面上取得的辉煌进展，苹果安排了一次年度销售会议，会议地点在美国南部边界的阿卡普尔科(Acapulco)。由于当时墨西哥政局不稳，苹果做出了应急计划，一旦发生政变，公司将租一艘船把预发布的丽莎计算机通过海路运走，这样即便它们沉入海底也不会落入墨西哥军方的手中。

第二年 1 月，丽莎终于上市销售。大多数见过丽莎的人都认为这是一款革命性的计算机。“它让我魂不守舍。”供应商阿尔·迪布拉斯(Al DiBlase)

如是说。他首次看到丽莎是在一次纽约商业展览会（New York Business Expo）上，“它就像来自外星球的科技。我从来没有见过这样的东西。”在一篇扣人心弦的文章中，《大众科学》（*Popular Science*）杂志强烈主张读者“忘掉所有他们已知的计算机使用方法”。这家杂志发现，用户界面是一种启示。“箭头飞速地跨越屏幕，但一直和我在桌面上时推时拉的手掌大小的装置保持完美的节奏。”记者吉姆·谢夫特（Jim Schefter）谈起他努力控制鼠标的情形时这样写道，“片刻之间，只需要手的动作和一个按键就能控制一台极为复杂的计算机，这一想法似乎非常自然。这台计算机就是丽莎……有了她，计算机突然不再是不可思议、无法接近的神秘机器。丽莎很容易使用，要想出错可不容易。这绝对是计算机技术领域一次具有颠覆性意义的新进展。”

然而，尽管收获了这些令人咋舌的评论，丽莎的销售却踟蹰不前。作为一款商用机器，它与带有微软 DOS 系统的 IBM 个人计算机不兼容，而后者已经很普及了。而且，丽莎的速度也无法让人恭维。“你在屏幕上移动一个窗口的时候，你并没有移动实际的窗口，只是移动了它的轮廓，两条水平线与两条垂直线，那个窗口仍然在那里。”布鲁斯·托格纳兹尼说，“两者之间相差大约 20 个像素。它就是没有足够的马力。它没有软件，没有分销渠道。而且它太贵了。它有各种各样的问题。”

而在苹果公司，乔布斯也对丽莎冷嘲热讽。他指出，丽莎显示屏上端突出的前额让这台机器看上去像一个在尼安德特（Neanderthal）的克鲁马努人（Cro-Magnon）。在这些嘲笑声中，没有任何人指出，这种设计考虑实际上来自乔布斯本人的要求。*

* * *

1983 年 4 月 8 日，苹果宣布由约翰·斯卡利（John Sculley）担任公司新总裁。斯卡利的任命明显是“左派”做出的选择。自从斯科特离开之后，迈

---

* 丽莎在之后几年中还会艰难度日，此后它的一个化身也同样如此。最后一台丽莎于 1985 年 5 月 15 日走下生产线。几年后，在全副武装的保安的警惕目光下，2700 台丽莎计算机被人埋葬在犹他州洛根市（Logan）的一处垃圾填埋地之中，此举可以让苹果得到税收抵免。

克·马库拉在管理公司方面表现出色，大部分人不明白他为何要退居二线。然而，马库拉是别无他法才接过了总裁一职，他一直急切地想淡出公众视线。于是他转而在董事会供职。许多人认为，负责市场营销的执行副总裁厄尔·弗洛伊德·科瓦姆（Earl Floyd Kvamme）将是接替马库拉的天然人选。作为马库拉在国家半导体公司的一位朋友，科瓦姆是硅谷老将，也是一位传统的营销员，冷静而专断。而作为坚定的共和党人士，他后来被乔治·W. 布什政府任命为总统科学与技术顾问委员会的主席之一。约翰·斯卡利则与他完全不同。他不是这一职务的第一人选。（乔布斯认为第一人选是他自己，尽管苹果董事会认定他过于年轻，难当大任。权衡之后，董事会赋予他否决任何他不同意的董事会提议的权力。）由于在西海岸找不到合适的人选，苹果的一位早期投资人大卫·洛克菲勒建议大家在全国范围内筛选。就是在这个时候，他们碰到了当时还是百事可乐总裁的斯卡利。

斯卡利的缺点是，他没有任何计算机背景，尽管最近他纯属偶然为百事公司的美国装瓶工厂购置了 525 台配备着 Disk II 软盘驱动器的新 Apple II 计算机。“这些工厂可以免费得到这些计算机，条件是他们每星期通过邮局把存有销售报告的软盘寄给我们。”斯卡利回忆道，“这一点颇具革命意义，因为我们过去差不多需要一个月才能从装瓶厂那里得到这些销售报告，每次只有一个月的数据，因此要很久之后——有时长达两个月——才能归纳总结整个的销售状况。这是我们在装瓶厂工作的一次成功尝试，而且这让我第一次发现，个人计算机确实有些用处。”

尽管并没有高科技知识背景，斯卡利在融入苹果大环境方面做得十分出色。他在百事的经历已经证明，他能够接手一个表现欠佳的品牌，把它变成市场上的有力竞争者。* 在与竞争对手可口可乐进行的所谓“可乐之战”中，他提出的最好的想法之一是百事挑战：一个盲测，旨在看看顾客更喜欢百事可乐还是更喜欢被认为品质更高的老大哥。（大部分人选择了百事，据

* 斯卡利曾跟我讲到百事公司做的一次市场研究，这个研究表明，如果某个顾客“要为另一个人倒一杯可口可乐，他们会到厨房，从冰箱里拿出一个可乐瓶子，然后带着玻璃杯到客厅里，当着客人的面倒饮料。但如果他们要倒的是百事可乐，他们会到厨房里拿出百事瓶子，并在厨房里往玻璃杯里倒好饮料再拿回来，希望客人不会问这是哪个牌子的可乐”。

说,斯卡利选择的却是可口可乐。)乔布斯喜欢斯卡利,而斯卡利完全被乔布斯打动了。那句诱惑斯卡利的著名说辞便是:“你是想卖一辈子糖水呢,还是想和我一起改变世界?”

这两个男人几乎在所有方面都截然不同,但这些差异又使他们彼此欣赏,就好像乔布斯和沃兹尼亚克一样。乔布斯当时喜欢保时捷,他可以驾车在硅谷蜿蜒的山路高速前进,而斯卡利喜欢在纽约乘坐备有酒吧、电视的豪华汽车兜风,还有一个24小时待命的私家驾驶员弗雷德。斯卡利比乔布斯年长14岁,20世纪60年代时他20多岁,正处在“聚神、入世、出尘”的年龄,他并不为这样的行为感到内疚。“我完全不符合嬉皮士的标准,”他说,“我觉得海特－阿什伯里是一个奇怪的地方。我无法理解,为什么我的这些同龄人会抽大麻浪费生命。我实际上从来没有尝试过大麻。我这一代人喜欢喝酒,不喜欢毒品。”在自由大学里,当披着长头发的人去听红色左翼课程的时候,斯卡利去了沃顿商学院(Wharton Business School),并在那里拿到了MBA。就在那些嬉皮士冒险进入荒野,在那里建立社区,享受与大自然融合为一的时候,斯卡利构建了一个交通流量模式,用以确定修建电影院、购物中心或者餐馆的最佳地点。1969年,他没有和那些花之子一起参加伍德斯托克音乐节,听吉米·亨德里克斯把国歌混入一曲充满回授技巧的吉他独奏中。相反,那年他最重要的时刻是在纽约现代艺术博物馆听讲座那天,演讲者是人类学家玛格利特·米德博士。“当时作为一位年轻的营销员,她谈的一件事勾起了我的兴趣:对于消费品营销员来说最重要的是,以今天的青少年为代表的富有的中产阶级的出现。”斯卡利回忆道,“她称他们为婴儿潮一代,即当时年龄在20岁上下的青年。她说,从人口统计的观点看,这是第一批有许多闲钱可供消费的人。他们是从第二次世界大战战场返回的老兵的子女,当时这批老兵很快成婚,并在20世纪50年代初期有了孩子。”他意识到,这批富有的消费者将成为新的商业市场的关键,这些市场将日益主导20世纪后半叶。

对于服用迷幻剂的嬉皮士来说,20世纪60年代是一个好时候,而对于一个年轻的企业高管(尤其是涉及市场的高管)来说,这些岁月或许更加妙不可言。有史以来第一次,青春被视为一种有价值的商品,各家公司都在争先恐后调整自己，以迎合一代人的口味。这一代人认为自己非常潇洒，他们对上代人喜欢的大路货不屑一顾。一个贩卖60年代理想主义的新市场出现了，见证了用道奇叛逆者（Dodge Rebellion）这样的汽车款待顾客（这种现象带来了“对单调无聊的抨击”），而布思（Booth）的杜松子酒在“抗议日益兴起的一致性潮流”，哥伦比亚唱片公司（Columbia Records）则在思索，为什么“如果你不愿听从你的父母、英雄人物或者当局的话……就应该听我们的”。相比之下，传统意义上的广告几乎成了过时的滑稽剧。可口可乐是具有爱国主义精神的汽水，它曾在第二次世界大战期间帮助美国军人在走向胜利的征途中战胜了口渴。它是对美国传统价值观的可靠升华，代表着一个白色篱笆的世界：身穿法兰绒西装的父辈，以及诺曼·洛克威尔（Norman Rockwell）笔下其乐融融的家族。这种情况绝对是不容置疑的。事实上，它如此无懈可击，从来没有改变过。美国有所改变。突然之间，战后的富裕年代——闪光的福特工厂不断地生产一款又一款完全相同的汽车，不再温馨地提醒人们，美国仍然占据着世界领袖的位置；它甚至成了一种令人窒息的陈腐一致性的象征，让人唯恐避之不及。可口可乐的营销人员一直对摇滚乐嗤之以鼻，认为它“肮脏而低俗”，并确信它永远不会成为气泡饮料消费的背景音乐。这就是百事可乐可以利用的地方。在斯卡利的监督下，百事可乐公司重新推出了一组名为“百事新一代”（Pepsi Generation）的20世纪60年代广告：这是一系列雄心勃勃的广告，它们把消费百事可乐作为嬉皮士生活方式的体现，而这种生活方式正是全体美国青年梦寐以求的。“它们无所不包，从滑板运动到裸潜到冲浪，再到越野轻骑摩托车赛——一切户外高能量体验类的运动，但我们从不在这些商业广告中提产品本身。”他说，“我们认为，如果我们能够找到一种吸引婴儿潮人群的独特方式，或许我们就能胜过可口可乐。”

同时，这些人又不是像史蒂夫·乔布斯那样的吸食迷幻剂的嬉皮士。“我能够回忆起60年代的时光，当时我站在伦敦的皮卡迪利广场（Piccadilly Circus），注视着那些参加反战游行的人，他们留着彩虹色头发，举着和平牌子。”斯卡利说，“这些人不是我们百事可乐广告的受众。百事新一代的广告针对的是他们的同龄人，但却是那些身穿比基尼的女孩子，以及由怡人的海滨场景组成的一切事物，还有大量海滨男孩类型的音乐作为背景音。宣传广告中的人永远都是幸福和充满朝气的，没有抗议者和嬉皮士。与史蒂夫·乔布斯经历过的一切相比，百事新一代是婴儿潮中更为无害的一部分。”然而，人们希望斯卡利能够在苹果施展同样的魔法，苹果现在被雅达利与康懋达以二比一的优势压制，后面还有 IBM 个人计算机步步紧逼。**如果 20 世纪 70 年代是百事新一代，为什么 80 年代不可以成为苹果新一代？**“他或许能把那位营销天才带到苹果来，而我们乐见其成。”保罗·达利说。苹果的一个高管小团体很早就与斯卡利在纽约的四季酒店见过面，保罗·达利也是其中之一。在享用一次奢华晚餐的同时，他们向斯卡利兜售了担任苹果总裁的想法。“我们知道如何制造产品，但不一定知道如何把它们推销给顾客。我们认为约翰可以成为一位完美的协调者，来苹果公司帮助我们。当时我们发展得非常迅速，吸引了越来越多的个人客户。”

“当时，硅谷并无市场营销。”斯卡利说，“并非说那里的人搞不好营销，而是根本就没有营销。它就像月球表面一样沉寂。苹果不但因雇用一位没有计算机背景的 CEO 引入市场营销而备受争议，而且大多数硅谷人完全不清楚，为什么有人想以卖汽车和软饮料的方式卖高科技产品。”

对于斯卡利和董事会来说，有一件事非常清楚：如果苹果想做出前所未有的计算机，他们绝对需要一个懂得如何推销它们的人。

# 第八章　大众麦金塔

……在我看来，反主流文化远不止单纯地“值得”注意，而是人们极度需要的事物。因为我茫然不知，除了这些叛逆的年轻人以及他们今后几代的继承人之外，还可以在什么地方发现那种极端的不满与创新——或许能够把我们迷失方向的文明，转化为人类可称其为家园的东西。

——西奥多·罗斯扎克：《反主流文化的形成》（1969）

法国散文家、哲学家保罗·瓦勒里（Paul Valéry）曾说，没有完成的诗，只有放弃不写的诗。对于一款以改变世界为基本目标的计算机来说，道理是一样的。就像主人一直圈养着已经成年的动物，麦金塔团队几个月来一直在为要把他们一手养大的孩子送入更广阔的世界而焦躁不安。“最后，我们谁都不想让它走进市场。”史蒂夫·乔布斯告诉《花花公子》杂志，“就好像我们知道，一旦它离开我们的怀抱，它就不再是我们的了。”接近完工时，这个项目一再推迟。他们曾经认为麦金塔是一款能在市场上击败丽莎的机器，如今这种想法似乎是上辈子的事了。巴德·特里布尔的大学指导老师告诉他，如果他不立即回医学院，他将失去在那里学习的资格，于是他在1981年11月离开了项目组。安迪·赫茨菲尔德当时以为，这意味着开始收工了，但团队在没有特里布尔的情况下英勇地坚持了下来，并招了一位新工程师，前PARC员工鲍勃·贝尔维尔（Bob Belleville）。

比尔·阿特金森认为麦金塔项目的完成就像一次赛跑，每当胜利线遥遥在望的时候，终点就会再次推后。尽管如此，终点终于在地平线上依稀闪现。为使一切都完美收官，最后几个星期大家都忙成一团。一间侧室里到处扔着吃了一半的外卖和垃圾食品;史蒂夫·卡普斯和布鲁斯·霍恩还在为一个名叫麦金塔 Finder 的文件管理器拼死拼活。随着最终期限日益逼近,他们的工作时间延长到 58 个小时,完全靠吞食维生素 C 片和尽可能大声地播放死肯尼迪乐队(Dead Kennedys)的朋克音乐保持清醒。在商定的收官时刻,星期二之夜,整个团队心力交瘁,几乎全倒在地上了。“凌晨两点,好像一切都崩溃了。”兰迪·威金顿回忆道,“我生命中唯一一次,整个人都陷入一种完全歇斯底里的状态,我开始放声大笑。我不得不走出去,围绕着街区走了 15 到 20 分钟来让自己平静下来,因为我当时承受着难以置信的压力。我们总算在早上 6 点干掉了所有的小故障并最终把所有的东西都送走,那是我一生中最不可思议的时刻。”

尽管乔布斯尽了他最大的努力,外界还是听到了一些风声,说库比蒂诺紧闭的大门之后,一台足以震动业界的计算机即将诞生。约翰·马科夫今天已经是《纽约时报》备受尊敬的科技作家,但当年他不过是为《信息世界》撰稿的一位新人。当他走进一位记者的办公室,看见那位记者正扮着鬼脸,把电话放在离耳朵远远的地方,那时他刚来工作没几个星期。马科夫离接电话的人不近,但他还是隐约听到了电话另一端传来的大喊大叫声。声音正是来自乔布斯。据透露,这位年长的记者发现了麦金塔的存在,计划在下一期《信息世界》上披露其信息。乔布斯非常愤怒,费尽口舌想说服这位记者:即使仅仅在报纸上透露麦金塔这个名字,也会让日本的竞争者占据某种优势地位。

尽管乔布斯说服《信息世界》替麦金塔保密,但在其他场合,乔布斯还是无法抑制自己的情绪。

“我不时听到有关‘麦金塔’的消息,它到底是什么?”有一次,奥斯本计算机公司(Osborne Computer)的 CEO 亚当·奥斯本(Adam Osborne)刺激苹果的联合创始人,“真有这么个东西吗?”

奥斯本,过去家酿俱乐部的成员,以乐于吹嘘自己公司即将推出的计算机而在业界享有名声。乔布斯最后终于受够了。

“亚当,”他说,“这款计算机好得不可思议,即使你的公司因为它而破产,你还是愿意跑出去为你的孩子们购置。”或许他并没有说错。麦金塔在那些即使只对这台机器投去匆匆一瞥的人中间，也引发了狂热的追捧。“我会把我妈卖了换一台麦金塔。”米奇·卡普尔如是说。

* * *

早在几年前，再来一次迪克·卡维特电视宣传，便足以为苹果最新款计算机的推出造势。然而今非昔比。肩负着向世界介绍麦金塔这一重任的，是一位名叫麦克·默里的精明老练的营销主管，他喜欢戴镜像太阳镜。考虑到在麦金塔项目中工作的人需要养成的那种近乎宗教的狂热，他后来成为耶稣基督后期圣徒教会（Church of Jesus Christ of Latter-day Saints，也就是摩门教会）的布道会长（mission president），或许就不令人吃惊了。1982 年，默里在斯坦福商学院（Stanford Graduate School of Business）完成了 MBA 学位之后，便加入了苹果。在斯坦福期间，他被来访的史蒂夫·乔布斯招至麾下。作为 MBA 课程的一部分，各家公司的高管会来学院作报告，希望能够说服学员在毕业后为他们工作。与来自惠普和壳牌石油公司（Shell Oil）刻板严格的部门首脑不同，乔布斯跳上礼堂前面的桌子，盘腿坐在那里对学生发表他典型的救世主式的讲话，并以招牌式的说法开头：“嗨，我是史蒂夫·乔布斯，我创建了苹果。”不出所料，默里到苹果参加了一次面谈。接待他的是工程师罗德·霍尔特。事实证明那是一次相当奇怪的面谈。霍尔特啪的一声朝桌上扔了一本专业摄影师拍摄的黑白照片簿，并指着其中的一张问：“你觉得这张照片如何？”

默里不想因对方对自己的印象不够好而失去机会，因此说：“嗯，相当好。”

“不，其实不怎么好，”霍尔特说，“我告诉你为什么……”

接着他翻到了另一页，指着另一张照片。默里觉得他开始理解了霍尔特的游戏。

“糟糕透顶。”他说。

“才不呢，”霍尔特回答，“这张好极了。”

这次默里不知道该如何回答，但重要的是乔布斯喜欢他。然而，谈到待遇的时候，乔布斯故意虚报了一个比较低的工资，结果这位年轻的 MBA 去了惠普工作,一年后才又回到库比蒂诺,那时乔布斯承认他之前犯了一个错误。这次的工资或许高了一些,但他没有得到一个高级办公室的待遇。德士古之塔的空间如此狭窄,以致他第一次分到的"办公桌"只是一个白板基座上、用来放钢笔的浅托盘。尽管如此,默里还是很快证明了自己的价值。到了为麦金塔的发布造势的时候,他拿到1500万美元的预算来完成他的魔法。"世界上没有任何一家公司愿意花这么多钱做一款计算机产品的营销。"他说,"史蒂夫愿意在麦金塔身上孤注一掷,因为他知道Apple II的销售迟早会难以为继,而且这样的情况不久就会出现;况且,他从市场研究中看出,IBM的个人计算机会让我们遭遇灭顶之灾。因此,是时候让麦金塔挺身而出,挽救公司于水火了。"

在麦金塔的营销会议上,乔治·卢卡斯(George Lucas)1977年执导的影片《星球大战》(*Star Wars*)常被提出来作为参考。虽然这部轰动的艺术大片诞生还不到10年,但卢卡斯的太空史诗具有非同一般的吸引力。* 影片制作期间,束手无策的电影投资人确定他们会惨败,因此乐于签字将一切商品化权利交给乔治·卢卡斯。他们确信,无论在天行者卢克(Luke Skywalker)的战斗角色概念上,还是在黑武士达斯·维达(Darth Vader)的万圣节服装上,这部影片都乏善可陈。在这个例子中,传统认知错得令人惨不忍睹。一名麦金塔团队的成员只读过一份两段的故事梗概,但他确信,Mac可以遵循同样的模式。默里说:"我们必须在产品发布的时候给人同样一种印象,即这款计算机已被认为是一件神奇的产品,已经被广泛接受和使用,而且,如果你是一个知晓世事变幻的人,你需要一台Mac,更遑论你已经在游戏中落后于他人。"

默里找到了流行的《微电脑世界》(*PC World*)杂志的出版人,问他们是否有兴趣再创立一份名为《Macworld》的出版物。他并没有得到积极的答复。"如果你的计算机成功了,或许我们会在此后一年考虑做点什么。"

"你们不明白,"默里说,"我们需要让《Macworld》在麦金塔计算机上市

---

* 一直到史蒂文·斯皮尔伯格红极一时的影片《大白鲨》(*Jaws*)于1975年问世之前,传统观点一直认为,电影应该每次只在一个市场上映,从而在电影广泛发行以满足需求之前,引起某个特定城市的观众的兴趣,通过好口碑扩大影响。但从《大白鲨》开始,重要的大片将"敞开放映",以期借助于大肆宣传的潮流狂捞票房收入。

的同一天出现在报刊亭上。”

他得到的回答是：“这是不可能的。”

“那好，如果我们把杂志中的一些版面卖给软件开发者做广告如何？”他反问道。最后，默里与对方达成了一项协议。出版商将出资印行广告，而如果杂志无法成功出售，苹果会买回所有滞销的杂志。《Macworld》就此诞生。

* * *

如果说为麦金塔做广告存在挑战，那这种挑战就是，向人们解释这种耗时五年生产的机器是什么，说起来容易做起来难。实际上，这家公司自缚手脚，不肯（或不能）说出麦金塔是什么，反而用一些显然不着边际的东西来定义它。根据一份标题为《麦金塔产品介绍计划》（“Macintosh Product Introduction Plan”）的长篇文件，麦金塔并不仅仅是一台家用计算机，或者一台教育用计算机，甚至也不仅仅是一台完全网络化的办公自动化机器。当然，回过头看，它集三者于一体，尽管并不面向一种特定的市场。麦金塔是完美的家用计算机，尽管它现在还没有大量的应用能和 Apple II 媲美。它也是一款优秀的教育工具，但分时大型机仍是大多数大学的选择。最后，它在商业应用方面十分卓越，但丽莎正努力在这一领域站稳脚跟，而麦金塔的联网能力采用的是所谓的 AppleTalk，在速度上要比竞争产品使用的以太网落后不少。

在任何领域，麦金塔都不甘屈居次席，它以一种新型机器的面目呈现在世人面前，这正是拉斯金之前希望的。在介绍性的材料中，它被描述为“一款为知识工作者准备的先进的个人生产工具”。潜在用户或许包括 35 岁的郊区上班族，想追赶高科技的潮流，但又有些畏惧计算机；也包括想赶上信息时代潮流的大学校长；还有 40 多岁的扶轮社会员，隐约觉得一台计算机也许能帮助她经营自己的小生意；更有在顺从父母意愿（成为一名律师），和“聚神、入世、出尘”[追求自己感兴趣的小众的加洛林帝国（Carolingian Empire）的音乐]之间进退两难的密歇根大学学生。

“知识工作者”变成了麦金塔市场营销团队的时髦术语，这是从管理顾问兼社会生态学家彼得·德鲁克那里借用的短语。在他 1966 年出版的书《卓有成效的管理者》（*The Effective Executive*）中，德鲁克勾画了一种在传统的福特主义商业世界中疲于奔命的新式工人。根据他的理论，“重心已经转移到了这种知识工作者的身上，即那些运用他们的头脑而不是发达的肌肉和灵巧的双手工作的人身上”。* 这些人便是苹果的目标用户。大张旗鼓地为麦金塔计算机造势的目的就是要找到这些人，并让他们知道，新的革命正在进行。得到全世界关注的最佳方式，就是买下 1 月 22 日举行的 1984 年超级碗（Super Bowl）中场秀的广告时间。最初乔布斯不同意这个决定。他确实在技术上富有远见，但他同时也是一个整天与笨拙的计算机极客打交道的人。他们中的许多人一回想起体操课的经历，仍然会在夜晚惊醒。“我认识的人中，没有谁看超级碗。”他无比认真地说，显然没有意识到往年有 8180 万人收看比赛。最终他还是被说服了。苹果斥资 160 万美元买下一段两分钟的广告时间，循环播放两次一段 60 秒的商业电视广告。

最终，（套用乔布斯的话）苹果公司终于有了它“疯狂的伟大”（insanely great）的产品。它有一份杂志来向全世界保证它多么“疯狂的伟大”。它有一个疯狂的伟大的新阶层——“知识工作者”作为潜在的顾客。它有一个疯狂的伟大的地点作为它宏大首发式的亮相舞台。现在，它所需要的，就是做一个疯狂的伟大的广告。

* * *

从各方面来看，雷德利·斯科特（Ridley Scott）都是执导麦金塔商业广告的最佳人选。这个 45 岁的英国人加入麦金塔项目的时候，不仅在商业广告界已创造出杰出的历史，而且还执导了两部经典的科幻片。他那一代英国的广告片导演［包括艾伦·帕克（Alan Parker）、查尔斯·萨奇（Charles

---

* 丹尼尔·平克（Daniel Pink）在他 2001 年出版的《自由工作者的国度》中仔细考察了所谓“知识工作者”的崛起。无论好坏，他们为传统企业所做的事情，正是嬉皮士为社会所做的事情：“数不清的美国人，以及越来越多的其他国家的公民，正在放弃工业革命最为持久的遗产之一，即他们的‘工作’，创造新的工作方式。他们正在变成自我雇佣的知识工作者、以家庭为基地的企业主、临时帮工与永久性临时工、自由职业者与网络职业者、独立分包商与独立职业者、微型创业者与信息创业者、兼职顾问、临时管理员、随叫随到的故障检修工、全职独奏者等。而对于许多还在正常‘工作’的其他人来说，他们的工作条件，也在精神实质上更接近于自由工作者，而不是传统的雇员。他们远程办公，从一家公司跳到另一家公司。他们正在组成法律上是他们的雇主的合资企业，但这些合资企业的前途很大程度上取决于他们的个人努力。”自然，在这一世界新秩序中，硅谷理所当然地走在了最前面。

Saatchi)、大卫·普特南(David Puttnam)、彼得·梅尔(Peter Mayle)、休·赫德森(Hugh Hudson)与阿德里安·莱恩(Adrian Lyne)等],是一批具有自己风格的离经叛道者,他们扭转了这个产业多年来受一批几乎没有想象力的老好人俱乐部把持的局面。与史蒂夫·乔布斯一样,斯科特也是一个苛刻的完美主义者——即使那意味着为达目的必须抛弃某些社会礼节。“他是这种导演,你完成一个镜头之后他会走上来对你说:‘喂,伙计,这活儿我他妈的一点也不看好。’”过去曾与斯科特共事的西格妮·韦弗(Sigourney Weaver)说,“一开始我真的被他吓了一跳,我想:风度哪去了?礼貌哪去了?这些东西都没有。”在他前一部影片《银翼杀手》(*Blade Runner*)的拍摄过程中,这位导演与主演哈里森·福特(Harrison Ford)的关系彻底破裂,以至于拍摄期间两人一句话也不说。

最终呈现出来的,是一部混乱、令人费解但从根本上讲具有无穷魅力的影片,它描绘了一个纤毫毕见的科幻世界,如同多少有些令人困惑的情节那样迷人。(“窗外是什么?”斯科特曾多次询问最初的编剧。)《银翼杀手》呈现了斯科特在多雨、工业发达的诺森伯兰郡(Northumberland)的成长图景,只不过地点被移植到了约2019年的洛杉矶,那里的都市风光与业余黑客熟知的电烙铁和电路实验板的世界有异曲同工之妙。查理·盖尔(Charlie Gere)在他的《数码文化》(*Digital Culture*)一书中如此描述该影片:“泰勒公司雄踞于城市之巅,侧面雕有宛如微芯片表面图案的金字塔形建筑,还有与街道齐平的外科修复术实验室,这部影片的场景为我们呈现了一个由高科技和信息技术统治的社会的视觉寓言。”

直到麦金塔广告出现之前,计算机广告一直害怕吓到潜在顾客,以至于它们避免谈及任何过于科幻、过于带有威胁意味、过于……事实上,是避免提到任何没有大声宣扬怀旧、快乐与亲切的东西。例如,IBM曾在一系列商业广告中利用了查理·卓别林的可爱流浪汉形象,其主题是“与时俱进”,这一系列历经10年不衰。* 苹果的广告也在用自己的方式有意不带威胁意

* 也不知是他们自己无知健忘,还是他们只不过希望观众不知道此事。实际上卓别林1936年的影片《摩登时代》(*Modern Times*)的创作主题,是对工业化的控诉而不是对它的歌颂。

味。第一波广告包含了厨房里的计算机，和一个自谦的迪克·卡维特的形象。第二波广告则描绘了迷人的雅皮士，利用苹果计算机令自己的生活更轻松、更富成效。但还没有任何人尝试过传递这样更加光明的加州愿景，即个人计算机带来更多有益的可能性。麦金塔计算机的商业广告正是要做到这一点。这支广告建立在斯科特在《银翼杀手》中探索过的反乌托邦的“二手未来”图景之上，引导人们关注一个崭新的观念，即后来为公众所熟知的网络朋克（cyberpunk）。

在60秒的播放时间里描绘这一切，就是负责文案的史蒂夫·海登（Steve Hayden）的任务，他就是被许多人推崇为建立了苹果一直延续至今的“声音”的人。海登第一次邂逅乔布斯是在20世纪70年代后期，当时他已经是早期迪克·卡维特商业广告的编剧。尽管乔布斯喜欢海登为广告定下的基调，但他们在纽约一场计算机展上的首次碰面，似乎并没有预示一种长期的合作关系。

“杰伊告诉我你很聪明。”乔布斯说。他指的是广告代理商Chiat/Day的掌门人杰伊·恰特（Jay Chiat），他当时负责苹果的广告业务。海登感到受宠若惊。

“既然你如此聪明，那你为什么要抽烟呢？”乔布斯继续说。

**他怎么会知道这件事**？这位撰稿人暗自思量。他很快意识到，他的一盒万宝路香烟从口袋里探出了头，乔布斯显然注意到了这一点。接着是一阵略显尴尬的沉默。随后，不远处的一台计算机展品短路，展台的帷幕着火了，人们不得不打电话叫来了纽约消防局的消防车。

* * *

麦金塔广告拍摄于1983年9月，地点是英格兰的萨里市（Surrey），历时两天。需要有两百名苦工出镜，他们单调乏味的灰色人生应该是对在IBM个人计算机上工作经历的总结。斯科特在当地招了一批光头男士，组成他的演员阵容。因在短时间内招不到足够的人，斯科特又以60英镑的额外报酬为诱饵，让人剃光头加入。按照史蒂夫·海登的脚本，IBM被描绘成一个奥威尔式的老大哥的形象，出现在一个巨大的屏幕上，大肆进行着宣传。

闯入这种守旧的一致性与集权化的企业压迫场景中的，是一位迷人的金发女子。她身穿红衣，正被一群防暴警察追赶。她大声叫喊，义无反顾地冲向屏幕，向着老大哥的方向掷出一柄大锤（原来的脚本上写的是棒球拍）。在一片炫目的白光中，老大哥的形象轰然爆炸。随着广告结束，观众得到保证：由于苹果最新款的计算机，1984 年将不会变成《1984》。

简言之，这是一个绝妙的意象。让一位女性代表麦金塔形象的决定更是别出心裁的大胆之举。事实上，尽管经常被视为第一位计算机程序员的埃达·洛夫莱斯（Ada Lovelace）确实是一位女性，但现代计算机界是一个男性绝对主导的领域，如果不考虑这里面的大男子主义色彩的话。* 这样一位孤独的女性自由斗士形象，不仅使麦金塔在同类产品中脱颖而出，而且还成功颠覆了 IBM 在 20 世纪 70 年代初期的广告——通常会描绘一位女性或者年轻男性谦恭地向一位年长的男性上级寻求指导。在这里，这个傲慢无礼的家长式形象得到的不只是一剂妇女解放的苦口良药，它要面对的是呼啸而来的致命铁锤。

广告中那位女子的扮演者是一位名叫安雅·梅杰（Anya Major）的模特，过去是铁饼运动员。她是所有试镜的女演员中，唯一一个在旋转着掷出六磅铁锤时没有感到晕眩的人，因而赢得了这一角色。其他人就没有这样幸运了。另一次在伦敦海德公园举行的试镜中，偏离路线的铁锤差点杀死一位在公园外散步的老妇人。

与此同时，与市场上已有的计算机相比，麦金塔自身的定位不仅仅是更具技术优势的计算机，也是一种具有大规模建设能力的武器。它将成为数字燃烧弹，用户将用它彰显迄今仍被压抑的个性，摆脱 IBM 公司带来的沉重枷锁。当然，并非每一个看到这则广告的人，都怀有这种弥漫于计算机行业某些角落的反 IBM 情绪，他们甚至不一定能意识到这种情绪。（而且，一些较小的计算机公司，例如康懋达，也不一定认同苹果将自己标榜为生机勃勃

* 洛夫莱斯生于 1815 年，是一位英国作家，以关于查尔斯·巴贝奇（Charles Babbage）早期的机械式通用计算机——分析机（Analytical Engine）的作品而广为人知。她关于这款机器的说明，包含了被后世称为第一套程序的计算机算法；而正是由于这个原因，洛夫莱斯有时被视为世界上第一位计算机程序员。

的新企业,面对专横体制无所畏惧。)但是,反主流文化本身如同一面足够宽广的旗帜,可以包容形形色色的主题与人物,如马丁·路德·金的民权斗争以及《雌雄大盗》中的银行抢劫犯——所有在反对大人物的斗争中结成统一战线的人;而与此类似,苹果的反叛也有种恰到好处的模糊。通过攻击庞大的军工中心、身穿灰色法兰绒西装的人统治的反乌托邦企业,以及挥之不去的苏联集团的威胁,它挖掘出一代人内心的恐惧。**一台 IBM 个人计算机可以帮你整理妻子的食谱卡片,而一台麦金塔却足以击退“老大哥”以及它的资本主义对应物**。关键在于,作为用户的你受邀成为它的一部分,却只需要支付低得不能再低的 2495 美元。

* * *

这则广告极为清楚有力地表达了一种反叛的呼声,这也正是麦金塔所要呈现的。乔布斯第一次看到后期制作的时候就非常喜欢。沃兹尼亚克也有同感。约翰·斯卡利却有些犹疑,尽管他当然也为它的大胆而震惊。随后董事会也观看了该广告。“我可以提议炒了这家广告代理商吗?”广告刚一结束,迈克·马库拉便如此说。另一位董事会成员,加州梅西百货的 CEO 菲利普·施莱因(Philip S. Schlein)什么也没说,只是坐在那里,垂着头趴在桌子上。让苹果以外的人观看这个令人厌恶的广告的计划立即被取消了,而苹果公司的媒体团队开始四处寻找能在关键时刻买下超级碗广告时段的人。在超级碗播出前的那个星期五,买家出现了。赫兹公司(Hertz)愿意买下 30 秒,亨氏(Heinz)食品公司愿意买下另外 30 秒。如此,苹果便剩下 1 分钟的广告时间,需要花费 80 万美元,仍然是一笔不少的开销。没有了别的买家,苹果决定铤而走险。他们要播出这条广告。

事实上,当史蒂夫·乔布斯声称他不知道有谁会看超级碗时,他并不是要故意与人作对。如果不是这次正面交锋,麦金塔团队的大多数成员都不知道这个全年最大的橄榄球比赛。比尔·阿特金森对体育不感兴趣,完全没看这次节目,只等着下星期一的时候看看事态进展。布鲁斯·霍恩去了母亲家,直到中场秀才把电视打开。安迪·赫茨菲尔德跟几个朋友去了一家离斯坦福大学不远,名叫绿洲(Oasis)的汉堡店,表面上是去看比赛,“其实是看看人们对广告的反应”。就连广告的撰稿人史蒂夫·海登也没有看直播。他对美式足球不感兴趣，就一个人待在家里。正洗盘子的时候，电话铃响了，这时广告已经结束了。打电话来的是杰伊。“当明星的滋味如何啊?”他在电话线的另一端大喊。“好极了，”海登说，心中依然对最近的事情变化困惑不解：鸡肉沙拉怎么就变成了鸡屎，然后又变回来了，“下次可别再找我干这个活了。”

* * *

对于那些触摸到行业脉搏的人来说，麦金塔已经进入引领时代精神的最佳时机。突然之间，计算机这样一个主题，过去被视为讨厌的戴眼镜隐士的禁脔，一下子变成了时髦的法国文化理论家的领地。史蒂夫·乔布斯以诗一般的语言描述了这一现象，他说：“在这个10年，计算机与社会第一次亲切约会。由于某种疯狂的原因，我们恰逢其时，在正确的地点和时间促成了这一浪漫的辉煌。”他说的没错。20世纪80年代欢呼科技音乐(techno-music)[①]的来临、后工业时代城市风光的舞曲，以及解构主义图形设计的开始。(不经意间，麦金塔变成了这两个领域实践者的宠儿。)1984年也同样见证了时髦的《高度前沿》(*High Frontiers*)杂志的诞生；除了“电子色情”(gadget pornography)之外，这份杂志还关注“游击队式的幽默、有关人类潜在精力的讨论、新时代先验论和自由放任的资本主义之间……令人兴奋的融合”。相比之下，意义更为重大的，是36岁的科幻作家威廉·吉布森(William Gibson)的处女小说《神经漫游者》(*Neuromancer*)的出版，这本书很快就被视为新兴的网络朋克流派的开创性著作。吉布森本人是麦金塔计算机的一位早期使用者，他在后来的著作中多次提到苹果的产品。

所有的嬉皮士理想主义——认为迷幻剂试验能够改变历史进程，能够带来新的人类进化，并创造一个免于各种导致战争的压迫行为的世界——突然再次流行；经过重构之后，它们不再指涉迷幻剂，而是涉及个人计算机。不出所料，反主流文化的大师、前哈佛大学心理学教授蒂莫西·利里博士，

---

① 电子音乐的一种。

20 世纪 60 年代曾是 LSD 最强烈的推崇者，现在转而宣称自己是麦金塔的信徒。“麦金塔或许会成为一项重要性不亚于对生拇指、面对面调情、福特 T 型轿车以及印刷机的新进展。”他在《混乱与网络文化》(*Chaos and Cyberculture*)中这样宣称，“拥有它，意味着你成为后工业、后生物、后人类时代的新生代的一员，因为你简陋的大众 Mac（Volks-Mac）让你按照电子簇(clusters of electrons)的方式思考与行动。它允许你在混乱的后牛顿主义的信息海洋中游弋，用全宇宙通用的语言思考和交流，这种语言就是星系与原子的二进制行话。它就是光。”

在 60 年代的名流中，利里并非唯一一个视个人计算机为一种创造性工具而热心接受的人。安迪·沃霍尔宣布他已经是计算机的粉丝。据推测，这一转变发生在小野洋子为她的儿子肖恩·列侬在曼哈顿举办的 9 岁生日聚会上，在聚会上，沃霍尔使用了麦金塔的 QuickDraw 图形程序( graphics program)。[但第二年他转投康懋达的亚米加计算机(Commodore Amiga)，用这台计算机画了一幅黛比·哈利(Debbie Harry)的肖像。]

或许，个人计算机风靡最震撼的证据，并非来自利里这种追赶潮流的人，或者像沃霍尔那样喜欢将艺术媒介的使用推向极致的人物，而是来自那些开始走向日常会话、数量惊人的计算机术语。不久前，图形用户界面还要借用日常用语来建立其计算机隐喻，现在恰好相反。麻省理工学院学者雪莉·特克尔(Sherry Turkle)的研究围绕人与科技的关系展开，有一天她正坐在一家餐馆里，无意间听到了邻桌两位妇女的谈话。其中的一个刚刚结束一段恋爱关系，正让她原来的恋人搬出他们同居的那所房子。“最困难的事情，是重新适应(reprogramming yourself)单身生活。”这位妇女告诉她的朋友。如果安迪·赫茨菲尔德听到了这段谈话，他的自豪感一定会爆棚。

* * *

**没人因为选了 IBM 而被解雇**——至少人们这样说。迈克·默里很快就会发现，这种观点有多么根深蒂固。尽管吸引了很多年轻的嬉皮士，但麦金塔要在企业市场上取得哪怕一点儿进展都步履维艰。麦金塔上市不久，纽约曾举行过一个小组座谈会，其间发生的事情更加凸显了这一问题。几位麦金塔团队的代表站在一面双向镜后，看着一位主持人带着一批计算机用户进行讨论——他们在公司用的都是IBM的个人计算机。这些用户被要求用IBM个人计算机的神秘指令完成一些任务，例如把一个词从一段话的顶部移到底部。之后，主持人演示如何用麦金塔的“剪切和粘贴”功能，在几分之一的时间内完成同样的任务。“那台Mac计算机就放在双向镜的对面，这些人根本不知道我们距离他们只有几英寸远。”默里回忆道，“当这些职业人士第一次使用麦金塔的时候，他们像孩子一样兴奋。他们时而大笑，时而咯咯地傻笑；他们高兴极了。”在小组讨论结束的时刻，主持人问他们：“哪一种计算机更容易使用？”麦金塔轻而易举地胜出了。“在办公环境下，哪一种计算机能让你的工作更有效率、能够完成更多的工作？”主持人问。还是麦金塔。那位主持人不断地提出问题，而每一次回答都毫无疑问是：“麦金塔，麦金塔，麦金塔。”

麦金塔团队的人越来越兴奋，想象着不出几个月（如果几个星期有点短的话），麦金塔就能让IBM个人计算机黯然失色。主持人提出了最后一个问题：“如果你们负责为公司采购计算机，你们会选择哪一种？”

“当然是IBM。”每个人都这么说，毫不犹豫。

“我们完全惊呆了。”默里说，“这些人在这个房间里待了半个小时，就变成了麦金塔的狂热粉丝，但当他们面对该购买哪种计算机这个问题的时候，态度立刻转变了，而且人也认真了起来。这跟易用性或实用性毫无关系，而是在他们的思维里，IBM是属于商业的，尽管有趣的麦金塔产品就在他们面前，他们甚至完全感觉不到它的存在。”

“这一点并不难理解。”当我问及苹果为什么一直无法打入企业市场时，约翰·斯卡利这样告诉我，“企业并不想赋予个人力量。它们一直在做的是找到更便宜、更快的方法。IBM进来了，带着极高的信用度。对他们而言，这只是扩展了他们一直卖给企业的产品的产品线。除了Apple II的VisiCalc，以及几个数据库（database）程序之外，麦金塔或者Apple II这样的个人计算机完全没有商业软件。因此，买一台这样的计算机的想法完全不合情理。”尽管缺乏立即可用的软件确实是一个重要的因素，但这还不是麦金塔受企业冷落的唯一原因。在一个IBM兼容性便是游戏的代名词的时刻，麦金塔却完全忽视了这一点。麦金塔甚至和丽莎或者 Apple II 都无法兼容,它又有什么机会能与乔布斯极为痛恨的 IBM 一较高下呢? 当然,苹果所能提供的对比度与 IBM 的相比并没有太大分别。“IBM 已经有了这种庞大的重量级系统,其中包括插口和可以与不同机器相连接的显示屏;然后苹果带着它小巧玲珑的一体化系统横空出世。”麦金塔团队的网络专家艾伦·奥本海默(Alan Oppenheimer)这样说,“许多人对它不屑一顾。由于一些针对麦金塔做出的决定,苹果的计算机从来未能在企业市场争得一席之地。”

以一种奇怪的方式,麦金塔计算机有着实事求是、不绕弯子的特点。就像雷德利·斯科特的“1984”广告,它有一种内在的傲慢,就是说:只要你同意苹果的观点,你就是个好人。如果你不同意,那好吧,你会跟麦金塔一起走向未来,**不管你愿不愿意**。其中一个例子是,乔布斯坚持这款计算机的键盘上没有光标键,这样用户就能专心使用鼠标。除了熟悉之外,并没有显而易见的理由说明用户需要光标键,但完全没有光标键还是造成了一些困扰。更重要的是,在图形用户界面各种闪光的优势之下,麦金塔本身却动力不足。尽管从杰夫·拉斯金手中夺过项目的控制权后,乔布斯做的第一个改变就是增加内存,但显然他现在落入了同样的陷阱——被他斥为“白痴”的前任也曾深陷其中。乔布斯如此确信他是对的,以至于完全压制了任何建议增加性能、扩展内存至 128k 以上,或者达到更合理的 512k 的意见。(伯勒尔·史密斯只有过几次对抗乔布斯的行为,其中之一就是自作主张地增加了内存,而且只是在内存不足被视为一个问题的时候,才让乔布斯知道了他的行动。)*

乔布斯也拒绝了为计算机装一个硬盘驱动器的建议,因为他知道这意味着需要加上一个他痛恨的风扇。内存不足又没有硬驱,这是麦金塔的两个缺点。受到苹果诱惑而离开施乐 PARC 的艾伦·凯,在写给约翰·斯卡利的批判麦金塔的文章中总结了这两大缺点,文章题目是《你会买一辆油箱容量为一加仑的本田汽车吗?》。的确,最早期的麦金塔与首发时的 Altair 8800 之间有一定的相似性。毫无疑问,麦金塔可以更直截了当地“开箱即用”,但

---

* 这种带有 512k 内存的所谓“加肥麦金塔”于 1984 年 9 月上市销售。

用户正被要求为这种计算机**能够**做什么的梦想而买单，而不是它此刻做了什么。科幻作家道格拉斯·亚当斯（Douglas Adams）清楚地概括了这一理念，他写道：

> 我深爱的并不是麦金塔本身（我想每一个早期买麦金塔的人都如此），它慢得出奇，动力不足，我爱上的是关于这机器的一个浪漫想法。正是这一浪漫的想法，支撑我度过那些在128k的麦金塔上工作的岁月……

那些早期便是麦金塔狂热粉丝的用户更能原谅这类事情。他们有大把的时间，而且等待的时候还可以玩玩MacPaint这样的程序。如果这是所谓炼狱的话，还有比这更令人愉快的炼狱吗？但是企业可不愿意无所事事地等着，直到合适的软件包或者更强大的升级系统问世。毕竟，很少有经理在雇员的计算机能够运行电子表格后，自己也立即弄上一套。

* * *

苹果要重整旗鼓。雷德利·斯科特那种对未来的阴冷的反乌托邦想象被摒弃，取而代之的是某些更传统的东西。在《新闻周刊》（*Newsweek*）杂志11月的“选举”一期上，苹果史无前例地斥资250万美元，买下了全部40页广告版面。“这让人摸不清，到底是苹果插在《新闻周刊》上做广告，还是《新闻周刊》插在苹果的宣传册上出刊。”约翰·斯卡利打趣说。为了抓住新顾客，麦金塔需要一个新的象征。他们在朴素的汽车图像中找到了一个。一方面，这个想法完全合乎情理。与制造计算机的同行相比，苹果一直与豪华汽车制造商之间有着更多的相似之处。汽车是美国消费类产品中出类拔萃的代表，这种地位象征着优良的传统工程设计，以及能带你去往任何地方的安全交通工具。苹果买下了一份30秒的电视广告时间，展示了一辆盖着防尘布的高端跑车的轮廓。“它很强大，”随着摄影机迷恋地缓缓掠过优美的曲线与光滑的边缘，画外音柔声说道，“它有求必应。它运行自如。它不费吹灰之力便可以完胜一切同类产品。”与此同时，防尘布被掀开，呈现在观众眼前的并不是法拉利或者奔驰的优美车身，而是一台连着鼠标的麦金塔。

这是约翰·斯卡利能够想到的一个稳妥得多的主题。“人们购买汽车，感情因素和实用性考虑是同样重要的原因。”他说。如果人们负担得起，无论原来的车是否有任何问题，没有人会对每隔几年换一辆车多加考虑。这同样也有不言而喻的好处。

与这个广告一起，苹果安排分销商组织了一次公关攻势，主题是“试驾麦金塔”。这个促销策略建议有信用卡的人顺道去当地的零售商那里“借”一台麦金塔，试用 24 个小时。苹果确信，这段时间足以建立一种持久的联系，这样的关系不大可能被解除。第一次试用是免费的，之后用户就得付费了。“试驾汽车这个想法本身并不存在争议。”迈克·默里说，“这种行为完全可以接受，不管你最后买不买那辆车。一个人可以去一家汽车店说他想试驾某辆车，无论里面卖的是法拉利还是福特。那里的销售人员会说：‘没问题，我们去开车吧。’然后那人就可以跳进汽车兜上一圈。”从心理学的角度讲，这种宣传手段就是要挖掘跟开一辆车出去兜风但不要钱一样的心理。“但如果我们没有用这种措辞，而是直接发明一种叫‘拿上一台麦金塔回家过夜’的宣传，就不会有人从你这里拿计算机。”默里说，“一个人走进一家计算机店，告诉那里的营业员：‘我要把那台计算机拿回家玩一个晚上。’这种事完全说不通。这就不会有情绪记忆、信念或者情感。我们必须借用过去的认知经验，而试驾汽车就是一个明显的类比。”

如果人们顺着汽车比喻一直走到它的逻辑结论，一种无可避免的讽刺就变得很明显了。在麦金塔之前，个人计算机遵循业余爱好者模式，鼓励人们“掀起引擎盖（汽车行业的术语）”摆弄内部构造，而这台计算机却反其道而行之：对那些想要那么干的工程师关上了盖子。即便一位顾客只是打开机箱去欣赏麦金塔内部优美的设计，他的保修便会立即被宣告无效。70 年代，被业余爱好者视为科技民主化关键的 DIY 透明度，如今已被使用方式的一目了然所取代。事实将证明，这正指出了大众化科技发展的方向。从这时开始，当用户声称某种科技产品是透明的，意思是他们可以带走它并使之立即运行，而不是说他们知道这种产品**如何**运行。这是一种对于媒介的后现代主义诠释，它强调对于“真实”的模拟，以及对于严肃性的嬉戏。麦金塔是一款恳请用户以界面价值对其加以衡量的计算机。

可以预见，公众的反应莫衷一是。有些人认为这种方法充满了自由主义色彩，其他人则认为极其恐怖。对于一台将自己置于如此宏大叙事*背景中的计算机，许多用户不禁用社会或者政治术语来谈论这一计算机界面的不透明性（视之为赋予力量，或者相反，剥夺力量的工具），丝毫不让人觉得奇怪。呼声最高的是一些最初的黑客，一些像免费软件活动家理查德·斯托曼（Richard Stallman）这样的人，他当年创建了免费软件基金会（Free Software Foundation）。斯托曼说："麦金塔限制人们对它添加器件，实在是令人震惊。按照这款计算机的硬件设计方式，你根本无法向它添加任何外围设备。因此，想这样做的人不会使用麦金塔。或许这是天才的营销想法，但我不赞赏营销天才，我不赞赏那些有自私、贪婪追求的天才。"他或许是为数不多的直言不讳的人，但这种对于苹果正在背叛自由意志主义根基的谴责，将困扰这家公司。

* * *

计算机经销商**痛恨**"试驾麦金塔"的宣传。麦金塔已经供不应求了，出借那些本来可以销售的计算机似乎后患无穷。此外还有一个情况，许多计算机被人拿走一天，但还回来的时候状况明显要比出借之前糟糕得多。这还不包括由此引起的额外的文书工作！或许是为了努力赢回销售商的支持，苹果发起了另外一项推销活动：奖励当年卖出最多台麦金塔的销售商一辆新款保时捷944型汽车。这一竞赛的获胜者是一位来自中西部的有抱负的兽医，他年仅22岁，名叫克雷格·艾略特（Craig Elliott）。艾略特不久前刚刚在爱荷华州州立大学（Iowa State University）结束了动物科学与微生物学课程。为存钱入读兽医学院，他找了一份销售计算机的临时工作。他看到了竞赛的消息，便邮寄了他的销售总数，然后很快就忘掉了这回事。不久，他收到了一份加盖了库比蒂诺当地邮戳的信件，邀请他前往旧金山与乔布斯和麦金塔团队共进晚餐。自70年代后期以来，艾略特便是一个狂热的苹

---

* 宏大叙事（或称"主宰叙事"）是让-弗朗索瓦·利奥塔（Jean-François Lyotard）在其著作《后现代状况：关于知识的报告》（*The Postmodern Condition: A Report on Knowledge*）中提出的一个术语，用以描述在某一特定时代，与占主导地位的制度与意识形态力量相一致的历史叙事。

果用户,能有机会见到这批电脑背后的创造者——更不用说还有美国最受欢迎的年轻企业家,他感到非常兴奋。他生平第一次坐飞机到加州,租了一辆车开到了会面地点。这是旧金山的一家豪华四星级宾馆,可以俯瞰秀丽的海湾风光。艾略特到达的时候,乔布斯却不见踪影。艾略特向麦金塔团队做了自我介绍。乔布斯出场时,他用了一种绝对能产生最大震撼的方式。他骑着一辆宝马摩托车出现在地平线上,一身盛装,上身是袖子飞扬的白色衬衫,下穿蓝色的牛仔裤,没穿袜子的脚上是皮便鞋。乔布斯一个急刹车停下摩托,然后跳下车审视着人群。在场的每个人,包括艾略特在内,都穿着全套西装。

"哦,我应该打领带吗?"乔布斯问。

这是那种谁都不知道该如何回答的测试题。

"没关系啦,史蒂夫,"有人试探着回答,"你随便穿什么都成。"

乔布斯想了一下,然后走到迈克·默里面前,伸手解开了他的领带,把它戴到了自己的脖子上。

"现在我们可以吃饭了。"他说。

对于艾略特而言,这是一次令人生畏的经历。在他吃过的所有餐厅中,斯坦福庭院酒店(Stanford Court Hotel)是最高档的一家,而乔布斯也不是那种能让人在餐桌上放松的用餐伙伴。乔布斯大口对付着他的素食主菜,时而对他的新金牌销售员提出些问题,考问他有关麦金塔的各个方面的问题。**顾客喜欢些什么,不喜欢什么?哪种性能最能让他们决意花钱买机器**?在整个用餐过程中,乔布斯展示了他令人不安的习惯:不眨眼地盯着谈话对象。这是一次相当令人紧张的谈话经历,艾略特感到,乔布斯不仅专心聆听他说的每一件事,同时也在对这些事情进行认真的分析。"作为一个来自中西部农业区的人,我过去不相信个人魅力这回事儿。但见过史蒂夫·乔布斯之后……他是那种可以带着你跟他一起跳下悬崖的人。那个时刻我就明白了当人们在说某人具有魅力的时候指的是什么。我完全被他催眠了。"最终,谈话转向了艾略特卖出了多少台麦金塔才赢得了这场竞赛。艾略特感觉回到了熟悉的领域,于是一口报出了让自己一举夺魁的数字。

"就这么几台?"乔布斯厉声反问,"这也太可怜了吧!"

他当场就咆哮了起来，说如果销售人员只能卖出艾略特说出的那么多台计算机，那麦金塔团队付出的努力简直就是一个笑话。

“史蒂夫，”艾略特直视着他，“我是你最好的员工。”

乔布斯与艾略特对视着，考虑如何回答，然后说：“好吧。”

付过账之后，乔布斯把艾略特带到外面，向他展示他的新保时捷。用餐时艾略特听到其中一个经理说他是在哈佛大学得到的本科学位，在斯坦福大学拿到的MBA。但他有些困惑。**那个人的上司，史蒂夫·乔布斯不是一个只在里德学院接受了6个月高等教育的辍学生吗？**

“那些学位你都没有拿到吗？”艾略特问。

“完全正确。”乔布斯回答。

“什么意思？”

“你不会雇用那些跟你一样的人。这一直是一个陷阱。苹果的力量在于，把具有不同眼界的人聚集到一起。”

这两个人在新车前面留影，人们可以看到乔布斯在照相机前精力旺盛地指挥——他就是硅谷的塞西尔·B. 德米尔[①]。他还戴着默里的领带，显然匆忙之间系上的领带有些凌乱。拍过照片之后，乔布斯再次跨上了他的宝马摩托车。开走之前，他匆匆地在艾略特1978年的Apple II用户手册上签字留念，这本手册是这位兽医学徒随身带来以备不时之需的。“我们共同见证了一段历史。”乔布斯写下了这句话，然后在下面签上了他的名字。艾略特给苹果团队留下了深刻的印象。之后不久，他又一次接到了苹果的邀请，这次苹果给他提供了一份全职销售工作，如果他愿意放弃学业搬到库比蒂诺的话。他接受了这一邀请，并在苹果收获了一份持久、成功的事业。许多人的生命因为苹果的不可抗拒之力而发生了转变，艾略特正是其中的一个。

* * *

如果说，麦金塔在一个细分市场上取得了繁荣，那么正是在这同一个领

---

① Cecil B. DeMille（1881—1959），美国著名电影导演，好莱坞影业元老级人物。金球奖的终身成就奖即以他的名字命名。

域,20 年前的青年抗议运动与反计算机言论得到了非常有效的传播。这一点或许不会令人感到吃惊。各所大学变成了苹果产品销售的温床,这种现象一直延续到了今天。根据苹果的观点,大学生符合麦金塔潜在用户的所有条件。他们很年轻,因此还没有教条地接受 IBM 的方式;他们有钱,也有拥有一台计算机的迫切需要。先前,苹果对大学生采用过更为平民化的销售方式,但在销售麦金塔方面,他们采用了一种总体战略。苹果把大学变成了销售商,拉它们入伙(或者用苹果自己的话来说,是"共同开发者"),直接向校园里的学生兜售。苹果大学联盟(Apple University Consortium)由此诞生。

这一战略要求苹果以 1000 美元一台的价格将麦金塔卖给学校,这比零售价的一半还低。这其中藏着一个小诡计:要想得到这一个价格,大学需要承诺在三年期间购买价值 200 万美元的计算机卖给学生。他们还不能退还这些机器。乔布斯的销售方式是典型的直截了当。在与斯坦福大学的校长唐纳德·肯尼迪(Donald Kennedy)吃完午饭以后,他带来一台被包裹着的麦金塔。他突然掀开遮布问:"100 万美元买 1000 台这样的计算机,你觉得怎么样?"在苹果大学联盟中,没有免费的午餐。

各家大学都举棋不定。他们想保持中立,而且他们担心选择了麦金塔会让其他公司,也就是 IBM 感到不安。事实上,IBM 似乎才是他们合乎逻辑的选择。20 世纪 80 年代初,IBM 曾试图向各大学的计算机系推出一款基础型计算机,名叫 IBM Junior。然而,IBM 搬起石头砸了自己的脚。他们的分时计算机合同又长又复杂;除了其他的条件之外,合同规定,这些计算机只能用于大学里的工作,不能用于娱乐或者创业。对于个人计算机来说,监督这种条款的执行实际上几乎不可能。苹果向前走了一步,他们的合同要简单得多,而且是与各所大学的系主任共同拟就的。

苹果公司的人知道,这仍然会是一场艰苦的斗争,但他们做出了几个聪明的部署。了解到享有盛名的大学都很关心其他学校在做什么后,他们觉得争取单个机构的最佳方式,是先把他们的竞争对手收归旗下。在东海岸,一位名叫史黛丝·布雷斯勒(Stacey Bressler)的苹果产品代表性格活泼,事实证明她屡败屡战,极有韧性。如果她提出的会面建议遭到拒绝,她便会前往某所常青藤大学的计算机中心，在大厅里安上一台麦金塔，然后就开始用MacPaint画图。要不了多久她身边就会围上来一群人，而后总是会有一位教职工赶来。在达特茅斯学院（Dartmouth College），计算机中心的主任威廉·阿姆斯（William Arms）立即就被学生拥有自己的个人计算机（当然是麦金塔！）的梦想深深感动，而且这样的计算机可以与中心大学联网。让阿姆斯震惊的是，使用麦金塔居然会如此直观。苹果的代表在桌子上放了一台计算机，之后他走开去拿一杯咖啡。到他回来的时候，阿姆斯已经插上键盘与鼠标，开始在桌面上到处移动窗口了。这就是Mac的学习曲线。阿姆斯还保留着那个咖啡杯作为纪念。没过多久，每一所常青藤大学都签字加入了大学联盟。

事实证明，大学根本不需要担心会积压大批计算机卖不出去。就像苹果预测的那样，大学生确实是理想的受众。在斯坦福大学，价值250万美元的麦金塔在两周内便被席卷一空，这让学校不得不用抽签的方式来决定哪些学生可以先拿到他们的计算机。最后，苹果花费了6个月的时间，完成了那些预付了1000美元的学生的全部订单。在全美各大高校，麦金塔的销量远超IBM PC，有些地方甚至达到了40∶1。其他的计算机公司阵脚大乱。IBM无计可施，便成立了一个昼夜不间断工作的战略团队，以考虑应对之策。他们的结论很简单：免费的IBM PC，或者免费的奖学金。乔布斯处之泰然。“在有些情况下，学生会用IBM的奖学金买麦金塔。”乔布斯如是说。

在圣路易斯奥比斯波（San Luis Obispo）的加州理工大学（California Polytechnic State University），100名学生在校长办公室前举行抗议示威。他们带来了差不多有1000名同学签名的请愿书，要求与苹果重开谈判，以获准加入大学联盟。甚感困惑的管理人员不得不向学生解释，鉴于州法规定任何这类大型合同都必须公开竞标，学校已经拒绝了苹果的提议。与此同时，有些深谙生意经的学生发现，他们是花低价买入的麦金塔，若是把到手的计算机转卖给非教育体系的人，就可以从中赚取不小的差价。教育家们不得不出手干预，充当了大企业的角色。“出卖自己的麦金塔的大学生无异于学术自杀。”德雷克塞尔大学（Drexel）主管学术事务的助理副校长如是说。看来，不管怎么说，美国的大学正在被拉入苹果的关系网。

*　*　*

1985年2月24日，史蒂夫·乔布斯年满30岁。对于任何人来说，这都是一个里程碑；但对于被告诫任何30岁以上的人都不值得信任的那一代人中的一员来说，这是一个特别沉重的打击。实际上，乔布斯已经不再是计算机界**缺乏责任心的可怕顽童**了。尽管多年来一直对此心怀抗拒，但他现在已经是一位成熟的公司高管了。他想请鲍勃·迪伦在他的生日派对上演出，但遭拒绝，只好退而求其次，请来了埃拉·菲茨杰拉德（Ella Fitzgerald）。几位苹果员工合力做了一份表现乔布斯多年历程的"精选集"视频，并以一则印度谚语结尾："在生命的最初30年，你造就了你的习惯，而在生命的最后30年，你的习惯造就了你。"这份视频的背景音乐是鲍勃·迪伦的《昔日的我》（"My Back Pages"），来自他1964年的专辑《鲍勃·迪伦的另一面》（*Another Side of Bob Dylan*）。迪伦在这首歌的副歌中描述他昔日"曾如此苍老"，而现在如此风华正茂。音乐批评家罗伯特·谢尔顿（Robert Shelton）评论这一副歌时称它是"迪伦的内心独白，是曾经接受的东西和现在怀疑的东西之间的对话"。乔布斯的内心同样也有怀疑。到了成熟的而立之年，他成了一个坚定的技术官僚吗？"人们变老的时候，他们也会陷入困境。"他告诉一位采访者，隐约带着一丝伤感，"我们的大脑有些像电化学计算机。你的思想在头脑中构建起脚手架一样的模式。你真的在刻蚀着化学模式。大多数情况下，人们陷入这种模式无法自拔，就像唱片上的刻槽，人们永远也无法摆脱这些模式。"他得出结论说，很少有艺术家在三四十岁的时候还能创造出任何真正有价值的作品。

自麦金塔投放市场一年以来，其销售数量只达到了应该达到的一小部分。它已经培养了一批早期用户，新的顾客却迟迟不来，因为人们已经清楚地看到，这台机器能够应用的软件实在少得可怜。为改善这一缺点而制订的计划寄希望于所谓的麦金塔 Office。麦金塔 Office 基本上可以归结于一个想法，即可以把一组麦金塔和一个激光打印机（LaserWriter printer）连接，同样也允许用一种叫文件服务器（file server）的设备共享信息。这一进展远不像前一年1月麦金塔首发时那样令人兴奋，但"1984"广告获得的巨大成功让苹果备感压力，他们必须再创佳绩。遗憾的是，事实证明，这一努力最终与麦金塔 Office 一样欠缺考虑。“1984”的广告播出之后，观众似乎领会了广告中的讽刺意味：广告中的电视屏幕如同敌人，坐在电视前的他们则如行尸走肉一般。同时，广告主题是一场反叛斗争的号召，并呼唤观众一起加入战斗。相反，苹果在 1985 年超级碗大赛的广告，展现的是蒙着眼罩的商人，他们像一群旅鼠一样走向毁灭。最后，一个人揭开了眼罩，茫然四顾。他独自一人存活在一个拥有麦金塔 Office 的世界。

“在广告中表现你所有的潜在客户跳下悬崖，这显然是一个错误。”当时在苹果工作的工程师艾伦·奥本海默说。他是对的。苹果公司麦金塔分部的总监黛比·科尔曼（Debi Coleman）有同感，她感觉自己受到了极大的侮辱，当场辞职要离开公司。她在自己的麦金塔计算机上写下了辞呈，用激光打印机打了出来。“超级碗比赛的第二天，我们的电话快被打爆了。那些愤怒的观众称他们再也不会购买苹果产品了。”约翰·斯卡利多年之后回忆道，“他们认为这个广告侮辱了美国企业界的每一个人，而他们正是我们要吸引的顾客。”一位奥斯维辛集中营的幸存者打来电话，谴责苹果利用大屠杀的意象销售个人计算机。对于所有相关人员来说，这都是非常糟糕的一天。

* * *

1985 年 3 月，前 PARC 员工泰德·凯勒成为苹果的一名研究员。他的妻子卡罗尔·凯勒（Carol Kaehler）从几年前起便一直为苹果工作，在麦金塔团队负责撰写官方手册；不幸的是，由于糖尿病引起的并发症，她于 1991 年与世长辞。鉴于妻子的经验，凯勒感到他已经做好了与史蒂夫·乔布斯打交道的充分准备，尽管后者在启发灵感与不易打交道两方面同样名声显赫。凯勒想错了。他加入苹果时正值苹果内部风云激荡，就像一个在和平时期从军的士兵，入伍头几个星期便遇上了战争的爆发。约翰·斯卡利与史蒂夫·乔布斯的关系出现了裂痕，甚至新来的员工都能够明显感觉他们正面临着重大的冲突。这些最初的不祥迹象预示着公司正陷入危机。在 PARC 工作的时候，凯勒有装备齐全的私人办公室，包括有一台最先进的施乐剑鱼型（Xerox Dorado）计算机供他使用。在他离开 PARC 来到苹果的那个周一早上，他被带到一个狭小的工位（“隔间海洋里的一个小隔间”），里面什么也没有。没有计算机。没有电话。连一把椅子都没有。到了那天晚上，在他结束一天工作的时候，凯勒到底还是拿到了一台麦金塔 XL 计算机——一个加强版的麦金塔，在上面可以利用丽莎的硬件运行模拟的麦金塔软件，是为出售丽莎做出的最后一搏。但即便如此，也没什么值得夸耀的。他在地板上安装了这台计算机。“到了第一天结束的时候，我真的感到十分沮丧。”他说，“我在想：‘伙计，你都干了些什么？’”

打击接踵而至——凯勒加盟苹果还不到三周，他的上司（也就是当时面试他的人）被公司解雇了。乔布斯本来就是一位易怒的人，当他意识到，他在苹果的最后几个月里，他曾经拥有的权力正一点点从指缝间流走，他就变得越来越暴躁。他经常与苹果的部门经理公开摊牌，结果往往是他把得罪他的人逐出公司。他的标准做法是安排一次会议，然后让他的秘书在会议开始 5 分钟之内到场，手里拿着一张电话留言条，但上面显然什么都没有写。乔布斯这时便从她手中接过留言条，假装在阅读。如果他对会议的议题有兴趣，他就把这张留言条放到抽屉里，说“我稍后处理这件事”，便继续开会。如果会议让他感到无聊，他就称这是一次紧急电话，需要他立即处理。随后他便起身离开，并且在那些让他感到心烦的人离开之前不会回来。凯勒开始在苹果工作之后不久，他与他的上司安排了和乔布斯的一次会面，讨论他们提议生产的一种名叫乔纳森（Jonathan）的机器。这是一种可以运行麦金塔 OS 和 DOS 的台式计算机，也是微软 Windows 的早期版本。“显然，我们的开场不够精彩，因为电话信息来了，史蒂夫・乔布斯扬长而去。”凯勒说，“我们的提议也就无疾而终。”他有些不知所措，不知该如何应对。

“我们该等下去吗？”他问。

很清楚，他们无须再等。判决来了：乔纳森项目没有吸引史蒂夫・乔布斯。第二天，凯勒的上司便被辞退了。

* * *

导致乔布斯被逐出公司的事件，听起来就像约翰・格里森姆（John Grisham）悬疑小说里的情节。几个月以来，乔布斯一直在向朋友和同事抨击约翰·斯卡利的不称职,声称这位 CEO 不懂技术(他没有意识到,是营销而非技术才让斯卡利被录用)。当斯卡利终于听到了些风声,他被激怒了。他在一次会议上与乔布斯发生了冲突,他告诉乔布斯,这完全不是他应该有的表现,让他不要再继续进行这种活动。乔布斯不理会他的警告。在 1985 年 4 月 11 日的董事会会议上,事态又有了进一步的发展。当时投资人兼董事会成员阿瑟·罗克认为,他已经听够了有关麦金塔的销售随时可能逆转的天真说辞。“证据在哪里?”他问。按照实际情况来说,销售额仍然比预期整整低了 10%。罗克做出了两项决定。第一个是取消麦金塔 XL 的生产线,丽莎项目就此作古。第二个是为了授予斯卡利对公司的更多执行权力,撤销乔布斯麦金塔部门领导人的职务。

最终这一部门由让-路易·加西接管,他曾经把苹果法国分公司管理得井井有条。与乔布斯一样,加西更多的是一位产品营销专家而不是单纯的工程师。他非常富有魅力,并幻想自己最具高卢人的特点:超级哲学家。他曾在美国时尚杂志中现身,为矿泉水拍过广告,甚至还写过一本名为《第三只苹果》(*The Third Apple*)的书——用他的话来说,那与其说是一本书,不如说是一张“进入科技与诗歌比邻而居、相互滋养的思维深处的邀请函”。加西也有点像是一个变节者。在麦金塔 Office 的风暴中,他逢人便说这一软件是“Macintosh Orifice”(麦金塔空洞),以此来表达反对意见。

剥夺乔布斯在苹果的权力,这项任务所需要的精确度与进行一次脑科手术相差无已。由于里吉斯·麦肯纳的努力,在个人计算机界,尤其是在苹果内部,没有哪一个人的地位能与乔布斯相媲美。即使麦金塔的销售不尽如人意,而且乔布斯还不失时机地诋毁 CEO,公司仍旧有许多人认为应该继续让他留任。“人们开始慌了手脚。一旦慌了手脚,他们会如何表现?他们就会拿经理开刀。”艾伦·奥本海默说,“棒球队会解雇经理人。足球队会解雇教练。这是苹果董事会的传统反应。乔布斯有些时候确实不可理喻。人们很难与他共事,他飞扬跋扈、过分执着。他是一个很好的替罪羊。”

当然,这标志着苹果一个时代的结束。不单是乔布斯不再管理麦金塔部门,还有其他一些一直参与这个项目的人也都静悄悄地逐渐离开了。三年多不间断的工作让许多人身心俱疲。“伯勒尔·史密斯曾在一些运动衫上印上了‘热爱每周90个小时的工作’的字样,”杰里·马诺克还记得,“但那么狠命地干活,你只能持续一段时间,接着就会筋疲力尽……大家都累了。我也累了。”他安排了一次休假来调整身心,带着他的妻儿前往斯堪的纳维亚做了一次长期旅行。到他回来的时候,乔布斯已经失去了他在苹果的大部分权力。马诺克递上了辞呈,带着家人搬到了佛蒙特州的伯灵顿,那里的房价较低,人们更倾向于讨论枫糖浆生产而不是用个人计算机改变宇宙。

安迪·赫茨菲尔德的计算机工作生涯也到此为止。“我对权威有意见,”他坦言,“我不喜欢有人对我指手画脚。我把所有与我一起工作的人都当做合作者,而不是上级或者下属。但我们那个名叫鲍勃·贝尔维尔的经理认为我表现不佳。经理最大的影响力是,他们每年要给雇员写一到两次的表现总结。而他却对我人生中表现最棒的这段时间的工作——创造出了麦金塔操作系统,做出了相当负面的评价。他给我这么低的评价,不是因为我的技术不好(他觉得这些没有问题),而是因为我不服管教……他让我感到幻灭,我确信我无法给这么一个人工作。我是在1983年2月收到那份劣评的。当时我没法辞职,因为我对麦金塔太投入了,但我告诉自己,只要麦金塔投入市场,我便会离开。我的确也是那么做的。”像马诺克一样,他也向公司告假出游。当他回来的时候他去见了史蒂夫·乔布斯。当时乔布斯还在管理麦金塔项目,但或许已经感觉到了势头的变化。“你没有你自己想象的那么重要。”乔布斯残酷地对他说,把自己因受伤而生的怨气发泄到了赫茨菲尔德身上。赫茨菲尔德离开了。布鲁斯·霍恩、伯勒尔·史密斯、乔安娜·霍夫曼以及其他人也都走了。

在此期间,乔布斯开始负责新产品的开发工作,去发现下一个不知道躲在哪间车库里的麦金塔。在一段时间内保持低调、安守本分,这对大多数人来说都不失为明智之举,但乔布斯是个例外。他因在公司失势而甚感苦闷,因此时而对他人恶语相加,时而垂头丧气。一个晚上他打电话给主管人力资源的副总裁杰伊·艾略特(Jay Elliot)。电话铃响的时候,艾略特正在家中主持一次晚餐聚会。他任由电话转到语音功能而没有去接。在所有客人面前,电话中传来了乔布斯大声哭泣的声音:“杰伊,我失去了董事会的支持。”

他说："帮我把他们争取回来吧。"在迈克·默里的协助下，乔布斯炮制了一份买下全美1000家苹果商店的计划。显然，他正在寻找机会，**任何一个**能让他重获跟斯卡利一样的执行权力的机会。但默里接着被剥夺了作为麦金塔营销领导人的权力。1985年5月11日，星期六，默里走进他的办公室，发现加西正坐在那里。默里问他在那里干什么，加西看上去有些摸不着头脑。"这里面一定出了什么问题。"他说，"我现在接替你成为麦金塔的营销主管。我从周一开始上任。"默里有一种天旋地转的感觉。他赶紧在一张椅子上坐了下来。更糟的是，这件事乔布斯是知道的，但他恰恰"忘了"告诉他的朋友。乔布斯费尽心力拉拢了默里，他宣布，他打算在斯卡利5月末去中国出差签订出口苹果计算机合同的时候，发动一次董事会政变。然而乔布斯犯了一个错误，他向新近任命的加西透露了他的计划，后者适时把这一情报告诉了斯卡利。于是，深谙董事会政治的斯卡利取消了出差计划，要求董事会成员在他与乔布斯之间做出选择。斯卡利说，如果他们选择乔布斯，他就辞职离开。他们选择了斯卡利。乔布斯愤然夺门而去。

此后不久，乔布斯被人从苹果公司的办公室里赶了出去。指令来自高层，来自一个不再与他定期交流的管理层。一天，乔布斯的秘书给他带来一条消息。"他们想让你在两周内离开。"她局促不安地说。他被流放到了一个偏远的办公室，位于现在已经空了的麦金塔大楼马路对面。"我感觉像是被人一拳狠狠打在了肚子上，不省人事，简直无法呼吸了。"他后来回忆道，"我才30岁，我还想继续创造一些东西。我知道，我至少还有关于一种神奇的计算机的想法。而苹果不打算给我机会了。"很少有人来找他。他与斯卡利以及董事会的关系很冷淡。

乔布斯有些苦涩地戏称他的新办公室为：西伯利亚。

# 第二部分 | 下一个最好的产品

# 第九章　这不是爱之夏

爱之夏显然已近尾声……乞讨零钱的乞丐随旅游者一起从嬉皮街(Haight Street)消失了,在人行道上行走也不再是一场斗争。不再有那么多面色阴郁、茫然若失的青少年聚集在门廊边,紧紧抱着看上去茫然的小狗或者小猫。曾经队列排到门外的"我/你咖啡馆"(I/Thou Coffee House)已经不复当年的盛况,几近人去楼空。嬉皮街飘荡着一股夏末海滨城市的那种俗丽、疲乏的气氛。

——查尔斯·佩里:《海特-阿什伯里运动:一段历史》(1984)

身处"西伯利亚"的乔布斯很是悲惨。整个上午或许有一两个电话要打,或许有一份邮件要读,然后……就无事可做了。几个星期里,他通过阅读派发至公司某一层级人员的公司管理报告获得信息,但是有人突然意识到,这些材料居然还在发给他,于是就连这些报告也逐渐消失了。过了一阵,他干脆不来上班了。谁会来找他呢?除了一位秘书和一位保安,整座大楼里只有他一个人。"没有人真的想我。"他说。但是,对于董事会中的某些成员来说,乔布斯离他们还是太近,这让他们感到不舒服。那个夏天有一段时间,有人真的认真考虑过要把他送到外太空。他们联系过美国宇航局,提出让乔布斯这位"举世闻名的远见卓识者"加入它的平民宇航员计划——将于次年启动"挑战者"号飞离地球。但美国宇航局拒绝了乔布斯,转而选择了教师克丽斯塔·麦考利夫(Christa McAuliffe),作为参加罗纳德·里根总统的"教师太空计划"(Teacher in Space Project)的第一人。* 几位麦金塔团

* 麦考利夫是在1986年1月28日"挑战者"号灾难中遇难的7名宇航员之一;在这次事件中,这架航天飞机在升空73秒钟后在空中解体。

队的成员开玩笑说，反正乔布斯不会喜欢宇宙航行的。他无法在宇宙飞船中乘坐头等舱。

接着，乔布斯又考虑到苏联开一家教育用计算机公司。他与苹果的资深副总裁阿尔·艾森斯塔特(Al Eisenstat)一起去了莫斯科，但他十分偏执，坚持认为他旅馆房间里的一位电视机修理工是苏联间谍，并因此决定回国。最后他休假回家监督住处的修缮工作，这才终于暂时安顿了下来。

乔布斯的失势很快就变得人尽皆知。当他白手起家25岁成为亿万富翁时，不止一位记者拿他与富有远见的天才电影制片人奥逊·威尔斯(Orson Welles)相比，后者曾在同样的年龄执导杰作《公民凯恩》(*Citizen Kane*)。硬币的另一面也同样显而易见。《公民凯恩》之后，威尔斯再也没有得到机会去自由自在地追寻他自己的境界。在许多人眼里，他的事业从此每况愈下。同样的事情也会发生在乔布斯身上吗？他有足够的财产，可以让自己30岁便退休，这正是迈克·马库拉打算做的；或者他也可以像沃兹尼亚克一样，甘于平凡，退居二线。但那不是乔布斯的风格。"伙计，我想要制造出东西，"他告诉《新闻周刊》的一位记者，说话的感觉让人又想到了那位参加家酿计算机俱乐部会议的理想主义赤脚嬉皮士。"我今年30岁。我不想成为某个行业专家。今年夏天我收到了三份大学教授的工作邀请，我告诉这些大学，我认为我会成为一位糟糕的教授。我最擅长的是召集一批有天赋的人，和他们一起创造新产品。我尊重苹果现在的发展方向。但就我个人而言，你知道的，我想做出一些东西。如果苹果无法给我这样的空间，我将再次做我过去已经做过两次的事情。我会开拓自己的地盘。"

在那个夏天，乔布斯有了一个想法。在一些自我反思的日子里，他花了一些时间在空荡荡的斯坦福大学校园里游荡。麦金塔的销售在大学中仍然很火热，而教育一直是乔布斯感兴趣的领域。9月初，他曾与斯坦福大学的生物化学家保罗·伯格(Paul Berg)共进午餐。用他自己的话来说，安排这种事情，他只需要给这位诺贝尔奖得主打电话说："你记得我，我对你的领域一无所知，但我有一些关于这些事情的工作原理的问题，我很想和你一起吃午饭。"这就是这位苹果联合创始人的世界。伯格与乔布斯讨论了他正在进行的基因修复工作的基础知识。乔布斯开始有些兴奋了。**如果他能做出一**

**款强大的计算机，把在湿实验室（wet laboratory）里费时两三周的实验在极短的时间内模拟出来，情况会如何呢**？乔布斯如此阐述着他的想法，当时，这位59岁的诺贝尔奖得主“眼前一亮”。吃完午饭后，这位受排挤的苹果联合创始人感到欢欣鼓舞。

现在他需要的，是一个能助他东山再起的团队。

正如他在研发麦金塔计算机时所做的那样，乔布斯在苹果那些极有天赋但不受重用的员工中找到了他的团队成员。他首先与身高6英尺2英寸、高大魁梧、方下巴的市场营销人员丹尼尔·卢因（Dan'l Lewin）谈话。他打电话给卢因时，发现这位向来友善的营销人员对苹果充满了怨怼。在作为苹果大学联盟的主管加入公司前，卢因是一位游泳健将。最近的公司重组几乎毁掉了大学联盟，现在的卢因已经被踢出了大学特别销售组，转而负责整个教育市场。他感到筋疲力尽，决心有所改变。

硬件方面，乔布斯找了里奇·佩奇（Rich Page）与乔治·克劳。佩奇是一个系统方面的天才，在丽莎项目中起了不小的作用。当时他与乔布斯有些不和，谴责他在丽莎之后如此短的时间内便推出麦金塔，是在毁了这家公司。三年过后，佩奇与乔布斯有了共事的基础。佩奇此前一直忙于做所谓“大Mac”（Big Mac）的项目。大Mac是虚构的“3M”计算机的苹果版本，拥有100万像素的显示屏、100万字节的内存，每秒钟能执行100万次指令。当让-路易·加西接手麦金塔部门时，佩奇的原型机已经接近完工。

加西不喜欢大Mac。尽管它的功能强于当时大多数个人计算机，但本质上讲，它的工作方式仍然类似于最初的麦金塔。加西迷恋“插口”，即计算机上允许把外围设备插入机器的扩展接口。乔布斯认为插口既凌乱又过于复杂，而加西完全不同意。这是加西不喜欢大Mac的官方理由。而非官方理由则是，加西正忙于建立他自己作为新的麦金塔大首领的地位。当一位新的雄性熊王掌管熊山的时候，它要做的第一件事，就是除掉那些带有前任熊王遗传特征的小熊。到了加西这儿，就意味着取消各种项目。“让-路易把我的原型机跟我和乔布斯联想到一起了。”佩奇回忆道，“自从加西接过了部门的领导权，在6到12个月之内，他不想让任何看上去跟史蒂夫有瓜葛的东西走出大门。于是他就把大Mac项目砍掉了。”佩奇因为大Mac的死亡而十分激愤，非常乐意与乔布斯讨论他开办新公司的想法。

克劳对加西的印象也不好。“我喜欢让－路易这个人，但他在各方面都恰恰是史蒂夫的对立面。”克劳说，“与史蒂夫一起工作的时候，你时时刻刻都清楚你该干什么。而让－路易是那种什么都不肯明说的人。”克劳正在另一个独立项目上工作，每当公司发生动荡的时候，这个项目的各个团队都会遭到冲击。当克劳去见加西的时候，他发现加西不愿意跟他说话。晚上晚些时候加西也没有给他打电话。“这种状况延续了大约6个月后，我联系了史蒂夫，问他是否打算做点什么，因为我真的准备离开去做点别的什么事了。史蒂夫说：‘是的，我确实想干点什么。’”

乔布斯找的最后两个人都是麦金塔项目的元老：离开公司后又回来了的用户界面专家巴德·特里布尔，以及财务总监苏珊·巴恩斯（Susan Barnes）。

小组会面聚餐的地点是乔布斯位于伍德赛德（Woodside）的豪宅，尽管略显破败。乔布斯前一年从美国银行（Bank of America）的创始人詹尼尼家族（Giannini family）手中买下了这所房子。这是一份独特的产业，它当前的主人基本上没有什么家具，这更增加了它的独特性。乔布斯也没有给房子供暖，全年都保持着15℃的凉飕飕的温度。“直到来这里见到了房间里的人，我才知道史蒂夫此前一直在和谁谈话。”克劳回忆道。这批人整晚都在吃素食披萨，喝加州葡萄酒，对苹果则有说不完的抱怨。**真是一团糟**，所有人都深以为然。乔布斯跟这5个人讨论了他建立一个新的计算机公司的想法。当然这会有风险，但他们中不止一个人私下对他说过辞职的打算。事实已证明，计算机领域是一个成功的商业领域，现在是在这个领域另起炉灶的机会了，他们只需要信任他。然后他们就必须入世，聚神，并脱离苹果。

* * *

1985年6月25日，比尔·盖茨和微软市场应用部总监杰夫·雷克斯（Jeff Raikes）给苹果发了一份机密备忘录。长期以来，盖茨与乔布斯亦敌亦友，但永远都是竞争对手。他们同岁，都是辍学大学生，都是在1975年1月《大众电子学》的封面文章宣布Altair 8800问世之后，义无反顾地投身于计算机领域。之后,他们又都认识到施乐 PARC 的内在价值被白白浪费了。盖茨在提到这件事的时候说,这就如同他悄然潜入一个富有的邻居家,准备偷走电视机,却发现乔布斯已经捷足先登了。正如苹果吸引了许多 PARC 的昔日精英来为自己创造丽莎,盖茨也雇用了 PARC 杰出的匈牙利计算机科学家查尔斯·希莫尼(Charles Simonyi),由他负责研发 Bravo 软件,一款"所见即所得"的文档编辑器,后来成为微软的 Word。尽管乔布斯曾经说,如果盖茨"年轻的时候能嗑点儿药,或者去寺庙修行,他的眼界就能开阔一些",但这并不是他们之间的显著差别。虽说盖茨确实没有在 1973 年艰苦跋涉跑到印度,但他也并没有逃脱反主流文化的魅力吸引。有一个关于比尔·盖茨服用迷幻剂的故事,讲到他死死地盯着一张桌子,感觉桌角要刺穿他的眼睛。在《花花公子》的一次采访中,盖茨没有证实故事的真实性,但也没有否认。

如果盖茨在 6 个月之前发来这份备忘录,它很可能会被转给乔布斯。但乔布斯那时已经被流放到了"西伯利亚",盖茨的这封信就送交到了约翰·斯卡利与让-路易·加西的手中。盖茨与杰夫·雷克斯都对苹果极为熟悉。盖茨曾经为麦金塔研发过软件;而在被微软收至麾下之前,雷克斯在 1980 年曾是这家库比蒂诺公司的雇员。盖茨是麦金塔操作系统的坚定信奉者。"下一代有趣的软件将在麦金塔上而不是 IBM 个人计算机上完成。"他在 1984 年 11 月告诉《商业周刊》(*BusinessWeek*)。然而,就他而言,个人计算机的前途依赖于软件而非硬件。只要他在一种操作系统上占据优势,而这种系统又成为公认的行业标准,那他就所向披靡了。

"毫无疑问,苹果在个人计算机领域是技术革新的引领者。"盖茨在他的信中指出,"这一地位意味着,苹果必须对新的先进技术创立一套标准……苹果必须使麦金塔成为标准。但是如果没有其他的独立支持,没有任何一家个人计算机公司能创立这项标准,即使 IBM 也无法做到这一点……行业发展至此,在没有其他个人计算机制造厂家的支持和由此得到的公信力的情况下,苹果无法创造任何标准。因此,苹果必须公开麦金塔的设计架构,以此取得他们所需要的支持,从而获得足够的力量创立一种标准。"

5 个星期过去了,盖茨还没有从苹果的代表人那里得到任何答复,于是他写了第二封信。这次他提到了将接受麦金塔操作系统的三个公司的名字，而且强调了他愿以任何方式参与这一合作的热切心理。“我将在许可方面竭尽所能予以帮助，”他说，“请打给我。”谁也没有打这个电话。加西感觉，允许别人创造他们自己版本的麦金塔肯定会冲淡他在做的这件令人兴奋的工作。至于斯卡利，他说，“我看不出有什么方法可以许可麦金塔却又不摧毁这个公司”。盖茨简直疯了。他无法相信，苹果愿意错失这样一个塑造计算机行业前途的机会。那年 11 月，他推出了自己朴实无华的操作系统。由于找不到更好的名字，他就称这一基于图形用户界面的操作系统为“Windows”。

* * *

“苹果在每三个月的第二个星期五会召开一次董事会，”里奇·佩奇回忆道，“这样算的话，它的召开日期应该是 13 日，星期五。我不知道是谁做出的决定，但这次会议被挪到了 12 日星期四召开。”1985 年 12 月 12 日，史蒂夫·乔布斯在董事会会议上宣布，他正在计划建立一个新公司。“不要担心，”他说，“这个新公司不会与苹果竞争。我打算带走几个低级别的员工去制造一种高端计算机，目标是教育市场。”董事会成员对这个提议出奇地赞赏。乔布斯以后不会再烦他们了，而苹果失去的不过是几个初级编码员，没了他们公司大概也能活。当时没人提这些“低级别”人员是谁的问题。“我不知道是他没有说，还是他们没有问。但假定这些人都不是高级人才确实有点天真，对吧？”佩奇说，“其实，你只要用半个脑袋想一想，看一看当时的情况变化得罪了哪些人，就差不多能猜出是哪些人要走了。”第二天，乔布斯写了一张便条给约翰·斯卡利，上面罗列了他提到的那些“低级别”人员的名单。那天上午，卢因、佩奇、克劳、特里布尔和巴恩斯开车来上班，并递上了他们的辞呈。人们对此反应不佳，说什么的都有。“苹果要疯了，”克劳回忆道，“这些人可不是些什么低级别的员工。”斯卡利大为光火，并坚持要把这 5 位叛逃者押送出苹果的地盘。

到了第二周，苹果提起诉讼，说乔布斯是一个城府极深、老谋深算的恶棍，说他捻动着八字胡子，策动了一次“邪恶的阴谋计划”。这有些反应过度了。乔布斯在苹果的时候，董事会认为他基本上是一个毫无用处的经理人，怎么现在又突然认定他是块无价之宝呢？简言之，这是一种不由自主的膝跳反应；这种反应更像是来自一位被抛弃的恋人，而不像一个心怀怨恨的市值 10 亿美元的公司。乔布斯的反应也惊人地缺乏远见：他立即出售了几乎全部的苹果股份，套现 1 亿美元以上，只留下了 1 股，这让他有权得到年度股东报告。［考虑到当时苹果股价下滑（每股只有 18 美元），在他离去后却持续上涨，乔布斯此举让他差不多损失了 7 亿美元，只要他坚持到 1987 年年底，这些钱就全是他的了。］在诉讼进行的过程中，乔布斯和丹尼尔·卢因趁机在全美旅行，访问各所大学，有时逗留时间达一周之久。“说说你们心中理想的计算机是什么样子的？”他们这样问。有些答案非常特别，有些或许含糊得令人发狂：“我要为下星期二的课写一个程序。在别的计算机上，写这样一个程序都需要 4 到 5 个月，但我没有这么多时间。我也没有钱买别人的 4 到 5 个月的时间。所以我最迟要在下星期二得到这台计算机和一个研究生，而且我必须这样做，我们可以在这件事情上耗费大约两天。”好吧，乔布斯和卢因只好就此推理，这个人需要一台**又快又强大**的计算机。

没过多久，苹果便撤销了诉讼，因为他们意识到，向公司的联合创始人提出诉讼会让世人觉得这是高科技界的弑父行为。事实证明，叫停苹果的律师是一件更为困难的事情。苹果雇用了一家名叫布朗与贝恩（Brown & Bain）的公司，这家公司专门做计算机行业的法律诉讼，其主要合伙人是一位名叫杰克·布朗（Jack Brown）的诉讼律师。布朗时年 58 岁，经验丰富，根据硅谷的传说，他从来没有输过一场官司。当苹果说他们不再起诉乔布斯的时候，布朗已经嗅到了血腥味，而且已经热身结束，正准备把他的对手撕成碎片。要让他停止，说起来容易做起来难。“杰克就像一头斗牛犬，”里奇·佩奇回忆道，他也名列被起诉名单，“他想把我们这些人扑到地上一口吞掉，就好像是一块猪肉排……他想把他的律师生涯纪录变成 47 场全胜，无一败绩。”最终，布朗还是被说服停止了行动，而乔布斯同意在 6 个月内暂停雇用更多的苹果员工，无论级别高低。最后，乔布斯终于可以随心所欲地开他的公司了。

* * *

在《跨越鸿沟：向主流顾客营销高科技产品》（*Crossing the Chasm: Marketing and Selling High-Tech Products to Mainstream Customers*）一书中，硅谷咨

询专家杰弗里·摩尔（Geoffrey Moore）提到了技术采用的钟形曲线。实际上，它是一种如山起伏升降的图形。它里面包含五种不同的范畴：革新者、早期采用者、早期大众、后期大众和落后者。在每两个相邻的范畴之间都存在着一个小裂缝，如果这个时刻发生了致命的错误，消费者有可能会全部离开，不再回来。这些裂缝中最大的那个，存在于早期采用者与早期大众之间。它呈现了被少数勇敢的先行者挑选的产品，和从起步阶段就进入主流的产品之间的一个重要差别。1984 年年底，麦金塔有了它的早期采用者。正如前面提到的那样，他们中的很多人之所以买麦金塔，仅仅在于它所代表的某种希望。但是，要想让大众对麦金塔感兴趣，只有希望是不够的。一旦第一波早期采用者得到了他们的麦金塔并开始在家中使用，销售额便下降了。正如 Apple II 与 VisiCalc 的情况一样，麦金塔极度需要一个杀手级应用程序，这个利器非常重要，它要让一批潜在的目标顾客离开了它便无法生存。苹果找到了这一杀手锏，即一款名为 PageMaker 的桌面出版软件。

PageMaker 是保罗·布雷纳德（Paul Brainerd）的梦幻产品。从相貌来说，布雷纳德不像是商人。布雷纳德身材瘦长，一头凌乱的金发，活脱脱一个计算机极客；他偶然发现了一个能够改变世界的主意，并先人一步实现了它。布雷纳德做过报纸编辑，后来加入一家生产高端智能终端的公司亚特克斯（Atex），训练有素的专业人士可以用这些智能终端数字技术为报纸与杂志制作广告。这在当时非常具有革命性。在亚特克斯这类公司出现之前，印刷版面都必须手工费力地拼凑而成；需要用剪刀剪出大字标题，用熔融的热蜂蜡把它们贴到纸上固定下来。然而布雷纳德看出，只要有人能创造出合适的软件，这一过程便可以往前推进一步。在麦金塔发布的那个月，布雷纳德刚巧失去了他的工作，因为柯达公司（Kodak）收购了亚特克斯，随后关闭了它的西雅图分部。布雷纳德召集了四个以前的同事，开始在一个他称之为“桌面出版”（desktop publishing）的新领域里大干一场。他们的新公司名为阿图斯（Aldus），取自 15 世纪的威尼斯印刷商阿图斯·马努迪乌斯（Aldus Manutius）的名字，他发明了斜体字与分号。布雷纳德自己投入 10 万美元作为启动资金，另外 4 个工程师同意只拿他们过去工资的一半。他们计划用5年时间把公司做起来,然后就卖掉赚一笔大钱,再不参与市场上的激烈竞争。阿图斯公司的每一个人都会发大财。

具有 WYSIWYG 功能的麦金塔看上去与桌面出版软件是绝配。而麦金塔带有的激光打印机 LaserWriter,让二者的配合看上去更加天衣无缝。这种激光打印机售价7000美元,比它最有力的竞争产品的售价低两万美元。这种打印机的逻辑电路板正是伯勒尔·史密斯设计的,是史蒂夫·乔布斯被剥夺权力之前最后一次创造力爆发而做出的产品。布雷纳德的桌面出版程序是对苹果打印机的理想补充。有史以来第一次,用户在家中可以快速而方便地使用过去只有排版精英才能接触的那种技术。PageMaker 相当于全世界的编辑使用的简单的硬纸板,只不过没有了现实中剪切粘贴过程固有的混乱。可以不断地试验是其最大的特色。没有了传统的剪贴带来的成本与时间耽搁,用户在打印一款页面布局之前,可以尽情尝试他们想要的排版布局,只要他们乐意。

PageMaker 的第一个版本于1985年推出,最初只能用于麦金塔。它的大获成功强化了计算机作为唯一的专业制图的逻辑机的形象。布雷纳德也发了财,但阿图斯公司并没有形成他之前设想的"万众一心"的合伙人关系。当几个人聚在法院签署企业注册文件时,另外几位工程师发现,布雷纳德把公司的100万股份留给了自己,而他们只有2.7万股。直到他们的股份翻倍之后他们才同意签字。布雷纳德持有公司90%的股份。许多年后,他把他的股份卖给了 Adobe 公司。

* * *

**这次应该更容易些了**。乔布斯已经不再是那位邋遢的21岁辍学青年,而是一个饱经风霜的30岁硅谷老将,几乎装点过全世界所有主要刊物的封面。他的新公司不再从父母住处的车库起家,而是以他自己17250平方英尺、带14个卧室的豪宅为基地。乔布斯所处的环境有所改变,但他一如既往打破传统,在面对庞大的企业时,渴望人们认真将他的新团队视为硅谷最新的反叛力量。"我们不会像我们的邻人那样有那么多的资金,"他说,"也不会有他们那么多的研发经费。我们永远也不会有那么多销售人员。但我们可以**以思想取胜**。我们可以做出最好的产品,我们可以有最好的制造工艺,我们可以采取最好的策略。因为这些东西并不取决于规模,它取决于人,取决于奉献精神与努力工作。”

只是那个残酷的企业改变了。乔布斯的怒火不再对准 IBM,而指向另一家公司,特别是其中的一个人。“去他妈的约翰·斯卡利,去他妈的苹果董事会!”他这样告诉每一个愿意听他说话的人。在短短几个月前,他已经悲伤地接受了这样的事实,他的辉煌已不再,他已经同那些老旧的 Apple III 以及其他计算机历史上的种种沉渣旧物一起,走进了硅谷的废料堆,再也不会有人谈起。如今,他又回到了那间被人传为美谈的车库,而它比他记忆中的更为坚实。

“伙计，我已经忘记创建一家公司有多少活要干了。”乔布斯抱怨着，“确实有一大堆活！你什么都得干。你得为公司起一个名字。你要想一个商标……你得开银行账户。你得建立图表和总分类账簿。你要弄一套管理层信息系统。你得修一间小厨房，买一个咖啡机。所有这些乱七八糟的事情!”尽管在他名下已经有过一家注册资金好几百万美元的公司，但上一次组建公司的时候，乔布斯有迈克·马库拉可以咨询，而且先后有迈克·斯科特和约翰·斯卡利实际上管理各项事务。这一次他要单飞，真正地边干边学。当然，身为史蒂夫·乔布斯,意味着尽管很多事情他要亲力亲为，但并不非得采用跟其他人一样的方式。例如，他要去开企业银行账户的时候，只需要拿起电话，拨打美国银行的号码,要求与该银行的总裁谈谈。很少有人能如此行事，但也没有几个人像他那样,成了硅谷出品的好莱坞超级明星。毫无疑问,乔布斯接到了银行的邀约。他确定给公司命名为 Next,一个孕育着无限希望的名字。**史蒂夫·乔布斯又要做什么?**

* * *

说到苹果的营销,约翰·斯卡利确实是一个杰出人物。Apple IIc 是 Apple II 系列产品线上的第四个产品,同时也是这个公司第一款真正意义上的手提电脑。在这款产品发布的时候,他用一种非常大胆的营销噱头推出这款计算机,就连像史蒂夫·乔布斯这样的完美主义者也印象深刻。“我们大约有两百人聚集在旧金山的这座礼堂里。”布鲁斯·托格纳兹尼还记得,“每隔两个座位坐着一个我们的人,中间混坐着媒体人员,但他们并不知道我们是谁。斯卡利揭开了 Apple IIc ——大约是现在笔记本电脑尺寸的两倍——的幕布,并把它拿了起来。他说‘这就是 Apple IIc’,然后环顾会场发问:‘大家都看得到它吗?’当得到了否定的答案以后,他说:‘能帮我一下吗?’就在这个时刻,我们伸手从座位底下拿出了一个里面放着 Apple IIc 的包,把它交给了身边的人。会场里只剩下清晰可闻的惊叹声。”

对于史蒂夫·乔布斯的黯然退场,华尔街没有几个人感到惋惜。由于苹果上一年业绩凄惨,公司股价仍在下跌,但当极有破坏力的乔布斯离开苹果的消息传出后,股票应声上涨了 1 美元。苹果内部的情况与此不同。不需要看到任何一件表示不满的 T 恤(上面印着“**我们想要我们的乔布斯回来**”),斯卡利也能意识到大家对他这位来自东海岸高管的悄声谴责:他其实并不真的懂科技;他鸠占鹊巢,闯入公司,踢走了富有远见的公司联合创始人。“史蒂夫在的时候我从来就没有遇到过任何困难,因为我们显然是一条战壕里的战友。”斯卡利提到后乔布斯时代苹果内部的秩序维持时如是说,“他离开之后,情况确实非常艰难,因为我们俩之间的摊牌让人产生了很糟糕的情绪,而实际上情况并非如此。结果便是我需要找出激励苹果人的方法,让他们知道,我们仍然会是一个具有创新精神的公司。”*

1986 年年初,在历时三天的苹果世界会议(Apple World conference)上,斯卡利发表了他有关苹果应该如何向前迈进的宣言。他首先说到了苹果缺乏与美国企业界之间的历史联系,说到了苹果的精神和灵魂,还有那些热切追随苹果步伐的新兴公司应该永无畏惧;他用一种近乎音乐剧《梦幻骑士》(*Man of La Mancha*)中的堂·吉诃德的口吻说出这些,要“敢于做不可能的梦”。他特别提到了发生在得克萨斯州卡罗敦(Carrollton)的苹果工厂的故事,一年多前,第 200 万台 Apple II 计算机在那里走下了生产线。这家工厂

---

* 真相就是,确实存在着某种凛冽刺痛的感觉,对于史蒂夫·乔布斯来说尤为如此。在此后的许多年里,斯卡利对乔布斯都很热情,但乔布斯永远不会原谅斯卡利把他踢出了苹果。

被关闭了，因为苹果的生产线要转移到新加坡；但据斯卡利说，这些员工为曾有机会制造这样的产品而感动，于是在最后一次来工厂工作的时候，他们身上穿着印有“Apple II 永在”的 T 恤。**现在，重点来了！**“我的目标是让苹果成为世界上最令人振奋的公司。”斯卡利说，“为什么‘令人振奋’如此重要？因为苹果想做的那些事情需要激情，而不仅仅是一个人进来拿上一张工资单，然后每周工作 40 个小时那么简单。它需要那种想改变世界的真正的激情。”

光凭斯卡利自己是无法改变世界的。他对于营销了如指掌，但在技术方面他需要仰仗他人。现在乔布斯已经不在苹果公司了，他转而向艾伦·凯寻求帮助，后者为雅达利工作了三年，于去年转投苹果。凯曾被誉为“苹果之友”（Apple Fellow），这是公司为它的科学家授予的最高荣誉。一天他来见斯卡利，向他提出一项警告。

“下次我们不会再有施乐了。”他说。

“你是什么意思？”斯卡利问道。

凯原原本本地告诉斯卡利，苹果的技术最初来自施乐 PARC。

“既然如此，我们该怎么办？”斯卡利说。

凯解释了他自己的理论，每一个想法从发明到商品化，都需要大约 20 年的时间。“下一批伟大的想法正在全世界的实验室里酝酿。”他说。

“他是我的老师，是我的向导，”斯卡利回忆道，“他带着我四处巡游，我们走进实验室，看到了许多令人惊讶的事物。由此，艾伦开始描绘 20 年后的个人计算机可能是什么样子，而我想到了要为这种计算机命名。我把它叫作知识导航员（Knowledge Navigator）。”知识导航员实际上融合了斯卡利所看到的最好的事物。其目的并不是要创造一种能在几年内走向市场的产品，而是要对计算机界的长远前景投去迷人的一瞥。毕竟，如果人们认为乔布斯在 Next 无论做出什么都必定惊人，那么他们要等一下，直到他们内心能想象出一个微型便携计算机的概念。这种计算机形状扁平，如同一个茶盘，用户可以对它发话，提取任何他想要的信息。这一切或许都会在一个指定的日期实现：2011 年 9 月 16 日，当然，这个日期不见得比其他任何日期更好或者更糟。为了阐述这一概念，斯卡利授权拨款 6 万美元，安排了 6 个星期的拍摄计划，拍一部简短的科幻视频。“我说：‘我在想我们如何才能用某种尚未存在的事物激励人们呢，于是我去见乔治·卢卡斯，问他是否有方法让我们拍出一部能创造真实的幻象的特效视频。’”斯卡利回忆道。为了激励他们，制片团队指定拍摄人员阅读威廉·吉布森的《神经漫游者》，以及斯图尔特·布兰德的最新著作《媒体实验室》（*The Media Lab*）。布兰德在这本书中讨论了他对一个充满人性化的报纸和原物大小的全息图的未来的希望。出于生产的目的，知识导航员本身是用涂了油漆的木头制作的。“最终，知识导航员上了《财富》杂志封面以及许多其他地方。”斯卡利说，“它看上去非常像一种叫作 iPad 的产品。这并不意味着我知道如何做一台 iPad，我只不过是在运用我的市场营销经验来创造一种图景，它将证明……苹果仍然可以是一个具有创新精神的公司，即使它非凡的联合创始人已经离去。而这种方法的效果相当好。”*

* * *

还有比一个好的公司商标更“正经的事”吗？苹果的标志性商标是一位新来的艺术总监在一天之内创造出来的，别去介意这个，这一次，乔布斯铁了心要正正规规地做生意。几位一流图形设计师前来表达自己的想法。“在我们看到的 15 个设计中，有几个还不错，我们或许会为此支付几千美元。”里奇·佩奇回忆道。但对于乔布斯来说，还是不够好。乔布斯要的不仅仅是一位一流的图形设计师。他想雇用的是世界上最好的设计师。他到处询问，有好几个人提到了保罗·兰德。兰德是一位 72 岁的耶鲁大学教授，曾经为包括美国广播公司（ABC）、联合包裹服务公司（UBS），还有 IBM（颇具讽刺意味）设计过企业标识。苏珊·卡蕾和大卫·凯利［后者现在已经与迪安·霍维分手，正在经营一家叫作大卫·凯利设计公司（David Kelley Design）的机构］做了许多工作说服兰德，让他意识到，乔布斯是一个值得为

---

* 如果形式因素本身被视为尖端开发者社区里的计算机的未来，事实证明，斯卡利提出的这一切开花结果的日期准确得惊人。当 2011 年 10 月 4 日，苹果宣布 Siri 语音助手功能将成为 iOS 5 与 iPhone 4S 的关键部分时，斯卡利 24 年前对自然语音助手将在某种触屏苹果产品上出现的预言日期，与实际日期相差不超过一个月。

之服务的顾客。“兰德对于计算机什么的根本不在乎，但他被史蒂夫的个性和他想把每件事都做到极致的劲头吸引了，”凯利回忆道，“这就像两大强力之间的碰撞，而他喜欢迎接挑战。”

兰德或许喜欢与乔布斯打交道，但他要起价来也毫不含糊。他要求预付10万美元，而且只做一次设计。如果乔布斯不喜欢，很遗憾，那就另寻高人。由于兰德是IBM公司的顾问，他告诉乔布斯，如果想要使用兰德的设计，他得向东海岸的这家巨头请求批准。如果事情反过来，乔布斯决不会让他的敌人跟他用同一位图形设计师。尽管如此，他还是打了个电话给IBM，结果他发现……对方同意了。这是乔布斯与他过去诋毁的公司之间多少有些出人意料的伙伴关系的开始。乔布斯也同意了兰德提出的条件。这位设计师走进工作室，两个星期就设计出了商标。这是一个倾斜28度的黑色立方体，用橙、黄、绿、紫四色拼出了公司的名字。作为一种夸张，兰德用了大写字体，但有意识地用了小写的“e”。他在一本附带的小册子中解释，这可以代表多重意义，如“教育（education）、杰出（excellence）、专业知识（expertise）、独一无二（exceptional）、刺激（excitement）、$e = mc^2$ 等。自然，“昂贵（expensive）”不在此列。“别紧张，这不是我的设计。”当兰德在公司的第一个休息区递小册子给几位成员的时候开玩笑说，小册子的封面是普通的白色。“我想，看到封面的时候乔布斯蒙了，他心里一定在想：‘天呐，10万美元打水漂了。’”尽管如此，NeXT的员工还是对这种挥霍无度的开支感到震惊。从那时起，只要在乔布斯听不见的情况下，他们就会开玩笑地用“毫－商标”（milli-logos）作为成本单位。比如，乔治·克劳买了一台示波器，他在报价时或许会说他花了800毫－商标。

无论有意无意，兰德的设计与罗伯特·印第安纳[①] 1964年的“LOVE”形象非常相近，后者也表现了两摞字母，以及对活泼角度的艺术应用。这个图形后来用在1973年的美国8美分邮票上。NeXT是一个在各方面都会回归乔布斯的本源的公司。为了做到这一点，他决定要让公司的结构尽可能扁平化，避免任何不必要的层级形式。例如，名片上不标明特定职位，只有该

① Robert Indiana（1928— ），美国波普艺术家。

人所在的业务范围，如工程部或者营销部。这是为了创造一种公社式的环境，NeXT 的**成员**（不是雇员）为了这个**共同体**（不是公司）的改进一起工作。这种理念也扩展到了工资上面，只简单地分为“创始人”“高级职员”和“其他人”三类。创始人的起薪为 10 万美元，高级职员的起薪为 7.5 万美元，其他人则是 5 万美元。自然，硅谷的传统是，工资数额也结合了优先股权以及许多其他特殊待遇。NeXT 的员工享受免费健身俱乐部会员资格、咨询服务，高达 5000 美元的紧急贷款，在当地买房的低息房贷，以及包括已婚或未婚夫妻的医疗保险。乔布斯同时坚称，他将让每个员工知晓公司的运转情况，但这些情况不能与外界分享。员工能够查阅有关工资的财务记录，因此他们可以核对其他人的工资状况。这种管理体制将摆脱那些通常困扰公司的琐碎争吵。然而，如果有人对这个管理体制属于谁有任何疑问的话，他会在乔布斯对 5 位公司联合创始人发表讲话的休息室得到答案。发表讲话时他站在一块白板面前，白板上写着的是“乔（布斯）主席语录”。这是乔布斯认为他自己将扮演的角色。像毛主席一样，他也是一位革命家，一位游击战战略家，一位哲学家，是一位将带着他的王国——个人计算机产业呼啸着闯入新世纪的人。不管人们喜欢与否。

* * *

10 万美元的商标成了家常便饭，NeXT 的烧钱速度着实惊人。资金从乔布斯的账户如同流水般滚滚而出，好像明天就是世界末日一样。到了 1986 年年底，NeXT 公司已经无钱支出了。削减成本的努力也收效甚微。有一次公司的财务总监苏珊·巴恩斯，坚持要求乔布斯和其他 5 名公司创始人要飞普通舱而不是头等舱去参加一个全国高等教育会议。“让我们吃这种垃圾食品，你们不脸红吗？”乔布斯坐在狭窄的座位上，大声对航班乘务人员抱怨。后来，机组人员对丹尼尔·卢因说，他们听说著名的史蒂夫·乔布斯在飞机上，不知道他能否指出是哪一位。卢因指出了乔布斯，然后引来了这样的回答：“我们觉得也是。”

当然，乔布斯也可以往公司投更多自己的钱，但那样做有什么意义？开始时他抵制住了给公司引入风险投资的诱惑，现在他开始重新考虑这一立场，并同意卖出一部分 NeXT 的股份换取重大投资。他首先要做的是看看公司价值如何。可是说起来容易做起来难，这家公司现在只有几名员工，也没有产品上市。他至今只投入了 700 万美元，但他却莫名其妙地给出了 3000 万美元的神奇估值。这一数值与实际情况非常不符，尽管它有自我推销的意义，要让 NeXT 在上市前取得最高的价值。然而，乔布斯对潜在投资者发出的提议明显受到了冷遇。为了得到 10% 的股份，潜在投资者需要投入的资金差不多是公司已经花掉的一半。什么人会这样做？事实证明，很少有人愿意这么干。

帮助来得有些出人意料。1986 年年底，一部名叫《企业家》（*The Entrepreneurs*）的纪录片在全美上映，其中描述了史蒂夫·乔布斯在白手起家创立一家新的计算机公司时遭遇的困境。确实，乔布斯在影片中展现的第一个形象是他真的在一个花园里刨土；这是一种比喻，代表这位离开俄勒冈州果园社区创建苹果的人正在回归故土。具有象征意义的是，这次乔布斯没有摘苹果，而是在那里拔胡萝卜。《企业家》这部片子拍得不错，但 NeXT 似乎并没有从中得到多少益处。看着公司团队坐在那里高谈阔论，谈论一台根本没有造出来的计算机，这就像高科技版的《等待戈多》（*Waiting for Godot*）。《纽约时报》完全无动于衷。"这部影片中的美国资本主义英雄们不再制造更好的**捕鼠器**，他们喋喋不休地发表言论、开会。"该报发表的影评如是说。不过，至少有一位观影人对之有兴趣，事实证明，他便是那个关键人物。罗斯·佩罗（Ross Perot）是一位 56 岁的商人，来自得克萨斯州的得克萨肯纳（Texarkana）。1957 年他从美国海军退役时还很年轻，他加入了 IBM，并因为在两个星期内完成了全年销售任务而升至顶级销售员的位置。从此，他创办了自己总部设在达拉斯的数据处理公司——电子数据系统公司（Electronic Data Systems，EDS）。很快，这家公司便拿下了一些利润丰厚的政府合同，使医疗保险记录实现计算机化。当 EDS 在 1968 年上市的时候，《财富》杂志称佩罗是"有史以来致富最快也是最富裕的得州人"。与乔布斯一样，在一个企业巨头林立的世界，即使在将 EDS 做大之后很久，佩罗也一直以一个精力旺盛的弱者形象示人。他把电子数据系统公司称为"破烂的小 EDS"，尽管它已经估值 10 亿美元。作为一位反政府的十字军战士，他却靠政府合同发家,因此,他也成了一个乔布斯式的矛盾体。*

但佩罗赚到了钱,而且不是一般的多。他看了《企业家》,第二天就打电话到 NeXT 办公室,告诉乔布斯:“如果你需要人投资,找我就是。”乔布斯整整等了一个星期,然后给他回了电话。佩罗正式派出他手下最得力的三个人,让他们就 NeXT 的情况作出汇报。乔布斯很精明,他曾在几年前接触过 EDS,希望他们投资苹果,但从来没有得到回音。这次他拒绝跟佩罗之外的任何人谈话。他这样做是有充分理由的:任何针对 NeXT 的财务记录进行的正当清查,都会显示这家公司远没有乔布斯说的那么值钱。佩罗或许有些犹豫,但他欣赏乔布斯对待商业短兵相接的态度,便答应来加州与乔布斯见面。乔布斯亲自带领他参观了位于弗里蒙特市(Fremont)的自动化工厂,他计划将 NeXT 计算机的生产基地放在那里。“整个工厂看上去就像科幻电影中的场景,”前 NeXT 材料部主任马特·梅代罗斯(Matt Medeiros)说,“这都是按照史蒂夫·乔布斯的指示建造的,而不是按照任何一位设备制造厂商的指示建造的。”乔布斯似乎一度要搞砸这笔生意,当时他对一个犯了小错误的 NeXT 员工大发雷霆。佩罗就一直这么看着,出奇地淡定。然后他转身对旁边一个人说:“我在他这个年纪的时候也这样,但后来我学到了一点,用蜂蜜能抓到更多的苍蝇。”于是参观继续进行。

乔布斯还有事情需要告诉佩罗。NeXT 的估价再次神秘上涨。他过去不是说 3000 万美元吗? **好吧,现在公司又添置了一个橙汁机还有一个新白板以及**……总之,它现在的估值是 1 亿美元了。佩罗不在乎。他喜欢乔布斯,**给了他一张几乎是随他心愿填写数字的支票**。“我选定了骑师,骑师会选择马匹,然后上场比赛。”他告诉乔布斯,“我把赌注押到你们身上了,接下来的事情就看你们的了。”结果好得令人难以置信。最后,这位骑师得到了 2000 万美元,而佩罗以此获得 16% 的公司股份。

---

* 尽管 EDS 在 1966 至 1971 年间从联邦政府那里得到了 3600 万美元,围绕佩罗白手起家的神话一直延续到了今天。与之对照,与 EDS 最为接近的竞争者,应用系统发展公司(Applied Systems Development Corporation),同期只拿到了 27.5 万美元。甚至就连佩罗在福布斯网站中的说明材料都说,他的财富净估值为 34 亿美元,其来源为“计算机,房地产,**白手起家**(表示强调的字体是本书作者所加)”。

“伙计，如果我们能从佩罗那里得到这么多投资，或许以后形势好转的时候，我们还能得到更多呢。”一位 NeXT 的员工对乔布斯说。

然而，对佩罗而言，投资 NeXT 是注定的事。1979 年，他错失了一个从年轻的比尔·盖茨手中买下微软的大好机会。根据盖茨的回忆，佩罗当时提出的收购价是 600 万到 1500 万美元；佩罗说盖茨想要 4000 万到 6000 万美元。不管怎么说，他没有把握住那次千载难逢的交易。当微软于 1986 年上市的时候，其市值迅速越过了 10 亿美元大关。投资 NeXT 就好比时光倒流。如果有任何人能够超越比尔·盖茨，此人非乔布斯莫属，而佩罗绝对信任他。当时他声称：“就新兴企业来说，它是我 25 年来在计算机行业中见到的风险最小的公司。”*

和斯卡利之前的情况一样，佩罗对史蒂夫·乔布斯印象极为深刻。几年后，在对全国新闻俱乐部(National Press Club)发表讲话的时候，佩罗没有把这位 NeXT 的创始人描述为服用迷幻剂的硅谷坏孩子，而是把他说成全美年轻人的象征，他们受 20 世纪 50 年代美国舒适生活观点的影响很大。在他的描述中，他是“这样一个年轻人，他如此富有才气，以至于中学时代他们就让他坐在斯坦福大学工程学课堂里听课；他如此贫穷，负担不起大学的学费，晚上在车库里工作，摆弄计算机芯片就是他全部爱好。一天他的父亲(就像诺曼·洛克威尔油画中的人物)来了，对他说：‘史蒂夫，你要么搞出能够卖钱的东西来，要么出去找一份工作。’60 天后，在父亲为他做的一个木盒子里，第一台苹果计算机诞生了。而这位中学毕业生真正改变了世界”。这一版的“苹果创造神话”经过了惊人地清理。(这种清理如此彻底，沃兹尼亚克的部分完全被抹掉了。)但这同时也证明，佩罗多么沉湎于史蒂夫·乔布斯神话。此前不久，他在接受《生活》(*Life*)杂志采访的时候反复讲到麦金塔的思想，现在则坚定地集中在乔布斯身上：“这位年轻人在资本密集的行业

---

* 在佩罗入股 NeXT 的消息披露的第二天，发生了一件十分有趣的事情。就在那一天，几位 NeXT 的员工在接待员来之前到公司上班，其中包括副总裁里奇·佩奇。电话铃已经响了一阵了，于是佩奇拿起了听筒，发现对方是《底特律自由报》(*Detroit Free Press*)的一位记者。“罗斯·佩罗向 NeXT 投资 2000 万美元，此事当真?”这是第一个问题。佩奇确认了此事的真实性。记者的第二个问题是：“史蒂夫·乔布斯是什么人?”没有一个人敢告诉乔布斯，说有一家媒体的记者竟然没有听说过他的大名；但当时在场的几位员工都乐不可支。

迎头挑战 IBM,并把他们生吞了下去。”他如是说,俨然一副得州老父亲的骄傲面孔。

佩罗与 NeXT 的关系给这个公司带来了另一项好处。由于他现在坚定地扮演了某种监督长者的角色,两家大型教育机构觉得和 NeXT 建立关系风险不大。于是,卡内基梅隆大学和斯坦福大学各自出资 66 万美元,分别收购 NeXT 0.5% 的股份。对于一个在一年中烧钱 700 万美元的公司来说,这项投资只不过是小儿科,但却说明了当权派对于公司的信心。自创建以来,NeXT 第一次看上去是一个有着坚实基础的公司了。现在,乔布斯拥有公司 63% 的股份。

* * *

1987 年 2 月 6 日,史蒂夫·沃兹尼亚克结束了他在苹果的全职工作。本来,在举办“美国音乐节”之后,他回归苹果,继续作为一名工程师在 Apple II产品线上工作。他发现,尽管这一部门还在为公司带来利润,但它已被视为明日黄花。“在 5 年的时间里,苹果的大方向已经错得一塌糊涂。”《华尔街日报》引用了他的话。沃兹尼亚克的新计划是研发一种万能遥控器,它能操纵从录像机到高保真音响设备的一切机器。他在斯文森(Swenson)的冰激凌室的楼上租了一间小办公室,开始与一位名叫乔·恩尼斯(Joe Ennis)的工程师朋友一起工作了。“感觉像是又回到了苹果早期的日子。”他充满热情地说。沃兹尼亚克无比快乐,他把他的新公司命名为 CL 9,意思是 9 号云(Cloud Nine)。这时,他已经很少跟史蒂夫·乔布斯说话了。1985 年,沃兹尼亚克休假的时候,他过去的朋友从报纸上读到了这件事。当乔布斯发现,沃兹尼亚克正在和他用同一家设计公司为 CL 9 设计原型机的时候,他大发雷霆,并以利益冲突为理由,强迫这家公司停止为沃兹尼亚克服务。为了确保这条信息清楚明白地传达出去,他拿起桌子上的一个沃兹尼亚克的万能遥控器,狠狠地摔到了墙上。然后,他冷静地捡起损坏的设备,递给站在一旁目瞪口呆的青蛙公司(Frog)设计师。“把这玩意儿送还给他。”乔布斯说。事实上,乔布斯与沃兹尼亚克的兴趣并没有天壤之别——尽管这些兴趣展现出来的范围,对他们两人都是很好的总结。

就在乔布斯全国各地跑，与这个国家的高级教育官员喝酒吃饭，劝他们购买 NeXT 计算机的时候，沃兹尼亚克正心满意足地帮助当地学校安装麦金塔计算机。“过去我满脑子就只有计算机，计算机，计算机。”他说，“但如今让我觉得有意义的大梦想，是教育。”他也因时常举办奢华派对而颇有名气，经常一次邀请 1000 多人前往他位于洛斯盖多斯山岭中牧场风格的家中。其中有一次，他用 10 万个氦气球装饰房子，这些气球捆在一起形成了庞大的彩虹。为了助兴，他雇了 30 种角色，从魔术师、小丑、木偶，到受人欢迎的喜剧演员和音乐家。由于担心住处不够宏伟，无法使宾客尽情娱乐，他花 400 万美元雇了一个建筑公司重新改装了这所房子，配上了冥想花园、锦鲤池塘、橡树（用直升机空运而来）和一系列符合他与众不同幽默感的古怪装饰。其中一种是用特殊的运动传感器，引发一场由大猩猩的哼声、狮子的狂吼以及其他各种原始森林中的声响组成的大合唱，这些声音通过附近 CD 唱机中隐藏的扬声器传播。他还把原来的一处洗衣间改装成未来主义的游乐厅，并用天花板上闪闪发光的灯火模拟夜空。毫无疑问，在所有这些东西中，最不寻常的当属一个人工开凿的 800 平方英尺的洞穴。这个洞穴是沃兹尼亚克在他住处背后的山岭侧面挖掘的，洞口由一个飞流直下的瀑布遮住。洞穴里面有仿制的恐龙脚印、海洋生物化石、史前人类的头骨、岩画、闪闪发光的紫晶以及石英层——根据他从附近的加州科学院（California Academy of Sciences）请来的专家的意见，这一切都具有科学上的严谨和精确。“我现在试着过一种简单、平静的生活。”沃兹尼亚克告诉来访的一位记者，向他展现了修道士般的节俭。

* * *

在苹果成为股份公司之后 10 年间，很少有人怀疑史蒂夫·乔布斯的转变，他已经不再是那个服用迷幻剂、不穿鞋子在里德学院四处游荡、看上去衣衫褴褛的古怪嬉皮士了。“那个时候，我和他确实已经没有联系了。”他的老朋友丹尼尔·科特基说，“但是，如果你看看照片，史蒂夫推广 NeXT 的时候正穿着西装。他不得不收敛他所受到的反主流文化影响。”就连那些拒绝相信乔布斯已经完全改变的人，在听到 NeXT 宣布自己的新盟友之后也不得不承认这一点。这个新盟友不是别人，正是蓝色巨人——IBM。“自从我们开始和 IBM 合作，便出现了一件有趣的事情，”乔布斯告诉《财富》杂志，“那就是我们喜欢他们，他们也喜欢我们。”考虑到个人计算机革命的开启，从表面上看，没有比这更奇怪的伙伴了。6 月，当乔布斯应邀参加《华盛顿邮报》出版人凯瑟琳·格雷厄姆（Katharine Graham）70 岁生日的盛大庆祝活动时，这种情投意合就很明显了。《华盛顿邮报》揭露“水门丑闻”时，格雷厄姆正负责监督这份报纸的运营，此举让她遐迩闻名。这一事件最终导致尼克松总统辞职。格雷厄姆是华盛顿最具影响力的人物之一，而乔布斯受邀参加她的生日庆典这一事实本身，便有力地说明了他正在融入这个圈子。受邀者中有时任总统里根，他无疑不希望自己被揭露任何类似的丑闻。

“有一个词让我们聚到一起欢度今夜，”幽默家阿特·布赫瓦尔德（Art Buchwald）举起一杯香槟站起来说，“这个词就是‘恐惧’。”

众人哄堂大笑。不过，让乔布斯来到这里的是另一个词，这个词就是“拉帮交流”（networking）。经《福布斯》（*Forbes*）杂志的出版人马尔科姆·福布斯（Malcolm Forbes）介绍，乔布斯见到了 52 岁的 IBM 总裁约翰·埃克斯（John Akers）。在礼貌的闲聊中，乔布斯状似无意地说道，他觉得 IBM 把软件战略压在比尔·盖茨和微软身上，就是在赌博。

“为什么说这是在赌博呢？”埃克斯饶有兴趣地问。

“我就是觉得他们的软件没什么好的。”乔布斯回答。他继续高谈阔论，说微软只不过是把麦金塔的二流特性嫁接到一个不够牢固的软件框架上。在他看来，这样做实在不够，而且也太晚了。

“你来帮助我们怎么样？”埃克斯问。

乔布斯简直不敢相信他竟然如此走运。他说他非常乐意效劳。

几个星期后，他和巴德·特里布尔造访位于纽约州阿蒙克市（Armonk）的 IBM 总部。乔布斯注意到，这个情境让他想起了当年对施乐 PARC 的访问。但这次是他们自己掌握了未来主义的科技，而 IBM 可能是谚语中说的鸡舍中的狐狸。“我们自问，应该给他们看多少东西，但接着我们就确定，嘿，来的是些公司高管，”乔布斯回忆道，“他们是不可能转身跑到计算机上就开始编程的。”他决定全力以赴显示实力。乔布斯和特里布尔向 IBM 兜售的，是一种叫作 NeXTSTEP 的东西。NeXTSTEP 是一种先进的面向对象的软件，联系 NeXT 的操作系统与应用程序。IBM 对此印象不错。乔布斯成功了！或者至少他认为自己成功了。他一方面享受那种与全世界最大的数据处理公司——每年的业务额多达 600 亿美元——玩一场大游戏的喜悦，另一方面则担心 IBM 可以随心所欲地摧毁他。到了要谈合同的时刻，乔布斯拖延会期，对这笔交易采取了一冷一热的手法。他会为了看上去微不足道的问题大发雷霆，一边高喊着"这种谈判根本就不值"，一边冲出会议室，但几分钟后又会回到谈判桌边，坐到他原来的位置上。有一次，IBM 的律师带着一份 100 多页的合同来到加州，乔布斯迎接了他们，草草翻了几下那份厚厚的文件，直接把它扔进了废纸篓。IBM 的代表完全不知道该如何应对。尽管如此，乔布斯坚持到底，最后颇有收获：IBM 将出资 6000 万美元，换取使用 NeXTSTEP 的权利。NeXT 的营销经理保罗·瓦伊斯（Paul Vais）后来告诉记者兼作家艾伦·多伊奇曼（Alan Deutschman）："在这件事上 IBM 失去了骨气。"

在此期间，NeXT 计算机自身的开发也在继续。从一开始乔布斯就很清楚他想要的不仅仅是一台个人计算机。他甚至不想制造另一台像麦金塔那样"疯狂的伟大"的计算机。这一次，他想要的是那台**独一无二的**个人计算机。研发过程开始后不久，他前往大卫·凯利在帕洛阿尔托的办公室见他。

"大卫，我想听听你的意见，"乔布斯说，"作为一名设计师，你能想到的最简单的形状是什么？"

凯利想了一会儿。

"球体。"他说。

"不对，"乔布斯说，"是**立方体**。"

乔布斯想创造一种标志性的形状，它应该成为计算机界的圆形穹顶。他不是从计算机的内部结构开始，然后建造一个包围着它的外部结构；他想自己选择外形因素，然后让工程师想办法在其内部装入技术元件。乔布斯如此渴望做出一台与现有任何计算机都完全不同的东西，以至于有一段时间他考虑过雇用日本时尚设计师三宅一生（Issey Miyake），让他拿出一种与众不同的外观。最终他意识到，只有一个人能够完成这一任务。这个人便是哈特穆特·艾斯林格(Hartmut Esslinger)。

* * *

艾斯林格是一位直言不讳的设计师,来自德国的黑森林区(Black Forest region)。他比乔布斯年长11岁,从各方面来说,他都和乔布斯一样是20世纪60年代抗议文化的产物,尽管他带有更多的日耳曼特点。“因为我成长于饱受战争摧残的德国,一个仍处于第三帝国暴行桎梏中的国家,我的审美与思想意识的塑造不可避免地受我周围发生剧变的世界的影响。”艾斯林格在他的著作《一线之间》(*A Fine Line*)中回忆道,“那时我们还是孩子,年齿尚幼,无法真正理解战争的概念,但老辈人压低声音述说‘轰炸’与‘斯大林格勒战役’时,我们总是试图理解其中的含义,但这些似乎全都是让我们无法理顺的东西。没有人提到纳粹恐怖或者第三帝国,甚至连我的大家族都没有人提到过;许多年以后我才知道,当年我的家族曾有7位成员死在集中营。”当他居住的那个小村庄的父辈从集中营返回的时候[约翰尼斯·海因里希·艾斯林格(Johannes Heinrich Esslinger)就在其中],他们实际上已经变成了局外人:一群悲伤、充满忧思、脾气火爆的人,任何最微小的挑动都会让他们大发雷霆。哈特穆特·艾斯林格不是什么乖孩子,他经常因为表现恶劣被赶出课堂。中学毕业后他应征入伍,这使他有机会学习工程学。1966年,他在斯图加特大学(the University of Stuttgart)读书时,邂逅了他的第一台计算机。不过,他在斯图加特大学的日子却告一段落了。一天,艾斯林格的机械学教授对他说:“你的图纸做得实在太精巧了。作为一位工程师,你无法制造出这样的实物来。你为什么不试试改学设计呢?”艾斯林格完全不知道还有这样的职业存在。尽管如此,他对此进行了调查,接着便前往德国东部巴登-符腾堡州(state of Baden-Württemberg)一个风景如画的城镇施瓦本格明德(Schwäbisch Gmünd),在那里学习设计。“当听到我做的事之后,我的妈妈晕倒了,爸爸也没有为此而高兴。但我知道,这就是我想做的。”他清楚地记得。在艾斯林格开始学习设计的时候,他的日子过得有些令人沮丧。他习惯于电子工程学的框架,觉得他的同学做的事情有说不出的无聊。“我非常震惊,这些设计师竟然还在设计餐具和愚蠢的家具。我告诉教授我想做高科技，然后他说‘那你就做吧’。于是我开始设计家用电子产品：电子合成器和奇特的收音机。”他设计了一款新潮的时钟收音机，由此引发了一些激烈的争论，艾斯林格说了声“管他呢”，然后接着按自己的想法行事。1969年，25岁的他在一间车库里开办了自己的公司。* “戴手套的冬天很艰难，但我们还是挺过来了。我们在烤炉里烘烤模型，于是烤炉再也没法用来烤蛋糕、烤肉、烤火鸡了，但它很有意思。”没过多久，艾斯林格便吸引了一些大客户。

1982年，史蒂夫·乔布斯找到了他，请他为苹果设计一些东西。那时苹果公司拿出来的设计让艾斯林格感到失望。他说：“Apple II 是一台成功的计算机，因为它是一款创新产品，但它的设计和外围设备看起来一团糟。Apple III 稍微好一点，但太贵了。丽莎也丑得令人难以置信。”但是他喜欢乔布斯；他们都喜欢开快车，做任何事情都追求完美。不但如此，乔布斯还穿着一件比艾斯林格自己的T恤还“更旧更破”的T恤，这在计算机界高层人士中绝无仅有。乔布斯最初的定位无法令人满意。他想让艾斯林格提供的产品设计，能由杰里·马诺克领导的苹果的工业设计团队拼到一起。艾斯林格不赞同这种做法。

“这种方法肯定不行，”他直截了当地说，“按照你的方法，顷刻间就能毁掉我的设计。”

乔布斯此前一直考虑要把索尼风格的设计理念融入苹果产品的视觉语言。众所周知，艾斯林格与索尼公司有合作关系，但他对乔布斯解释说索尼是一家日本公司，而它的产品反映了这一点。苹果计算机需要做的，是让它显得很美国，更具体地说是带有加州风格。自从12岁那年第一次从电影《无因的反叛》(*Rebel Without a Cause*)中看到詹姆斯·迪恩(James Dean)之后，艾斯林格便一直喜爱美国的流行文化。“一个周末，我看了两遍。”他回

---

* 公司最初的名字是毫无新意的艾斯林格设计公司(Esslinger Design)，后来改名为青蛙设计公司(frogdesign)，然后是青蛙设计(frog design)，最后才是青蛙(frog)。就连这个名字——代表着联邦德国[the (F)ederal (R)epublic (O)f (G)ermany]的缩写——也传递着叛逆的呐喊。艾斯林格解释道：“青蛙……总是以小写字母印出，这是对德语语法规则的一种反叛；但40年后，其他的公司也开始采用这种方法。”今天，这家公司在全世界有1600多名员工。

忆道,“这部电影太不可思议了,结果我星期一跳上一辆公共汽车,跑到斯图加特的美国陆军总部搞了一件 T 恤。”艾斯林格的公司得到了苹果的合同,这位设计师搬到加州开业了。他面对的第一个挑战,是重塑苹果的形象,以一种增强苹果设计部自主权的方式。“当时,苹果的设计师要向比 CEO 低四级的工程师汇报。”艾斯林格回忆道,“我向史蒂夫解释,设计必须自上而下。无论什么时候,只要设计不在顶层,它就无法取得效果。他相信这一点。”事实证明,改变这种结构要进行一场艰苦的斗争。“工程师们对此有怨言,因为过去都是他们告诉设计师该干什么,现在情况倒过来了。”他说。尽管如此,艾斯林格的团队开始工作,为苹果找到一种新的设计语言,更确切地说,一种“加州风格”。“每个人都在设计东海岸风格,我告诉史蒂夫,我们的设计必须带有西海岸风格。”艾斯林格说,“我观看了美国土著纳瓦霍人(Navajo)的艺术。他们在沙地上作画。我认为这很有趣,因为正是这些沙子,进入硅谷变成了制造计算机芯片的硅。”当乔布斯离开苹果的时候,艾斯林格追随他告别了苹果。毕竟,这是一生难得的机遇。

＊　＊　＊

在史蒂夫·乔布斯一生最重大的产品发布会前一周,他尽力让自己保持冷静。他站在伯克利一家中学的健身房里,为即将到来的 1988 年 10 月 12 日的 NeXT 计算机发布会排练。这次宏伟的发布会自然不会在这间健身房中举行,而是在旧金山戴维斯交响乐厅(San Francisco's Davies Symphony Hall);但这间体操房可以供他使用,交响乐厅却不行。乔布斯穿着蓝色丹宁牛仔裤和红色法兰绒衬衣,对着无线麦克风反复诵读他精心写就的稿子。他滔滔不绝地背诵着,尽量让每一个字都如同从他头顶迸发出的自然思想。与此同时,NeXT 计算机上展现出一个接一个的图像、一个接一个的声音提示,与乔布斯的词句配合得天衣无缝。在这最后时刻,他真实地感受到了压力的存在,但到了这个商业层次,什么时候不存在压力呢?乔布斯隐隐约约感觉到,在硅谷科技公司的员工中间流行一种笑话,把他和魅力四射的狂热邪教领袖吉姆·琼斯(Jim Jones)相提并论。笑话是这样的,如果你在 NeXT 发布会上的每个座位前放上一杯葡萄酷爱饮料,观众都会将它喝得一滴不剩。**好吧，这至少是 NeXT 团队希望有的效果。**[①]

这次发布会舞台极其简单朴素：只有一个人、一台麦克风、一瓶花，以及 NeXT 计算机。这次惬意聚会仅有的点缀，一个是里德学院的一位物理学教授要演示一个叫作数学软件（Mathematica）的应用程序；还有一个是来自旧金山交响乐团（San Francisco Symphony）的小提琴手登上舞台，和这台计算机一起演奏巴赫的《A 小调小提琴协奏曲》（"A Minor Violin Concerto"），以展示它卓越的音响效果，并以此为发布会画下一个辉煌的句点。为了生动展现这种效果，乔布斯请来了反主流文化表演艺术家乔治·科茨（George Coates）前来助阵。科茨家住旧金山，早在 1969 年便搬入这一地区，兴趣围绕着给他的信息时代环境注入弗朗克·扎帕（Frank Zappa）风格。科茨曾经声称："我喜欢在人工的企业文化之外创造世界。"他对于美学的强调超过了乔布斯。在某种程度上，这是一种巧妙的误导，意在分散人们在这一事实上的注意力，即这次发布会比原定日期推迟了至少一年。这整个是麦金塔重演，除了麦金塔当时在苹果内部是最高机密——如同曼哈顿计划的库比蒂诺版本；而 NeXT 计算机是在大庭广众之下公开酝酿一场革命，那些八卦的专栏作家们全都期待着这个问题的答案：乔布斯是否真的只是昙花一现的明星。

苹果内部的一些人也鹦鹉学舌，不无嘲讽地说 NeXT 在三年来推出的拳头产品只不过是一件 T 恤。有人甚至更进一步，模仿保罗·兰德那个声名狼藉的 10 万美元商标设计了一种胸章。但他却对除了 Ne 之外的字母进行了一些改动，现在的形式是"NeVER"（"永远不"）。各方的压力蜂拥而至，乔布斯可能会在准备好之前匆忙行事，拿出不成熟的产品，但那就不符合他完美主义者的风格了。"管理一个项目时，你需要努力掌控三件事。"里奇·佩奇说，"其一是内容，也就是说这个项目是什么。其二是成本，通常用有多少人为这个项目工作来衡量。其三是日程安排。你最多只能控制其中的两

---

① 这里指的是 1978 年发生于圭亚那的琼斯镇（Jonestown）的人民圣殿（The People's Temple）教徒集体自杀事件。人民圣殿领袖吉姆·琼斯说服其追随者前往琼斯镇，然后他命令这批追随者饮下掺兑了氰化钾的葡萄酷爱饮料自杀。当时在琼斯镇的 1100 名邪教信徒中，有 913 人遵从他的命令，饮下饮料自杀身亡。

个，而不得不放弃第三个。”对于 NeXT 项目来说，项目规模没有缩减。事实上，只是通过投入越来越多的金钱，才勉强完成了项目的日程安排。而且，推迟只不过是暂时的烦恼。6 个月过后，人们不会记得某种产品是不是按时推出，他们记得的是这种产品的质量如何。

在伯克利的中学健身房里，排练进行得有条不紊，突然间，一个软件错误让 NeXT 计算机停止工作了。屏幕卡住了。站在两侧的 NeXT 的员工们的心中也一片冰凉。他们肯定，一次典型的乔布斯式风暴即将袭来。但这种情况居然没有发生。

“我们会解决的，”乔布斯冷静地说，“没问题。”

大家明显松了一口气。NeXT 计算机或许还会出现软件上的问题，但至少它看上去十分漂亮。哈特穆特·艾斯林格在工业设计方面超越了自己。NeXT 计算机的外观是一个漆黑的镁立方体，刚好一平方英尺，犹如一个来自外星球的产品。铸镁合金不仅让它看上去具有令人愉悦的完整性，让人觉得这台计算机可以让任何没有创新的“米色盒子”黯然失色，而且也为射频干扰问题带来令人满意的美学解决办法。这种方法的确解决了不少问题，但带来的问题也同样多。其中之一是，镁的凝固速度远远快于塑料，因此在注塑成型过程中更容易出现气泡或者其他瑕疵。另一个问题是，镁的活性很高。“由于镁粉落入了水中，我们的一家工厂……发生了爆炸。”NeXT 负责材料的主管马特·梅代罗斯说。镁的价格也高得出奇。单模具的成本便高达 65 万美元，而且还必须在全国范围内寻找能够制造这种东西的厂家（最后总算在芝加哥找到了一家）。

另外一个问题是颜色。乔布斯花了很多时间，纠结哑光黑色的明暗达到什么样的程度才最与这种计算机相配，最后总算在一种唱片转盘的音臂上找到了完全合用的色调。但这种明暗度几乎无法调配。罗斯·佩罗向乔布斯介绍了通用汽车公司的油漆专家，他们对他提出的难题给出了建议。他们说，黑色是最容易暴露表面瑕疵的颜色。乔布斯没有理会他们。**没有问题**，他说，**我们保证没有任何缺陷**。他确实做到了这一点，但代价昂贵。最后，完成一台机箱所花的钱，是团队预算的 10 倍。尽管大学方面说过，他们愿意以低于 3000 美元（最好是 2000 美元）的价格购买这种计算机，NeXT

计算机现在的定价却达到了6500美元。

产品发布会的这天终于要来了。他们发出了4500份请帖，邀请朋友、支持者和行业舆论引导者前来共襄盛举。等待的人群中有修正主义的嬉皮士、顽固不化的雅皮士，他们的衣着混搭着无尾晚礼服、西装、开襟毛衣与灯芯绒夹克——好像这些应邀前来的宾客并不确定，他们是要去夜场剧院、孩子的洗礼，或者葬礼、业余爱好者的聚会，还是一年一度的商业聚会。从某种意义上说，这五种情况都包括了一点。“我昨晚一宿没睡，”一位匿名与会者说，“这就像我6岁那年的圣诞节前夜一样。我知道我会在早上得到一套火车模型。但直到我打开盒子真正看到它之前，我似乎都觉得这件事不会真的发生。”就连那些媒体工作者也免不了有些夸张。里克·斯莫兰（Rick Smolan）是一位受人尊敬的摄影记者，曾为《时代》周刊、《生活》以及《国家地理杂志》（*National Geographic Magazine*）工作，他把NeXT的来临与有机会目睹托马斯·爱迪生为留声机揭幕相媲美。他并不是为了自己出席发布会，而要为了他的后代。“我不想告诉我的孙辈，我得到了邀请，但却没有与会。”他说，并解释了他为什么带着熊猫眼，熬夜从东海岸赶来参加。

乔布斯真正的强项之一，是产品演示，他将在回归苹果后一次又一次地证明这一点。即使除去公开演讲时要吸引观众，产品演示也是最伤脑筋的事情。经常出现的情况是，软件仍旧会有小的瑕疵或者并不完整，而这样的后期阶段出现一个小故障或者死机都可能是灾难性的。由于NeXT的软件尚未完成，旧金山交响乐厅的后台准备好了第二套系统。乔布斯在观众面前运行系统A，在观众看不到的后台，一群兴奋的工程师在系统B上照做他的每一个步骤。这两个系统都连接在一个屏幕上，一旦某项应用失灵，这个屏幕可以转而展示另一个系统。台下的观众并不知情。“我想代表NeXT公司中的每一个人说一句，很高兴能回来。”乔布斯以此开场，大步走向舞台。台下掌声雷动，他的双手紧扣在胸前，好像在祷告。他一一演示了NeXT计算机的功能，展示了在弗里蒙特市的自动化工厂中拍摄的录像，从那里走下生产线的计算机是“完全未经人类的手触摸过的”；他自豪地说到了NeXT如何“冒着让公司倒闭的风险”，决定在计算机中加入可储存250MB的读写光盘。乔布斯演示了这台机器的播放功能，播放了约翰·F.肯尼迪的就职讲演“不要问你的国家能为你做些什么……”，以及马丁·路德·金的“我有一个梦想……”，这两段演讲都来自20世纪60年代的头五年。最后他说：NeXT计算机并不仅仅是一种工具；它更像是一个“思维伙伴”。

这是一场华美壮丽的三小时表演。之后，记者们一溜小跑穿过走廊，去参加记者招待会。乔布斯再次驾驭了整个场面。对记者的提问，他言简意赅地做出了一个又一个友好的说明。

“你们打算生产多少台NeXT计算机？”一位记者问。

“我们能生产很多，但可能还是不够。”乔布斯冷静地回答，激起了一片笑声。

“对于那些想买你的计算机但又没有在大学读书的人，你有什么话要说吗？”

“注册入学。”他说。

负面的和批评性的评论都被直接忽略了，就连乔布斯批准为媒体准备的素食午饭——奶油干酪与芽菜羊角酥包，外加矿泉水——都没有降低人们高涨的热情。

“这台计算机会取代性爱。”一家杂志的编辑写道。

* * *

1989年，苹果，或者更具体地说是让-路易·加西，为麦金塔第九代产品麦金塔SE/30揭幕。如果继续按照加西从他的上一款计算机麦金塔IIx开始的命名公式，这款苹果计算机将被称为麦金塔SEx，考虑到关于NeXT计算机会取代性爱的评论，这一点多少有些讽刺意味。麦金塔SE/30再次对它的前身进行了重大改进，速度是过去的麦金塔SE的4倍，尽管其价格也显著飙升。这是加西的麦金塔计算机的商业模型，在他的心目中，这款计算机将会是占领市场“右上”(high right)象限的产品。也就是说，在一个反映性能和价格的图表中，麦金塔在这两方面都会居于前列。在苹果内部，加西的咒语是“55或者死”，意思是，他的目标是在麦金塔计算机上实现惊人的55%的利润。

“我们不会牺牲我们的计算机性能来降低它们的价格，”他告诉《信息世界》的一位记者，后者对SE/30高达4369美元的标价颇有微词，“我们做的是本田，我们不做南斯拉夫牌汽车。”他公开称，苹果正在考虑适时引入价格低于 1000 美元的计算机，“尽管在未来两三年间我们还不能这样做”。媒体不在的情况下，他就更加肆无忌惮了。在一次和苹果研发部员工的会议上，有人再次提出了这个问题：公司是否应该开始研发针对低端消费者的产品，就像戴尔和网关公司（Gateway）正卓有成效进行的那样。面对这一问题，加西感到非常愤怒。

据说他当场宣告：“我不会为科技文盲制造产品，去他妈的！”

不管怎么说，在场的大多数工程师都更愿意走高端路线，他们内心由衷地欢呼。**没错！对极了！不要科技文盲！去他妈的！**负责组织和领导能力开发团队的高级经理托比·菲奇（Tobey Fitch）大感震惊。“我当时在房间后面说：‘难道市场上 90% 的人不都是科技文盲吗？难道他们不是也和其他人一样花钱吗？难道那不是我们要解决的问题吗？’”他回忆道。

但加西发话了。为了把这个世界从丑陋、廉价的硬件中解放出来，某种程度的精英主义是人们为了自身利益所必需的。麦金塔 SE 系列产品也有了另一个变化，一种让人们感到高度非乔布斯的特点。这一点不像它的价格那样一望便知，但它还是在人们看不到的地方嗖嗖作响。SE/30 装有内置冷却风扇。

* * *

如果说，标榜反主流文化的 10 亿美元巨头之间曾经有过激烈的对抗，那么这一对抗来自苹果唱片（Apple Corps）（甲壳虫乐队创建的多媒体公司）对苹果计算机公司的诉讼。* 总部设在伦敦的苹果唱片公司成立于 1968 年，几乎比苹果计算机早诞生 10 年。两家公司的最初对峙开始于 1978 年，当时苹果唱片诉苹果计算机商标侵权。这一诉讼案于 1981 年尘埃落定，苹果计

---

* 如同任何公司一样，甲壳虫乐队的苹果公司成功帮助它的创建者蹚过了一趟浑水，即让他们可以一方面保持嬉皮士的情感，同时却又以冷漠、严酷的商人面孔示人。1968 年，出现在《今夜脱口秀》节目上的约翰·列侬在回答主持人约翰尼·卡森的提问时说：“我们的会计上来说：‘我们现在有这些钱。你是想把它交给政府，还是用它干点什么事业？’于是我们决定开个公司玩玩，因为我们现在需要留意我们自己的事儿了。于是我们就开了这家叫作‘苹果’的公司，它经营录音带、电影和电子产品什么的，这些产品之间都有密切关系。”

算机付给苹果唱片 8 万美元,并且在一份协议书上签字永不涉足音乐产业。这看上去相当合乎情理。但到了 1989 年,苹果决定在新版麦金塔计算机里添加一种乐器数字接口(MIDI)管理器,它支持乐器与外围设备连接。这引发了苹果唱片对苹果计算机的第二次诉讼。这个时候,吉姆·里克斯(Jim Reekes)是负责音频与系统音响的高级软件工程师。大体上说,他负责的是一个出力不讨好的工作。“谁也不理解麦金塔计算机中的音响系统,”他说,“它基本上就是一个孤儿。没人在乎它,也没人想用它做什么,于是我就把这项任务接下来了。在之后 10 年里,我就一直干这个。”由于 1981 年的协议,苹果对过多地在这一领域内开展研究有些犹豫,这可以理解。后来里克斯提出,苹果可以研发一种应用程序,用户可以使用该程序下载音乐,并将这些音乐组织成可交易的播放列表,随后录入他们自己的混录 CD 光盘内。这时他的建议被搁置,形同被否决。里克斯的工作压力不小,但幸运的是,他与高级管理层和公司高层政治斗争之间的互动十分有限。现在,作为苹果在音频方面的关键人物,他也卷入了苹果唱片的诉讼案中,被法庭传唤。不时有律师进入他的办公室,拷贝他的文件或者浏览他的电子邮件。英国的一些法律声明不接受书面文件,因此某人,可能就是里克斯本人,将不得不站在法庭上阅读被要求的任何材料。“整件事情愚蠢得一塌糊涂,我觉得非常讨厌。”他回忆道。

一天夜里,系统 7 的工程师如往常一样工作至深夜。这时已经是午夜之后的凌晨时刻,大家已经筋疲力尽,所以脾气特别火爆。里克斯正忙于声音控制面板的工作,通过在用户界面上创造新的语音提示来改进操作系统。“我当时正试图扩展麦金塔在声波方面的能力,”他说,“律师们最终告诉我,我为启动设置的提示音——我称之为‘chime’——得重新命名,因为这个词听起来‘太具音乐感’。这是压倒骆驼的最后一根稻草,现在这种情况已经无法用‘滑稽可笑’来形容了。”大为光火的里克斯对他的同事们读出了这个信息。

“你打算怎么办?”他们问。

“改名字吧,我想。”

“改成什么?”

里克斯想了一秒钟。

“就叫它 Beep(哔哔)好了。”他一本正经地说。

“你不能那么干！如果你用一个听上去像是披头士的歌的名字，整个事情就彻底完了。你本人将会面对一次诉讼。”

“那就告我好了。”里克斯不为所动。

突然间他灵光一闪。他喜欢这个短语的发音方式。**告我好了**(So sue me)。告我好了(So sue me)。

“就是它了，”他说，“我要叫它‘Sosumi’，然后我们就对律师说，这是一个日本词汇，不带有任何音乐含义。事实上，我们将告诉他们，这个词汇的意思是‘毫无音乐含义’。”

这个名字俘获了众人。这个声音也同样如此：其实它就是木琴的一个短音，它以后出现在了每一款麦金塔的操作系统上。

* * *

1989 年 3 月，NeXT 公司宣布，它已经与美国最大的计算机零售商商地公司(Businessland)签署了一项协议，向非教育市场销售计算机。许多人认为这有违诚信。乔布斯曾经说他要为教育界创造一款革命性的计算机，现在他转而要把它卖给大企业？但事实很简单，单靠向高等教育市场销售，NeXT 无法存活。而且，软件开发人员也不热衷于向这样一个市场投入精力，因为这块市场广泛容忍甚至接受软件盗版。像卡内基梅隆大学和斯坦福大学这样的机构或许不大支持这样的做法，但它们投资了 NeXT，因此必须像一个大企业那样考虑问题。事实上，它们也确实是这样做的。与商地公司的这单生意是一种双赢。对于 NeXT 来说，这意味着公司不必再专门训练它自己的销售队伍和技术服务部门，也不必担心专门面向企业的促销。对于商地公司而言，则正如丹·布里克林指出的那样，有了 NeXT 这样一个客户，就像“把一辆玛莎拉蒂放进展厅一样”。

对于 NeXT 要求它完成的任务，商地公司有着无可挑剔的信誉。这家公司成立于 1982 年，到 1989 年，它已经从一家店扩展到了全国范围内的 100 多家专卖店。它的销售额一直沿着一条类似的轨迹行进：1983 年，0.44 亿美元;1984 年,1.57 亿美元;1985 年,3.51 亿美元,然后迅速飙升,到 1988 年已经突破了 10 亿美元大关。尽管这家公司最初专注于为中小企业服务,但公司的 CEO 大卫·诺曼(David Norman)重视向福布斯 500 强企业的高额市场的推进。在计划销售 NeXT 计算机的时候,诺曼声称他们可以轻而易举地达到 1.5 亿美元的销售额。以每台 9995 美元的基本价格(没有折扣)算,这意味着要销售 1 万至 1.5 万台计算机。乔布斯告诉他,这没什么大不了的;NeXT 工厂正开足马力生产数量 10 倍于此的计算机。协议签署的当天,乔布斯邀请商地公司的高管到他家共进晚餐。席间,他与诺曼碰杯,口中说出的祝酒词是:“让我们一脚把某些人踢得屁滚尿流。”

同时,还有其他值得庆祝的理由。乔布斯、佩奇和 NeXT 的材料主管马特·梅代罗斯飞往东京会见佳能公司的高管。这家公司为 NeXT 计算机生产光驱,也为它的打印机生产一种关键原件;他们对于 NeXT 印象深刻,同意投资 1 亿美元,换取 NeXT 16.67% 的股份。到了这时,NeXT 已经有了一个令人震惊的市值:6 亿美元,对于一个只有两百名员工的企业来说,这简直令人难以置信。为表庆祝,这家公司搬到了位于旧金山湾沿岸的雷德伍德城(Redwood City),入驻宽敞的新址。尽管这座建筑物是新的,乔布斯仍旧从头到脚重新装修了一遍。“去掉那台电梯。”乔布斯说,他指的是位于主大厅的那台简朴但功能齐全的电梯。围绕轮椅通道产生的一些担忧,很快被证明没有必要。乔布斯极为赞赏的著名美籍华人建筑师贝聿铭被请来设计了一座特别的独立式楼梯取代了电梯。翻新改造并未到此为止。NeXT 的一切都必须符合最高标准。乔布斯特别指出,员工浴室的地板必须用带有浅灰色薄浆的深绿色瓷砖砌成,甚至专门挑选了需要使用的确切颜色。在一队砖瓦匠工作了几天之后,他走进浴室检查结果。

“薄浆的颜色不对。”他当即厉声说道。

包工头坚持说他们用的是正确的颜色,乔布斯谴责他们说谎,而 NeXT 的员工承认他们真的看不出有什么差别。结果就是,乔布斯下令把整个铺好瓷砖的地板掀起来返工,耗资 3 万美元。

更为极端的是关于会议室的桌子的传说。乔布斯坚持要用花岗岩,而且整张桌子要用一块整石料。许多公司告诉他,由于桌子的尺寸太大,不可能做到这一点，但是他们可以小心地把两块拼成一块，没有人能发现接缝。乔布斯不信这一套；为了能够采挖出一整块大小正合适的花岗岩，他出资让一座关闭已久的采石场重新开工。

NeXT 的其他办公室的装修也遵循这一方针。公共区有价值 2200 美元的椅子，休息室有一张 1 万美元的沙发。你能找到的最贵的带有特制高功率的 T1 电话线的电话是什么？“这种电话，每个房间放一台。”乔布斯说，“哦，不对，每张办公桌上放一台。”他甚至想在他家通上这样一根电话线，这样在需要的时候，他便可以舒适地在家里指挥工作了。NeXT 的电信经理做了一番调查，发现这样做的成本太高，完全不现实，乔布斯不会高兴的。他来到他老板的办公室，向他通报了这个坏消息。

“这样做每个月要花 660 美元。”他开口说。

乔布斯的眼睛根本没有离开他的计算机屏幕。

“我不管，”他回答，“我有钱。”

环顾这些豪华的装饰，NeXT 的办公室就像一个公司的总部，真正具有深沉厚重积淀的公司才能成就的那种样子。丹尼尔·卢因骄傲地对报社宣布，已经有 100 多家福布斯 500 强企业安装了 NeXT 计算机。但事实与此完全不同。卢因的陈述在事实上是准确的，但有意地带有误导性。实际上，他所说的数字是正确的，但所有这些计算机都是出借的，是免费送到对方公司那里进行评估的。除了好莱坞的人才经纪公司威廉·莫里斯经纪公司（William Morris Agency）曾在 1991 年购置了 270 台计算机之外，没有一家公司购买一台 NeXT 计算机。就在 20 世纪 80 年代即将结束之际，商地公司只售出了 360 台乔布斯的计算机。尽管刚刚装修成功的 NeXT 总部还闪耀着成功的光辉，但那只不过是骗人的烟幕弹。还有那座独立的楼梯也是如此。

# 第十章　性、毒品与皮克斯动画

我认为，20世纪60年代似乎代表着人类灭绝前的最后一次呐喊。而它开启的是余下的未来。从此，只会有机器人四处走动，没有感情，没有思维。也不会有人留下来提醒它们，曾经有一个物种叫作人类，他们具有感情与思想。就在此时此刻，历史与记忆正被抹去，很快，就没有人会真正记得，这个星球上还存在过生命。

——华莱士·肖恩与安德烈·格雷戈里

《与安德烈共进晚餐》（1981）

在离开苹果不到6个月，也差不多就在他创建了NeXT的同时，史蒂夫·乔布斯不动声色地投资了另一项生意。或者说，以他所知道的静悄悄的方式——成为《华尔街日报》、《洛杉矶时报》（*Los Angeles Times*）与《综艺》（*Variety*）周刊的头条。他选中并出资购买了大部分股份的公司，是乔治·卢卡斯的高端公司——卢卡斯影业公司（Lucasfilm）的电脑绘图部的一个衍生物。它有一个听起来很古怪的名字，像一个描写某种高科技小玩意的名词，但从嘴里说出时带有好听的西班牙动词的发音。它就是皮克斯（Pixar），正是这家公司，最终让乔布斯成为一个真正的、名副其实的亿万富翁。当然，那个时候，它看上去还不是这样。1988年2月，一则"乔布斯收购了卢卡斯影业的动画工作室"的新闻标题进入读者的视线，一旦这则标题的影响从匆匆浏览的读者记忆中逐渐消散，皮克斯便差不多与这一行业的巨头公司——硅谷图形公司（Silicon Graphics）和太阳微系统公司（Sun Microsystems）一起，被人遗忘了。**这只不过是有钱人购买新公司的轰动故事。**

对于那些高科技业内人士，或者私下了解乔布斯的人来说，这家公司就是一个有钱人的荒唐之举，是一个昂贵的业余爱好；它直接导致乔布斯的银行账户大出血，将会使苹果的联合创始人财源枯竭。那些好莱坞人士也同样感到困惑不已。这只是让乔布斯一脚踏入世界上最有魅力的行业的一次不成功的尝试吗？权威人士甚至给硅谷高科技和好莱坞电影制造业之间这一不大可能的联姻，起了一个半开玩笑的名字。他们叫它“矽笨坞”(Silly-wood)。

但乔布斯知人所不知。他意识到，皮克斯的高科技工匠的梦想，和他本人打算带领苹果实现的梦想完全契合。尽管他们选择的媒介不同，却都隶属于同一场革命：他们都致力于创造一个乌托邦世界，在这个世界，经过重新配置之后，原本毫无优雅可言、捣弄数字的机器，能一跃成为创造优美事物的工具。例如，皮克斯后来的动画片《玩具总动员》(*Toy Story*)，呈现了技术极客反主流文化意识形态的一个温馨的浓缩版本。这部影片中的牛仔式人物伍迪(Woody)代表了 50 年代边远拓荒者，展现了手绘动画的简朴、迷人；而巴斯光年(Buzz Lightyear)的原型是60 年代的空间拓荒者，则带有高科技的诱人光辉。只有当二者融合的时候，奇迹才真正开始。在 10 多年后的 2008 年，皮克斯推出了《机器人总动员》(*Wall-E*)。这一次，影片讲述的是地球被一个名叫“大买家”的邪恶大公司的卑鄙行径糟蹋得不成样子，完全变成了非人类宜居的星球。正是为了强调苹果并不是这样的公司，苹果的工业设计主管乔纳森・艾夫(Jonathan Ive)被派到皮克斯动画的办公室，设计该片的女性机器人形象伊夫(Eve)，她代表了《机器人总动员》中爱的价值取向。这部影片有点像是为 10 岁以下儿童准备的充实、柔化了的麦金塔“1984”广告。在影片中，只有具有自由精神的瓦力和伊夫(其中，伊夫很像一种苹果产品；瓦力至少具有足够的意识渴望拥有一种苹果产品)能扔出隐喻性的铁锤，继而重建地球上遭到摧毁的生态系统。* 斯图尔特・布兰德一定会认同这种做法。

尽管乔布斯在皮克斯的创始人开启旅程 10 年之后才加入皮克斯，他还

---

* 这部影片包含大量对苹果产品的赞赏。瓦力每天晚上都要在 iPod 上观赏他喜欢的影片；他发出的“启动(boot up)”声音正是麦金塔计算机自 1996 年起就一直使用的；甚至反派人物，宇宙飞船公理号(*Axiom*)的自动宇航员奥托(AUTO)，也是由苹果的文字语音转换系统 MacinTalk 配音的。

是能欣赏他们的努力,因为他们拼尽全力也要开始自己独树一帜的革命。当然,这正是他可以参与其中的那种革命。

* * *

阿尔维·雷·史密斯逐步成长为一个硅谷技术宅,但他不在硅谷生活,这是一个明显的地域劣势。他早年是一个新墨西哥州的天真少年,留着平头,穿一双牛仔靴。20 世纪 60 年代中期来到加州的时候,他表面上是到斯坦福大学学习计算机科学,却发现自己突然深陷于反主流文化革命中无法自拔。"换言之,我恰好闯进了这一革命运动中。"他说,"我开始完全不知所措。然后突然意识到:'哦,天啊,我想穿什么就穿什么。'我留了长发,还蓄起了胡须。最终,艺术才是最值得推崇的事物,而不是这种很快就会过时的东西。来这里不到一年,我就入乡随俗,成了一个彻头彻尾的嬉皮士。我在金门公园(Golden Gate Park)服用毒品,和那些著名的音乐家闲逛,还去旧金山的舞厅听感恩而死乐队、珍妮斯·乔普林(Janis Joplin)和杰斐逊飞机乐队(Jefferson Airplane)的演出,这是整个 20 世纪 60 年代的经历。"置身于这些疯狂中,史密斯竟然还有本领完成了博士学位。他的博士论文探讨的是细胞自动机的概念,即一种可以自我复制的机器。此后不久,他在《科学美国人》上发现了一篇有关这一主题的文章,作者是著名的数学家兼科学作家马丁·加德纳(Martin Gardner)。史密斯是加德纳著作的超级粉丝,这些作品也包括加纳德对刘易斯·卡罗尔(Lewis Carroll)《爱丽丝漫游奇境记》(*Alice's Adventures in Wonderland*)中的数学概念进行的著名的注释性研究。他给加德纳写了一封粉丝来信,这位数学家印象很深刻,并回信问是否可以到学校探访他。当加德纳到来的时候,他为与他通信的人完全不修边幅的外貌大为震惊;当他知道,事实上那些思想深邃的中年学者并没有如他所想读过他的书时,他就更加震惊了。"《注释本爱丽丝》(*The Annotated Alice*)是美国每一位瘾君子的必读书,"史密斯笑道,"他不知道这一点。很显然,他对毒品文化一无所知。他对如此多的长头发感到吃惊。我什么也没说。因为我很惊奇,这么聪明的一个人,却对这种文化以及谁在买他的书一无所知。"

毕业之后史密斯前往东海岸，并在那里的纽约大学（New York University）做了副教授。但他发觉自己无法轻易忘记他在湾区见到的一切，也无法逃避一种萦绕于心的想法：他一生中注定要做一些不同于此前此时做的事情。后来他在新英格兰地区（New England）的一次滑雪事故中身受重伤，不得不全身打上石膏躺了三个月。这让他有机会评估自己的人生方向。他一直是个画家，但在30岁生日即将到来之际，他担心他正让这种天赋悄然流逝。“我说：‘阿尔维，你在艺术方面毫无作为，’”史密斯回忆道，“‘你教授这些孩子计算机科学，本质上就是在为越战输血打气。为什么不退出来呢？去加州吧，在那里找点能把计算机和艺术结合到一起的事情。’于是我就去做了。”身体刚恢复得差不多，他就辞去了大学教职，开着福特都灵汽车（Ford Torino）一路西行，只有一个预感：那里会发生美妙的事情。经过不太顺利的第一年——主要是像一个身无分文的嬉皮士那样游手好闲，史密斯碰到了他在纽约的一位老朋友迪克·舒普（Dick Shoup），后者当时正在施乐的PARC实验室工作。

“你在PARC干些什么呢？”史密斯问，心底根本没有为一个东海岸大型公司做研发工作的任何念头。

“我正在做一款面向艺术家的计算机，”舒普回答，“你为什么不过来看看呢？”

阿尔维有些茫然，但很感兴趣。“实话说吧，我弄不明白他在说些什么。”他说。尽管如此，他还是驱车从伯克利穿越旧金山湾，去了帕洛阿尔托，去看看他的伙伴在干些什么。舒普在PARC其他工程师的楼下工作。当这些工程师正为施乐Alto原型机上出现的《芝麻街》（*Sesame Street*）[①]中甜饼怪兽（Cookie Monster）的静止图像而激动时，舒普把一台黑白摄像机连接到了实验室的一台微机上，开始录下世界有史以来第一个数码视频。由此，他扩展了所谓“帧缓冲”，使之可以处理彩色以及各种来源的镜头。他把这种具有革命性意义的新程序命名为SuperPaint。史密斯第一次看到SuperPaint的时候，完全惊呆了。“我看着它，口中说：‘就是它了。这就是艺术和计算

① 一套幼儿教育电视节目。

机技术的结合。'"从那一刻起,他不顾一切地想在 PARC 工作。他知道,要做到这一点,就需要要点手段。施乐的研究实验室聚集了世界上最聪明的计算机科学家。**如果他不能带来一些新的东西,他们为什么要老阿尔维·雷·史密斯呢**?他仔细考虑了自己的艰难处境,决定以一个动画专家的身份向 PARC 的管理层推销自己。由于他没有这一领域的相关背景,他跑到当地书店,花 1.5 美元买了一本普雷斯顿·布莱尔(Preston Blair)的名著《如何做动画》(*How to Animate*),由此掌握了一些基本知识。

由于当时 PARC 没有公开招聘,舒普就写了一个采购单,像采购新写字板或者办公椅一样"采购"了史密斯。史密斯对此毫不介意。他只想能有时间研究 SuperPaint。他与舒普全身心投入到实验中,制作了精美的视频序列——用其他任何媒介都不可能创造出来。有一天,他们把舒普女朋友的头像变形为一个超脱尘俗的万花筒形象。还有一天,他们创造了一个壁虎的隐藏纹理,能从红色变为黄色,再变为绿色、蓝色,像一个迷幻的彩虹。还有一次,他们下载了《星际迷航》(*Star Trek*)的旧剧集,然后改变了颜色,让它看上去就好像柯克船长(Captain Kirk)和**"进取"号**(*Starship Enterprise*)远征队降落在一个永远沉浸在迷幻剂的行星上。**这就是海特-阿什伯里,但不是我们所知的那个海特-阿什伯里**!史密斯简直无法相信他的运气。他非常享受在施乐 PARC 实验室的时光,他取得了突破,他为之疯狂。对于他来说,这就像一场盛大的派对。目之所及,永无止境。

* * *

埃德温·厄尔·卡特姆(Edwin Earl Catmull),如今兼任迪士尼和皮克斯的总裁,成长于犹他州盐湖城一个管束严厉的摩门教家庭。作为五个孩子中的老大,他梦想成为一名电影动画师。他时常连续几小时待在电视机前,创作一些粗糙的连环画,里面的主要人物是一个人和独轮车的混合物。当被问到他心中的英雄是谁的时候,他提到了阿尔伯特·爱因斯坦、匹诺曹和彼得·潘,排名不分先后。尽管他看了这么多电影和动画,尽管他在中学上了这么多艺术课程,他内心藏着一个不为人知的秘密:他清楚地知道,他没有足够的艺术天赋成为一个合格的专业动画师。到了该上大学的时候,他决定减少损失，改去犹他大学学习物理学与计算机科学。犹他大学是美国一流的计算机图形研究中心，它的计算机科学系是戴夫·埃文斯（Dave Evans）于1965年创建的。埃文斯原来是加州大学伯克利分校的教授，也是耶稣基督后期圣徒教会的一位长老。20世纪60年代是一个高科技图形研究大放异彩的年代。这个领域受到五角大楼高级研究计划局（the Pentagon's Advanced Research Projects Agency）的重点资助，他们看到了这一研究在军事应用上的潜力。资金投入见证了一个接一个的突破性进展。卡特姆的一位教授是伊凡·苏泽兰（Ivan Sutherland），就是他发明了"画板"（Sketchpad）这个具有革命性意义的程序。这个程序允许用户利用光笔直接在计算机上画图，在保留图形基本性质的同时还能对它进行移动、旋转与改变大小的操作。和卡特姆同辈的几个人也同样有着令人瞩目的成果。负责给苏泽兰一个学习编程的班级上课的，是他的一个年轻的研究生，名叫艾伦·凯。艾伦·凯当时正在进行他自己的以语言范例和系统交互模型为基础的工作。然后还有吉姆·克拉克（Jim Clark），他后来进一步创建了网景公司（Netscape）与硅谷图形公司；还有约翰·沃诺克，他创建了Adobe公司；诺兰·布什内尔，最为人所知的是他创建了雅达利公司，并让不修边幅的年轻史蒂夫·乔布斯取得了其生意上的第一次突破。"这是相当有创造性的一伙人。"卡特姆回忆道。计算机图形领域吸引了一批光彩夺目的人物。艾伦·凯依靠晚上兼职做爵士吉他手供自己读书，结果他常常睡过了头，耽误了上课。而吉姆·克拉克童年时代是一个喜欢恶作剧的家伙，曾因为在公共汽车上引爆了一颗烟雾弹而被学校停课；他还偷偷地带一只臭鼬参加正式舞会。

卡特姆显然非常有才华，但他的兴趣如此广泛，以至于他似乎从来无法专注于某一个研究领域。他一度对深度缓冲和双立方曲面的表现方法（methods for the display of bicubic surfaces）很感兴趣，然后他又开始写关于纹理映射算法（texture-mapping algorithms）和几何建模的论文。"我想我不知道还有什么比这更好。"他说。作为一位1972年的研究生，卡特姆和一位朋友合作了一部一分钟的实验电影，让观众在外面（最后也进入里面）观看卡特姆左手的数字化虚拟重塑。通过将他的手用熟石膏铸模（遗憾的是，在铸模之前他们忘了把手上的汗毛剃掉），然后用乳胶覆盖住，并在它表面画 350 个小多边形。然后他们用一个电传打字机键盘把这些多边形之间的距离输入一台计算机，一个可充分旋转的三维模型就这样形成了。一只电脑动画手不但是纹理映射迈向一种有形的三维表面的第一步，而且事实证明这种方法能够避免留下乱糟糟的锯齿形边缘。卡特姆的导师伊凡·苏泽兰对此十分欣赏。他想把他的年轻门徒送到迪士尼，因为他觉得，如果卡特姆能够将计算机图形的潜力发扬光大，或许能在这两大领域之间建立联系。卡特姆去了迪士尼，但他的这次访问并不如意。和迪士尼工作室的领导人会面之后，他被介绍给了时年 50 多岁的弗兰克·托马斯（Frank Thomas）——这家公司的一位传奇动画师。托马斯的办公室里有一台嘎吱作响的旧打字机和其他的古董，他认为这些东西是对这间工作室早期岁月的纪念。

"那是些相当不错的小道具，"他说，试着攀谈，"过了这么多年，你还保留着这些老物件，真是令人吃惊。"

"它们不是什么小道具，"托马斯气急败坏地说，"那是我的办公室装备。"

或许迪士尼还没有完全做好接受计算机动画的准备，卡特姆想。他在迪士尼的一天访问提早结束了，当时工作室正忙着全员疏散，他们接到了一个炸弹威胁电话。但他不肯轻言放弃。到他获得博士学位离开犹他大学的时候，卡特姆觉得他有把握找出计算机和艺术之间的交汇点。现在，他知道自己这一生想要做什么。"大学毕业的时候，我的目标并没有崇高到想要模拟整个真实世界；我只想做一部动画片。"他说。他有妻子和年幼的子女需要供养，于是开始四处找工作，但发现很少有公司愿意或者有资源在计算机图形研究方面投钱。"没有哪家工作室对此有兴趣，"他不禁哀叹道，"也没有研究机构对此有兴趣。问题是，当时的图形技术相当粗糙，大部分人只是通过他们看到的东西进行判断。他们无法想象未来会有什么样的发展。"卡特姆在波士顿一家名叫阿普利肯（Applicon）的计算机辅助设计公司找到了一份工作。他只在那里工作了一个月，便有一位名叫亚历山大·舒尔（Alexander Schure）的古怪企业家找到了他。舒尔开办了一家古怪的东海岸教育机构，名叫纽约理工学院（New York Institute of Technology）。他提供了一份工作，卡特姆发现自己很难拒绝。

* * *

亚力克斯·舒尔在1955年创办了纽约理工学院。这是一个能够创造财富的计划，是一种利用由政府《退伍军人法案》（GI Bill）——确保从战场归来的老兵接受教育——掀起的新学生入学浪潮的投资方式。没有人完全清楚亚历克斯·舒尔最初的资金是从哪里来的，尽管他显然有一大笔钱。据传，他的祖父曾在皮毛生意上赚了大钱，而由于跟军方之间的过硬关系，财富加倍滚滚而来。开始，纽约理工（人们这样称呼）只不过是一所三流的通讯学院，给未来的工程师颁发技术等级证书。即使如此，它也显得十分不寻常。任何一个报名参加舒尔某一门课程的人都会发现自己淹没在一大堆邮局寄来的电子元件中，这些东西可能是从第二次世界大战期间的苏联仓库里弄来的。不过，这套花招相当成功。不久之后，舒尔便得以扩大他的机构，把纽约理工学院变成了在曼哈顿、长岛和旧西布雷有三座校园的机构。与此同时，他又萌生了第二个野心。华特·迪士尼于1966年去世，在高质量动画界留下了一个空白。尽管没有这个领域的知识，舒尔还是认为他没有理由不成为迪士尼的天然继承人。他开始组建一个能用计算机做出世界上第一部动画长片的团队。他也在全国各地旅行，访问犹他大学这样的研究机构，并买下了所有他能弄到手的工具。

"你有什么设备?"舒尔第一次和卡特姆接触，请他管理纽约理工的计算机图形学实验室（Computer Graphics Laboratory）时，卡特姆这样问道。

"我不知道，"舒尔说，"我就是每样都买了一个。"

舒尔的计算机图形学实验室在纽约理工的西布雷校园。这是一个神奇的地方，犹如F.斯科特·菲茨杰拉德（F. Scott Fitzgerald）小说里的场景。西布雷校园坐落在长岛北岸林木葱郁的山坡边上，由四处不规则的建筑组成，过去是纽约的豪富家族如洛克菲勒家族和范德比尔特家族（Vanderbilts）的住处。古雅的房屋与仆人的宿舍星罗棋布，而庄园的房屋已经被改造成了实验室和教室。计算机图形学实验室位于一座名叫格里大厦（Gerry Mansion）的建筑物的车库里。在那里工作的人喜欢笑称它是（也的确是）一间车库企业,但它不像苹果那样是从史蒂夫·乔布斯父母家的车库里起家的,这可是一个四车位的两层车库。后来,当有了足够的人之后,计算机图形学实验室便搬进了附近一座名叫霍洛韦宫(Holloway House)的豪华建筑中去了。这座建筑物带有精美的科林斯式圆柱和八间卧室,后花园甚至还有一座熊洞。卡特姆欣喜若狂。“我们开始拼命编程。”他说。

* * *

回到施乐的PARC。阿尔维·史密斯在那里过得很愉快。“个人计算机就是在我旁边发明出来的。”他回忆道,“第一台个人计算机,第一台激光打印机,第一个鼠标的使用,以太网,以及迪克和我正在做第一个彩色图形。正如我们现在所知,这是一个神奇的场所。我当时只是模糊地感觉到,革命正在我们手中酝酿。回过头来才意识到这一革命多么令人惊叹。当然,那时我们完全没意识到这一点。”然后有一天,一切都戛然而止。史密斯发现雇用他的采购单被取消了。他认为一定是出了什么记录错误,就去告诉他的一位上司。

“我们决定不再做彩色了。”他被告知。

“不再**继续**了?”他问。

“不再做了。”

史密斯吃惊地后退了一步。“简直不可理喻,”他大声叫道,“未来是彩色的天下,而你们这批人掌握着一切。”

“可能真的如此,”史密斯的上司接着说,“但公司决定继续用黑白。”

史密斯呆若木鸡。PARC的科学家或许是象牙塔中的研究人员,但他们看到一件有价值的发现时,他们能够意识到这一点,施乐公司却弃之若敝屣。被解雇以后,史密斯发现自己无所事事。他为失去了稳定的收入而垂头丧气,但更让他难受的是,他失去了使用帧缓冲器设备的机会。在那个时候,即使一台强大的计算机也才勉强能在屏幕上显示单一的单色图像,更不要说从中诱导出运动了。他该做什么呢?史密斯耳听八方,他听说犹他大学拥有全美国第二套帧缓冲器。史密斯下决心完成他已经开始的事业,便收拾行装,奔赴东海岸。与他一同前往的是一个嬉皮士艺术家朋友戴维·

迪弗朗西斯科(David DiFrancesco)，他对骑摩托车的场景极为投入，也非常推崇 SuperPaint。这两个人一起开着史密斯的福特老爷车到达了盐湖城，却发现他们置身于守旧的社会圈子中。由于得到了政府的高额资助，犹他大学是这个国家更守原则的教育机构之一——和开创性计算机图形一样著名的，还有它军队式的理发规则。“这么说吧，两个不守规矩的长头发艺术嬉皮士和国防部格格不入。”史密斯如是说。他与迪弗朗西斯科被人急匆匆地打发了，但在此之前史密斯听到了另外一条线索。据说还有另外一套帧缓冲器——第三套！事实上，他们刚好与之失之交臂。亚历克斯·舒尔刚刚访问了犹他大学，而一台帧缓冲设备就在他的采购清单上，他带着它回到了纽约理工。

“我应该到那里找谁呢?”史密斯问。

“去找埃德·卡特姆，”有人告诉他，“他是犹他大学的毕业生。”

史密斯和迪弗朗西斯科花掉最后一笔钱买了机票，然后跳上了直飞长岛的航班。他们在一场暴风雪中来到了舒尔的西布雷校园，找到了计算机图形学实验室。走进去之后，他们迎面碰到了一个容貌看起来像卡特姆的人。

“是埃德吗?”史密斯出言相问。

这人其实是纽约理工的一位员工马尔科姆·布兰卡德(Malcolm Blanchard)。从布兰卡德的身后出现了另一个人。他走向两位来访者。“我是埃德·卡特姆。”这人说。他戴着眼镜，留着梳理整齐的胡须，衬衣扣子一直扣到领口。“请问找我什么事?”

* * *

粗略一看，阿尔维·雷·史密斯和埃德温·卡特姆之间的不同，几乎达到了两个同龄人能达到的最大程度了。史密斯是反主流文化的典范，留着长发，喜欢服用兴奋剂和 LSD；卡特姆极为正统，家里有一位信奉摩门教的太太和两个年幼的摩门教徒儿子。然而他们确实有一些共同点。与史密斯一样，卡特姆也坚定地反对越南战争。史密斯可以拿学业为借口逃避征兵，卡特姆则是出于良心而拒服兵役。后果是灾难性的。他不但被迫经历了长达一年的官司,而且还与他所属的教会和家庭闹翻了。摩门教会狂热支持政府派遣部队前往越南的决定,而卡特姆的父亲是一位二战老兵,他深为儿子的反战观点感到耻辱。卡特姆觉得他迎来了两位同一条战壕里的朋友,非常高兴地雇用史密斯和戴维·迪弗朗西斯科在计算机图形学实验室里工作。这里的一切让他们意识到,一头闯入纽约理工是掘到了金矿。他们进入了一个蜜月期,只有吃午餐和晚餐才能让他们放下手头的工作。“我们每天尽量延长醒着的时间,而且尽最大的努力干活。”史密斯说,“我们尽量减少上床睡觉的时间,一醒来就又接着去干活。这里的工作激动人心,简直不可思议!”和皮克斯动画工作室后来的情况一样,计算机图形学实验室的气氛过分学院化。他们没有设定什么方向——除了用一种积极的方式推进计算机图形学。相形之下,纽约理工的生活让缺乏监督的施乐 PARC 实验室看上去像一个新兵营。这里也不缺设备。舒尔博士尽他的最大能力,维持纽约理工作为世界领先的计算机图形中心的地位。

史密斯和卡特姆认定,他们的资助人是他们遇到的最有魅力的人之一。“我们的想象将加快时间,最终取消时间。”这是舒尔对史密斯说的第一句话。他和人互动交谈的方式非同一般,是一种漫长的意识流式的谩骂,没有明显的方向或者模式。为舒尔工作唯一不好的地方就是,他常常宣称,随着即将到来的计算机图形革命,传统动画师将失业。他并不像他说出的话那样带有恶意,但这丝毫无助于让他想雇用的传统动画师喜爱计算机图形学实验室。“我们为什么要帮助你把我们赶出这个行业?”这些动画师想。史密斯等人请求舒尔不要再这样说了。“亚历克斯,这样说没有什么好处。”史密斯请求道,“计算机无法取代艺术。你可以不要基础,但你不能不要艺术。求你了,别再那样说了。这对我们太可怕了。”

* * *

做了几年创新工作之后,史密斯和卡特姆开始变得焦躁不安起来。尽管纽约理工的机构具有田园牧歌式的诗情画意,他们却越来越肯定,舒尔不会取得什么进展。《钝音大号》(*Tubby the Tuba*)很好地说明了这一点。舒尔意识到计算机图形需要一段时间才能完善,他建立了一个独立的手绘动画工作室来创造这部动画电影，以此向全世界宣告纽约理工的存在。他带着一贯的泰然自若，全力投入这部影片的创作，雇用了一支经验丰富的动画师队伍和他能够找到的最受关注的配音演员。片名所说的“大号”由喜剧演员迪克·范·戴克（Dick Van Dyke）配音。当时有一个小问题：尽管舒尔根本没有任何经验，他还是坚持自任导演。结果是灾难性的。这部动画片相当粗劣，艺术水准平平，情节无聊。“动画片能够犯的一切错误，这部片子都犯了。”史密斯说。卡特姆深以为然。“片子太糟糕了，太可怕了；一半的观众在银幕前睡着了。”他回忆道，“我们在走出房间的时候想，‘感谢上帝，我们没有插手这部片子，这部片子没用计算机！’”

此时此刻，这两个人对纽约理工学院和亚历山大·舒尔的幻想破灭了。他们想离开。“我们意识到，无论长岛北岸的这个地方何等神奇，这个人都没有真正理解它，他不能如我们所想的那样带领着我们走向未来。”史密斯说。与此同时，他和卡特姆开始每年秘密前往位于加州伯班克（Burbank）的华特·迪士尼制片厂朝圣。“为什么迪士尼不用计算机图形呢？”他们彼此问道。由于名声响亮，迪士尼可以挑选天才动画师，而且它资金充裕；遗憾的是，它缺乏雄心。

幸运的是，西海岸终于在1979年传来了召唤。更准确地说，是电影导演乔治·卢卡斯发出了邀请；说得再具体一些，是卢卡斯的经纪人找上门来。如果有任何人了解史密斯和卡特姆，此人非乔治·卢卡斯莫属。他成长于20世纪60年代，他那一代人决心用一场亟须的创造性革命，撼动他们选择的领域。“企业接手之后，好莱坞片场制度就消亡了，制片领导人一夜之间变成了经纪人、律师与会计。”这位电影制片人这样说，“权力现在掌握在人民手中。工人们掌握了生产资料。”在制作了影片《美国风情画》（*American Graffiti*）之后，卢卡斯的科幻片《星球大战》大获成功。卢卡斯开始用丰厚的票房收入扩大他的工业光魔（Industrial Light and Magic，ILM）——他在范奈思市的冉阿让（Valjean in Van Nuys）的一间旧仓库中创建的特效制作公司。很明显，计算机将在影片制作过程中发挥越来越重要的作用，而卢卡斯热切希望拥有一个能在这方面一展身手的团队。然而他的科技知识十分有限。特效奇才约翰·戴克斯特拉（John Dykstra）在加盟工业光魔之前，曾为斯坦利·库布里克(Stanley Kubrick)执导的《2001 太空漫游》(*2001: A Space Odyssey*)创造了一台计算机控制的摄像机。他曾抱怨说,如果卢卡斯在车库里挂上一块黑帘子,骑在扫帚上挥舞着宇宙飞船模型模拟飞行就做出了《星球大战》,那他也能够做到。通过某些人的介绍,卢卡斯把目光投向了舒尔的计算机图形学实验室。当史密斯和卡特姆听说这位电影制片人有兴趣和他们谈话时,便毫不犹豫登上飞机,飞往加州的马丁县和他见面。卢卡斯本人没有露面,而是派出了他的代表出席,或者如阿尔维·史密斯所称,派出了他的"仆从"。卢卡斯的下属转达了他的三个条件,包括一个数字视频编辑系统、一个数字声音合成器,以及一个能将电影影像传到计算机进行处理而后再把它们传回来的数字胶片打印机。史密斯和卡特姆能够做出这些东西吗?"我们当然可以。"他们回答。

* * *

卢卡斯雇用了史密斯和卡特姆以及纽约理工学院的其他一些员工,并将他们安顿在圣安塞姆(San Anselmo)的一间办公室里。一开始,这两个人便做了一个粗略的计算,想看看在计算机上制作一部动画长片的成本。如果说,他们过去认为他们走在了时代的前面,那么这些数字证实了这一点。使用现有的技术,制作一部 90 分钟的电脑动画成本大约为 750 亿美元。当时,好莱坞大片的平均预算为 1500 万美元。"你估算了一下,然后明白制作一部长片你需要这么多指令,而它在每秒 100 万指令的情况下需要这么多成本。写出我们认为每秒需要的指令,要花多大的成本?"史密斯问,"这几乎是个天文数字。"在摩尔定律让成本下降到他们的工作可以进行之前,史密斯与卡特姆认为,他们只能暂且按兵不动,继续改进技术,并尽其所能帮助乔治·卢卡斯开展他的项目。也就是说,如果他真的需要的话。

这时,《星球大战》的续集《星球大战之帝国反击战》(*The Empire Strikes Back*)正在拍摄之中,但卢卡斯完全没有要求制图团队加入的意思。事实上,史密斯和卡特姆得到的回话是,这部影片并不包括计算机图形。意识到这一点的史密斯感到五雷轰顶。**乔治只不过想要我们给他制造机器,**他想。对于史密斯和卡特姆来说,硬件只不过是工具。卢卡斯这样做,好比雇用一个油画大师团队，然后让他们花时间按照大小归类摆放画笔。而他们想要的——他们曾以为乔治·卢卡斯也想要的，是用计算机创造动画。这之间显然存在着重大的误解。史密斯说："我们花了大约一年的时间才意识到，实际上，乔治想让我们做的事情跟亚历克斯·舒尔是一样的。"

正是从派拉蒙电影公司（Paramount Pictures）那里，卢卡斯的计算机部门最终取得重大突破。派拉蒙电影公司当时正在制作它自己的科幻史诗《星际迷航 II：可汗怒吼》（*Star Trek II: The Wrath of Khan*）。制片人联系了工业光魔，探讨他们是否能用计算机图形为影片的一个大场景制作一个短的连续镜头。他们说，他们想要一个 60 秒的连续镜头表现剧中的所谓"创世装置"（Genesis Device），这个装置能让贫瘠的行星焕发生机，能创造植被之类的原始生命形式。史密斯认为，这不仅是一个向全世界展示图形团队正在进行的工作的机会，也是一个争取他们心怀疑虑的老板的机会。用史密斯自己的话来说，他们的目标是，创造能让"乔治刮目相看"的作品。这不仅仅关乎视觉内容。如果史密斯真的打算给人留下深刻印象的话，他的这组连续镜头就必须包括只有用计算机才能做到的惊险奇特的摄影动作。镜头从太空中一个宏大的贫瘠小行星开始，在星空战士登陆小行星表面之前，镜头中出现了一波火浪，穿过新近形成的山脉，最终镜头又拉回到它开始的地方——现在，映入眼帘的是一个充满生命的类地行星。这是科技的创世杰作。当卢卡斯看到最后完成的作品时，他转而皈依了计算机图形。"伟大的镜头移动。"他罕见地造访了图形团队的办公室，在那里对史密斯如是说。从那时起，卢卡斯的电影便越来越依赖计算机图形。

这期间，史密斯和卡特姆还继续每年前往迪士尼朝圣。有一次他们在旅途中遇到一位名叫约翰·拉塞特（John Lasseter）的年轻动画师，他既对计算机图形充满热情，也不担心这种技术会让他失业。"他不怕我们。"史密斯回忆道，感到有些奇怪。这两个人对这位 26 岁的新秀了解得越多，对他的兴趣就越浓厚。他可能正是他们之前未见过的那种最具自然天才的动画师。

* * *

拉塞特生于 1957 年，他的童年与那些长大想成为电影动画师的孩子的故事并无不同。尽管日后会成为好莱坞擅长社交的人物之一,他年轻时却很羞涩,而且相当古怪。5 岁的时候,他在当地杂货店赞助的一次艺术竞赛中赢得了第一个奖项,他画了一幅无头骑士的图画,看上去令人毛骨悚然。他喜欢阅读报纸上的奇闻趣事,但闲暇时间,他最常做的还是在电视机前观看动画节目。“我爱动画胜过一切。”许多年后他这样说,“在要上学的日子,我的父母早上没法让我起床,但一到星期六,早上 6 时 30 分,我就第一个蹦起来,拿上一碗带糖霜的麦片,坐在离电视机 6 英寸的地方等着动画片开始……那就是属于我的时间。”1975 年大学毕业之后,拉塞特申请前往加利福尼亚艺术学院(California Institute of the Arts)学习。这所学院通常被简称为加州艺术学院(Cal Arts),坐落于洛杉矶的瓦伦西亚市,是华特·迪士尼本人于 10 多年前创办的。第一年,拉塞特可以选修一门教授传统迪士尼风格渲染的角色动画课程。他的同班同学包括一些未来的导演,如《剪刀手爱德华》(*Edward Scissorhands*)的导演蒂姆·伯顿(Tim Burton)、《阿拉丁》(*Aladdin*)的导演约翰·马斯克(John Musker)、《圣诞夜惊魂》(*The Nightmare Before Christmas*)的导演亨利·塞利克(Henry Selick)以及《超人总动员》(*The Incredibles*)的布拉德·伯德(Brad Bird)。

从加州艺术学院毕业之后,拉塞特在迪士尼制片厂找到了一份动画师的正式工作。他加入的时候,迪士尼的动画工作室正处于人员大量流动之际。前一年,迪士尼的首席动画师唐·布鲁斯(Don Bluth)携 7 名动画师和 4 名助理一起离开了公司,去为史蒂文·斯皮尔伯格创造动画电影。而动画部门本身的人员从最多时候的 650 人缩减到了 200 人。他们正在创造的那些影片也并不总是令人印象深刻。由于经费缩减,正在创作中的更新的项目看上去全然不如他们 40 年前的作品。迪士尼曾经做出的许多伟大创新早已被废弃。其中最重要的一项是多平面摄影机(the multiplane camera),它能够通过拍摄远近不一且以不同速度移动的多种图片产生一种惊人的三维动画效果。加州艺术学院的动画师就是在观赏 20 世纪 40 年代和 50 年代的经典迪士尼影片中长大的,他们渴望重新启用这些技术。

“这将是一个伟大的多平面镜头,”布拉德·伯德谈到他们正在拍摄的影片《狐狸与猎狗》(*The Fox and the Hound*)中的一个场景,“我们会让观众看到，这种作品我们仍然可以做。”迪士尼的会计师离开了，然后估算出了成本，并带回一个令人黯然的数字：20 万美元。“这完全行不通。”他们说。伯德意识到，这个数字是基于这样的考虑得出的：从储藏室里扒出老旧的摄影机，然后再雇 4 名工人操作手动曲柄，如同 1940 年那样。

“为什么我们不能用一台计算机呢？”他困惑不解地问。

没过多久，伯德便被叫到办公室接受训斥。“从本质上说，他们的意思是，如果我不再抱怨质量问题，我就能保住我的工作。”他回忆道，“我说：‘正是你们的动画大师教我抱怨这些的。所以，要么我被解雇，要么我只能违背你们这些人主张的一切。’”他们解雇了他。

除了动画之外，伴随新一代的准动画师们成长起来的还有令人振奋的好莱坞大片。《星球大战》放映的时候，约翰·拉塞特正在加州艺术学院读二年级。他跑去电影院体验了一把。这次经历简直让他在电影院的座位上震惊不已。“我们想做出《星球大战》水平的动画作品。”多年后他如此说道，“我们非常激动，但创作部的领导不知道该如何对待我们，真的费了很大的劲才让我们平静下来。”很多人觉得，迪士尼的动画部门或许不再是往日那个神奇王国了。自 1982 年影片《电子世界争霸战》（*Tron*）搬上银幕特别展映给年轻人观看以来，这种感觉变得愈加强烈。艾伦·凯的妻子邦尼·麦克伯德（Bonnie MacBird）是这部电影的联合编剧；事实证明，这是计算机图形领域取得的一次突破性进展。拉塞特走出放映剧场后，与格兰·基恩（Glen Keane）聊了起来，后者也是加州艺术学院的学生，比拉塞特早毕业三年。他们都被自己看到的东西震住了，但同时也对他们正在从事的工作感到沮丧。“我觉得那些（做出《电子世界争霸战》的）人做的事情才真的令人振奋，而我们做的只是些愚蠢、乏善可陈的图画。”基恩后来这样说，“在他们的影片中，计算机可以做出三维运动……它太逼真了，摩托车也在四处飞奔，这真是——天哪！这完全是一场视觉盛宴！”

这两位动画师决定组团做一部结合传统手绘人物和电脑动画背景的电影。他们选定莫里斯·桑达克（Maurice Sendak）的《野兽家园》（*Where the Wild Things Are*）为创作蓝本，开始以其为基础拍一个简短的试验片；他们还引进了总部在纽约的数学应用集团公司（Mathematics Application Group，

Inc.,MAGI)的服务,后者曾经为《电子世界争霸战》制作了许多特技效果。MAGI负责整合电脑生成的三维背景,基恩则负责手绘动画角色,二者在拉塞特准确的指挥下结合起来。

也就在这时,拉塞特第一次见到了阿尔维·雷·史密斯和埃德温·卡特姆。作为一个初级动画师,拉塞特的一项工作涉及资料室,那是一处地下档案室,里面储存着所有迪士尼制作的影片的手绘图画。为了炫耀他在迪士尼的权限,他提议带他新结识的两位熟人参观。

"不知两位想看点什么?"拉塞特问。

卡特姆还没来得及说话,史密斯就抢着回答。

"你有普莱斯顿·布莱尔《幻想曲》(*Fantasia*)中跳舞的河马吗?"他问。

拉塞特走到一个分类账本前,查出普莱斯顿·布莱尔的名目,然后带着这两个人到一个文件柜旁。他从里面取出一个牛皮纸文件夹。里面全都是《幻想曲》的原始形象,当时已经有43年的历史了。史密斯欣喜若狂。这部电影是他的最爱,给他带来了各种各样的回忆。"对于某些60年代的人来说,《幻想曲》是一部相当著名的影片。"史密斯笑道。像许多嬉皮士一样,他有时候也会服用迷幻剂,然后走进一个昏暗的电影院坐下,消磨90分钟的时间,泪流满面地幻想他正在观看一部像《森林王子》(*The Jungle Book*)或者《猫儿历险记》(*The Aristocats*)那样的电影。当然,华特·迪士尼无法预见到,他的目标观众有相当一部分是留着长发、喜爱LSD的一代人。同样毫无疑问的是,他本人也无法抗拒迷幻剂的诱惑。就拿《幻想曲》来说,迪士尼曾雇了一位名叫库尔特·贝林格(Kurt Beringer)的墨斯卡灵使用者,作为他在这一项目上的首席视觉师。贝林格此前便以1927年的专著《墨斯卡灵陶醉》(*The Mescaline Inebriation*)为人所知。至少根据影片的宣传材料所言,最终呈现的是一部观众能在其中"看到音乐、听到画面"的影片。

阿尔维·史密斯翻着图纸,所有这些都从他的脑海中一一掠过。当天结束的时候,卡特姆向其他两个人表示歉意,说他能够遇见约翰·拉塞特实为幸事,也非常感谢拉塞特带他们参观档案室,但他确实需要回去找他的家人了。于是,档案室只剩下史密斯与拉塞特两人。

"你还想看点什么?"拉塞特问。

史密斯思索了一下。

“看看《小飞象》(*Dumbo*)里面的‘粉红小象大游行’场景如何？”史密斯最后说。

拉塞特找到了这份资料，然后两个人便开始翻看那些图纸。这个画面更好。如果有什么不同的话，《小飞象》比《幻想曲》更加超现实。粉红小象疯狂的连续镜头尤其如此，其中，片名中的那头软耳朵象喝了一大桶掺了酒精的水，结果见到了梦幻般的“你知道并不真实的东西”，这个连续镜头被认为是所有动画片中最富于迷幻色彩的。它可被视为 LSD 扩展意识的迪士尼式颂歌。小飞象并非通过对现状的朝拜发现飞翔能力，而是在迷幻想象的状态下，经过挣扎才觉醒的。

与拉塞特见面之后，史密斯欢欣鼓舞地离开了。他想立即雇用拉塞特，但这位年轻的动画师和迪士尼签有合同。与此同时，拉塞特也有他自己的问题。由于《野兽家园》这部试验电影取得了成功，他获得允许开始创造另一部长一点的电影，这个电影的蓝本是他在《幻想与科幻小说杂志》(*The Magazine of Fantasy and Science Fiction*)上读过并且很喜欢的一个故事。接下来的 6 个月是前期制作阶段。他为影片准备了故事脚本，这将是他作为导演的首次亮相。一天，他收到了一条令人紧张的信息：他要立即就这部影片向两位重要人物做一次演示，他们是迪士尼制片厂主管罗恩 · 米勒(Ron Miller)和动画片部门经理埃德 · 汉森(Ed Hansen)。这通常并没有什么稀奇的，但拉塞特发现，汉森对于他的创作方向比较冷淡。尽管如此，他还是整理了故事脚本，前去参加会议。事实证明他的担心并非多余。当拉塞特走进会场时，米勒与汉森都没有向他微笑。他们沉默无语地倾听他的讲述，然后向这位满怀抱负的导演提了一个关键的问题。

“这件作品要花多少钱？”米勒问。

“不超过我们的其他电影。”拉塞特回答，“我们用计算机——”

“同样的价格？”米勒问。

“是的，先生。”

“如果成本是一样的，那这样做又有什么意义呢？我原以为计算机动画的全部意义就在于它会更便宜、更有效率。”

说完这话，米勒起身离去。拉塞特默默回到了他的办公桌前。5 分钟后他的电话再次响了。这次是埃德·汉森。“祝贺你，”他说，“你的任务完成了。你与迪士尼的合同现在终止。”拉塞特被解雇了。

* * *

1983 年，卡特姆在加州的长滩（Long Beach）参加了一次 SIGGRAPH 计算机图形会议。* 这次会议在退役的“玛丽女王”号远洋邮轮上举行，多少有些独特。“玛丽女王”号停驻在港口内，被改造成一个会议中心。卡特姆正和远在卢卡斯影业的史密斯就业务问题通电话，这时，一个熟悉的身影从他敞开的门前走过，向他简单地打了个招呼。

“那人是谁？”电话另一端的史密斯问。

“就是那个小伙儿，约翰·拉塞特，刚从门边走过。”卡特姆说。

“他还在迪士尼吗？”

“我想不在了。就我所知，他现在完全失业了。”

这就是史密斯想知道的。

“埃德，你还在等什么？”他激动地说，“快放下电话，去把他招进来吧。”

卡特姆照办了。拉塞特加入了马林县天行者牧场（Skywalker Ranch）的图形团队，他的第一份工作是界面设计师。“我们没法称他为动画师，否则乔治会把他的工作岗位砍掉的。”史密斯说，“谁也不知道什么是界面设计师，但在预算会议上没有人提出这个问题。”怎么也称不上计算机专家的拉塞特后来说。尽管图形团队知道拍一部动画长片遥不可及，但他们也没有因此放松。他们以超级写实主义（photorealism）作为衡量标准，开始创造计算机生成的静止图像，来完善他们的各种技术。其中一幅图像表现的是一条蜿蜒曲折通向远方的道路，背景是美丽彩虹闪耀的天空。这是一幅令人惊叹的图像，这一图像（有意或无意地）与斯图尔特·布兰德那幅“保持饥饿，保持愚蠢”的照片遥相呼应，而那幅照片曾经大大激励了史蒂夫·乔布

* 这是“Special Interest Group on GRAPHics and Interactive Techniques”（计算机协会计算机图形专业组）的缩写。SIGGRAPH 从 1974 年开始活动，当时的第一次会议在科罗拉多州的伯德市（Boulder）举行，与会者 600 人。如今，这一会议的参加人数通常多达两万余人。

斯。另一幅图像表现的是绿色桌布上的台球。这幅图像创作于麦金塔开始销售的那一年，台球拼出来的数字就是那一年的日期：1－9－8－4。不久，这个团队准备好创造他们的第一部影片了。这是一部不寻常的两分钟短片，导演是阿尔维·史密斯，动画创作是约翰·拉塞特，其余的每个人都做出了技术贡献。史密斯根据艺术片《与安德烈共进晚餐》(*My Dinner with Andre*)即兴为该片选了一个名字。它讲述了一个被大黄蜂追逐的孩子的故事。正如在家酿俱乐部的史蒂夫·沃兹尼亚克那样，《安德烈与威利的冒险》的目的并不是赚钱。它是为了向行业的其他人展示，让这些人为他们做的事情起立欢呼。这部影片的首映式是第二年的 SIGGRAPH 会议。这个团队完成了这部影片，实际上当时距离会议开始还有好多天。

《安德烈与威利的冒险》受到的热烈欢迎，本可以让这部影片成为秒杀一切胜利的胜利。遗憾的是，它因为其他的现实事件而受到了一些影响。卢卡斯影业传来消息，说乔治·卢卡斯和结婚 14 年的妻子玛西亚正在办理离婚。卢卡斯大受打击。离婚手续办好的时候，他损失了大约 5000 万美元。经费突然紧张了起来。卢卡斯承认，动画部门正在进行的工作很有成果，他们最近为史蒂文·斯皮尔伯格执导的《少年福尔摩斯》(*Young Sherlock Holmes*)成功地创造了一组令人炫目的镜头；但这个部门还远远没到能盈利的地步。在知道重击他们的事件之前，这个团队正被挂牌低价抛售。史密斯和卡特姆相互讨论了他们的选择。和吉姆·克拉克的一次谈话提供了一些线索。在犹他大学读书的时候，克拉克便与卡特姆相识，他在纽约理工工作的时候认识了史密斯。之后他创办了自己的公司，当时最火的新公司——硅谷图形公司。克拉克特意跟他们解释，在大公司工作自由度会有多大。他在海军中度过了 4 年的艰苦时日，当时他的上级们苛待他，认为他是一个行为不端的无用之人。自此以后，他便不信任权威。现在他有钱了，再也没有什么自命不凡的人对他指手画脚了。

“你们两个为什么还在为那个大哥卖命啊？”他问。

史密斯和卡特姆无言以对。寻梦 10 年，他们现在开始感到，没人理解他们的追求。亚力克斯·舒尔有正确的想法，但没有将之付诸实施的能力。乔治·卢卡斯至少在开始时有这个能力，却没有正确的想法。或许现在是自谋出路的时候了？就像在学习动画的时候做过的那样，史密斯又去了书店，在那里选了一本怎么开公司的商业指南。那天晚上他跟卡特姆坐在一起，制订了一项商业计划。既然如摩尔定律所说，距离他们能创造一部计算机动画长片还有10年的时间，那么这期间他们需要有稳定的资金来源。他们决定出售卡特姆及其团队研发的强大的图形计算机。接下来就是为公司选一个名字了。这款计算机被命名为皮克斯图像计算机（Pixar Image Computer）。这是史密斯和动画部门的另一个名叫洛伦·卡彭特（Loren Carpenter）的员工取的。史密斯在新墨西哥州长大，他想找一个有科技感，但听起来要有西班牙语腔调的词。

"叫皮克瑟（Pixer）如何？"他说出了一个名字。

卡彭特想了两秒钟。

"是个好名字，"他答道，"但改成皮克斯（Pixar）怎么样？嗯，就像'雷达'（radar）里的那种拼法。"

史密斯喜欢这个名字。那么就叫皮克斯了。但皮克斯需要的不仅是一个名字，它真正需要的是投资人。皮克斯的烧钱速度骇人听闻，每年要烧掉几百万美元。出售皮克斯图像计算机是赚钱的一种方法，但他们需要强大的财务支持来保持正常运营。一个看起来不大可能的人，成了风险投资家。此人30岁，比拉塞特年长两岁，但比史密斯和卡特姆年轻10岁。他刚刚从一次惨烈的分手案中脱身，因而对皮克斯的两位创始人的处境毫不陌生。他离开了亲手创建的公司。他便是史蒂夫·乔布斯。

*　*　*

乔布斯最初从艾伦·凯那里听说了史密斯和卡特姆的工作，当时他和凯都还在苹果工作。"你真的该去看看卢卡斯影业的那帮家伙在干些什么。"一天，这两个人出去散步的时候，凯对乔布斯说。他们租了一辆豪华轿车，驱车前往卢卡斯的天行者牧场，那天下午他们参观了一些设备，并与史密斯和卡特姆聊了聊天。早在几年前，在斯坦福大学举行的一次设计会议上，史密斯便经人介绍与乔布斯相识，但这次是他第一次有机会直接和苹果的联合创始人面对面交谈。他注意到，乔布斯对他们正在进行的工作非常有兴趣，但他看上去也很傲慢。如果不是众人瞩目的焦点，乔布斯的反应就会很糟糕。他征用了房间里的一块白板，然后，用史密斯的话来说，在上面画了“一条表示苹果的价值从无到有，直至一个很大的数字的曲线。我想，我们没有表达出足够的惊讶，因为艾伦·凯想让我们注意这是何等惊人的一个成就。”事实证明，这是史蒂夫·乔布斯与史密斯之间关系的开始，这种关系时常会变得剑拔弩张。

据乔布斯说，他回到苹果后便试图劝管理层买下这家公司。根据当时的CEO约翰·斯卡利的回忆，当时没有关于苹果收购皮克斯的谈话，事实上“艾伦·凯和我谈了许多关于乔治·卢卡斯正在做的事情”。尽管如此，乔布斯还是邀请史密斯和卡特姆到他伍德赛德的家中，让厨师用可食花朵为他们做了一顿午餐。乔布斯在席间重申自己对两人做的事情怀有极大的兴趣。但有一件事情打断了他：收购价格。为了努力挽回一些损失，卢卡斯要价1500万美元出售他在皮克斯的股份，同时买家还需另外提供1500万美元保证公司运营。乔布斯觉得这个价格太高了。在他看来，卢卡斯的绝望显而易见。乔布斯认为，不妨先晾他几个月，在无人问津的情况下，价格自然会大幅度下跌。他的这种预测是正确的。乔布斯渴望全资买下皮克斯，但史密斯和卡特姆拒绝了。他们不愿意再次失去掌握自己命运的机会。他们想要的是一个愿意为了日后的回报而投资公司的风险投资人。在气氛紧张的几天里，卡特姆一直认真地希望，迪士尼或许会过来提出投资建议。“我们需要钱，这会是一个完美的组合。”他热切地说。包括罗伊·迪士尼（Roy Disney）在内的几名迪士尼员工都十分热心，但迪士尼总裁兼首席运营官弗兰克·韦尔斯（Frank Wells）却否决了这项交易。“我们不是一家研发公司，”韦尔斯解释道，“那会花掉他们说的两倍的成本，而我不相信他们会在哪一天为我们节约一分钱。”于是迪士尼退出了。讽刺的是，另一个感兴趣的买主是罗斯·佩罗。他代表EDS提出收购建议（EDS已经于1984年被通用汽车公司以25亿美元的价格买下）。佩罗报出了一个天文数字。乔布斯对此提出竞争报价了吗？“500万美元如何？”乔布斯问。史密斯和卡特姆嘲笑着拒绝了苹果的这位联合创始人。

EDS的报价看上去很有希望，直到新闻报道通用汽车公司已经逼迫佩罗退出了它的董事会，这个希望也成为泡影。最后，别无选择，是时候给史蒂夫打电话了。

“你再次出手吧，”史密斯在一次电话谈话中对乔布斯说，“卢卡斯现在走投无路了，他不知道该怎么安排我们。他或许会接受你的报价。”乔布斯出手了，而且不出所料，卢卡斯接受了乔布斯的条件。1986 年 2 月 3 日，乔布斯签了一张 500 万美元的现金支票，买下了皮克斯技术，并另外出资 500 万美元作为公司的运转资金。作为交换，他拿到了这家从卢卡斯影业独立出来的公司 70% 的股份。皮克斯当时的 40 名管理人员和员工，包括史密斯与卡特姆在内，拥有余下 30% 的股份。在公司的成立文件上，史密斯、卡特姆与乔布斯被列入公司董事名单，乔布斯也被提名担任董事长。

皮克斯从一位百万富翁之手转到了另一位百万富翁之手。

* * *

在《安德烈与威利的冒险》成功之后，皮克斯团队开始开发另一部要在第二年的 SIGGRAPH 会议首映的影片。这将是以皮克斯的名义出产的第一部影片，因此压力比上次更大。拉塞特受到他放在办公桌上的安格泡卢克索台灯（Anglepoise Luxo lamp）的启发，想到了做一个与台灯有关的短片的主意。“我在学生时代曾以灯为主题做过一些小电影，它们都很有意思。”他回忆道。于是电影《顽皮跳跳灯》（*Luxo Jr.*）就诞生了。这是一部两分钟长的短片，讲的是一个成年卢克索台灯与一个小卢克索台灯一起玩充气球的故事。在 SIGGRAPH 会议上，这部影片比上部影片还受观众欢迎。在一众展出的视频与特效展品中，皮克斯的短片如同灯塔般光芒四射。这里面有……**故事**？影片放映结束之后，一位计算机图形方面的先行者吉姆·布林（Jim Blinn）匆匆来到拉塞特面前。

“约翰，约翰，我要问你一个问题。”布林说。

拉塞特看着他，不知道自己能就图形跟这位有计算机科学博士学位的人说点什么。

“请讲。”他回答。

“那个成年灯是母亲还是父亲？”布林一本正经地问。

对于拉塞特而言，这是一个胜利的时刻。“这样一个简单的问题让我意识到，我们已经取得了一些计算机图形过去从未有过的成就。”他回忆道，“人们感兴趣的是故事和角色，而不仅是这部影片是计算机创造的这一事实。”史蒂夫·乔布斯也享受到了 SIGGRAPH 会场上的胜利，他出现在那年的奥斯卡颁奖典礼上，当时《顽皮跳跳灯》获得了奥斯卡最佳动画短片提名。它最终没有获奖，但提名本身即意味着，公众对计算机动画的接受趋势已经开始逆转。乔布斯也瞥见了另一个更直接的好处。就像《安德烈与威利的冒险》曾是卢卡斯影业图形团队的名片，《顽皮跳跳灯》也可以被用作一个两分钟的广告，以此展示皮克斯图像计算机能够创造些什么。

对于皮克斯的员工们来说，乔布斯完全就是一个坐着飞机环游世界的硅谷阔佬。他不像亚历克斯·舒尔那么事必躬亲，甚至不及乔治·卢卡斯。至少卢卡斯还做电影。在苹果早期的历史上，乔布斯留下了不少捣蛋的记录，但当然，这一点完全没有表现在他对皮克斯的态度上。史密斯仍然觉得他很傲慢，而且不好相处。“没人跟那个家伙有比较亲密的关系，”他说，“我觉得是他不允许那种关系出现。他坚持要维持一种主人与奴隶的关系，而跟他亲近这种想法听起来就不真实。”史密斯和乔布斯有着共同的嬉皮士背景，但在说到他是否因此感到和后者有某种关系的时候，史密斯马上矢口否认：“我知道他去过印度，我也知道他主张素食；但我丝毫看不出一个名叫史蒂夫·乔布斯的人和我心中的反主流文化分子有何相符之处。”

乔布斯身上的确带有一种不同于寻常有钱人的特质。他洞见到科技如何能适应大众市场，因此他看出，皮克斯的三维图形渲染程序有把高端图形处理能力带给大众的潜力，而人们过去认为，只有那些 32 位元 Vax 计算机与克雷超级计算机（Cray Supercomputers）才能拥有这种能力。这终将成为一个叫作 RenderMan 的大众畅销产品。“我们现在谈论的这种软件，三四年前还只有卢卡斯影业和工业光魔公司那伙人拥有，但我们现在正在让微型计算机也能应用这种软件。”当时的 RenderMan 产品经理保罗·亚尔莫里奇（Paul Yarmolich）这样吹嘘。但事情很快就变得很清楚，高端图形渲染技术并不像个人电子表格或者桌面出版那样有一个市场。皮克斯或许确实在慢慢增强它的核心渲染技术软件 RenderMan 的能力，但正如硅谷图形公司的发言人评论的那样："当前，他们找不到有谁正在使用这种技术。"

在此期间，这家公司为它的皮克斯图像计算机找到了两个大客户。一个是迪士尼，它最终改变看法，认为可以将计算机用于动画过程，尽管他们没有公开承认这一点，以免让所有手绘图形"魔力不再"。迪士尼最终将皮克斯图像计算机应用于他们的CAPS，即计算机动画制作系统（Computer Animation Production System）上，这将使传统的手绘动画制作过程数码化。

相当奇怪的是，另一个新顾客是中央情报局。就在史密斯不得不接受这样一件事实，即他为了创造艺术所做的解放计算机的工作，将直接被应用于军工服务体系时，另一个坏消息又接踵而至。为了把计算机卖给政府，他不得不接受一次背景情况调查。突然之间，阿尔维·雷·史密斯，这个抗议游行参加者、毒品吸食者、酷爱自由的嬉皮士，他的过往要被人用细齿篦子进行全面的梳理检查。

"我永远也过不了高度机密审查这一关。"他抱怨道，"他们只要看一眼我在60年代的照片，就会马上把我废掉。史蒂夫也别想通过，因为我们那时都吃迷幻剂。"

最后还是史密斯的一位同事让他冷静了下来。他告诉史密斯，审查过程已经多次被提起诉讼，只要不在问题表上公然撒谎，则在法律约束下，政府基本上不可能将他卡住。"你可以是一个持证的同性恋共产主义者，只要你承认，他们会让你通过。"史密斯笑道，"关键是，你不能成为一个勒索对象。但只要你坦诚老实，别人就勒索不了你。理论上是这样。"他同意去试试。写下名字、出生日和社保号之后，表格上的第一个问题便是过往非法药物使用情况。史密斯吃惊地注意到，在每一个印着"大麻"（marijuana）的方格里，这个词都拼错了，里面多了一个"h"。当他继续沿着纸页向下看的时候，他发现海洛因也作为另外一个选项放在里面，这时他的吃惊变成了愤慨。**大麻和海洛因出现在同一张表格上！**更糟糕的是，这并不是一个核对清单，而是一个普通的"是或不是"选择题。史密斯咬紧牙关，在"是"上打了钩。下一个问题让他更加郁闷："你曾经是否买卖或种植过同一清单中的任何物品？""我意识到，只要我在这一栏上填上了'是'，我就基本上把自己弄成一个海洛因贩子了。"史密斯说，"于是我谎称'不是'。除此之外，表上其他各项都很容易填写了。”

让史密斯感到吃惊的是，他的安检审查过关了。当时他与乔布斯在同一间房里，乔布斯接到了政府官员的一个电话，说到了有关他的背景调查的问题。

“是的，先生，我答应你，我永远也不会再服用这种东西了。”他可以听到乔布斯在电话里这样说，同时乔布斯还以哑剧的方式，对在场的皮克斯员工使劲地眨了一下眼睛。史密斯声称，如果说，史蒂夫·乔布斯曾经和这个团队有过类似于袍泽之情的东西，那一刻，是乔布斯与这个团队最近乎友情的瞬间。

* * *

就像 NeXT 计算机一样，皮克斯图像计算机也没有达到它应有的销量。事实上有一段时间，它根本就没有在销售。直到 1988 年，这家公司只卖出了 120 台，一个令人郁闷的数字。主要的障碍是成本。这款机器定价 13.5 万美元，但要让它正常运行，用户需要从太阳微系统公司或者硅谷图形公司购置价值 3.5 万美元的工作站。皮克斯开发了第二代低价版，但即使这种版本也要 3 万美元一台。乔布斯简直要发狂了。他买了什么破公司？“被踢出苹果之后的第一次投资就失败，乔布斯无法忍受这种当众受窘的事，这对我们来说是件幸事。”史密斯说。事实上，让皮克斯活下来的唯一一件事就是乔布斯的自尊心。NeXT 的销售数字没有对公众公布，但外人都很清楚这个数字不高。如果皮克斯也翘了辫子，人们就会认为，乔布斯只能神奇一次，已经江郎才尽；他不过是有幸遇到了史蒂夫·沃兹尼亚克，现在他再也无法重现昔日辉煌。

就像在卢卡斯影业时的情况一样，史密斯和卡特姆开始担心他们的前途。他们起草了应变计划与商业建议书，倘若乔布斯退出的话就把自己推销给另一个买主。但乔布斯并没有这样做。每当乔布斯快要崩溃的时候，皮克斯都会取得一项奇迹般的业绩，为自己赢得喘息的时间。1989 年，也就是《顽皮跳跳灯》震惊世界的第二年，这个团队制作的一部 5 分钟的动画短片《锡铁小兵》(*Tin Toy*)夺得了奥斯卡最佳动画短片奖，成为有史以来第一部赢得奥斯卡奖的计算机动画影片。不过,尽管这一奖项让乔布斯的虚荣心得到了极大的满足,却并没有让他的钱包鼓起来。给皮克斯提供财政支持仍然像把钱丢进黑洞。他告诉团队,他们必须找到让公司挣钱的其他途径。从纽约理工的那些令人陶醉的日子起,拉尔夫·古根海姆(Ralph Guggenheim)就跟史密斯和卡特姆一起工作,他是这个团队的视频图形设计师,他提出了一项计划:皮克斯团队可以出去给别人做电视广告。乔布斯批准了这项新策略,但他不再往公司投钱,而是决定要一点手段。当时史密斯和卡特姆每人拥有皮克斯4%的股份。现在,乔布斯想成为唯一的股东。

"我给你们钱,"他说,"但我想请你们每人都给我一些股份。"

皮克斯的两位创始人非常渴望看到他们计算机动画电影的美梦成真,因而勉强同意了。在此后几年里,乔布斯不断蚕食皮克斯员工持有的公司股份。"最后的结果是,乔布斯向公司投入了5000万美元,最终得到了所有的股份。"史密斯回忆道。就乔布斯而言,他只不过是充分利用了一种糟糕的处境而已。如果任何潜在买家拿着5000万美元跑来收购,他会毫不犹豫立即甩掉皮克斯这个包袱。毕竟,他名下已经有了NeXT这样一个卖不出去任何硬件的硬件公司了。为什么要有两个情况完全相同的公司呢?而且,NeXT一直是乔布斯关注的重点。在1986至1992年间,有人估计,乔布斯来皮克斯办公室的次数总计不超过5次。这种安排对于史密斯和卡特姆来说完全不是问题。"我和埃德很快就发现,管理公司的最佳方法就是,让史蒂夫尽量远离,越远越好。"史密斯说,"因为他一出现,他就会扭曲这个世界,我们必须花上一两个星期才能把一切恢复原样。"乔布斯不怎么来,史密斯和卡特姆会每月驱车两小时到雷德伍德市参加董事会会议,汇报进展。

最后,在他们近20年的梦想一点点被磨灭后,事情看起来终于有了向前发展的趋势。1990年后期,迪士尼动画部主席彼得·施奈德(Peter Schneider)来皮克斯拜访了这个团队,问他们是否有兴趣制作一部动画长片。他们要在三个月之内达成协议,并拿出三个预案。约翰·拉塞特认真思考,逐渐想出了一些主意。他一直喜欢从小看到大的那种伙伴片(buddy movies)。如果他们把一部像《布奇·卡西迪与桑德斯·基德》(*Butch Cassidy and the Sundance Kid*)那样的电影改编成动画,由玩具扮演两个主角,不知会怎么样呢？这两件玩具还可以互相竞争，看哪一个更讨主人的欢心。然后它们还可以有一次极为激烈的角逐，最后成为朋友。点子越来越多，皮克斯为它们有史以来最大的一个项目进行了全面动员。

只有阿尔维·雷·史密斯不在其中。

* * *

任何一个看到史蒂夫·乔布斯著名的 Stevenotes 演示的人，都会意识到演示原来可以如此具有表演性。这并不单是一个争取公众的表演。在董事会上，乔布斯从头到尾都是一个表演者，整个世界皆观众。他独占房间中唯一的白板，他常常上蹿下跳地阐释他要说明的观点。他喜欢挑衅。“他参加董事会时常做的一件事情，是粗暴地评论某一件事。”史密斯回忆道，“我们会说，‘史蒂夫，别瞎说，’然后他就会让步，因为这通常是瞎说。”就像那些时常与乔布斯共事的人一样，皮克斯的团队成员很快就意识到，这是乔布斯引人注意的惯用方式。乔布斯发现阿尔维·史密斯是这个团队中个性最强的人，于是他经常在发表评论后直直盯着他，看他有什么反应。大多数情况下，这种安排对他们俩来说都很有效。有一天，事情变得有些糟糕。乔布斯抱怨说，皮克斯图像计算机的一块电路板未能按时完成。

“但是，史蒂夫，你们的 NeXT 计算机电路板也未能如期交货。”史密斯说。

突然间，场面一下子失控了。“我们经常用这样的方式争论，但这次他的反应完全不可理喻。”史密斯回忆道，“他就像一个不折不扣的街头恶霸一样冲向我，开始侮辱我的口音。他朝我大吼大叫，恐吓我。我过去从来没有遇到过这种状况。没有人这样对待过我。我同样也以不理智的方式回应，我们俩都彻底怒了，气急败坏，面对面争吵，相距只有 4 英寸。回过头去你会想：‘我已经输了。这样做太疯狂了，这家伙既有权又有钱。’但当时我们都失去了理智。”在这次激烈冲突的过程中，史密斯停止了说话。他大踏步从乔布斯身边走过，开始在白板上画图。“有一条不言而喻的规定是，史蒂夫坐在白板前，他就是房间里唯一一个可以使用白板的人。”史密斯说，“这是不言自明的，但我讨厌这种不言而喻的规定。”

“你……你……你不能这么做！”乔布斯发出了抗议，简直怒不可遏。

“什么，我不能在白板上写字？”史密斯反问道。

整个行为滑稽透顶，这是董事会会议室闹剧的极致。乔布斯迟疑了一会，考虑他该怎么做，然后摔门冲出房间。“从那以后我再也没有喜欢过他，我希望他从我的生活中消失。”史密斯说。一年之后史密斯离开了皮克斯，创建了一家名叫阿尔塔米拉（Altamira）的公司，制作图像编辑软件。乔布斯买下了10%的股份。过于软弱的埃德温·卡特姆被任命为皮克斯唯一的公司导演。皮克斯团队一直在制作离奇的伙伴电影，而皮克斯在动画产业仍是一片沉寂。

约翰·拉塞特为这部影片想了一个名称，它是一个足够好的占位符（placeholder），直到一个更好的名字出现。

他称这部电影为：*Toy Story*（《玩具总动员》）。

# 第十一章　墙上的另一块砖[①]

技术需要可预测性，而且同样需要预测的准确性。因此，技术必须凌驾于人之上。对于技术来说，这是一个生死存亡的问题。技术必须把人降低为技术动物，成为技术奴隶的国王。人的任性在这种必要性面前荡然无存；在技术自主性面前，没有人类自主性。为了扫除个体决断给组织的完美设计带来的污点，个体必须被技术塑造，或者是负面的（通过理解人的技术/有判断力的人的技术），或者是正面的（通过让人适应技术框架）。

——雅克·埃吕尔：《技术社会》(1964)

对于一个来自英国南部艾塞克斯郡清福德（Chingford in Essex）的年轻男孩乔纳森·艾夫来说，有着10条车道的高速公路和超大水果蔬菜的加州世界，充满了难以想象的异国情调。被朋友们称为“乔尼”的艾夫生于1967年，当年数以十万计的青年人汇聚在旧金山附近的海特-阿什伯里庆祝“爱之夏”，也是在这一年，仙童摄影器材公司（Fairchild Camera and Instrument）——后来有了子公司硅谷仙童半导体公司的东海岸公司——为数据处理应用软件造出了一种金属氧化物半导体产品，后来成为行业标准。当然，当时这两项发展看上去对他没有任何直接影响。除了报纸上的几篇回顾性文章，以及电视上第四频道古怪的午夜节目《逍遥骑士》之外，对于英国人来说，美国的反主流文化运动仿佛是另一个世界的事情。艾夫也不是一位技术极客。与大多数英国人一样，他几年前才开始使用计算机，而且大多

① “Another Brick In The Wall”是Pink Floyd乐队专辑《迷墙》（*The Wall*）中的一首歌的名字。

数时间也只不过是百无聊赖地敲打橡子公司(Acorn)的BBC微机(BBC Micro,学校里的标配),或者是克莱夫·辛克莱尔(Clive Sinclair)的带有橡皮键盘的ZX频谱电脑(ZX Spectrum)。艾夫对计算机不感兴趣,部分原因是他患有阅读障碍症,并因此在学校遭遇了很多困难;而有这种障碍的人,相当多的一部分人选择设计作为自己的职业。

然而,如果不把学业成绩包括进去,艾夫在学校里算是一个相当正常的学生。他是一个有点胖乎乎的少年,在橄榄球球队担任支柱前锋(prop Forward),晚间和周末则在当地一个名叫白色渡鸦(Whiteraven)的乐队里做鼓手,在通风良好的教堂大厅里演奏水平不高的摇滚乐。如果没有日后的成功,他最值得夸耀的,或许就是他与大卫·贝克汉姆同在州立学校清福德基金会中学(Chingford Foundation School)读书;不过两人进入学校的时间相差8年,这意味着他们从未同时出现过。艾夫最感兴趣的事情是设计,这种热情遗传自他的父亲迈克。迈克原来是位银匠,后来成为女王陛下督学,监督中学的手工、设计与技术课程。“我记得,我从小就对动手制造东西有兴趣……”乔尼曾经说,“我还记得,我会把我拿到手的任何东西拆开。后来,这就发展成了一种对于物品如何制造出来,如何运作,以及它们的形式与材料的兴趣。”他无意中学到了一些基本知识:形状因素的基本原理,形状和颜色如何规定一个对象给人的感觉,以及他喜欢的一两位著名设计师的名字。他在青春期就已经形成了自己的想法。他要成为一名设计师。但是设计和制造什么呢?他预感到,在某一时刻,他可能必须选择某个领域专心工作。经过一番考虑,他把目光锁定在汽车这种不次于任何东西的事物上,并申请在大学里学习汽车设计。但好景不长。艾夫发现,一起上课的其他学生都非常古怪,就像是装扮成设计师的艺术家。“他们画图的时候会发出呜隆隆的声响。”他多年后接受《观察家报》(*Observer*)采访的时候回忆道。于是,他又四处寻找其他的选择,打点行装去了纽卡斯尔,在那里的理工学院学习工业设计课程。

艾夫的全身心投入打动了他的讲师们,但他为自己几乎不会绘画感到十分苦恼。“我开始了手工绘图,那真是一个可怕的时刻。”他说。就是因为缺乏这种能力,他想他强大的老对手个人计算机也许能帮他解决问题。20

世纪 80 年代的计算机辅助设计确实取得了重大的进步，但艾夫试用过的计算机都过于笨重，用户体验也不友好。然后，就在他学位课程的最后一年，他发现了麦金塔。“我还记得与这款非凡产品的邂逅，”艾夫说，“它很容易使用。而且你可以用它做一些小事情，比如改变你出错时产生的噪音。这种事听起来微不足道，但当时非常令人吃惊。我开始觉得很愚蠢，后来就感到自己拥有了强大的力量。我之后通过某种途径联系上了制造它的人。”艾夫渴望了解更多的情况，他开始阅读苹果的历史，发现他和这家公司的理想很契合。“我对这家大胆的甚至有些叛逆的公司了解得越多，就越被它吸引。”艾夫回忆道，“它无可置疑地指出了一个自鸣得意、创造性几近干涸的产业中存在的另一种可能性。苹果代表着某些东西，而且有理由拥有除赚钱之外的其他东西。”

* * *

资助艾夫完成学位课程的是一个总部设在伦敦的设计公司，名叫罗伯茨·韦弗集团（Roberts Weaver Group）。该公司的总经理是菲尔·格雷（Phil Gray），他是迈克·艾夫的朋友。几年前，迈克·艾夫请格雷看过他儿子的几幅图画。格雷大为吃惊。“对于十八九岁的少年来说，他有着不可思议的工艺才能。”格雷说，“他有一双对细节观察入微的锐利眼睛，是一个做事一丝不苟的年轻人。”他向一起工作的其他人说了这件事，他们同意给艾夫一份数额不高的奖学金，帮助他维持在学习期间的生计。这笔钱不多，但帮助他摆脱了困境。或许更重要的是，他们给艾夫提供了一份暑期工作，让他迈进了设计领域的大门。

* * *

克莱夫·格里耶（Clive Grinyer）是罗伯茨·韦弗公司的一位高级设计师。他有好几个月没去公司了，最近刚从帕洛阿尔托回来；他在那里为一家今天被称为 IDEO 的公司（艾迪欧设计公司）工作。IDEO 原来是大卫·凯利设计公司的一部分，后来日益壮大，便出来自立门户。格里耶曾在中央圣马丁艺术与设计学院（Central St Martins School of Art and Design）学习，毕业后有机会去旧金山为比尔·莫格里奇(Bill Moggridge)工作,这是英格兰每一个学设计者的梦想。在动荡的60年代中期,格里耶在伦敦开办了第一家咨询公司,10年后又在硅谷开办了第二家。当时的工作签证比较容易获得,他从欧洲引进了一群满怀激情的年轻设计师,以将高科技产品概念化、生产成型并推介给顾客的方式,开始了一场革命。在帕洛阿尔托,格里耶曾与莫格里奇合作了好几个激动人心的项目,其中包括世界第一款笔记本电脑 GRiD Compass,它可以打开和关闭现在为人熟知的“扇贝式”翻盖装置(clamshell mechanism)。现在,格里耶回到了伦敦,他在旧金山被晒黑的肤色也逐步变淡。当他在1987年那个特别的上午走进罗伯茨·韦弗公司的办公室时,格里耶立即注意到了一个留着古怪发型的新实习生。乔尼·艾夫比格里耶年轻8岁,他当时得意地顶着“胭脂鱼”(mullet)齐肩发型,头发重重地向后梳了过去,结果刘海直直地往上翘,然后又披散开来。* “我觉得他看上去像一柄毛刷。”这是格里耶的第一印象。他的第二印象则是:**哦我的天啊,他什么活都干**。

人们很快就发现,乔尼·艾夫是罗伯茨·韦弗集团有史以来最好的实习生。通常绝大多数实习生都是毫无希望的一伙人;这些十几岁的青少年似乎只擅长为团队订错误的咖啡,而且总是提前溜走。艾夫与他们不同。当时工作室接下来的一个大项目是为日本的斑马钢笔公司(Zebra Pen Corporation)设计一套笔。艾夫一遍又一遍画图,最后设计出了一支优雅的笔,它带有有质感的圆珠,而且尖端有弹性夹构造。他对于被他称为“消遣功能”(fiddle factor)的理念非常痴迷,这种精心设计的装饰就是让使用者把玩的。罗伯茨·韦弗团队的人喜欢把这种装饰叫作一件物品独一无二的“乔尼特征”,然后无奈地看着这支笔成了他们老板的新宠。“他的设计简单而优雅,令人感到不可思议。”格里耶说,“它们通常出人意料;但你多看几眼,就会觉得这种设计极为合理。你会想,为什么我们以前从未见过这种产品。”格里耶与艾夫很投缘。他们都很幽默,格里耶喜欢这个年轻的实习生,

---

* 现在乔尼·艾夫的头发全部剃光了,这让他看上去有些像佛教禅宗的和尚,也有些像留着平头的小阿飞。这很难让人不联想到麦金塔最初的“1984”商业广告。在这部商业片中,一批秃头的游手好闲人士得到了机会,能够在苹果计算机强大能力的帮助下完全释放他们的创造潜力。

他谦虚，说话温和，又充满自信。艾夫则为格里耶在加州工作的故事而着迷。他问了格里耶他能想到的所有有关在美国生活的问题。

艾夫的实习期结束之后，他离开罗伯茨・韦弗集团，返回了纽卡斯尔。但他还和格里耶保持联系。到了他毕业典礼的时候，他给格里耶打电话，邀请他前来观礼。格里耶在1号公路上专注地开了5小时的车，然后在艾夫位于盖茨黑德（Gateshead）的学生公寓地板上断断续续地睡了一夜。与他一起共享睡觉空间的，是艾夫为自己最后一个项目制作的泡沫塑料模型：一套带耳麦的助听器，可以让老师和失聪学生互动。（当然，整个装置都是炫目的iPod白。）这些原型设计的数量之多简直让人透不过气来。大多数学生做出6个模型后就会走进酒吧，而艾夫做出了100多个。"他做了这么多模型，而每一个模型都与其他的有微妙的不同，真是令人难以置信。"格里耶回忆道，"我想，查尔斯・达尔文会发现它们之间的亲缘关系。说真的，它真的就像一场活生生的进化。乔纳森渴望完美，这让每一个模型都有着微小的变化，而让他弄清楚这些变化是否正确的唯一方法就是做出实物模型。"

* * *

艾夫在纽卡斯尔理工学院的学习刚结束，就得到了一个前往加州的机会。他的助听器项目为他赢得了一项英国皇家艺术学会学生设计奖（RSA Student Design Award），其中包括去海外工作6个星期的旅行赞助。被选中的公司是必能宝公司（Pitney Bowes）。这是一个办公室设备制造厂家，总部设在美国东海岸，那里没有给他多少启发，但他可以在这段时间结束之后在美国旅行。以学生设计奖为敲门砖，艾夫访问了一些工作室，其中一家是新月设计公司（Lunar Design）。这是一家总部设在帕洛阿尔托的咨询公司，经营这家公司的是一个名叫鲍勃・布伦纳（Bob Brunner）的男子。布伦纳是计算机行业的产物。早在20世纪70年代，他的父亲曾经为IBM研发了第一批温彻斯特磁盘驱动器（Winchester disk drives）。他和艾夫一见如故，相见甚欢；布伦纳说了些诸如"很高兴见到你，你做出了一些让人印象深刻的作品，如果将来有任何机会的话……"之类的话。然后艾夫便飞回了不列颠。但这并没有让他和鲍勃・布伦纳之间的联系中断。

* * *

克莱夫·格里耶并没有在罗伯茨·韦弗公司继续工作多久。他搬到了剑桥,开始在那里的科技园区(Science Park)做设计师。长期以来,人们便认为剑桥科技园区相当于英国的硅谷。格里耶看到园区内高科技建筑林立,草坪修剪整齐,心中不禁想到,如果人们仔细打量,会发现剑桥的这一园区倒是有些帕洛阿尔托的味道。同时,他还有别的想法要追求,这些想法不一定需要在今后的20多年中与300名"书呆子式的讨厌"工程师一起才能完成。他在一个周末回到伦敦,拜访了一个名叫马丁·德比舍尔(Martin Darbyshire)的老朋友。格里耶与德比舍尔相识于80年代初期,当时他们都是中央圣马丁学院的学生。德比舍尔比格里耶年长一岁,但因一次严重的摩托车车祸休学,因此比格里耶低一级。当他们一起在肯特镇(Kentish Town)一家咖喱餐馆吃晚饭的时候,格里耶抛出了橄榄枝。他想让德比舍尔与他合伙开办一家设计咨询公司。不久前,一家总部设在彼得伯勒(Peterborough)的卡姆特尔电话公司(Commtel)找上了格里耶,提出让他加入该公司,为他们设计一批电话。他们为此出价2万英镑,但格里耶成功说服他们同意由自己建立一个公司来为他们服务。换言之,他已经拿到了建立新公司的启动基金,只是在寻找一个合伙人。德比舍尔同意了。

在公司开张后的头8个月里,他们在德比舍尔位于芬斯伯里公园(Finsbury Park)住处的前卧室里开展设计业务。"我和太太搬到了后面的卧室,我们把前卧室改成了一间临时工作室。"德比舍尔回忆道。为了让一切看上去像那么回事,格里耶出去买了两张制图板和一台麦金塔计算机。他们决定把自己的公司命名为地标(Landmark),因为这个名字带有一种上流正统的味道,而且德比舍尔度假的时候喜欢待在地标信托公司(Landmark Trust)。"我们觉得这个名字很有趣,"格里耶说,"但实际上并非如此。后来我们才知道,一家名叫地标的荷兰公司在8个月前开张,他们非常蛮横地把我们告上了法庭。他们似乎认为我们是出于恶意才这样做,这实在有点疯狂。"他们并没有过分痴迷于第一次命名的尝试,而是又去了那家咖喱餐馆,再想一个新名字。格里耶提出用"橙色"(Orange),这时距离橙色移动电话公司问世还有5年之久。这个名字符合各方面的标准,但德比舍尔指出,它会让人联想到橙色脱叶剂（Agent Orange），即美国军方在越战中使用的落叶毒剂。然后格里耶到处打听，结果发现丹麦一个松散的设计师联盟已经用这个名字注册了。橙色被排除了。当时临近 1989 年的圣诞节，德比舍尔提出用 Satsuma（无核小蜜橘），但接着又把它改为 Tangerine（橘子）。橘子含有橘梦（Tangerine Dream）之意，这是 20 世纪 60 年代德国的电子音乐乐队的名字，格里耶是它的粉丝。后来知道，这也是中国的一种吉祥的象征。**就定为橘子了！**

* * *

一旦他们做了足够的工作变得小有名声之后，他们就动用公司的启动资金，在设计杂志上做了些单页广告，向全世界宣告自己。"第一份广告只是问'谁是橘子？'，然后给出了一串我们正在合作的客户的名字。"格里耶回忆道，"这造成了不小的轰动。大家说：'不得了，这伙无名小卒居然已经在做有趣的工作了。'当时正值经济衰退，所以大多数人认为我们或者是被解雇或者是被裁员了。但我们是自愿离职的，这一点很让人吃惊。"接下来，该为公司找一处看上去更体面的根据地了。他们认识的一位图形设计师，最近在市区以北的霍斯顿（Hoxton）一个经过改建的大型仓库里开了一家店面，还有两层楼闲置着。这两人便筹集了足够的资金，和一个有些自大的家具设计师，共同租下了其中一层楼。就在这时，乔尼·艾夫出现了。他刚刚结束在罗伯茨·韦弗公司的工作（这家公司资助了艾夫在纽卡斯尔理工学院的学习，按照合同规定，艾夫要为它工作一段时间），还带了个客户，是一家名叫理想标准（Ideal Standard）的卫生器具公司。格里耶向德比舍尔介绍了艾夫，艾夫作为平等合伙人加入了橘子公司。德比舍尔回忆道："只要看一眼他的工作，你立刻就很清楚，他是一个极有天赋的设计师，而且是一个真正值得合作的合适人选。"团队日益壮大。有一段时间，格里耶的妹妹也曾作为个人助理加入了公司，当时她大学毕业之后正在伦敦找工作。

橘子变得似乎越来越强大，对于所有与此有关的人来说，这都是一个令人兴奋的时刻，尽管如德比舍尔所指："在高兴之余，我们还有许多艰难的时刻。"1989 年的霍斯顿还是伦敦较为混乱的地区；只是在过了差不多 10 年以后,随着市区再建,这里才变成了戴着雷朋眼镜、穿着紧身牛仔裤的时髦者群体的家园。“20 世纪 60 年代,这个地区曾经是警察的第一个‘禁区’。”德比舍尔回忆道,“他们从来不在那里走动;他们只有在乘坐巡逻车的时候才到那里去。”格里耶已经记不清他的收音机被人从汽车里扯走了多少次,也不记得他每天停在那里的汽车被人放气的次数了。午饭的时候,他和艾夫会去当地一家小餐馆吃饭,那里同时也是一个拳击健身房。“你不能要金枪鱼三明治,那样会被视为娘娘腔。你只能买白面包卷、火腿和奶酪。”事实上设计师的相貌本身看起来就很古怪,而办公室的隔壁又是一个大舞厅,那里的窗户全都挡得严严实实的,这让情况变得更为糟糕。他们通过多次试探很快就弄明白,那里其实是肖尔迪奇区(Shoreditch)同性恋者聚集的中心。事实证明,生意也是多种元素的统一体。总有一天,他们会为一家大公司如福特或者日立(Hitachi)做设计;而第二天,他们就可能会为英格兰东部诺福克郡的一个中小规模的家庭企业干活。橘子公司另一个很有口碑的市场,是当地的个人发明家社团,但他们会想着法儿的回避付款问题,只承诺一旦他们的某个主意做成了,他们就给橘子公司股份。“他们本意还是好的。”德比舍尔宽容地说。要让橘子公司有效地发展,就必须多管齐下。每当一个顾客到访的时候,他们都会在工作室里放满为那个项目特地做好的泡沫原型设计,以此表明这个团队正全力以赴、心无旁骛地为这个项目工作。一旦会面结束,客户离开,别的作品就会被摆上,大量多余的模型就会被清理出去。不出所料,他们很快就没有储物空间了。

他们并没有花钱扩大橘子公司的经营场所,而是接受艾夫的建议,租一辆运货卡车,把一些模型运到了他父母在萨默塞特郡卡里马雷特村(the village of Curry Mallet)的家里。等到他们从卡里马雷特村离开回霍斯顿的时候,他父亲的车库里已经满是硬纸板做的坐便池和浴室模型,以至于人们根本没法挪动一件模型而不至于重重地撞到另一件模型上面。

如果说泡沫模型占用了空间,那么真正占用时间的是商业计划。橘子公司的绝大多数客户过去没有用过设计公司,因此他们并不真正知道会出现什么样的情况。大部分人认为花上 1000 英镑左右,就能得到几张草图。但当完整的计划书出炉,要求顾客进行定制铸模,价格是令人咂舌的 3 万英镑左右时,一些潜在的顾客马上就犹豫了。“这跟我们原先预想的不一样。”他们会结结巴巴地说。

* * *

1990 年 3 月,艾夫开车去赫尔为理想标准公司的一位常务董事就一种他设计的陶瓷浴室水槽做演示。从那天开始的时候他便担心这次会见。他为这个项目提出的第一个概念极为大胆。传统水槽的水池是固定在墙上的,同时用一个朴素的底座把管道隐藏起来。但他却提高了底座的位置,让它处在整个设计中更为中心的地位;它以某个角度倚在墙上,支撑着一个独立的洗脸池。尽管这个概念非常有创意,但理想标准认为它完全无法实施。他们指出,这东西太大,成本会高得离谱,而且也太重,水管工安装极为不易。艾夫强忍着出口反驳的冲动,修改了他的想法,提出了一个更合理的底座,但还是保留了他原来概念中的独特之处。这就是艾夫现在即将抛出的版本。

从接待处的人向他打招呼的那一刻起,他就有不祥的预感。那天是喜剧救济基金会日(Comic Relief Day),艾夫要见的那位董事戴着一个新奇的红鼻子,甚至当他们在会议室坐下谈业务的时候都不肯摘掉。艾夫做了演示,但似乎面临着重重阻力。当他讲完了的时候,那位戴着红鼻子的董事便开始猛烈攻击艾夫花了很多时间加以完善的作品,不断地指出艾夫加进去的那些设计特点“毫无用处”。这种状况艾夫并非完全陌生,但这次他被逼得太狠了。当回到霍斯顿的时候,艾夫怒不可遏。实际上,就在这一刻,英国失去了一个最好的年轻设计师。

* * *

艾夫通过捕获库比蒂诺这条大鱼而重新振作起来。像苹果这样的大公司并不是每天都会遇到的。从艾夫在加州巡游之后的两年间,鲍勃·布伦纳一直在沿着苹果的管理链向上爬,开始是参与一些非正式的项目(这时青蛙设计还在承担苹果的设计工作,而苹果担心引入另一家设计咨询公司会让他们感到不安),随后他成了苹果的全职员工,担任了新的工业设计主管。

布伦纳一心要做出一点改变，他认为苹果需要一双崭新的眼睛加入。苹果公司决定组织一次寻找天才的活动，去找到世界上最火的年轻设计师。就在这个时刻，他想起了乔尼·艾夫。借前往德国出差之便，布伦纳在伦敦作短暂停留，驱车前往霍斯顿街的橘子公司办公室。他走进办公室与里面的人见面，并向橘子团队做了自我介绍。当时橘子公司正在设计一款饮料机，它有一个旋转门，这样打开的时候不会撞倒任何杯子。布伦纳非常喜欢这种设计。

“这正是我们正在寻找的创造性思维。”他赞不绝口地说。

布伦纳解释道，他要推出一项代码为 Juggernaut 的战略项目，目的是探索苹果计算机未来设计概念的诸多可能。他说，这可能恰好是橘子公司的切入点。布伦纳从包里拿出一台橘子公司的人从来没有见过的 PowerBook 便携式电脑，它要在几个月之后才会隆重推出。他把这台计算机放到了桌子上。“这就是我们目前一直在进行的产品线。”他说。

随后，在通过橘子公司的第一个调制解调器联网进行了几次谈话之后，橘子公司得到了合同。接下来的 6 个月，他们同时依三种不同的想法进行设计。第一种像一个小的女用手提包，打开之后会看到一个微型宽屏，带有掌托、触控板和键盘。第二种是一个改进版台式计算机，带有便携式显示器和角度变换的键盘。第三种是一个无线计算机的概念，具有分离式键盘和其他元素。橘子必须保留苹果现有的设计语言，这意味着坚持使用那一代产品线的海军战舰灰色，但可以自由推进边界。只要他们梦想中的东西带有现实根基，他们便可全力以赴。艾夫听说过有关无线键盘的谈论，那为什么不加上一个呢？他这样想。“我记得，有一天我看到乔尼把这种触屏电脑的泡沫模型放在他的桌子上，”彼得·菲利普斯（Peter Phillips）说，他也曾是罗伯茨·韦弗设计公司的员工，刚好在这个节骨眼上加入了橘子公司，“他当时坐得远远的，双膝向上，在泡沫键盘上敲打，还说什么‘这种感觉真棒’。”

他们差点就把事情搞砸了。橘子实在太小了，它没有机器车间，这个团队只好造出实物模型，然后把它们转交给全国的个体模型制造商去制造成品原型。但无论格里耶、德比舍尔与艾夫花多少个小时设计一种概念，最终还是要看这些模型制造商的。“这些产品相当有创意，它们本身可以折叠，键盘也可以折叠。”格里耶回忆道，“我们在当地找到了一位模型制造商，他为许多电影和广告作品做过模型。我们拿到模型的时候，它们看上去棒极了，但用过一次就坏掉了。苹果拿到了这堆破损模型，完全派不上任何用场，那可真是一场灾难。”（但德比舍尔记得这些模型没有什么问题。）

* * *

终于，到了去库比蒂诺展示这些模型的时候。格里耶、德比舍尔和艾夫一同飞往旧金山。格里耶和艾夫喜欢待在苹果，德比舍尔对此还不很肯定。“苹果有深厚的文化底蕴。”他用词谨慎，“你必须要认同它，几近于狂热。不得不说，我觉得这种事情有些令人毛骨悚然。这种文化中也有非常卓越的方面：极为崇尚自由，永远鼓励发展并追求新意以臻完美。但同样有一个略微带有小集团性质的古怪方面。我觉得这方面让人有幽闭恐惧的感觉。这几乎就是一种宗教，而我接受不了这一点。”尽管如此，他们的演示做得特别成功。离开之前，布伦纳问他是否可以跟艾夫私下谈几分钟。

这两个人独处的时候，布伦纳对艾夫说，在橘子小打小闹做点研究项目是一回事，但如果他真的想要从根本上创造一些东西，就需要考虑全职加入苹果。“我们一直有些怀疑，这个项目给了橘子，就是想把乔尼带到阳光明媚的加州，看能不能诱惑他到美国。”彼得·菲利普斯说。“艾夫见到了阳光，见到了要他做的工作，然后考虑了一下工资，最后决定加入我们的团队。”布伦纳如是说。事实上，尽管在理想标准公司的经历还笼罩着他，就艾夫的性格而言，做出这样一个决定还是相当困扰的。他真的想离开橘子吗？他真的想要告别英国吗？他的太太希瑟（Heather）是一位学校检查官的女儿，她真的想去加州吗？

苹果提议让艾夫夫妇前往库比蒂诺过一个周末。当回到橘子办公室的时候，艾夫还在为做决定的事而烦恼。格里耶与德比舍尔决定劝导他。“我们都说，‘这是一个极好的机遇，乔，你怎么可以放过它呢？’”德比舍尔回忆道。最终乔尼下定了决心，他要去加州。他打起行装，告别了他在橘子的同事们。

1992 年 9 月，乔尼·艾夫签下合同，成为苹果工业设计部的一位全职员工。

# 第十二章　无限循环园区的恐惧与自我憎恨

我们不能停在这里。

这里是蝙蝠之国！

——亨特·S. 汤普森:《惧恨拉斯维加斯》(1971)

1990 年 1 月,在雷德伍德的 NeXT 办公室里,史蒂夫·乔布斯把他最好的助手叫到身边,问出了那个许多人觉得他应该在几年前就问的问题:"我们是在制造正确的产品吗?"答案当然是否定的。NeXT 计算机的核心技术或许是无与伦比的,但它缺乏软件,而定价也让人避之唯恐不及。

"那我们该怎么办?"乔布斯问。

答案是,忘记一直在走的弯路,回到 1985 年在公司早期的度假地乱石滩(Pebble Beach)首次讨论过的那个概念上。他们要做的,是制造一台售价 3000 美元的计算机。

然而,丹尼尔·卢因无法见证这一决定的成果了。为了给 NeXT 计算机的失利找一个替罪羊,乔布斯剥夺了这位负责营销的副总裁的管理权。卢因于 2 月离开了公司,前往另一家高科技新公司,那里会有新的令人激动的探险,却不会有史蒂夫·乔布斯带来的痛苦。卢因不是唯一一个感到直接为乔布斯工作非常艰难的人。乔治·克劳负责 NeXT 计算机的模拟与机械方面的工作,有一天他去医生那里做例行检查,却得到了一次警告。

据说这位医生告诉他:"如果你继续为那位先生工作 6 个月,你有可能会送命。"尽管克劳没有离开,但 NeXT 的组织结构改组了,克劳改向里奇·佩奇汇报工作,后者充当克劳与史蒂夫·乔布斯之间的缓冲带。

乔布斯下令,NeXT 产品线会有两款新计算机。一款是公司一开始便承诺制造的低价位计算机，它的形状看上去像一个披萨盒子，以降低制造成本。［因为对手太阳微系统公司已经在生产一种形如披萨盒子的计算机，而乔布斯不想被人认为他在模仿别人，他坚称上流社会称这种所谓的 NeXTstation 为“平板”（slab）。］另外一款则是高成本的 NeXTcube，它将保留艾斯林格引人注目的镁立方外形，但速度远超其前身，而且带有全彩色图形。* 作为一个完美主义者，第二种计算机最能激发乔布斯的兴趣。事实证明，任何企图收缩乔布斯的目光，让他迎合低端消费者的尝试都是（用原料部主管马特·梅代罗斯的话来说）“一场战斗”。一个例子是，乔布斯坚持，除了公司商标以外，NeXT 计算机的每一个部件，直至电路板，必须全部是黑色的。里奇·佩奇与梅代罗斯不断与乔布斯争论，说这样做太疯狂了，这会大大增加计算机一些部分的生产成本，而绝大多数用户永远也看不到这些部分。

同时，媒体在持续发问。作为一家私人公司，乔布斯一直对 NeXT 的销售数字守口如瓶，但却用一些含糊的措辞愚弄记者，诸如 NeXT 正在与主要的买家“积极对话”，或者“将完成一些真正重大的交易”等。但其他人也开始发声了。购置了 20 台 NeXT 计算机的加州大学伯克利分校计算机科学系主任说：“一年的时间已经足以评估这一系统，看上去它并没有达到目标。”更要命的是商地公司的季度报告，该文件披露，商地公司根本没有从 NeXT 计算机上赚到钱，相反，他们每出售一台 NeXT 计算机都会搭进去一万美元的管理费用；因为为了建立一支全力投入的营销团队，他们不得不下大本钱投资。在一次与商地公司地区副总裁的会议中，乔布斯用拳头捶击着桌子叫喊道：“如果你们做不到更好，就不应该干销售这一行。”在 NeXT 公司内部，公司所赖以成立的乌托邦信条正在崩塌。一位副总裁已经挂冠而去，其他人则在谈论着离开。为了吸引新的超级明星员工加盟，或者只是不要让现有的员工放弃努力，加薪、发奖金以令人咂舌的速度接踵而至。一个过去年薪大约 2.5 万美元的初级会计，加入 NeXT 时年薪是 5 万美元，两年之内则提高到 9 万美元。

乔布斯和他的团队把全部希望都寄托在 1990 年的新产品发布上。进入

* 尽管 NeXT 计算机的商标是彩色的，但它第一款计算机同最早的麦金塔一样，是单色显示。

一个新的10年，乔布斯35岁了，仍自视为高科技与自由艺术的集合：一半是嬉皮萨满，一半是大企业的“海报男孩”(poster boy)。在第二款NeXT计算机推出前一天晚上举行的聚会上，乔布斯与两位看上去不搭的人坐在一起，他们分别是保守的罗斯·佩罗和英格兰摇滚民谣歌手格雷厄姆·纳什(Graham Nash)，一位NeXT计算机的骄傲拥有者。《电脑世界》的一位记者讽刺地写道：“我对任何一个能让伍德斯托克老兵和超级资本家同坐一桌的人都佩服得五体投地。”

这次的发布会仍然在戴维斯交响乐厅举行。当乔布斯用NeXTcube播放了《绿野仙踪》(*The Wizard of Oz*)的一个片段时，整个发布会达到了最高潮。在当时，一台计算机强大到能够播放一部电影，这种理念是难以想象的。乔布斯选择的场景，是朱迪·加兰(Judy Garland)饰演的多萝西(Dorothy)打开通往奥兹仙境的那一幕，这时，黑白画面突然变成了彩色。观众大声称赞。这种反应是真实的。但这种技术并不是真实的。因为这种特制的芯片尚未完成，乔布斯在这里造了假。这个场景并非来自NeXTcube，而是通过藏在幕后的一个激光视盘播放机转播的。就隐喻而言，乔布斯选择的这部电影再合适不过了。

* * *

到1990年9月的时候，让-路易·加西已经离开了苹果。这位魅力四射的法国人曾被视为约翰·斯卡利离开后掌管苹果的不二人选，而他的落魄源于一款名叫Macintosh Portable的产品。这种计算机寄托着人们在麦金塔产品线身上赋予的长期梦想，可以一直追溯到乔布斯尚在苹果公司之时。但正是加西，最终推进它进入一个新的阶段。最终的Macintosh Portable包含许多简洁优雅的特点，但5799美元的超高定价和高达7公斤的重量使人敬而远之。斯卡利感到“右上”象限的商业模式不再有效，于是将加西降职，他自己亲自冲锋陷阵，充当苹果的首席技术官。失势的加西黯然辞职。

斯卡利最喜欢的项目之一是一个叫牛顿(Newton)的装置，它似乎预示着这个CEO的“知识导航员”概念比计划提前20年到来。牛顿是工程师史蒂夫·萨阔曼(Steve Sakoman)的创作，他对于掌上计算机(handheld computing)有着压倒一切的热情。萨阔曼在惠普公司开始其职业生涯,在那里担任世界上第一款电池供能的手提 MS-DOS 个人计算机 HP110 的项目经理。1984 年,他被乔布斯收至麾下,随着乔布斯辞职,他也被打入了麦金塔部门的冷宫,在那里帮助创造 Mac Plus、麦金塔 SE 和麦金塔 II。到了 1987 年 3 月,对此感到厌倦的萨阔曼打算辞职。他想回到掌上计算设备,并与米奇·卡普尔讨论,请他出资建立一家生产这种设备的公司。加西说服他留下,并为他在苹果内部新成立了一个掌上计算的非常规项目。萨阔曼招募了一批有能力的工程师组成团队,其中包括最早的麦金塔 Finder 的联合开发者史蒂夫·卡普斯。卡普斯于 1985 年离开苹果,创建了他自己的音乐软件公司,并由此开发出他称之为"最终幻想吉他"(the ultimate air guitar)的产品。然而,电子吉他 Jaminator 最终并没有大行于世,卡普斯被说服重返苹果加入牛顿团队。这批人搬进了库比蒂诺市巴伯街(Bubb Road)上一座废弃的仓库开始工作,这座仓库距离苹果总部的主建筑半英里。

牛顿最主要的特点,是手写识别功能,用户可以用触控笔在屏幕上直接写字输入。苹果并不是当时硅谷唯一一家研究触控笔计算(pen-based computing)的公司,但它是为数不多愿意做得更多的公司,而不只是把触笔连接到已有的计算机结构上。对许多人来说,触控笔代表着像鼠标一样的下一代定点设备的出现。"你的手能进行非常精细的运动控制,可以使触笔工作,这在带键盘和鼠标的经典计算机上则完全无用武之地。"牛顿团队中一位名叫华特·史密斯(Walter Smith)的工程师说,"如果你和一位艺术家交谈,他会告诉你,用鼠标作画就好像用一块肥皂作画一样。所有这些跟一般计算机没有关系的神经元,它们以非常复杂的精巧方式驱动你的手指。"就像钢笔和一叠纸一样,牛顿使人机以一种自然的、直觉的方式互动。例如,文档的编辑方式将完全改变。突然之间,多年来磨砺的各种校对标记——画线和涂抹,能转移到计算机屏幕上了。但事实证明,由于适应不同的书写风格非常艰难,手写识别功能要比原来想象的更富于挑战性。(牛顿团队坚持要让这一设备能够识别草书,以使用户在输入句子的时候不必简化他们的手写方式;但这就让他们的工作更加困难了。)当苹果的副总裁阿尔·艾森斯塔特在莫斯科出差的时候,一个稀奇古怪的突破突然出现了。他听到有人疯狂地敲他房间的门，打开门后看到一个神情紧张的程序员站在那里。这位程序员一句话也没说，回头看了看有没有人跟踪他，然后把一张保存着手写识别软件的磁盘递给了艾森斯塔特，随后便迅速离开了。回到美国之后，艾森斯塔特把这张磁盘交给了牛顿团队，他们发现这份软件编写得异常准确，于是便把它安装进他们的设备中。

这个项目进展得很快。萨阔曼最初想象牛顿会是一个小巧轻盈的计算机，价格与最早的麦金塔差不多。但在没有上级监督的情况下，这个项目也开始染上了硅谷独特的“功能蔓延”（feature creep）症。到了一切就绪的时候，这个设备在物理尺寸和目标范围上都有所扩大，结果受到了人们的严厉批评。它成了一个 8.5 英寸 ×11 英寸的平板，带有一个触摸屏、一个手写识别用的触控笔、一个硬盘、一个能连续使用几周的电池，还有一个能使不同设备互相连接的红外端口。粗略估算一下，加起来需要 8000 美元。史蒂夫·萨阔曼离开了这个项目。

约翰·斯卡利就是在这个时候发现了牛顿，当时他全力支持这个项目。“这是斯卡利的麦金塔。”分管这个项目的一个营销经理弗兰克·奥马霍尼（Frank O'Mahoney）如是说，“斯卡利要利用这个机会，做史蒂夫做过的事情，但这次是在他自己的产品上。”斯卡利结束了这个项目的研究状态，设定了一个交货日期与整机价格：牛顿掌上电脑将于 1992 年准备就绪，成本不超过 1500 美元。在一段时间里，牛顿团队为这款平板开发了不同的外形。拉里·特斯勒受命主持这一项目，他中意一款名叫 Senior 的模型，9 英寸 ×12 英寸，标价 5000 美元。特斯勒担心，如果直接将一款较小的、功能不够强大的牛顿投放市场，将会对这一品牌造成无法弥补的损害。其他人不同意他的意见，声称苹果现在最不需要的就是另一条高端产品线。最终后者占了上风，开足马力研发 Junior，一款 4.5 英寸 ×7 英寸，成本大约 500 美元的设备。为了推出 Junior（现在更名为 MessagePad），苹果与夏普公司结成了合作伙伴。

有报道认为，牛顿在显然还未完成的情况下就匆忙进入市场，是因为该部门一个高层用他们昂贵的藏酒窖担保物打赌，说这一设备将在某个特定的日期投放市场。“在它发布之前 9 个月，事情就已经非常清楚，这个东西还没准备好。”奥马霍尼回忆道，“公关人员和产品人员都明白这一点，因此，预展时我们决不让记者碰它。我们知道一旦他们碰了，他们就会拿那支小触笔写他们的名字，然后这一切都完了。所以我们严格控制记者的接近途径。”

结果，对牛顿最为严厉的控诉来自一个从来都没有使用过它的男子。加里·B. 特鲁多（Gary B. Trudeau）是创作大受欢迎的《杜恩斯比利》（*Doonesbury*）的连环画画家，他在 MessagePad 发布一个月内出版了一系列漫画书。特鲁多是一位苹果粉丝，但他对这种新技术开的玩笑，实在太有先见之明了。在其中一幅漫画中，主角试图让一台牛顿（或者一台看上去特别像牛顿的设备）识别他的手书。他输入的是：“I am writing a test sentence。”机器的反应是：“Siam fighting atomic sentry。”他又试了一次：“I am writing a test sentence。”“Ian is riding a taste sensation。”他又来了一次：“I am writing a test sentence。”这个设备终于明白了他输入的东西。他写道：“Catching on（明白了）？”机器回答：“Egg freckles（蛋雀斑）？”

* * *

总的来说，作为一家由两个反主流文化的辍学青年创建的公司，苹果干得不错。在 1992 年年末，它成为世界上最具盈利能力的个人计算机公司，卖出的计算机超过了世界上任何一家供应商，它所持有现金储备超过 20 亿美元。但约翰·斯卡利仍旧感觉，应该卖掉这家公司，或者与一家更大的公司合并。他说：“我想离开，回东海岸去。我在硅谷待够了，早在 1993 年年初我在参加董事会的时候就跟他们说过这件事。他们无法在公司内部找到一个合理的继任者，于是我们便雇高盛投资公司（Goldman Sachs），尝试卖掉苹果。”高盛投资公司是一家跨国银行企业，也是一家证券公司。它与包括美国电话电报公司在内的几家公司进行了试探性接触。没有人马上表示感兴趣。人们谴责斯卡利放弃麦金塔去追求别的利益平台。其中一项是政治。在这方面，他与比尔·克林顿的牵连越来越大，甚至有传闻说，因为斯卡利离过两次婚，他未能成为克林顿的潜在竞选伙伴。另一项是牛顿，看起来它即将成为一个灾难。

“斯卡利是一个不切实际的幻想家。”前苹果员工艾伦·奥本海默说，“跟史蒂夫一样，他也提出了许多大部分人认为不可能的想法，但在他的例子中，这些想法真的是不可能的。也许是因为他不能像史蒂夫那样扭曲现实，也许只是因为这些想法在今天的技术基础上做不到。”苹果股票的每股收益于1993年大幅下降，董事会要求斯卡利辞职。与史蒂夫·乔布斯在1985年的情况相同，他保留主席的称号，但不能公开谈论除牛顿之外的任何产品。“在董事会讨论期间，我清楚地表明我准备担任苹果的全职主席。”斯卡利后来指出，“我是不会离开苹果的。我没打算去别的地方。”到了10月，当苹果透露当年第四季度的收益下降97%时，他辞职了。

“回过头看，如果我回去找史蒂夫·乔布斯，对他说：‘嗨，史蒂夫，这还是你的公司，你创建了它，让我们找出一种方法，让你回来管理苹果吧，’这会明智得多。”斯卡利说，“我被踢出去之后发生的所有蠢事也会避免。他们去给别人发放技术许可证，他们没有生产那些真正优秀的产品，反而生产那些破烂货。他们摧毁了史蒂夫为公司设定的每一项原则，也是我在的时候试图保持的那些原则。他们几乎让公司破产。如果我当时足够明智，去跟史蒂夫谈谈，看他是否想回来再次领导他的公司，这一切或许都可以避免。这是我最后悔没有做的一个决定。”

就像他说的那样，这是后见之明。而在当时，苹果仍然在自己的道路上继续下滑。所有斯卡利在位时就有的问题都会变得更糟。而且糟得多。

* * *

乔布斯的经济状况也不大妙。诚然，2500万美元要比大多数人的银行存款多得多，但这却比他创办NeXT、投资皮克斯之前少了7200万美元。同时，多米诺骨牌看上去摇摇欲坠，几近坍塌。1991年2月，NeXT的首席财务官苏珊·巴恩斯提前两个月留言说她要离开公司。乔布斯的反应是关了她的语音信箱与邮箱。6月，罗斯·佩罗辞去了董事的职务，说他需要对他的佩罗系统公司投入更多的时间。同月，曾是全美最强大的计算机零售商的商地公司，现在却在破产的边缘挣扎，并最终关门大吉。它留下的少量残羹冷饭都卖给了纽约一家安装取暖与通风设备的公司。接着是伯勒尔·史密斯,自从离开苹果之后,他一直罹患精神分裂症。如今他出现在乔布斯的住处外边[乔布斯现在与他的太太劳伦·鲍威尔－乔布斯(Laurene Powell-Jobs)和他的初生儿子(里德)一起住在那里],砸烂了那里的16块玻璃,以及乔布斯汽车上的挡风玻璃。除此之外,NeXT计算机仍旧滞销。不管怎么想,这都是一个艰难的时期。但乔布斯还是拒绝妥协。

他的计算机确实非常缺少软件,但他拒绝让任何老软件开发商把任何老式程序装进他心爱的计算机。乔布斯是一个事必躬亲的完美主义者,就连机箱内部螺丝钉的选择都要管。他宁愿**不装**软件,也不要不合适的软件。当他认定某个公司是合适的,他觉得,仅仅承认这一点好像就是给予这家公司所能想象的最高赞赏了。"我们考虑请你们为我们开发软件。"他告诉赛门铁克软件公司(Symantec)—— 一家大软件公司的高管,后者为麦金塔开发过软件。"你说什么?"那位高管吓了一跳。在一个潜在的重要软件开发商经常被盛情款待的行业,这种方式让他觉得受到了冷遇。赛门铁克公司拒绝了乔布斯的提议。与此同时,IBM正努力使NeXTSTEP操作系统软件为自己所用。尽管他们付了乔布斯双方商定的款项,但最后还是放弃了。"在发展过程中,这颗钻石落到了淤泥里,现在正躺在某个认为它是个土块的人的办公桌上。"乔布斯对《财富》杂志抱怨道,"土块里面的钻石依然存在,但是他们看不到。"

NeXT时常会在意想不到的地方显示一些成功的迹象,比如当它向美国国防部出售了一批数量未公布的计算机,或者当一家高端房地产公司(由一位原皮克斯公司员工的妻子经营)因为想从使用IBM的竞争对手中脱颖而出,购买了120台NeXT计算机的时候。但NeXT公司的运营成本总是过高。NeXT的原料主任马特·梅代罗斯试图从小处着手改善局面,他与乔布斯争论,认为后者不应该坚持在邮寄每件NeXT产品的时候都用一个完美的白色箱子,就像苹果今天邮寄产品时那样。"我们的每一样东西都是由联邦快递(FedEx)或者联合包裹速递(UPS)运送的,这种精美的箱子到顾客手上时已经一塌糊涂了。"梅代罗斯回忆道,"我们唯一能做的,就是在白箱子外面包上一层保护套。现在,你加了一个白箱子,花的成本是普通箱子的5倍,然后还要加一个外层箱子。而你正在省钱,因为你没有更多的资金来源……你现在正在裁人，但却还要保留白箱子，这只不过是在感情用事。”

余下的 NeXT 联合创始人开始怀疑，这艘船是否在朝着正确的方向行驶，就连乔布斯扭曲现实的魅力也无法让他们冷静下来。“问题在于，在接近盈利几年之后，我们正在烧来自佳能的那 100 万美元。”里奇·佩奇说，“月复一月，我们花的都比挣的多……一旦我们引进披萨盒子即第二代 NeXT，而它并没有在市场上取得成功，我们就都知道大难临头了。这家公司自身无法在经济上立足，我们也找不到另一个投资者。”1993 年 1 月 15 日，理查德·佩奇离开了公司。他是 9 个副总裁中第 7 个离开的。接任者没有立即宣布。公司宣布的是，NeXT 将退出硬件游戏，转而集中精力销售软件。没有硬件可做了，乔治·克劳便离开了公司。马特·梅代罗斯也离开了，他离开前采取的最后一个行动是关闭了 NeXT 的自动化工厂，并首先确保供应链上所有的供货公司都拿到了全额货款。

下个月，公司正式更名为 NeXT 软件公司（NeXT Software），并表示这一决定并非一个硬件制造商的失败，而是一个软件公司的民主化。刊登在 2 月 18 日的《华尔街日报》上的一则广告宣称“今天，我们将‘解放’锁在一个黑箱子里的软件”。另一个宣告也随之而来。NeXT 裁掉了它 500 名员工中的 330 人，这一决定几乎影响了每一个商业领域。在迈克·斯科特之前那次大规模解雇 Apple II 员工 20 多年之后，NeXT 的员工很多是通过广播才得知自己的命运，他们把此举称为“黑色星期二”。那些还留在营销部的人把这称为一个战略性转变。

* * *

从大众市场畅销产品的角度来说，NeXT 计算机或许非常失败，但它引发了一系列新的革命。在离加州的雷德伍德城很远的地方，一位当时名不见经传的英国计算机科学家蒂姆·伯纳斯－李（Tim Berners-Lee）使用两台 NeXT 计算机，把一个他戏称为“万维网”（World Wide Web）的疯狂想法变成了现实。并非每一个 NeXT 计算机用户都能创造出如此革命性的事物，但必然还有一些不那么有价值却仍然有趣的应用。1991 年冬天，一对同名的极客朋友约翰·卡马克（John Carmack）和约翰·罗梅罗（John Romero）买了一台 NeXT 计算机，将他们关于开发一种全新形式的计算机游戏的想法付诸实践。这是一款 3D 的第一人称射击游戏，玩家在一座城堡中穿行，沿途射杀纳粹分子。他们先后为这款游戏想了几个名字，诸如《第四帝国》（*The Fourth Reich*）、《哈塞尔霍夫城堡》（*Castle Hasselhoff*）、《用鲁格尔手枪射我吧》（*Luger Me Now*）等，最后才定为《德军总部 3D》（*Wolfenstein 3-D*），作为对 1981 年 Apple II 的一款动作游戏《德军总部》（*Castle Wolfenstein*）的致敬。作为 20 世纪 90 年代初期两个 20 来岁的年轻人，卡马克与罗梅罗是新一代科技人员的代表，苹果构成了他们重要的成长背景。* 事实证明，这种背景或许太重要了。14 岁时，卡马克在试图潜入当地一家学校偷苹果计算机时被逮到，结果被判在少年劳教中心拘押一年。"大部分进入那里的孩子都是因为服用毒品，"作家大卫·卡什诺（David Kushner）在他杰出的著作《启示录》（*Masters of Doom*）中指出，"而卡马克是因为一台 Apple II。"与此同时，少年罗梅罗则把他生平开发的第一款游戏的代码发表在 Apple II 杂志上；这本杂志的名字起得或许有些俏皮，叫《苹果汁》（*InCider*）。

这两个年轻人都对苹果如痴如醉，但 NeXT Computer 是唯一一款（勉强负担得起的）功能强大、能做出他们想做的这种突破性作品的计算机了。他们在滴水成冰的严冬雪地艰苦跋涉，付出了一张 1.1 万美元的现金支票后，终于得到了他们的计算机，接着便投入了工作。

* * *

如果说，万有引力定律教会了人们一个真理，那就是：苹果迟早都会掉下来。对于苹果公司来说，从乔布斯离去的那一刻，它便停下了真正革新的脚步；但直到 20 世纪 90 年代，由于各种问题终于到达了其临界点，坠落才开始。当《时代》杂志写下如下语句的时候，它无疑总结了绝大多数外部人士（与相当一部分内部人士）的看法："一天前，苹果还是一个重要的科技公司，其资产足以让任何富于自尊的科技集团公司垂涎三尺。一天后，苹果就变

---

* 直到 IBM 与微软在 20 世纪 90 年代赶超苹果之前，苹果一直是真正的计算机游戏中的翘楚。于是，即便 IBM 个人计算机似乎是大公司更为安全的选择又如何？在处理精密细致的计算机滚动条方面，它根本无法做到像 Apple II 那样好。

得一塌糊涂，缺乏战略眼光，当然也毫无前途可言。”

20 世纪 90 年代，一个反复出现的情况就是，正在进行的各种项目还未走出公司大门，就被随意抛弃了。从带有触控笔的麦金塔，到与 IBM 耗巨资共同研发的托利金德（Taligent）操作系统，没有一个项目得见天日。“我一个同事在苹果工作了 7 年，参与了 7 个被取消的项目。”一位前员工如是说，“这便是苹果混乱秩序的一部分。他们总是开始一个项目，投入大量精力和金钱，进行到某个程度时意识到，这种产品没有他们原来期待的市场，或者要完成它实在过于烧钱……这让许多工程师感到幻灭，因为到这里参与‘疯狂的伟大’的项目的人最终认识到，他们可以参与这项工作，但永远无法推出产品。”不断的“改组”经常让“左手”不知道“右手”正在干什么。似乎工程师们制造伟大产品的激情，在面对管理层企图摧毁这一激情的时候才存在。

罗恩·阿维祖尔（Ron Avitzur）与图形计算器的故事便是一个例子。苹果雇用阿维祖尔进行一款带触控笔的便携式麦金塔计算机的项目，这个项目最后被取消了，因为经理们意识到，尽管麦金塔的界面可以缩小到一个微型掌上设备的尺寸，但在如此小的窗口上阅读几乎是不可能的。“这个项目受到高层权力斗争与个人虚荣心的极大干扰，以至于当工程师们要求技术指导时，我们的经理雇了一位心理医生。”阿维祖尔回忆道。在触控笔麦金塔项目中，阿维祖尔负责图形计算器的开发，这种计算器允许输入二维非线性数学方程，因而用户可以拖动其中的一些部分，这要比在传统计算器上灵活得多。这些反过来又可以操控一个实时图形的参数。对于阿维祖尔来说，1993 年 8 月这个项目的取消，不仅仅意味着浪费了 6 个月或者一年的时间。他还在大学的时候就一直做某种计算器的开发工作。当团队成员分道扬镳时，失业的阿维祖尔做出了一个大胆的决定：他要继续做图形计算器的项目，而且要继续在苹果做。这件事竟然容易得出奇。“他们没有撤销我的身份牌，而且大家都认识我，因为我去年每天都工作 12 小时。所以我每天照样出现，没有任何人多想什么。”他说。阿维祖尔没有公然宣示他不是公司员工的身份，但也没有刻意隐瞒这一点。如果某人问到他在这里干什么，他就会以下面的方式怯怯地解释自己的情况：

“你是这里的员工吗?”

“不是。”

“你是个承包工吗?”

“实际上也不是。”

“那么谁给你付工资?”

“没人给我工资。”

“那你怎么生活?”

“我的生活很简朴。”

这种形式的秘密行动持续了 5 个月之久,27 岁的阿维祖尔不拿薪水地工作。因为苹果的经济状态似乎持续低迷,他开玩笑说他在自愿进行非营利性项目。“我像一个研究生那样生活。”他说,“我没有抵押贷款,也不用养家,我住的地方租金很低。”大约同一时期,阿维祖尔的一个朋友格雷格·罗宾斯(Greg Robbins)也失去了在苹果的工作,他参与的是另一个被取消的项目。他没有离开,只是宣称他被指派向阿维祖尔汇报工作。谁也不知道阿维祖尔是谁,但都认为他肯定是公司其他部门的经理。这种方法双向有效,因为阿维祖尔也声称他在罗宾斯手下工作,以此摆脱人们的纠缠。“我当时 28 岁,没有负债,所以不是很在乎收入。”罗宾斯说,“当时事情看上去没有那么富有戏剧性,就像我还在工作一样。做一个我们有非常明确目标的项目,同时又不受人管理,这样更有意思。”这成了两人职业生涯中最令人兴奋的时期。在苹果工作的同时,阿维祖尔替他们俩联系了几家硅谷最令人兴奋的新公司,其中包括苹果过去的工程师比尔·阿特金森、安迪·赫茨菲尔德与马克·波拉特(Marc Porat)创建的通用魔力公司(General Magic)。“罗恩拍马屁的本领令人叹服,”罗宾斯说,“大家都认识他。我们出去吃饭的时候,总有人上来跟他打招呼,通常是斯坦福大学的或者是他从前在硅谷当承包商的时候认识的人。我从来都不擅长社交,也不像罗恩那样健谈。所以跟一个能打开局面的人一起工作对我来说是唯一的选择。”

几个月之后,阿维祖尔的努力变得更大胆了,他向别的苹果员工借了一些图形计算器需要的硬件,或者请他们花几个小时来帮助编程。“大多数情况下,我解释说我的项目被取消了,苹果不再给我付工资,而我已经在这里待了一个、两个、三个、四个月，实际上没有向任何人报告，但是无论如何也想完成这个项目；这时候，他们都满怀同情地听我说话。”阿维祖尔说。情况并非总是如此。有一次，苹果的设备经理打算把一个新团队搬到看上去空置的办公室里，阿维祖尔与罗宾斯正好在里面工作。“她问我在哪个组工作，因为那个组应该负责解决我的工作地点。我告诉她事情的真相后，她很不高兴。她叫来了保安，让他们取消了我们的身份牌，然后毫不含糊地要我们立即离开。”他回忆道。相当讽刺的是，由于那个月苹果开始了大规模裁员，他们得救了。当时苹果利润下滑，辞退了 15000 名员工中的 20%。“格雷格与我安全了，因为首先我们不在裁员名单上，而且并不正式存在。”他回忆道，“后来有许多办公室都空了出来。”

当他们的身份牌最终失效了的时候，阿维祖尔与罗宾斯便在苹果总部的门外等真正的苹果员工到来，然后再跟着他们进门。他们继续佩戴着身份牌掩人耳目，以防有人意识到他们在搞什么名堂。到了 1993 年年底，图形计算器的项目接近尾声，这项工作也接近完工了。由于没有一个 β 测试团队来检验软件是否合用，罗宾斯越来越担心进一步引入功能可能会对程序的性能造成负面影响。“我开始非常偏执地不愿意做任何可能损伤软件的事情。”他说，“如果软件存在任何严重的故障，我们认为我们就将被踢出去，不允许我们使用计算机。那样一来，我们在这里工作快一年的全部理由就都不复存在了。我们加大了风险规避措施，并互相检查对方的工作，去掉任何我们认为会增加故障出现的可能性的东西。”

不过，他们的勤勉取得了成效，图形计算器被证明是苹果公司开发的故障最少的软件之一。最后的挑战是，找到一种方式将软件置入麦金塔。阿维祖尔的一个朋友说，他可以在操作系统发布之前悄悄把这个程序放到上面。这位工程师负责制作 PowerPC 操作系统的主盘（disk master），这个主盘会被送到生产苹果计算机的工厂里去。由于操作系统的装载是 PowerPC 制造过程的最后一步，所以这个人实际上可以控制在计算机发布之前哪些东西会被放进去、哪些东西不会被放进去。这是一个极有诱惑力的提议，但阿维祖尔与罗宾斯谢绝了，他们认为最好向苹果坦白他们一直在做些什么。“我们真正担心的并不是法律后果，而是不想毁掉我们自己在这个行业中的前途。”罗宾斯说，“我们有许多想法，有些想法没有实施，因为我们不想不留后路。我们不想背叛任何一个信任我们的人。”

关键的时刻到来了。有几位帮助过阿维祖尔与罗宾斯的工程师可以安排他们向一些高级经理演示他们的图形计算器。阿维祖尔做了一次 20 分钟的演示，结果反应良好。“你们是哪个组的？”其中的一位经理后来问，“为什么我们没有早点见到这个项目？”阿维祖尔解释道，他与罗宾斯是偷偷溜进苹果的，他们的项目也并不正式存在。这些经理笑了起来，直到意识到阿维祖尔不是在开玩笑。

“别再把这件事告诉别人。”他们说完便离开了。

最终，消息还是传到了 PowerPC 的部门经理那里，他比前面的那几位经理更善解人意一些。这款图形计算器进入了生产环节。“我们想发布一个 Windows 版本……但可惜，微软的大楼保安措施相当有效。”阿维祖尔说。

*　*　*

微软的最新操作系统就是一个笑话。至少苹果员工在分发汽车保险杠贴纸的时候互相这样说，这份贴纸上写的是“Windows 95 等于系统 7”，意指比尔·盖茨的“邪恶帝国”仍比麦金塔落后了整整 4 年。当然，早期的报告出来后，苹果的说法被证明是正确的。OS 已经推迟了两年，显然还有大量应用异常和软件故障，很快就会让一台计算机的系统资源消耗殆尽。苹果的公开反应和它对 IBM 个人计算机问世时的反应大同小异，并跨页出现在《华尔街日报》上，标题是《C：\ONGRTLNS. W95》[*][①]。奇怪的是，比尔·盖茨似乎很淡定。“苹果发布的广告会有非常正面的影响，因为它有助于提高 Windows 95 在 Win 3.1 用户中的知名度。”他特意对《麦金塔周刊》（*MacWEEK*）这样说，“我并不是说它们没有任何问题。但它们对我们来说也有好处。苹

* 苹果用一份发表在《华尔街日报》上的冷嘲热讽的广告迎接 IBM 个人计算机于 1981 年的问世，其中写道：“欢迎 IBM。真心实意地欢迎你。欢迎你，在计算机革命开始 35 年后，终于来到了这个最激动人心、至关重要的市场……”但苹果笑得出声的时间并不长。

① 这是“Congratulations，Windows 95”（祝贺你，Windows 95）戏谑性的写法。其中的一种含义是，Windows 95 现在终于允许使用长文件名了，而苹果早在多年前便成功地实现了这一点。

果说：‘嘿，Win 3.1 十分蹩脚，而且一直很蹩脚。’而我们说：‘不，它只是现在才变蹩脚了。它一直非常好，直到星期四 Windows 95 出来。’”

业内对 Windows 95 的反应或许是：不错，但并不优秀。但主流对它的关注前所未有，超过了这个行业此前的任何一件产品。在高达两亿美元的营销预算的支撑下，这款操作系统登上了世界各地的新闻头版，顾客们兴奋地排队买收缩膜包装的软件。微软甚至借用了苹果炫酷的反主流文化氛围：据报道，微软付给滚石乐队 8 位数的报酬，使用单曲《启动我》（“Start Me Up”）为 Windows 95 广告宣传造势。* 最后，Windows 95 上市 5 周内便卖出了 300 多万套。（与此相比，苹果在整个 1995 年售出了 450 万台麦金塔。）而在库比蒂诺，苹果的员工鱼贯进入研发部的院子举行烧烤聚餐，席间团队成员发表了鼓舞士气的讲话，并对新产品进行了演示。语带挑衅，但有种奇怪的柔和。“朋友，我印象中，它是我们举行的唯一一次集会。”苹果的产品营销员约翰·阿尔法诺（John Alfano）这样说，“这是我第一次经历这样的场面，或许也是最后一次。在苹果精神中这是一次大事件，至少按照我的观点如此。当然，人们很担心，但表示担心的方式是，我们将站在我们的立场，狠狠地在市场上对付 Windows 95。我们会做更多的广告，进行更多的营销，让人们看到，我们的东西要比他们的好得多。我不记得在集会中出现了任何哭泣、哀叹或者咬牙切齿的现象。”

技术爱好者本可以轻易地看出 Mac OS 的优势，但对于一般公众来说，这两个公司之间的区别消失了，这证明苹果缺少向前发展的势头。当时苹果的人机界面技术主管米奇·斯坦（Mitch Stein）说：“微软传达出一种‘外观和感觉’。尽管我们向 Windows 95 泼脏水，说‘它没有我们的产品好’，但真正的恐惧是它会**足够**好，每一个因为麦金塔更容易使用而用麦金塔的人也会说：Windows 95 同样容易使用。”从某种程度上说，为了自身利益，苹果有些过分精明也过分傲慢。这家公司进行了广泛的市场调查，说明苹果用户想要色调柔和的屏幕，因为太多明亮的颜色会让他们无法专注于正在进行

---

* 根据报道，米克·贾格尔（Mick Jagger）反对批准使用滚石乐队的音乐，因为他担心这会令人怀疑这个团体的艺术纯洁性。然而，基斯·理查兹（Keith Richards）的花销比贾格尔更大，因此想要拿下这笔钱。

的工作，也会让桌面看上去过分凌乱。因此，当苹果的工程师第一次见到运行中的 Windows 95 时，他们暗中窃笑它对原色的花哨使用，并奇怪微软是否从来没有从研发经费中拨一点钱出来，弄清楚人们真正想从一台计算机上得到什么。但事情很快就表明，苹果错了。用户喜欢那种使用计算机的友好方式，而且，如果时间长了，他们的眼睛感到疲倦，那就说明眼睛真的疲倦了。他们会关掉计算机，走出去干点别的，然后回去重新打开 Windows 95。苹果突然发现，他们那些超级酷炫的市场调查中有许多一直都是错误的。“我们上了一堂深刻的速成课，那就是要让每件东西看上去性感迷人，看上去更加色彩绚丽。”苹果的一位人机界面工程师大卫·科尔博（David Curbow）说，“我想，这是我们第一次意识到，我们不仅仅是在为人们制造计算机。我们是在制造看上去足够好、你会有欲望购买的东西。”

有趣的是，负责 Windows 95 的是微软 41 岁的高级副总裁兼产品经理布拉德·希尔弗伯格（Brad Silverberg），他原来在苹果任职，研究生毕业后从事的第一项工作是在丽莎团队中担任程序员。在 Windows 95 发布前几周，希尔弗伯格考虑了他的新操作系统可能对他 20 多年前的老东家造成的冲击。[①] “我认为，对于苹果而言，游戏已经结束了。”他还记得自己当时的想法，“我看不出他们如何与我们竞争。”与许多其他苹果员工一样，希尔弗伯格感到库比蒂诺的这家公司故步自封的时间太久了，认为自己是不可战胜的，尽管所有证据都表示恰恰相反。“这并不是说 Windows 95 是行业的一项大秘密，”希尔弗伯格说，“我们对于未来的态度是非常开放的。他们应该意识到：‘这一次过去了，我们要创造下一个传奇之物。我们已经过了 10 年的好日子。图形界面是我们第一个做出来的，但我们现在无力竞争。我们无法与微软打一场决定性的地面战争。’”

希尔弗伯格对于计算机的使用持平民主义的态度，而不是精英主义的。“我不想制造法拉利，”他说，“我想制造世界上最好的本田雅阁，那种人人都能使用也用得起的东西。”他有着与盖茨和微软联合创始人史蒂夫·巴尔莫

---

① 原文如此。但 Windows 95 是 1995 年 8 月上市的，而苹果公司是 1976 年 4 月成立的，两者之间相差不到 20 年，因此苹果不可能是希尔弗伯格在“20 多年前”的老东家。

(Steve Ballmer)同样的梦想，要创造市场的高额占有率。“我想让每个人都用它，”他说，“而不是只有一小部分富人才能用。”

* * *

“苹果有这样一种令人难以置信的特异文化。”一位前营销经理迈克尔·梅斯(Michael Mace)说，“当时，那里是个难以驾驭的地方。那里就好像有一万匹野马，每一匹都不知道马鞍为何物。”当然，对于任何一位公司总裁来说，这都是一个具有挑战性的地方。一些长期在苹果工作的老员工声称，这就好像史蒂夫·乔布斯恶魔般的灵魂在苹果时时作祟，向这家公司灌输这位联合创始人所有的坏特质，而没有灌输任何好的特质。

约翰·斯卡利于 1993 年离开之后，迈克尔·斯宾德勒(Michael Spindler)接替了他的位置。1980 年 9 月，斯宾德勒首次作为苹果欧洲业务的营销经理加盟苹果，他在没有薪水的情况下为公司工作了 6 个月，因为苹果不知道怎样将资金从库比蒂诺转移到比利时。斯宾德勒是一位出色的战略家，他能在苹果的美国销售额急剧下降的时候，增加苹果的国际业务。苹果欧洲业务的收入在两年间从 4 亿美元增加到了 12 亿美元，是苹果总收益的四分之一。1990 年，他来到库比蒂诺，担任首席运营官，后来又升至总裁之位。在斯宾德勒领导下，苹果的研发经费每年缩减 1 亿美元，解雇了很大一部分员工，他把苹果打造得十分适宜出售或合并。为了抗议裁员，一些员工在屏保上列了那些深情离去的人的名单，并称之为“斯宾德勒的名单”。与斯卡利不同，斯宾德勒不是一个公众演说家。许多人回忆起他最后终于同意接受一家杂志的采访，但采访未能公之于众，原因是他说的话记者连一个字都听不懂。斯宾德勒会在白板上边写边画地进行长时间漫谈式讲话，时时漫无边际地说到计算机与工程的未来。他非常喜欢说的一个谚语是关于一家总部设在内布拉斯加州的公司——网管公司。这家公司制造廉价的 Windows 个人计算机，装在看上去像奶牛皮一样的盒子里。

“这些家伙身处荒野，”斯宾德勒用他不大灵光的英语说，“他们穿裤子要靠螺丝刀拧。”

为了让苹果转败为胜，斯宾德勒提出一种理念，该理念依赖于向市场倾销如强力计算机(Power Computing)一类公司生产的廉价仿制版麦金塔。这样应该能增加苹果的市场渗透,但事实并非如此。“它们创造了这样一种克隆市场,它吞下了它们的销售,但并没有扩大它们的基础。”当时在苹果工作的一位工程师蒂姆·德克斯(Tim Dierks)说,“这只不过是便宜的麦金塔,这不是更多的麦金塔。”

在此期间,吉尔·阿梅里奥(Gil Amelio)加入了苹果公司。阿梅里奥来自国家半导体公司,他在那里为自己赢得了一个类似于扭转乾坤的艺术家的名声。他把一个不靠谱的三流芯片制造公司变成了行业尖兵。当他受邀加入苹果董事会的时候,他十分震惊地发现,董事会对于控制局面发挥的作用竟然如此之小。每个人似乎都很愉快地接受了公司高管描绘的苹果未来的美好图景,而就阿梅里奥所知,这种说法缺乏事实依据。他同样为斯宾德勒疯狂船长的角色感到不安,这位船长在苹果缓慢下沉的过程中时而完全否认事实,时而完全手足无措。在阿梅里奥第二次参加的董事会会议上,斯宾德勒起身宣布:“我们没有使公司好转,我们必须把它卖掉。”此时确实有值得警惕的理由。斯宾德勒一直不停地向董事会强调,1995 年苹果利润将达 1.5 亿美元。当数字最后出现的时候,情况远不像他所说的那样乐观:苹果亏损了 6900 万美元。然后人们发现,公司还积压了超过 10 亿美元的滞销产品,这些产品现在已经过时,必须报废。1996 年 1 月 8 日,斯宾德勒因心悸入院治疗。苹果董事会决定,是时候做出一些改变了。吉尔·阿梅里奥接替总裁一职。

结果阿梅里奥也并未获得更大的成功。对于许多苹果的员工,尤其是那些最初因为一个技术型 CEO 在他们中间而重燃希望的人来说,阿梅里奥只不过是又一位拿高薪的自命不凡之人,吸吮公司赖以生存的鲜血。“当苹果火烧眉毛的时候,他的所作所为给人最强烈的感觉是,他就是尼禄。”前苹果杰出科学家(Apple Distinguished Scientist)拉里·耶格尔(Larry Yaeger)如是说。

*　*　*

1996 年,苹果将人类从某种毁灭中拯救出来。当年上映的大片《独立日》(*Independence Day*)中出现了一个高潮场景：由杰夫·高布伦(Jeff Goldblum)饰演的勇敢的科技极客使用一台 PowerBook 5300 笔记本电脑，把一款计算机病毒植入邪恶的外星人母舰的中心计算机主机上，因而降低了它对于核攻击的防御。但就植入广告而言，并没有什么值得庆祝的。为了纪念这一事件，苹果在一段时间内把它的公司广告口号从“最佳的力量”(The Power to be your best)改为“拯救世界的力量”(The Power to Save the World)。遗憾的是，事情永远不会如此简单。

苹果刚刚将 1000 台 PowerBook 5300 交付给翘首以待的零售商，这时却传来了令人震惊的消息：两台早期产品着火了。一台是在一位苹果程序员的家中，另一台则点燃了苹果在新加坡的一家工厂。“苹果的主要特点是易用，”时任《哈苏克通讯》编辑的皮耶特·哈苏克(Pieter Hartsook)指出，“但如果你的计算机不能工作，这当然谈不上易用。”苹果召回了已经售出的 100 台计算机。起火的原因是电池过热。公司用更可靠的电池替换了出了问题的，但人们发现，替换之后的功能只是上一款功能的三分之二。苹果再次表示歉意，并将崭新的 PowerBook 5300 的价格下调 100 美元。

在此期间，公司挣扎着寻找灵感。其中一个想法是在斯宾德勒任职的时候被提出来、被阿梅里奥发扬光大的，那就是开办一系列苹果主题的连锁餐馆，与当时流行的好莱坞星球餐厅(Planet Hollywood franchise)竞争。苹果餐厅构想以一家合资企业的面貌呈现，由苹果、蓝马克娱乐集团(Landmark Entertainment Group)以及一家名叫百万字节(Mega Bytes)的英国房地产公司合伙经营。与后来苹果专卖店近乎修道院的风格不同，苹果餐厅将和 50 年代的餐厅类似，其中包括如同影片《杰森一家》(*Jetsons*)一样的有关未来世界的设计。“现在正当其时，”苹果负责营销的高级副总裁萨特吉夫·查希尔(Satjiv Chahil)说，“数码餐厅走进了世界。科技最终进入了‘寻常百姓家’。这将是一个在现实世界中展示我们产品的地方。”在苹果餐厅中，老顾客可以选购苹果产品，从重视健康的菜单上挑选点心，用图形用户界面预订食物，并通过每张桌子上的微型自助服务屏幕与邻桌举行视频会议。苹果在伦敦、巴黎、纽约、东京与悉尼寻找潜在的餐厅地点，但就在这时，整个探险计划戛然而止。这一变故并非来自苹果——他们仍旧坚持这一想法，直到痛苦的结局最后出现，而是另外两个合伙公司的信心动摇了；他们感到，与这样一个苦苦挣扎的计算机公司绑在一起可能会有灾难。他们在想，**比尔·盖茨牛排餐厅(Steakhouse)是否会更有影响？***

*　*　*

如果说，苹果餐厅是让一家濒危企业重振军威的一个古怪尝试，那么它至少没有耗费苹果太多的时间或者金钱。而苹果试图开发一款新的操作系统科普兰(Copland)却最终流产的尝试，就不能这么说了。科普兰以美国作曲家亚伦·科普兰(Aaron Copland)的名字命名；科普兰最为人知的作品或许当属《凡人鼓号乐》("Fanfare for the Common Man")。科普兰操作系统将成为苹果对 Windows 95 笨拙威胁的坚决回击，是**普通麦金塔的一曲鼓号乐**。这项工作始于 1994 年，但几年之后，人们发现这又是一个灾难。正如当时苹果的每一个项目一样，这个项目的团队也集结了一批异常聪明的人，但团队的集体智慧似乎低于所有个人智慧的总和。每一个阶段都混乱不堪。25 岁的软件工程师蒂姆·德克斯的最后一个项目被取消之后，他开始四处逡巡找点事情做；结果他被直接任命为这个项目的技术主管。"回头看，这是一种疯狂的选择。"他指出，"在我看来，他们给我这份工作这一事实本身就是当时苹果管理失败的一个典型事例。"德克斯非常聪明，但他毕竟刚刚大学毕业没几年。"我对于领导一个有 300 名工程师参与其中的项目，没有足够的理解。"他说。最后，几经拖延的这个操作系统寿终正寝了。"他们为开发者版本拷贝了磁盘，但从来没有发出去，"格雷格·罗宾斯说，"就在这些光盘已经录制、几天后便会寄出的时候，这个项目被取消了。"

科普兰的失败迫使吉尔·阿梅里奥四处寻找苹果可以出资购买的另一

---

*　和一家计算机公司开一家连锁餐厅的想法一样可笑，值得注意的是有一家很受欢迎的美国特许经营快餐餐厅查克·E. 奶酪公司(Chuck E. Cheese's)。这家公司最初是由雅达利公司的拥有者诺兰·布什内尔于 1977 年创办的，是第一家集餐饮、动画片娱乐与室内视频游戏场于一身的家庭餐厅，并由此闯出了自己的名头。正是这同一个人，曾为史蒂夫·乔布斯在进军高科技行业的道路上打开了第一扇大门。

个操作系统。其中的一个潜在目标是一个来自 Be 公司(Be Inc.)的产品，这家公司是由苹果原来的员工让-路易·加西和史蒂夫·萨阔曼创办的。

加西集合了一个 50 人的团队，生产一种名叫 BeBox 的硬件产品，这种计算机内部装有一种精巧的操作系统 BeOS。不管怎样，这种系统和史蒂夫·乔布斯一直在用的装备大同小异，尽管加西听都不要听这种说法。“看在上帝的面儿上，不要把我们和 NeXT 相比。”有报道说他曾经这样恳求，“我们想成为软件开发者手中更为精良的工具，而不是表面上有品位。我们不会花一万美元。我们有一个软盘驱动器。我们不会把破烂货拿给开发者。”吉尔·阿梅里奥对于 Be 公司能提供的产品印象深刻。而加西本人一直指望科普兰系统失败，现在他看到了自己拿下一项惊世交易的机会。如他所见，苹果现在走投无路，只能给他他所要求的一切。而他想要的是两亿美元、15%的苹果股份，外加董事会的一个席位。“沙漠中的人不会对水的价格讨价还价。”他打趣说。

并非每个苹果内部的人都倾心于 Be 公司。“我情绪激动是因为我试用过它。”时任苹果人机界面技术主管的米奇·斯坦说，“它在用户界面方面确实有一些不错的想法，而且我也非常推崇他们做过的很多工作，但从根本上说，它并没有什么特别出奇的地方。这并不是一款真正的操作系统，只是一堆不成体系的碎片。我认为，付出这么大一笔钱，并把整个公司的前途压在这样一种看上去徒劳无功的事上面，这种做法似乎太疯狂。”

最后苹果还是拒绝了加西的提议。不仅仅是这位法国人的要价过高，而且因为别人更胜一筹。有一天，史蒂夫·乔布斯给阿梅里奥打电话。就像他曾经跟 IBM 的主席约翰·埃克森无意间说到微软时一样，他说 BeOS 完全不适合苹果，明智的做法是购买 NeXT，并请他回到他曾经创建的公司。阿梅里奥很赞同这个提议。1996 年 12 月 6 日，乔布斯和阿梅里奥以及另外两位苹果高管在苹果园区一间 8 楼会议室中会面。此前由于皮克斯公开上市，乔布斯成了一个新鲜出炉的亿万富翁。这是他被苹果逐出之后，第一次以这个身份踏足苹果的一座建筑物。按照阿梅里奥的观点，购买 NeXT 是一个稳赚不赔的选择。尽管 NeXTSTEP 软件(现在是一款公开而不是专属拥有的操作系统，并更名为 OPENSTEP)并没有完成，但他情愿把宝单独压在乔布斯身上。

独闯天下 11 年之后,乔布斯以非正式顾问的身份回归苹果。他是一个阿梅里奥可以信任的人,也是一个阿梅里奥可以依靠的人。

**难道不是吗?**

# 第三部分 | 重新定义计算机、企业和全球资本主义

# 第十三章　非同凡想

一个人要么很时尚，要么很古板……一个人要么是叛逆者，要么是顺从者；一个人要么是在美国的蒙昧时期开发西部边陲的拓荒者，要么是守旧的隐士，困守在美国极权主义组织中，假如要成功，不管愿不愿意，都注定要顺从。

——诺曼·梅勒：《白种黑人》(1957)

1997年7月初的一天，TBWA/Chiat/Day广告设计公司的首席创意官李·克洛(Lee Clow)走进他洛杉矶的办公室，径直向罗布·西尔塔宁(Rob Siltanen)的办公桌走去。留着一头长鬈发，脚蹬凉鞋的克洛今年54岁，看上去更像一个年老的冲浪运动员，而不像世界上最高级的广告公司的领导。当时，TBWA/Chiat/Day公司的事业蒸蒸日上，刚刚被几家顶级商业杂志誉为"年度最佳广告代理公司"，且到处接收广告业务，甚至根本不需要主动去寻找。仅汽车制造商尼桑(Nissan)一家，就在花4亿美元的巨资请他们做广告。

"收拾你的东西，"克洛告诉西尔塔宁，后者当时只有33岁，但已经坐到创意总监的位置，"我们现在飞往库比蒂诺去见史蒂夫·乔布斯。我们要把苹果的广告签下来。"

西尔塔宁当然知道苹果。尽管当时苹果股票萎靡不振，它仍然是一个深受每个创意工作者珍爱的品牌。没有哪个名副其实的广告商不在使用麦金塔计算机，而这个品牌看起来危在旦夕，这不免给它蒙上一层奇怪的忧郁阴影。但克洛十分自信，他相信乔布斯。而且，在从洛杉矶国际机场飞往圣何塞国际机场的一小时航程中，他向西尔塔宁解释，他相信乔布斯会做出对这个企业来说正确的决定，对 TBWA/Chiat/Day 的生意来说正确的决定。尽管 Chiat/Day 曾负责推出突破性的“1984”麦金塔广告，但它在一年之后也为麦金塔 Office 设计了那支灾难性的“旅鼠”广告。在此之后，为降低损失，苹果的董事会转而选择与 BBDO（天联广告公司）合作，后者为苹果做了一系列聚焦于产品性能和价格的广告；这些广告更为传统，但大多缺乏创见。现在情况会有所改变。看着对面的西尔塔宁，克洛转述了下面的一件事。两天前，他正驱车驶过洛杉矶的时候，电话响了。

“嗨，李，我是史蒂夫·乔布斯。”来电话的人说。

这已足以抓住任何人的注意力。

“你知道吗，吉尔·阿梅里奥刚刚辞职了。我正在考虑做出一些改变。你能过来我们见面聊聊吗？”于是，48 个小时之后，他们来到了这里。“这不是一次推介会。”克洛告诉西尔塔宁，“我们本来就不该失去苹果的生意。我跟你说，这是史蒂夫弥补过去我们遭受的不公平对待的方式。”

飞机着陆之后，西尔塔宁和克洛从圣何塞国际机场驱车 9 英里，来到了苹果的无限循环园区（Infinite Loop campus）。这两位绅士从接待桌上拿到了探访者胸章，随后被带进一个四面都是玻璃墙的会议室。西尔塔宁不知道等待着他的是什么。据那些和乔布斯共事过的人描述，他是一个具有非凡能力却又很难搞的人。等到他们完成了所有应该进行的事项之后，西尔塔宁自己的评价是，乔布斯是“米开朗琪罗、密斯·凡德罗和亨利·福特三者的混合，还带有约翰·麦肯罗和马基雅维利的某些特征”。西尔塔宁与克洛等了几分钟之后，乔布斯走进了房间。他穿着黑色高领毛衣、一条短裤和平底人字拖鞋，这些很快会成为他的标志性装束。他在那年 1 月回归苹果，并在当月出现在 Macworld 会议上，此举激起了狂热的反应。尤其是，他是在吉尔·阿梅里奥历时两个多小时的讲话之后出现的；而阿梅里奥的这次讲话让权威人士感到，苹果未来的方向与它过去毫无二致。（沃兹尼亚克也短暂地出现在主席台上，具有某种苹果将会重返其本源的含义。）但 Macworld 之后，乔布斯回归后的几个月出奇的低调，好像他很乐意像沃兹尼亚克一样，作为公司吉祥物隐居二线，只在重要场合与假日现身装装门面。事实上，他正积极活动，准备赶阿梅里奥下台，而阿梅里奥本人似乎对此一无所知。“你难道不担心史蒂夫夺权?”一位来自《金融时报》(*Financial Times*)的记者这样问他。“史蒂夫是来帮助我的。”阿梅里奥回答。“我与约翰·斯卡利有过同样的谈话。”这位记者说。当他宣布苹果1997年第一个财政季度亏损7.08亿美元的时候,致命的打击来了。董事会的许多成员从公司刚刚成立的时候就与苹果休戚与共,他们投票罢免了阿梅里奥。乔布斯走上前台,接过了大权。

他没有做出直接的计划,他的第一件任务,是把阿梅里奥发起的清理门户运动进行到底。“史蒂夫非常擅长摧毁事物。”一位过去的员工说。阿梅里奥曾经对苹果的研发项目名单大动干戈,把原来的350个项目砍到只剩50项。乔布斯进一步拿起斧头,砍得只剩下了20%:只有10项保留了下来。这些被判处死刑的项目中包括牛顿生产线,它总共花掉苹果约5亿美元。乔布斯一直信奉他在NeXT的那些阴郁旧日中便信奉的道理:公司处于低迷的时刻,便是给人们以成功印象的最佳机会,就是一项新的广告攻势将要开始的时刻。

“我觉得史蒂夫会过来拥抱李,并说:‘嘿,真高兴能再次见到你。’”西尔塔宁回忆道,“但事情完全不是那样的。”乔布斯以他典型的直截了当的方式,就苹果复活的机会进行了诊断。他指出,这个公司正遭受重大资金损失。除非进行变革,否则它很快就会流血而亡。

“我们有一些相当好的产品,但我们需要想出一些有效的办法。”他说,“我会审查广告,和几家代理商会面,然后决定把广告交给谁来做。我已经跟两家看起来相当不错的广告商谈过。我特地邀请你们来,看你们是否有兴趣参与竞争。”

西尔塔宁吓了一跳。他在这里没有说话的资格,但这跟李·克洛在飞机上描述的“浪子回头”的戏码似乎不大一样。乔布斯继续陈述他所设想的宣传攻势。听起来似乎远没有什么鼓舞人心的。一个原因是,苹果没有任何新产品宣布。它也没有钱可以拿出来花,而且乔布斯还宣称,他觉得在支持麦金塔的行业杂志发布几份平面广告就足够了。

“计算机杂志上的广告根本起不了什么作用,”西尔塔宁毫无保留地说,“半个世界的人都认为苹果要完了。你要向他们展示,这家公司还跟过去一样强大。没有谁会站在饮水机旁边谈论平面广告。你需要做电视广告和一些别的能真正推动苹果的事情。”

乔布斯向他投去令人畏惧的一瞥。

“很好,那就向我拿出来你们认为最好的创意和创意执行方案吧。”他不屑一顾地说。

“嗯,这得由李来决定。”西尔塔宁回答。他仍然期待他的老板会在某个时刻插进来中断这次谈判,用一个简单的句子打断乔布斯:“谢谢,但我们没兴趣。”毕竟,他与克洛工作的公司做广告的风格是“要么听我的,要么滚蛋”。杰伊・恰特早在20世纪60年代便用他在会议上的粗暴行为为此定下了基调,有一次甚至动手把一位顾客的领带剪为两半,因为他觉得那根领带实在丑陋不堪。像今天这样的局面从来没有发生过。事实上,西尔塔宁对李・克洛礼貌的回答十分吃惊。

“如果你喜欢你刚提到的一些广告公司,那为什么没有选择一家合作呢?”克洛委婉地问。

乔布斯说他正在考虑这个问题。

* * *

在乘坐出租车回机场的路上,西尔塔宁开始询问克洛。

“我以为你说我们不会参与竞标。”

“我改变主意了,”克洛回答,“如果我们在这件事情上大获成功,我们就会创造一段佳话。我想重新夺回苹果的广告代理权。”

当他们那天晚些时候回到洛杉矶的时候,西尔塔宁召集了各个创意团队。“放下你们正在做的一切,”他说,“现在我要你们所有人,全力关注苹果。李非常想拿到这份广告合同。我也如此。”他转达了乔布斯告诉他的话:苹果当前正濒临死亡,但他没有说到乔布斯只考虑平面广告的小计划。对于TBWA/Chiat/Day来说,广告理念越富于野心越好。西尔塔宁说,现在是这家广告公司把苹果重新放入行业版图中,并在这一过程中闯出一番事业来的机会。至于方向……嗯,这取决于创意。当然,苹果身后不乏名人支持。众所周知,史蒂文・斯皮尔伯格、斯廷和波诺都是这个品牌的粉丝。或许他们可以参与进来？房间里的人绞尽脑汁寻找灵感，不禁皱起了眉头。

“一周之后我们来审查你们的想法。”西尔塔宁最后说。

* * *

克雷格·谷本(Craig Tanimoto)是TBWA/Chiat/Day的一位初级艺术经理，是这家广告公司热血的青年才俊之一。听到西尔塔宁简短的介绍之后，他决心拿出一个能够中标的想法。谷本有与苹果接触的个人历史。1984年他还在加州大学洛杉矶分校读书，也就是在那年，雷德利·斯科特执导的麦金塔商业广告在超级碗大赛中场休息时横空出世。谷本顿时被征服了，他当即下决心，他要为创造出这个广告的公司工作。几年之后，他已经成长为一位羽翼丰满的创意师，而且是这家公司唯一一位成功得到全职工作的实习生。他在自己的办公桌前坐下，凝视着面前的A3速写本，开始了思索。经过几次失败的尝试，谷本提出的第一个可靠构想，是雷内·玛格利特(René Magritte)《这不是一根烟斗》(“This is not a pipe”)的变种。“我的基本构想是，把一台计算机放在画布上，品牌口号则是：‘这不是一个盒子。’”他回忆道，“我认为这种想法非常有趣，因为当时的计算机看上去像盒子，而这是那种不会把你困入其中的东西。”

他把草图放到一边，开始构思别的方案。“我想到的另一个主意是一张托马斯·阿尔瓦·爱迪生的肖像，但在他头顶闪耀的不是一盏电灯，而是一个小小的苹果商标。”谷本撕下这张纸，把它放到一边。在空白纸上，他开始用超现实主义的笔触创作一首具有瑟斯博士(Dr Seuss)[①]风格的诗，来描写苹果计算机。这首诗看上去不像另外的两个想法那么好，当然也不那么生动直观，他开始有些出神了。然后他注意到了几个字：“非同凡想”(think different)，这是他那几行诗句中的一部分。他提笔在字上画了一个圈。“我的心开始激烈地跳动，因为从来没有人为苹果发出这样的呼喊。”他说，“我仔细观察爱迪生的图像然后想到‘非同凡想’。我立即草绘了一幅爱因斯坦

① 瑟斯博士是西奥多·休斯·盖泽尔(Theodor Geuss Geise，1904—1991)的笔名，他是美国著名作家、漫画家，以写作儿童书籍最为出名。

的肖像，在旁边写下“非同凡想”，然后又画了一个微型苹果商标。”谷本知道他正在做一件非同小可的事情，但他决定在告诉别人之前先带着这个想法睡一觉。第二天，他把这个想法拿给他的文案搭档埃里克·格伦鲍姆（Eric Grunbaum）看。格伦鲍姆立即就明白了，两人在那天余下的时间里通力合作，画出了圣雄甘地、阿尔伯特·爱因斯坦与托马斯·爱迪生的整页草图肖像，旁边都附着新标语和微型苹果商标。在对这一想法做了一些改变后，他们也画了几个标志性的历史场景，包括1967年18岁的乔治·哈里斯（George Harris）在五角大楼前的反战示威中，把康乃馨花朵插入枪筒的画面。非同凡想。

到了开评审会议的时候，谷本和格伦鲍姆把他们的画页用大头钉固定，与公司里其他团队的作品一起送交检查。谷本快速扫描了一眼别的竞争作品，他默不作声，但很有信心。“大部分人只画了些计算机。”他回忆道，“有些引用了运动员与艺术家的感言，是一些冗长的广告词，说他们为什么喜欢使用苹果产品。有些人使用了计算机图形概念与箭头。但没有人像我们这样。我只是希望李会喜欢这个想法。如果他不喜欢，谁知道会发生什么事情？”罗布·西尔塔宁与李·克洛在房间里四处走动，在每一个创意前花上几秒钟时间，接着便走向下一个。当他们走到头的时候，彼此说了几句话，然后回到“非同凡想”的几幅画前。

“这些是谁的？”克洛问。

谷本举起了手。克洛又回头看了看那个创意。

“丢掉其他的构想，”他告诉房间里的每一个人，“从现在起，只做这一个。”

* * *

TBWA/Chiat/Day找到了这次宣传活动的关键环节。现在只需要以此为基础向前推进，然后向乔布斯推销这个想法。随着广告牌和平面广告就位，他们决定草拟一份电视商业广告，看看如何把这个概念转移到屏幕上。公司最好的广播电视制作人詹妮弗·戈卢布（Jennifer Golub），开始搜寻要用的那几位天才的视频资料。当她整理好足够的素材之后，一位名叫丹·布特森(Dan Bootzin)的天才编辑把所有这些材料剪辑成一组粗糙的连续镜头,业内称之为 rip-o-matic①。李·克洛建议用英国灵魂歌手希尔(Seal)的歌曲《疯狂》("Crazy")充当背景音。这首歌讨论了一个人为了生存,需要"有些疯狂"。克洛解释说,这正是苹果现在需要做的事情。视频结束之后,接着就出现了一系列字幕:

有人看世界与众不同

他们以新的方式看待事物

他们发明、创造、想象

我们为这些人提供工具

因为尽管有人视他们为疯子

我们却视他们为天才

这几行字是罗布·西尔塔宁的创作。通常在 Chiat/Day 向顾客推介广告时,会有三到四个人参与演示,每个人轮流阅读其中的一部分。但这次他们决定由李·克洛一个人进行整个广告的演示。部分是因为克洛与乔布斯有过交往,另一个原因则是,他仍然是公司最激情澎湃的演示员。于是,一个小团队飞往库比蒂诺去演示。这次的乔布斯似乎比上次更热情了一些。克洛把苹果与哈雷摩托车相提并论;后者是另一家反主流文化的品牌,其目标受众婴儿潮一代如今早已长大成人,反主流文化的理念已无法在他们心中掀起涟漪,哈雷全仗最近的一次广告宣传扭转了颓势。他从头到尾向乔布斯介绍了"非同凡想"概念的每一个要素,向他解释了每一个决定背后的原因,以及这一作品如何能有效适应不同的传播媒介。最后他播放了那份意境视频。乔布斯在整个过程中一言不发。最后,他终于说话了。

"非常好,真的太棒了。"他说。

演示团队感觉到,后面还有一个"但是"。

---

① rip-o-matic 指一份初步的商业广告非常粗糙的演示,通常由借自其他广告或广播素材的声音和图片组成。

"——但是我不能这么做。人们早已认为我是个自大狂。如果我再把苹果标志和这些天才一起放上去，我会备受媒体攻击的。"

接着是一段令人尴尬的沉默。

"我这是在干吗呢？"乔布斯继续说。他环视房间，好像在征求某些无形人的意见。"管他呢。就这么决定了。这个广告非常棒。我们明天接着谈。"

他走出了房间。Chiat/Day 拿下了这份广告。

* * *

到 Macworld 展览会（Macworld Expo）于 1997 年 8 月 6 日开幕的时候，"非同凡想"广告宣传尚未完成，但乔布斯想在观众面前传达这个信息。当乔布斯站在波士顿一家酒店的舞台中心的时候，他的机会来了。除了告诉全世界，为什么他将有别于 20 世纪 90 年代上半叶的一系列糟糕的 CEO，他还要向世人宣告，并在这一天让人们明白，苹果将继续非同凡想。作为开场，他提起了人们现在已经忘却的克隆计算机的问题。尽管乔布斯演讲期间没有提到这种计算机，而且很大一部分苹果用户认为它给这家公司造成了不必要的损害。但其中当然还有那种"选择权利派"的信奉者，他们担心禁止第三方开发公司获得许可生产麦金塔克隆机将窒息创新与价格竞争。在展览会上出现的各类人中，包括身穿黑色防弹衣的强力计算机公司的代表，他们手中挥舞着"**我们要求选择**"的宣传标语，力求发起一次挽救他们企业的草根运动。

然而，更让人难忘的是，乔布斯宣布比尔·盖茨同意向苹果公司投资 1.5 亿美元。有关微软注资的问题，双方的谈判在阿梅里奥当政时便已开始，但缺乏进展。这 1.5 亿的投资是一个交易，换取苹果停止正在进行的状告微软侵犯专利权的法律诉讼，并承诺使用微软的 IE 浏览器。对于最黑暗的岁月里便一直坚持与苹果同在的忠实拥护者来说，这种直截了当的解释在比尔·盖茨的"邪恶帝国"面前没有任何意义。在他们看来，乔布斯是在与魔鬼进行交易。他们大叫大嚷，狂嘘这一宣布。

但苹果的员工清楚地知道这一消息意味着什么。尽管苹果和史蒂夫·

乔布斯都在不同的时间里与 IBM 有过合作,但显然,现在是微软,而不是IBM,才是真正的计算机界霸主。当比尔·盖茨浅笑的脸出现在乔布斯身后的巨型屏幕上时,它唤起了苹果历史上的一个骇人形象:就是最初的麦金塔广告中的奥威尔式暴君。这个象征性的形象只不过是一个骗局,现在正是推出苹果新图景的最佳时刻,这一新图景再次将公司与叛逆和异见联系到一起。作为演讲的结束,乔布斯以有生以来最简洁、最富诗意的方式总结了库比蒂诺的理念:

我想谈谈苹果,谈谈这个品牌,以及我认为它对我们意味着什么。我认为当你买一台苹果电脑的时候,你是有些与众不同的。当我们推出 Apple II 的时候,你对计算机的看法要改变。电影里的计算机占据着庞大的空间,你不能把它摆在桌面上。你必须"非同凡想",因为开始的时候计算机里没有任何软件。当一所过去从来没有计算机的学校有了第一台计算机,而它就是 Apple II,你必须用不同的方式思考。当你购买一台麦金塔时,你们真的需要想到一些非常不同的东西。它是完全不同的计算机,以完全不同的方式运作,使用你大脑中完全不同的部分。它为许多人打开了一个计算机世界,他们具有非凡的想法。你正在买一台装有 Basic I 的电脑,你需要换个想法才会做到这一点。

我想,你仍然要有与众不同的想法来买一台苹果计算机。我认为,买苹果电脑的人真的有着非凡的想法,他们代表着这个世界的创新精神。他们不应该只完成一项工作,他们应该改变世界。他们应该改变世界,用能够得到的一切伟大工具改变世界。而我们为这种人生产工具。希望如此,你们今天在这里看到的是一个开始,让你们相信,我们也会有非凡的想法,为那些从一开始就购买我们产品的人服务。因为很多时候,人们认为这些人非常疯狂。但在这种疯狂里,我们看到了天才。而我们为这些人生产工具。

* * *

回到 TBWA/Chiat/Day 的洛杉矶办公室后,罗布·西尔塔宁列了一份符合“非同凡想”广告宣传的天才的名单。像阿尔伯特·爱因斯坦和托马斯·爱迪生这些，本来就是克雷格·谷本原来的建议中的一部分。另外一些人，如未来主义者巴克敏斯特·富勒和摄影家安塞尔·亚当斯（他的黑白摄影作品挂在 NeXT 的办公室里）出自乔布斯的建议。为了把每一个人都放进广告，西尔塔宁给这些人的代理或者家里各自寄去一封信，信中提出，如果他们同意让 Chiat/Day 使用他们的形象，公司将会向这些人选择的慈善公司捐赠计算机。同时，他们还剪辑了一份广告片，其中包括阿尔伯特·爱因斯坦、马丁·路德·金、理查德·布兰森（Richard Branson）、约翰·列侬、巴克敏斯特·富勒、托马斯·爱迪生、穆罕默德·阿里、特德·特纳（Ted Turner）、玛丽亚·卡拉斯（Maria Callas）、圣雄甘地、阿梅莉亚·埃尔哈特（Amelia Earhart）、阿尔弗雷德·希区柯克（Alfred Hitchcock）、玛莎·格雷厄姆（Martha Graham），吉姆·亨森（Jim Henson）、弗兰克·劳埃德·赖特（Frank Lloyd Wright）、巴勃罗·毕加索以及乔布斯喜爱的鲍勃·迪伦。最后放入迪伦这一事实说明，这位 56 岁的歌唱家与作曲家在思想上发生了重大转变。三年前，迪伦因为苹果在其创造的一种新程序语言中使用了他的名字而提出诉讼。[而苹果坚称，“Dylan”只不过是“dynamic language”（动态语言）的简称。]这起诉讼寻求（未说明数额的）损害赔偿，坚持认为苹果“有意使用……名人的名字，其中包括艾萨克·牛顿爵士、卡尔·萨根（Carl Sagan）以及迪伦。苹果将这些名字与自己的产品联系起来，有意试图通过人们对这些著名人物的善意来增加自己的资本。”*据传，当迪伦了解到他的反主流文化伙伴、感恩而死乐队的杰里·加西亚，每年从本杰里公司（Ben & Jerry's）——当时正推出一款加西亚樱桃风味的冰激凌——拿 25 万美元的版税时，他决定提起诉讼。

乔布斯深度介入了整个广告制作过程。一天，他因为李·克洛选择的

---

* Power Macintosh 7100 在开发期间被内部人员称为“卡尔·萨根”。萨根知道这些后，便以毁谤罪状告苹果公司，声称他“非常不安地看到……苹果一款新的麦金塔计算机产品的宣布冠以我的名字”。他或许没有意识到，这只是一个研发代号而不是公众消费品的名字。作为回应，工程师把研发代号改为 BHA，这是 ButtHead Astronomer（白痴天文学家）的缩写。这次苹果的律师参与，项目再次更名，最后定名为 LAW，代表“Lawyers Are Wimps”（律师是弱者）。苹果与萨根达成了庭外和解。

一张照片而严厉批评了他。“甘地的这张照片不对。”他大声喊叫着。他在取得肖像许可权方面显示了高效率。他手头有一份重要的名片夹,如果需要他出面确保获得许可,他很乐于亲自拿起电话,请求对方给他个人行一点方便。例如,琼·贝兹是他过去的女友,小野洋子过去是他的邻居。他打电话给小野洋子要一张约翰·列侬的照片。她给他寄了一张,但这张照片没有达到他的标准。他安排与小野洋子在纽约的一家日本小餐厅里会面,小野洋子递给他一个信封,里面放着乔布斯想要的照片。最后,唯一同时拒绝 Chiat/Day 公司和乔布斯的是雅克·库斯托(Jacques Cousteau)的家人,库斯托一个月前刚刚去世。

* * *

乔布斯感到不愉快。想要让一个习惯于扭曲现实的人相信,希尔的歌曲《疯狂》无法剪成广告节目的长度,实在是一件困难的事。这总有使用临时音轨的危险。当它们(画面和音乐)像一个整体那样运行时,无论你怎么提醒一位客户,说它们是单独营造意境的,事情都很难向前推进。但西尔塔宁想到了一个主意。“为什么不可以让我写一份画外音呢。”他说。他告诉乔布斯,他可以把一些东西组合到一起,成为苹果的一项宣言。西尔塔宁这样说的时候,他想到了影片《死亡诗社》(*Dead Poets Society*)的一个场景,在这个场景中,罗宾·威廉姆斯(Robin Williams)饰演的一位鼓舞人心的教师,鼓励学生站到一张桌子上以新的视角看待这个世界。“我们必须时常以不同的视角看待事情,”这个人物说,“就在你认为你知道某件事物的时候,必须以另一种方式进行观察。”这是这部影片中最具有影响力的时刻之一,而西尔塔宁觉得,同样的信息也适用于苹果。

“你看过《死亡诗社》吗?”他问乔布斯。

“当然看过,”乔布斯回答,“罗宾·威廉姆斯是我的朋友。”

西尔塔宁要求给他一周的时间,想出一段让乔布斯满意的画外音独白。与乔布斯一分手,他便开始在头脑中构建之前为“rip-o-matic”写的字幕卡片。他特别喜欢开篇那句:“致那些疯狂的人……”他知道,当它与 20 世纪最出色的思想家一起出现在屏幕上的时候,一定会产生一种震撼人心的效果。结尾也很好，但后来证明，具有挑战性的是中间部分。西尔塔宁重写了无数次，才写出了一个他和李·克洛都感到满意的版本。他自己朗读这些句子，录制了一份粗略的录音，然后把它加进了丹·布特森的概念视频中。随后，他把这段视频放给他信任的几个人看，当好多人都承认看到广告一步步向前发展的时候，他们感觉到喉咙哽咽了。最后，西尔塔宁和克洛把这个广告拿给乔布斯看。

* * *

在与乔布斯见过 5 次面之后，西尔塔宁觉得他开始明白乔布斯的套路了。他已经当场见识过，乔布斯总是先否决一个想法（就这次而言，就是同时做电视广告与平面广告的想法），然后鹦鹉学舌似地重复这个想法，就好像那是他自己的想法。有一次他告诉西尔塔宁："我已经决定了，我们要做电视广告。"

当西尔塔宁开始说什么的时候，乔布斯打断了他。

"不是源于你所说的那些原因。"他厉声说道。

他也知道，乔布斯处理事情直截了当，而且也瞥见过他那臭名昭著的粗鲁行为。在早先的一次会议上，乔布斯突然觉得房间里的人太多了。

"你，你，还有你。"他边说边用手指点着几位苹果的公关人员。

"出去！"

**我很高兴我没被赶出去**，当时西尔塔宁这样想。这次会议更为私密。会议室里只有西尔塔宁、克洛和乔布斯。这两位 Chiat/Day 的人进行了现场介绍，然后便播放广告给乔布斯看。跟以前一样，他在视频结束前一言未发，什么意见也没透露。然后他便爆发了。

"这是广告公司在胡说八道！"乔布斯狂吼着，"这完全是垃圾！你说你会写出一段像《死亡诗社》一样的东西。我不知道这是什么玩意，但是我讨厌它！"

"你不喜欢，我很遗憾。"西尔塔宁被吓了一跳，只说出这么一句话。

"我们应该找《死亡诗社》的编剧来写。"乔布斯说，完全没有理会西尔塔宁，"不是这个蠢货！"

“我去看看我能做些什么。”李温顺地说。

会面就这样结束了。

* * *

罗布·西尔塔宁回去接着做尼桑的广告，再也没有回苹果。“我不知道该说什么才好。”他在回忆乔布斯发怒的情形时说，“他听了一次，接着就发疯了……我一生中从来没有见过这种事情。”Chiat/Day 也从来没有给《死亡诗社》的编剧汤姆·舒尔曼（Tom Schulman）的经纪人打过电话。苹果广告的工作转而交给了肯·西格尔（Ken Segall），Chiat/Day 公司的另一位创意总监。乔布斯还在 NeXT 的时候，西格尔第一次见到了他，当时西格尔还在为灵狮广告公司（Ammirati & Puris ad agency）工作。他曾与苹果这位联合创始人合作愉快，人们希望他能够修复前面造成的问题。首先必须给乔布斯一些时间，让他冷静下来。“我来的时候，整个场面有些麻烦。”西格尔回忆道，“史蒂夫不喜欢也不想继续谈论此事，于是我从中间接手，开始重写。”

乔布斯很快就冷静了下来，尽管他从来没有向西尔塔宁道过歉。此后不久，西格尔来到西尔塔宁的办公桌前。

“他绕了一圈又恢复原样了。”他说。

“谁？”西尔塔宁问。

“乔布斯。我在你的手稿上做了一些调整，希望你不会介意。但我们又可以照这样子继续下去了。”

西格尔直接与乔布斯一起工作，据说最后的广告中有几行是乔布斯写的。传记作家沃尔特·艾萨克森认为其中“他们推动人类向前迈进”是乔布斯写的，西尔塔宁反对这一点。“我的打印文件里有这一行。”他说。他说他在整个职业生涯中做了大量的笔记。“我不去问为什么会这样——如果史蒂夫认为那是他提出来的，我不知道。”西格尔避而不谈谁是谁非。“我认为这是一个让整个团队的人凝聚到一起，做一些神奇的事情的绝佳时机。”他说。乔布斯也与负责剪辑这条广告的詹妮弗·戈卢布密切合作。为了便于乔布斯检查广告中使用的镜头，他们每天都有例行的谈话。乔布斯一直都是完美主义者，他安排在苹果与 Chiat/Day 公司威尼斯海滩（Venice Beach）

的办公室之间架设一条卫星上行线路，于是他就不必看压缩格式的视频脚本了。

有一个问题引起了一番争论，就是谁来为最终的广告做旁白解说。为了符合《死亡诗社》的理念，乔布斯想让克洛请罗宾・威廉姆斯来做。威廉姆斯与苹果之间的关系可以追溯到许多年前。在最初的麦金塔商业广告于1984年完成之后，这位喜剧演员便被请来为麦金塔团队表演单人喜剧节目。但威廉姆斯的经纪人声称这位演员不做商业广告。于是乔布斯亲自出马，直接打电话给威廉姆斯。他联系上了威廉姆斯的第二任夫人玛莎・格瑞丝（Marsha Garces），她不肯让她的丈夫接电话。此议不成，Chiat/Day 公司曾考虑让时年 69 岁的美国作家、诗人玛雅・安吉罗（Maya Angelou）出马，随后又考虑了演员汤姆・汉克斯（Tom Hanks）。乔布斯甚至在一次慈善机构筹款宴会上把比尔・克林顿总统拉到一边，请他直接打电话给汉克斯，但这次还是不成。最后他们选定了忠实的苹果用户理查德・德雷福斯（Richard Dreyfuss），他坚定而从容不迫的解说与广告画面配合得天衣无缝。在克雷格・谷本看来，德雷福斯是最激动人心的一个选择。对于一个从童年起卧室便贴满了《第三类接触》（*Close Encounters of the Third Kind*）海报、喜欢漫画与科幻小说的怪才来说，绝对没有人比他更有庄严的感觉了。

这时有人提议让乔布斯自己读这段旁白。“只有他本人才能以他的方式阅读这些词句，这意味着这一角色非他莫属。”克洛热情地说。乔布斯并不喜欢这一提议，但还是不情愿地同意试一试。西格尔本人录制了他的朗读。

“我时间不多，”乔布斯走进房间时说，“我只读一次。”

但最终他读了三次。“我们想让他接受这段录音，但他不想成为一种干扰。”西格尔回忆道，“他认为广告本身会给人带来很多信息，他不想让人们争论他是否应该读画外音。”

* * *

“非同凡想”宣传攻势刚刚成功发布，乔布斯便为大家在 Chiat/Day 公司举行了一场庆功宴。他偕妻子劳伦・鲍威尔 - 乔布斯出席了聚会。许多参加聚会的人不安地发现，应乔布斯的要求，聚会中提供的全都是素食。乔布斯起身发表了讲话。他首先谈到了这支广告产生的积极反响。“史蒂夫说，对这个广告的反馈，75%都是表示赞赏的。”一位当时在场的苹果员工回忆道，“另外25%的负面反应有一种‘别逗了，让我们告诉他们，为什么我们踢了微软一脚吧’的意味。”对于这两种反应，乔布斯都不完全排斥。

“苹果每年花在广告上的费用高达1亿美元，但这并没有给我们带来多大的好处。”乔布斯说，“我们会继续花同样多的钱。更多或者更少。只不过我们要以更好的方式花这笔钱。从现在起，我们的品牌是我们拥有的最有价值的东西，至少是最有价值的东西之一。”

他阅读了一封信作为讲话的结束。这是一个孩子的母亲在一个月前寄给他的。用她的话说，这个孩子“与众不同”地描述了这个广告带来的影响。这是一个激动人心的时刻。在这位苹果联合创始人讲话的时候，在场的人强忍住眼泪。

那天晚上，乔布斯后来在吧台上逮到了克雷格·谷本。

“这么说，**你就是**那个语法用得不好的家伙?”他咆哮着说。

谷本一直在为直面这个时刻暗暗准备着。当然，“Think different”并不符合语法。如果different想要修饰动词think，它就应该以副词的形式出现，即“think differently”。谷本就此与公司内外的人争论过多次。按照他的想法，“think different”是一个命令，与“站直了!”处于同一范畴。不过，与一个冒火的史蒂夫·乔布斯争论，这就另当别论了。

“这个……嗯……应该是个，嗯，像是个命令句吧。”他结结巴巴地说。

乔布斯展颜一笑。

“我知道，”他说，“几个月来，我也一直在为我自己辩护。”

* * *

在“非同凡想”广告发出之后，外表上看不大出苹果有什么变化。还是没什么新产品，而且一直到1997年11月的Power Macintosh G3上市前都没有。苹果无限循环园区的北面与280号州际公路平行，阿尔伯特·爱因斯坦和航空先驱阿梅莉亚·埃尔哈特的巨幅照片悬挂在人称IL－3号大楼的背面。然而，这一景观根本没有让过往的汽车司机产生多少联想，想到在他们匆忙间一闪而过的一排浅褐色楼房中，竟然隐藏着世界上最令人兴奋的计算机公司，它即将重新宣示其高科技群雄之上的霸主地位。“非同凡想”广告最重大的意义在于，它重新把苹果塑造成一个深具反主流文化精神的叛逆者，受困于和科技精英的永恒斗争中。这些科技精英的代表正是英特尔和微软受人尊崇的硬件与软件，即所谓微特尔联盟。（这次广告宣传也顺势攻击了一些老敌人：多数人都会注意到的一项事实是，这条口号也是对 IBM 的“Think”口号的精妙颠覆。）

“只花了 15 秒、30 秒，或许 60 秒，就重建了苹果在 90 年代失去了的反主流文化形象。”乔布斯说。在第二年的艾美奖颁奖仪式上，这则电视广告夺得了最佳商业广告片奖。“有生以来第一次，我创造的作品能够对文化产生影响。”詹妮弗·戈卢布说，“面对着每一帧画面，我知道，我获得了激发人们情感的机会。”

当然，“激发”一词被证明确实是一个恰当的词。就像最早的麦金塔插播广告一样，这支广告也深藏着一种傲慢，导致有人谴责苹果，说它选择了一些在很多情况下无法出来为自己辩护的人的形象做广告。“在今天的社会中，你看到城市的巨大广告牌，都在为那些运动员们欢呼。”为自己的目的辩护的西尔塔宁这样说，“耐克会在墙画上用迈克尔·乔丹或者科比·布莱恩特的照片。你会在摇滚明星和演员中看到同样的现象，那些传说式的照片贴得到处都是。我认为非常有趣的是，我们可以从历史中选取这些远比运动员和摇滚明星更重要的人物的照片，以同样的方式为他们欢呼。这个社会以某种古怪的方式，将这些运动员与摇滚明星的地位提升到比这些实际上改变了世界的人高得多的位置。因此我想，如果有人攻击我们，我们将以此回应。”

罗伯特·卢因在他的《说服的力量：我们如何买与卖》（*The Power of Persuasion：How We're Bought and Sold*）一书中写道：

> “非同凡想”宣传……是一场言论控制的杂技式表演：“我们不是因为不合格的产品而走向毁灭，”他们这样暗示，“而是因为我们不愿背叛自己，倒向常规。”这也是对于另一个无比困难的广告矛盾给出的有趣

答案：堂而皇之地告诉人们应该做些什么（即购买苹果产品），同时又劝说他们独立思考。

在分析结束的时候，卢因把这种情景与蒙提・派森（Monty Python）[①]的影片《布莱恩的一生》（*The Life of Brian*）中的一个场景相比。在这个片子中，格雷厄姆・查普曼（Graham Chapman）饰演一个被误认为是弥赛亚的人，他恳求那些受到错误引导的追随者："不要追随我！不要追随任何人！独立思考！……你们都是独立的个体！"对此，众人一致回答："我们都是独立的个体。"苹果鼓励它的顾客与众不同地思考，然而与此同时，乔布斯却在苹果普通员工的队伍中逡巡，无情地解雇任何与他观点不完全一致的员工。当然，这个事实是一个始料未及的讽刺。**在苹果，你的想法可以与众不同，只要与史蒂夫・乔布斯同即可。**换言之，苹果或许正返回它的嬉皮士根源，但任何人不得对这个公社的掌权者有任何疑义。

具有讽刺意义的是，在为数不多的几个站出来说出他们不喜欢"非同凡想"的人中，有一个人很久以前便是乔布斯的助手。1977 年，比尔・凯利是里吉斯・麦肯纳公司的员工，最初他为苹果的第一份平面广告撰写文案。他给乔布斯发了一封邮件，说在他看来，这次宣传活动的方向是错的。"我仍然感到，"他说，"这是一个促进 Chiat/Day 和史蒂夫・乔布斯自我膨胀的大规模自慰，但我完全不认为它对公司有什么好处。我认为这会推迟它的最后成功。苹果广告的总体态度必定是全体员工一致的那种'我们知道你知道我们更好'的心态，是这样一种心照不宣的认定。而我相信，现在的这种做法将会在市场上产生适得其反的作用。"

乔布斯没有回复这封邮件，而且他再也没有跟比尔・凯利说过话。

---

① 英国著名的六人喜剧团体。

# 第十四章 库比蒂诺意识形态

在这样一个社会发生深刻变革的时刻，人们会带着极大的兴趣，倾听任何能对正在发生的事情给出简单解释的人。在这样一个关键的转折点上，一个来自美国西海岸的作家、黑客、资本家和艺术家组成的松散联盟，成功地为正在到来的信息时代做出了一个异质的正统定义：加州意识形态。

——理查德·巴布鲁克与安迪·卡梅伦

《加州意识形态》(1996)

2001年年底的一个晚上，31岁的软件工程师迈克尔·罗普(Michael Lopp)正在森尼维尔市一家名叫墨西哥鲜品雪佛兰(Chevys Fresh Mex)的墨西哥快餐店里喝酒。这是美国历史上一个动荡的时期。网络泡沫几年前就已经开始，《连线》主编凯文·凯利认为它预示着一种新经济的存在，这种新经济结合了数码共产主义和高科技新自由主义模式。而今看来，网络泡沫已经破裂了。纳斯达克股市指数已经比最高时下跌了50%。在麦金塔"1984"广告发布17年之后，2001年，只有3家高科技公司在超级碗中场秀上播了广告，与上一年的17家相比甚为凄凉。如果说，20世纪90年代是新的富足时代(Age of Affluence)的开始，那么，新千年的头几年则让这个纪录戛然而止，一去不回。10月23日，就在世贸中心双子塔的恐怖袭击发生6个星期之后，苹果推出了它的便携式音乐播放机iPod。乔布斯的上一个新产品线iMac是原来麦金塔计算机的彩色升级版，像iMac一样，iPod是一款非常有趣的产品。不过，尽管它销量似乎还不错，却远没有像苹果需要的那样，成为一剂包治百病的灵丹妙药。

与罗普一起喝酒的是伊卡利亚公司(Icarian)的CEO,罗普在这家新兴公司任工程主管。伊卡利亚的名字源于19世纪的乌托邦运动,当时美国成立了一些平等主义的公社。自从1998年从网景公司跳槽以来,罗普便一直在这家公司工作,此前他在网景公司也担任工程主管。最初伊卡利亚形势一片大好,尽管现在网络泡沫的破裂可能会让这家公司面临一段艰难时日。公司的业务大量耗用风险投资现金,似乎明天就是世界末日,因而“今朝有酒今朝醉”。事实上可能也确乎如此。现在,这二人正是在借酒消愁。罗普微微有了些醉意,这时,他的手机响了。

“我接个电话。”他告诉自己的上司。

他接通了电话,发现另一端是苹果的一位招聘人员。

“来为我们工作如何?”那位苹果人这样问他。

眼前的局面尴尬极了,罗普瞥了他的上司一眼,随后说道:“为苹果工作?这是我从儿时起便有的一个梦。”

这话绝对发自肺腑。作为一个惠普公司工程师的儿子,罗普自小便成长在一个有Apple II做伴的家庭,家中绝不会放过任何更新苹果产品的机会,最新的机型与周边产品只要一进入市场,必定会进入他们的家庭藏品之列。他几乎毫不犹豫便加入了苹果,担任负责研发Mac OS X服务器的团队经理。无论对于罗普还是苹果来说,这都是一个新时代的开始。这一切都要归功于史蒂夫·乔布斯。

* * *

1997年,史蒂夫·乔布斯以CEO的身份重回苹果,恰值苹果的处境岌岌可危;但是回过头来看,他的回归正当其时。自约翰·斯卡利于1993年(也有说更早以前)离开以来,苹果一直没有一个真正具有远见的CEO,能引领公司与时代精神接轨。如果说,这个时代精神中流传着一个理念的话,那这个理念便是革命。这个时期真正回应了90年代实际上是60年代的反转这一想法,那些发出破旧立新叛逆呐喊的人,不再是摇晃着走向伍德斯托克的花之子,而是国家元首与身价亿万的CEO。多年来,人人似乎都“非同凡想”。在英国这块土地上,一股反叛潮流诞生于玛格丽特·撒切尔和约翰·

梅杰治下死气沉沉的氛围中，而托尼·布莱尔能够淡化他舒适的中产阶级与深厚的牛津大学教育背景，毅然与这股潮流结盟。在美国，比尔·克林顿在很大程度上做了同样的事情，尽管带有明显的性诉求。哈佛商学院的一位教授指出："你必须无情地抛弃陈旧的障碍，代之以创造性：如标准的操作流程、礼仪与行为规范。"与此同时，管理学大师汤姆·彼得斯（Tom Peters）告知满屋的商界精英"摧毁很酷"，表达了他内心的无政府主义；汉堡王公司则把"有时你得不拘常规"奉为公司的口号。如果这种汇聚有其原因，我们或许可以从上一个 10 年的最后时期看到端倪。对于整整一代消费者来说，当柏林墙于 1989 年轰然倒塌之时，晚期资本主义文化就变成了城区仅有的应用程序商店。社会主义似乎遭受了一次致命的打击，并迅速地修正为一种过去从来没有过的状态。弗朗西斯·福山（Francis Fukuyama）兴高采烈地称这是"历史的终结"，自由资本主义已经胜利，别无选择。正是在这种背景下，出现了新左派与新右派、反主流文化理想与自由市场私营化的结合。

作为 60 年代反主流文化的直接产物外加新鲜出炉的亿万富翁，史蒂夫·乔布斯比任何人都更能说明这样一个新的、具有创造性的统治阶级的状况：他们是在生育高峰中出生的布波族，即"布尔乔亚波希米亚人"（bourgeois bohemians）。史蒂芬·列维在多年前描述过黑客伦理；大卫·布鲁克斯（David Brooks）用与列维类似的方法，在《天堂里的布波族：一个社会新阶层的崛起》（*Bobos in Paradise: The New Upper Class and How They Got There*）一书中陈述了布波族的生存信条。布鲁克斯这样写道：

> 他们富有而不贪婪，他们取悦长者而不过于顺从，他们一步步爬上了顶峰但又不显得俯视众生，他们取得了成功但又没有对社会平等的理想做出某种受到社会制裁的冒犯，他们构建了富裕的生活方式但同时避免了挥霍性消费的陋习。

乔布斯在许多方面完美地遵循了这些规则。作为具有反主流文化精神的叛逆者，他把自己塑造成了一个传统的行业领袖，一个年薪 1 美元但后来坚持索要丰厚优先股权与私人飞机的 CEO。他的身上体现了许多新布波阶级的悖论。看上去他当然属于这一部分人。20 世纪 90 年代,硅谷见证了一批年轻 CEO 无可置疑的崛起,如亚马逊的杰夫·贝索斯(Jeff Bezos)、雅虎的联合创始人杰里·扬(Jerry Yang)和大卫·费罗(David Filo)以及太阳微系统的斯科特·麦克尼利(Scott McNealy)。同时,苹果年迈的董事会也在一个接一个地雇用那些无论在外表上还是思维上都与他们类似的公司总裁。现在史蒂夫·乔布斯接掌帅印,原来的董事大权旁落,他们将被具有非凡想法的嬉皮阵营成员代替,如阿尔·戈尔(Al Gore)。

如果说,还有一个原因让人觉得 90 年代具有乌托邦的氛围(特别在硅谷),那就是互联网这一新的技术范例的产生。许多人似乎认为,它代表着一个全新的世界秩序,一个数字前沿国度,自给自足的个体在此成为开路先驱,在一片无人问津的数字乌托邦中披荆斩棘。一夜之间,久违的激情再次奔流不已,尽管自 20 世纪 60 年代以后,主流社会便再也没有听说过这种情绪。在尼古拉斯·尼葛洛庞帝(Nicholas Negroponte)的著作《数字化生存》(*Being Digital*)中,这位麻省理工多媒体实验室(MIT's Media Lab)的创办人写道,网络的胜利崛起欢迎"摆脱许多陈旧偏见"的新一代,"数码技术"的威力"成为推动人们走进更高的世界和谐的自然驱动力"。1996 年 2 月,在乔布斯回归苹果一年前,他这样说过:"网络是一个神奇的民主缔造者。在网上,一个小公司跟一个大公司并无二致,一样的触手可及。大公司耗资数亿建立他们的销售渠道,网络将使这种优势荡然无存。"如果说,有一个时代能让一个"由捣乱、叛逆以及不称职的人新近重组的公司"旋即问鼎天下,那么网络时代当仁不让。乔布斯已经推出了他备受称赞的广告宣传,用以重新点燃那些忍耐已久的苹果老顾客的兴趣。

现在万事俱备,只差一台新计算机了。

* * *

长久以来,许多苹果员工都深感公司需要用一款低价、易用的新计算机重回其本源。20 世纪 90 年代中期,苹果的人机界面技术主管米奇·斯坦给他的儿子买了一个叫"我的第一台索尼"(My First Sony)的玩具。它是一款儿童微型录音机,用坚固的 ABS 塑料制造,带有大按钮和彩色的外观。他认为这是一件最为精巧的玩具，就把它带进公司给他的一些同事看。“它是对这种技术的绝妙利用和再利用，打开了一个全新市场。”斯坦说。他开始了一个名为“我的第一个苹果”的项目，随后又将之更名为麦金塔 JFW，代表“Just Fucking Works”（真他妈的棒）。斯坦与乔尼·艾夫谈起了这个项目，并指派工业设计部的蒂姆·帕森斯（Tim Parsons）为 JFW 设计一个原型机。JFW 最主要的特点是个性化。过去用户可以通过为硬盘命名或者重新排列屏幕上的图标来让他们的机器带有个人特点，而这是一台实实在在反映用户审美的计算机。用户可以选用不同颜色的箱体零件，得到他们想要的彩色计算机。“它的身上带有一种精彩的改革。这是一种新的想法，当你把这些箱体零件固定在一起的时候，这些零件本身会附着出现一个条形码即无线射频识别号（RFID），它将与计算机交流有了哪些新零件，而屏幕的用户界面上也会相应地显示。”斯坦说，“所以，如果你选了巴尼紫色的零件，界面本身也会变成紫色，让它看上去好像全都是一体的。”

米奇·斯坦在乔布斯回归之前便离开了苹果，但他的这个想法并没有消失。吉尔·阿梅里奥曾经声称，一种低端消费者计算机“在史蒂夫掌权后三四个月内会完成”。乔布斯最初想要创造一款简装版的网络计算机（或称 NC），但苹果的首席财务官弗雷德·安德森（Fred Anderson）却坚持认为公司应该专注于 Mac。为了试着让苹果与新的网络行家的理想主义结盟，乔布斯决定将其作为一种网络计算机推向市场，并决定称其为 iMac。

这本身就是一项非凡的营销决定。就联网能力而言，iMac 与戴尔或者康柏（Compaq）的计算机相比并没有任何天然优势，但乔布斯洞见到，和 20 年前个人计算机的情况类似，现在有一大批谨慎却兴趣十足的人乐于接受一种不费劲的、即插即用的媒介入口，以及许多可以亲自动手控制的功能（handholding）。就乔布斯个人而言，他强烈希望自己与网络乌托邦主义结盟。当一位采访者问乔布斯这种计算机代表什么的时候，他的回答表现出他更深层次的思考。他年岁日长，有了家庭和孩子。“令人有成就感的不仅仅是创办一家公司或者让这家公司上市。”乔布斯说，“这好比你初为人父时的感觉。生命诞生是一个奇迹，但真正有意义的是，你和你的孩子一起生活并帮助他成长。网络公司的热潮带来的问题不是有太多人开公司，而是有太多人没有坚持下去。这可以理解，创业的过程中有太多痛苦与绝望的时刻，你必须解雇员工，取消项目，面对各种困境。但也正是这些让你认清了自己是什么样的人，怀抱什么样的理想。”

乔布斯继续讨论了这样一个现象，那些因创立网络公司而“暴富”的人，常常退出了那些“看上去最有价值的经历”。他似乎拿他年轻时的经历做对比：他无意中在苹果获得了改造世界的经历，却因不合时宜的傲慢和骄傲而自我放逐。他不会再犯同样的错误了。苹果的新麦金塔将改正它过去的错误，使苹果回归本源。为这款计算机推出的广告，强调了苹果新的思想品质，借用勒内·笛卡尔（René Descartes）的名言就是：“我思故 iMac 在。”

*　*　*

就像最初的麦金塔一样，iMac 的名字也闪耀着友好的光芒。过去 10 年间，麦金塔产品的名字以复杂的字母与数字串构成；而组成 iMac 这个名字的字母用了一种流行游戏中常见的字体，这与以往的风格形成了鲜明的对照。这个名字的创作者不是别人，正是在“非同凡想”广告中与乔布斯一起工作过的肯·西格尔。在苹果公司内部的研发过程中，iMac 当时的代号是 C1，代表 Consumer 1，这个名字只用于公司内部，从来没有人考虑过让它走出苹果的大门。

“我们有了一个我们非常喜爱的名字，”1998 年春季的一天，乔布斯告诉西格尔和其他几位创意人员，“但我想请你们看看还有没有更好的。”

然后他抛出了一个非常可怕的名字，用西格尔的话来说，只要听到这个名字就可以让你的“血液凝固”。

“这个名字就是 MacMan。”乔布斯得意扬扬地说。整个团队都不寒而栗。西格尔飞快地跑回他自己的办公室，要找到一个更合适的名字，它将把 MacMan 驱逐到同一个平行宇宙，让它跟最初的麦金塔计算机首发时的名字 Bicycle 作伴。事情并没有那么简单。MacMan 是苹果的全球营销经理菲尔·席勒（Phil Schiller）的创意，席勒是乔布斯最得力的干将之一。而乔布斯的取名方针，似乎也与他实际上选择的名字相悖。而且听上去，MacMan 就像是视频游戏 Pac-Man 与索尼公司的随身听 Walkman 的结合。“不要让名字听上去像个玩具，也不要让它听上去是便携式的。”乔布斯发出了这样的指示。没有谁会去跟他争论。西格尔立即投入这项工作，在办公室墙上贴满了小纸片，上面写着各种可能的名字，包括 MiniMac 和 iMac。值得一提的是，多年后有一款苹果产品用了 Mac Mini 这个名字。而在当时，西格尔并没有意识到 iMac 的前缀“i”将成为苹果产品线名字的基本元素，他看到，“i”可以代表因特网（internet），以及想象（imagination）、独特（individual）、启示（inspire）和指导（instruct）等意义。一周以后他把想法告诉了乔布斯，后者认为这些都没有什么可取之处。

“我哪个都不喜欢。”他粗暴地说，“给你一个星期，找不着更好的就用‘MacMan’。”

西格尔只好再回到办公室。7 天之后他再次与乔布斯联系，悄悄地把 iMac 第二次放进了待选名单。

“嗯，这次我没那么讨厌这个名字了，”乔布斯说，“但我还是没那么喜欢。”

第二天，西格尔听说乔布斯把这个用丝网印刷术印制的名字放在了原型机上。乔布斯从来没有解释过他为什么改变了主意。“为苹果工作，你不会得到很多个人荣誉，”西格尔说，“但我提出的命名被采用，我还是非常高兴的。”

* * *

从美学的角度说，iMac 的设计或许也是乔尼・艾夫作为设计大师的开山之作。在乔布斯返回苹果之前，艾夫深感压抑。在吉尔・阿梅里奥与迈克尔・斯宾德勒眼中，设计并没有特别的重要性。于是，自艾夫 4 年前从英国来到苹果之后，他大部分时间都只是在绿色山谷路（Valley Green Road）的工作室做一些不那么令人鼓舞的设计。“这对他来说很难熬。”他过去在橘子公司的同事彼得・菲利普斯说，“他为一任任的 CEO 设计没什么特色的米色盒子……他与苹果的蜜月期确切无疑地结束了。”在苹果收购 NeXT 之后，艾夫认为他受够了。他对他的新上司，硬件工程部门的新负责人乔恩・鲁宾斯坦（Jon Rubinstein）说，他完成手上的工作之后就离开。鲁宾斯坦劝说他留了下来。他给艾夫加了工资,更重要的是向他保证情况会有好转。iMac无疑是这个承诺的兑现。它以完美的形式,清晰地表达了90年代随处可见的高科技乌托邦精神。当然,并不是每个人从一开始就能认识到这一点。看到这款计算机的外观时,很多人都很震惊,用乔布斯的话来说,“它仿佛来自外星,一个很不错的星球”。

在推出iMac之前,苹果在时隔5个月后再次雇用了著名科学家拉里·耶格尔。作为图形与计算生态学方面的权威,耶格尔为他的回归要求一个“过得去”的工资。乔布斯请他到自己的办公室进行了一次私人谈话。“我不知道他会出多少钱诱惑我回来,或者只不过想看看他们打算花大价钱雇用的人是什么底细。”耶格尔回忆道。尽管耶格尔1987年加入苹果时,正值苹果的这位联合创始人第一次离开,但他一直对乔布斯极为尊重。他知道这在谈判时会对他不利。“我非常尊重他,也非常热爱这家公司的历史,所以我或许已经做好准备,接受他的现实扭曲力场(reality-distortion field)的影响了。”他说。他发现乔布斯对苹果和苹果的前途极为热情。乔布斯一定也对他们这次会见的走向非常满意,因为在耶格尔离开之前,他拉开了放在他办公室的一个保龄球袋的拉链,从里面拿出了一个尚未推出的iMac原型机。

“你觉得怎么样?”

耶格尔大吃一惊。“这件产品尚未进入市场,因此这是我第一次看到这样的东西。”他说,“我很希望我能够说,一看到它我便恍然大悟,知道公司有救了;但实际上我看着它,心里想的是:‘哇哦,这模样可真够怪的了。’但当然,我对他说:‘啊,非常漂亮,非常好,非常有趣。’”

从某种意义上说,耶格尔并不属于iMac的目标受众。与最初的麦金塔一样,iMac是为那些财力不足,还没有一台个人计算机的人准备的。如果说,它的名字传递着令人心安的友好,那么它的设计也同样如此。

首先,它的外表不会让人畏惧。它具有植物球茎一样的斑斓色彩,在乔尼·艾夫的设计中,从透明的机箱(这显然是一个只有圈内人才懂的笑话,嘲笑的对象是那些到现在还在抱怨苹果的计算机缺乏透明度的人),一直到单按键、形如冰球的鼠标所带有的那种简约的美感,整个iMac无处不像一个具有保护性的汽泡,帮助用户迈出走向数码世界的第一步。或许能够最好地总结这一点的，是“blobject”（滴状物体）这个词，它是两个词“blobby”（滴状）与“object”（物体）的结合，是由设计师兼作家史蒂文·斯科夫·霍尔特（Steven Skov Holt）发明的。如同科幻作家布鲁斯·斯特林（Bruce Sterling）曾经在一篇题为《滴状物体与生物设计》（“Blobjects and Biodesign”）的文章中所描述的那样，它就像一个有美丽的弧形曲线的“盛开的糖果”（blown goo）。在20世纪的最后几年，滴状物体成了嬉皮士工业设计的标志。当然，iMac是其中优秀的代表，与它类似的还有大众汽车的新甲壳虫汽车（New Beetle）、吉列公司（Gillette）带有曲线手柄的MACH 3剃刀、欧乐公司（Oral-B）的牙刷和马克·纽森（Marc Newson）设计的Orgone椅子。所有这些都是符合某种生活方式的产品，让人亲切地回忆起20世纪60年代设计的那种多彩的可塑性，同时它又在欢庆新科技时代的来临——在这样一个时代，这些看上去独特、像变形虫似的东西，能够便宜地大批量生产。某种意义上，这代表了一个市场价值统治一切的无定形世界；在这个世界里，一箱尿不湿可能与一台洗衣机等值，一台曲线优美的新计算机可能与在西班牙的两星期度假等值。滴状物体形式的松散性以某种自相矛盾的形式存在于其内部与自身。它代表了我们对于处在一个竞争性资本世界的个体的态度的破译和重新编码（decoding and recoding）。

为强调表示这样一个重大的时刻，苹果决定超越它过去的计算机组成的色调朴实的世界，进入一个名副其实、色彩斑斓的万花筒。先是热带邦迪蓝，进而扩展到葡萄、草莓、橘色、酸橙色、蓝莓、石墨、靛蓝、红宝石、鼠尾草色、雪白、达尔马提亚蓝色和“花儿权利”（Flower Power）等各种配色。“计算机的颜色不一定非得是米色。”苹果的计算机预发布版本的材料中这样写道。事实证明，这是一个具有重大成功意义的宣告。在1998年6月15日进入市场销售前，iMac已经接到了15万台的订单。投入市场6个星期之内，27.8万台计算机成功售出。糖果色的iMac起到了两重作用。其一是，颜色能够投各种人之所好。当亨氏食品公司几年后在市场上推出鲜绿色的EZ系列Blastin番茄酱时，该品牌番茄酱的销售创历史新高。但苹果的宣传依赖的是它自身的修正主义历史积淀。苹果计算机的米色并非是一种来自更高的权威的指令，然后由某个冷酷的技术官僚强制推行；最初选择它作为个人计算机的基色，是因为它看起来不具威胁，而且很容易融入办公室或者家庭这样的环境。乔布斯再次运用了这个创造性决定背后的推理，挖掘出一种类似当年老亨利·福特格言“顾客可以选择他想要的任何一种颜色，只要它是黑色”的情感，将购买一台达尔马提亚蓝色计算机的选择解释为一种个性化宣言。

* * *

今天的互联网可谓无处不在，它早已失去了过去那种“美丽新世界”的光辉，很难想象当年人们对于上网的恐惧。当然，其中的一种恐惧是怕染上病毒，这无疑和公众对 HIV 病毒肆虐全球的担心有关。讽刺的是，iMac 比它之前的任何版本都更像大众汽车的“爱虫金龟车”的箱体结构，但它还应该扮演一个对抗后金赛时代（post-Kinsey）性乱交的黑暗面的卫士。正如图形用户界面蕴含着对桌面和办公室的隐喻，如此邪恶的自我复制的计算机程序在网上散播，很容易让人想起性病传播的可怕图景。大众媒体随意散布诸如“流行病”和“传染”这类词语，甚至应运而生的杀毒软件也采用了类似的数码—医学修辞，如流感疫苗 +（Flu Shot +）、接种疫苗（Vaccinate）和解毒剂（Antidote）等。在《周六夜现场》（*Saturday Night Live*）节目上，喜剧演员丹尼斯·米勒（Dennis Miller）打趣地说：“要记住，当你和一台计算机连接的时候，你与那台计算机曾经连接过的所有计算机都有了连接。”

尽管麦金塔计算机无法对病毒免疫，但它们不像 Windows PC 那么容易感染。（两大原因共同造成了这种现象：针对麦金塔这种平台编写的病毒程序较少，以及更安全的基于 UNIX 的系统的运用。）由于 iMac 代表着许多人接触到的第一种苹果产品线，没有比这个更好的惊人保守的比喻了：麦金塔不受病毒侵扰，始终与一个伙伴（苹果）在一起，这能让你免受疾病困扰。

随着 2000 年日益临近，这种想法势头越来越大。嬉皮士曾经警告过我们，迟早会出现一种末日天启式的大灾难，已被遗忘的“千年虫”（Millennium Bug）扬言要把我们全都抛入嬉皮士早已警告过的科技末日（techno-apocalypse）中。多少有些令人困惑的是，人们之所以认为会发生这些现象，是因为在计算机发展的初级阶段，为了节省存储空间，程序员在编程时用两位数字表示年份，即用“85”代表“1985”。在 20 世纪行将结束的时刻，有人警告说，这种简单的判断失误造成的后果，其范围可能从系统性的破坏（如银行账户冻结）直至绝对的毁灭（偶然因素引起核导弹发射）。即使是库比蒂诺无限循环园区的苹果工程师们的集体智慧，也无法使我们免受第二种灾难，但苹果反应迅速。除了强调苹果采用的是世界上最为安全的系统，它再次借用通俗科幻小说中的形象来说明自己的观点。这一次的意象来自斯坦利·库布里克的空间史诗《2001 太空漫游》（顺便说一句，这也是 60 年代一部大受欢迎的迷幻旅行影片）中一台具有情感并背叛人类的电脑 HAL－9000。苹果将其与 1999 年超级碗赛放在一起，设计了一个场景。

“你好，戴夫，”广告中传来熟悉的声音，“你今天气色不错。”这台计算机接着问戴夫是否还记得，2000 年计算机出错，是它们的程序员让它们无法识别 2000 年。结果，在新千年来临的时刻，它们别无选择，只能扰乱全球经济。自然，全世界一片混乱，只有麦金塔独善其身，因为苹果工程师预见到了这种情况，为自己的计算机添加了保证未来无忧的预防措施。自麦金塔“1984”广告 15 年之后，这是对苹果在第一次超级碗广告中体现的那种反 IBM 情绪的一次精妙再现。尽管《2001 太空漫游》的原作者阿瑟·C. 克拉克（Arthur C. Clarke）和导演斯坦利·库布里克都矢口否认 HAL 代表的是“启发式程序化演算计算机”（Heuristically programmed ALgorithmic computer），但有趣的是，如果将 HAL 的三个字母中的每一个都按照字母表的次序推后一位，人们就会得到 IBM。当然，乔布斯更希望这种情况并非巧合，尽管他可能也想把微软包括在内。“HAL 是千年虫问题的完美发言人，因为它生活在 2001 年，根据亲身经历发言。”他当时说，“而且，HAL 是电脑问题最权威的专家。”另一方面，苹果声称，麦金塔计算机不仅能识别到 29940 年，而且在该款计算机上运行的软件也能做到这一点。* 这个例子再一次说明了，当权派辜负了人们，而苹果非常乐于前来拯救。

---

* 为了向经典作品《2001 太空漫游》致敬，开发 Siri（一项应用在 iPhone 4S 上的语音控制功能）的工程师们做的一个复活节彩蛋，有三处与这部影片有关：一个与 HAL 面板相似的调制解调器；如果要求它唱歌，它会回答“黛西，黛西，一定要把你的答案告诉我”；而当有人要求它‘打开别离舱门’的时候，它会回答“对不起，我做不到”。

* * *

尽管iMac在许多方面都很不错，但它不是乔布斯在寻找的具有强烈颠覆性的产品。iMac建立在当时计算机已有功能的基础之上，但它给了媒体一个新看点，并与激动人心的乌托邦运动联系在一起。因此，它代表了计算机革命链条上的下一个环节。但同时，用当时家得宝公司（Home Depot）高级副总裁的话来说，乔布斯想要的，是“思想革命而不是演化”。他开始到处观察家用电子产品的发展，希望找到真正具有革命意义的东西。数码相机与便携式摄像机都曾短暂地入过他的法眼，但他认为它们的市场竞争都过于激烈。一种可能的选择是个人数字助理（PDA），也被称为掌上电脑（palm-top computer）。1998年，乔布斯动员苹果公司从3Com公司手中买下掌上电脑（Palm Pilot）产品线，这个举动可以让他推出一款掌上PDA设备，而不需要经过整个研发阶段的努力。但他被拒绝了。后来，当时与这位苹果CEO进行谈判的一个人说，这是他“一生中最倒霉的经历”。谈判最后还是无疾而终。当乔布斯在2001年接受《财富》杂志采访的时候，他有意轻描淡写地描述了PDA的革命性，说它只不过是一时流行的风气而已。“说实话，”他说，“我们当时确实很想制造PDA。但我开始问自己：‘它们到底有多大用处？有多少人会在开会的时候随身带一个呢？’”

除了因为被3Com公司拒绝之外，乔布斯改变有关PDA想法的原因是，他突然有了另一个想法，这一想法更直接地深入到了酒神式反抗精神。“我不认为早期文化存在（袖珍）电子记事本[（pocket）organisers]，但他们确实有音乐。”他说，“我们的DNA中存在着音乐基因。人人都喜爱音乐。这并不是一个投机市场。”苹果要进入音乐市场了。

不过，如果说，这种产品线方式的转变和试图利用革命热情的某种精神有关，那么他完成转变经历的思维过程也同样具有反主流文化的性质。在与微软进行了一场历时最长的地面战之后，乔布斯希望苹果尝试一些新的东西。他公开否认了这一点，说让苹果偏离它显然擅长做的事情完全不合情理。“如果梅赛德斯（Mercedes）去生产自行车或者汉堡或者计算机，我想在这些产品上贴上公司商标不会对它们有什么帮助。”他在1998年告诉《财富》杂志的一位记者，“同样，如果在汽车上加上苹果的名字，苹果也不会得到更多的股权。而且正因为整个世界都在趋向数字化，包括电视、音响设备，所有这些——这不意味着，某家公司集中于计算机产业有什么错误。计算机是一个庞大的产业。”苹果当然不打算生产汽车。乔布斯十分乐意利用法律漏洞，开着他不带车牌的梅赛德斯招摇过市。（他还通过把车停在残疾人停车位而宣扬苹果在固定停车位方面的缺乏民主，甚至时常斜线停车，占据两个车位。有一天，一位勇敢的员工在他汽车的挡风玻璃雨刷下压了一张纸条，上面写着：非凡停车。）同时，他也很乐意扮演更弱小、更灵活的受害者角色，在翻转腾挪中对抗大得多的对手。这一理念让苹果加入了许多其他高科技公司的行列。在对抗微软的同化势力的过程中，他们创造了一种新的 DIY 文化。例如，网景公司免费公布了它的网页浏览器，为的是与微软的 IE 浏览器对抗。与此同时，Linux 公司通过全世界用户一起利用开源代码，搭建了一种可替代 Windows 的操作系统。《新黑客辞典》（*New Hacker's Dictionary*）的作者之一安德鲁·莱纳德（Andrew Leonard）曾发表一篇题为《让我的软件通行无阻！》（“Let my software go！”）的文章，发出了这种叛逆呐喊的最强音：

> 嗨，你好，首席执行官阁下。告诉我，你现在还有什么比微软想在几年后摧垮你或者俘获你的灵魂这个问题更严重的战略麻烦吗？没有？这个麻烦最大？那好吧，现在请你听仔细了。按照比尔·盖茨的规则行事，你根本无法与他对抗。想要繁荣，甚至只不过想要生存，你就必须改变规则。我现在就告诉你应该如何做。

在某些情况下，这是一个卓有成效的战略。在《弱者如何赢得战争：不对称冲突理论》（*How the Weak Win Wars: A Theory of Asymmetric Conflict*）一书中，作者伊万·阿雷金－托夫特（Ivan Arreguín-Toft）描述了这样一种现象：强硬的角色是怎样一步步输给弱小的角色的。* 事实上，阿雷金－托夫特认

* 这里的所谓“角色”（actors）通常指国家或者国家联盟，尽管在整本书中，阿雷金－托夫特所描述的对象也包括商业竞争。

为,在最近的 50 年间,在大多数情况下,弱者在对付比他们强大 10 倍的对手时赢得了斗争。出现这种现象的原因是,尽管在常规条件下的直接对抗中,强者几乎总会击败弱者,但到了非直接的游击战场上,他们的表现通常不尽如人意,因为那里的条件对反叛者十分有利。大卫王(David)战胜了歌利亚(Goliath),**为什么史蒂夫·乔布斯就不能干掉比尔·盖茨?**

还有另外一场战争苹果或许也能够获胜,乔布斯对此更为自信。尽管苹果并非第一家(用它的 iPod)在 MP3 市场上打开缺口的公司,但它是第一家做得成功的公司。这一领域的早期玩家包括世韩公司(Saehan)、蓬蒂斯公司(Pontis)和帝盟公司的 Rio(Diamond Rio)。到了 1999 年,另有大约 23 家公司也带着自己的产品加入了游戏。除了索尼、三星和汤普森/RCA 公司(Thompson/RCA)这样的极少数公司之外,大多数是中小型企业以及刚入行的新兴公司,主要依赖互联网销售。乔布斯十分清楚,数码音乐播放器是未来的主流,到了 2000 年,单是美国的市场价值便达到了 8000 万美元。第二年,这一价值再次增加 25%,达到了 1 亿美元。从播放器销量的角度说,这意味着付费消费者手上的 MP3 个数从 51 万台增长到了 70 万台。没有一家公司打破这项魔术公式,也没有任何一款产品明显地占据领先地位。对于乔布斯来说同样清楚的是,尽管与微软相比,苹果只是大池塘里的一条小鱼,但和一些初创企业相比,它就是一滴泪珠里的巨鲸。换言之,苹果可依赖其庞大的身躯挤压对手。

乔布斯采取的第一个动作是战场调查。他的行业侦察向他指明了突破方向。这是一款名叫 SoundJam MP 的音乐软件,由一家名叫卡萨迪与格林公司(Casady and Greene,C&G)的公司发行。C&G 尽管不是苹果家族的一部分,但与苹果有亲缘关系。这家公司多年来在为麦金塔开发游戏方面取得了一些成功,包括 1987 年的《太空水晶之旅》(*Crystal Quest*)——麦金塔平台搭载的第一款彩色游戏。SoundJam 是由杰夫·罗宾(Jeff Robbin)与比尔·金凯德(Bill Kincaid)创造的;他们俩原来都是苹果的软件工程师,后来,为了开发可让麦金塔用户在他们的计算机上管理歌曲的 MP3 软件,他们加入了 C&G。不久,SoundJam MP 便在麦金塔市场上取得了 90% 的市场份额,每年为 C&G 带来 550 万美元的收益。乔布斯很清楚这家公司今后的发展潜力，于是他联系了 C&G，提出了一个他们很难拒绝的建议。用 C&G 总裁特里·库尼兹（Terry Kunysz）的话来说，这差不多就相当于说："把版权卖给我，不然我就研发一款竞争产品，把你挤出市场。"库尼兹卖掉了 SoundJam MP 的版权。乔布斯重新给它命名为 iTunes。"加入这场音乐革命吧。"他告诉那些参加 2001 年 1 月 Macworld 展览会的人说。

* * *

如果说，人们立刻认识到，iTunes 和借鉴雾面金属（brushed-metal）界面美学的 iMovie 软件十分匹配，那么之后的 iPod 则与此相反，它在开始时被人认为是一个败笔。在 2001 年中期的产品公告上，苹果曾戏谑地提醒来宾："请注意：这不是一台 Mac。"苹果的这款随身听音乐播放器迎来的是许多分析家几乎不加掩饰的厌恶。回头看，可以很容易地看出它当时受到怀疑的原因。无论如何，乔布斯给人的印象都是，他要削减苹果的产品线，取消任何不必要地消耗资源的项目。"没有无线电。容量比 NOMAD 还小。蹩脚货。"点杠网（Slashdot）轻率地写道，这让该文的作者在许多年中都抬不起头。* "叫唤得这么响，只不过为了一台 MP3 播放器？"在一个亲苹果产品的网站上，一位论坛访问者嘲弄地说，"突破性的数码装备？如果乔布斯有一秒钟时间考虑这东西会热销，现实扭曲力场一定正在扭曲他的思想。"有些人对这款播放器的价格望而却步，用 399 美元买一台 MP3 音乐播放器看上去实在过于奢侈。

iPod 或许真的有点贵，但事实证明，它也极为成功。的确，没过多久，对苹果这款最新产品的评价便开始提高，从令人严重失望的东西变成了必须拥有的东西，标志性的技术对每个人来说都变得显而易见。英国女王透露她也买了一台，尽管她没有说歌曲目录里放了些什么。乔治·W. 布什也有一台 iPod，他那个 250 首的歌曲列表里包括克纳克（Knack）的《我的莎罗纳》（"My Sharona"），还有清水合唱团（Creedence Clearwater Revival，CCR）前成

---

* 创新 NOMAD 是一系列数码音响播放器，由创新技术公司（Creative Technology）出售。这批产品未能开发后续产品，于 2004 年断线。

员约翰·福格蒂(John Fogerty)的棒球战歌《中外场》("Centerfield")。[CCR 的反越战歌曲《幸运之子》("Fortunate Son")不在此列,尽管布什的山地自行车同伴严肃认真地指出:"如果任何一位总统只选择尊重体制的音乐家,那么这种选择是非常偏狭的。"]乔布斯终于实现了他多年前的愿望,当时他告诉里吉斯·麦肯纳的人,他希望他公司的产品广受欢迎,*Apple-ing* 将取代"computing"成为主流用语。这种现象显然还没有发生,但另一种情况确实出现了:任何具有同样的创新、现代风格和无处不在这些特点的技术,都可以冠之以"iPod"之名。[据报道,iPod 的创造者托尼·法德尔(Tony Fadell)今天正在研发一种他希望能够成为"恒温器中的 iPod"的产品。]

正如乔布斯在担任苹果 CEO 期间开发的每一条重要的新产品线一样,iPod 也是这位公司联合创始人的个人项目,一个能让他探索自己青年时期的世界的项目。正如他所说:"我们热爱音乐,能够做一些我们热爱的事情,这总是妙不可言的。"当然,从表面上说,乔布斯的青少年时期并不存在大量的便携音乐播放设备。在 1979 年,也就是苹果成立三年之后,索尼才开始发行它的第一代 Walkman。但是音乐起到了反主流文化的背景音的作用,无论是鲍勃·迪伦或者是琼·贝兹的抗议民谣,还是迷幻摇滚乐曲,音乐都反映了美国随着越战出现的超现实主义转变。iPod 让每个人都有机会拥有他自己的背景音。事实上,iPod 将苹果的便携式音乐播放器和它前一个创新产品 iMac 连接了起来;在互联网变得便携之前,iPod 成为一款让用户进入某种舒适的超现实之中的设备。2008 年,蒂姆·丹特(Tim Dant)在意大利杂志《文化研究》(*Studi Culturali*)上发表了一篇名为《iPod……i 偶像》("iPod ... iCon")的文章,文中引用了一位 iPod 用户的话:"每当我戴上耳机,我的周围就好像出现了一堵看不见的墙。我真的再也感觉不到我与过去的存在有任何相似之处,就像我会碰到什么东西,并且为我能感觉到这种东西而吃惊。"乔治·普罗尼克(George Prochnik)在他的著作《追寻宁静:于喧嚣的凡尘中倾听真意》(*In Pursuit of Silence: Listening for Meaning in a World of Noise*)中进一步扩展了这一想法。他在书中指出:

> iPod 之所以受到吹捧,不仅因为它能遮盖传统的基础性噪音,还在

于它将无限制的喧闹拒之门外的方式，即在肆无忌惮的噪音之上加封了一层声音，定义了数码时代的新噪声。以人们如何谈论他们的 iPod 为基础，今天的痛苦的纠结似乎已经不再是任何单一的高噪声，而是在持续"爆发"的多层刺激中，我们的注意力分散了。我们已经不再斥责"i 世代的异化"，而是必须自问，我们究竟做了些什么，让我们更大范围的声景如此被人弃如敝屣，沦落为音响快餐。

只要戴上有 iPod 标志的白色耳机，用户就能从公共空间退到个体意义的泡沫中。如果拥有一个 iPod 这一共同经历，可以立即让一个人成为日益壮大的一个小团体中的成员，说明这位用户时尚、年轻且熟知内情；那么，在这种情况下，聆听从本质上说便是一种孤独的努力，是更多地将别人拒之门外，而不是接纳他们。有趣的是，iPod 的前身索尼的 Walkman，最初被设想为一款社交工具，能消除它不那么便携的竞争者——手提式录音机发出的扰乱社会的噪音污染，同时也能保留使科技如此令人难忘的共享经验的元素。在 1980 年袭来的第一波 Walkman［在英国最初以索尼偷渡者(Sony Stowaways)为人所知］浪潮中，Walkman 的一个特点是带有一个内置的麦克风和两个耳机插口。当用户按下一个按键时，他们可以相互交谈，他们的声音可以覆盖当时正在聆听的音乐。然而，Walkman 显然每次只是被一个人聆听而已，后来出产的系列取消了这一相当独特的功能。iPod 延续了这样的趋势，因此或许成了乔布斯"人手一机"魔咒的最终体现。*

与 iMac 依附于互联网的乌托邦精神不同，iPod 和重被点燃的反主流文化精神之间的联系并不总是那么显而易见，但如果我们仔细观察，这种联系依然存在。标题为"Pod 大联合"的电视广告，表现了人们在 60 年代的经典汽车大众甲壳虫中聆听 iPod 的情景。同样的，一直热切地在这一市场中寻找突破口的第三方供应商开始制作能将 iPod 固定在上臂的带子；这或许是对演员詹姆斯·迪恩的一个著名动作的视觉联想：他曾经把一包香烟放在

---

* 这一状况随着 iPod 基座音响(iPod docks)的出现而略有改变；这种设备可以把音乐目录存放在将由多于一人欣赏的装置里面。然而总的来说，我仍然坚持认为，iPod 主要意味着一种孤独的聆听经历。

同样的地方，卷进他的 T 恤的袖子里。《无因的反抗》中的迪恩，就像《飞车党》(*The Wild One*)中的马龙 · 白兰度一样，象征着白人青年反叛者那种充满刺激的乐趣。影片最后，当一个人问白兰度饰演的约翰尼 · 斯特拉布勒(Johnny Strabler)“约翰尼，你在反抗什么?”时，他严厉地瞪了问话者一眼后回答:“你有什么要背叛的?”显然，对于这样一个冷冰冰的反建制的问题，他们并没有自己的答案，但苹果有。如果你买了第一代 iPod，那么同一产品线上的其他产品也会接踵而至……

* * *

至少一开始，iPod 是专为苹果用户设计的。“我永远不会让它在 PC 上使用。”乔布斯对公司的人宣称，他这时把 iPod 看作加入苹果生态系统的入门迷药，而不是一款自身能成为商业行为的设备。尽管他后来的想法有所转变，但乔布斯做这个产品的动因，是为了管理保存在 iTunes 上的歌曲节目，这种设备只能依赖于 iTunes 软件。反过来，iTunes 则可以让乔布斯再次把他的 iPod 和正在互联网上发生的革命联系起来。

* * *

作为一种实际上由嬉皮士、学者和计算机极客共同研发的工具，互联网的第一次迭代以高科技礼品经济的形式出现，这与前资本主义时期的古代礼品经济颇有类似之处。即交换是相互的，但支付方式并不要求采取某种预先确定的形式，也没有确定的时间范围。由于这种礼品经济是由美国军方出资，因此并不要求网络用户把他们的脑力劳动转化成任何形式的适销商品。这一理念一度被认为是进行跨国合作的伟大方式，但随着互联网在 90 年代的用户中获得发展势头，大公司的领导人开始有些担忧。因为他们意识到，自由市场资本主义的超链接模型有一个重大的问题:无法从中获利。如果在其中交换的一切，只不过是枯燥乏味的学术论文与新闻组网络(Usenet)用户团体有关谁是《星际迷航》中更好的船长的争论是一回事;但当越来越多的人认为，礼品经济的同一模型也可以应用于传统的版权法时，这就完全是另一回事了。无论如何，既然信息希望自由，而音乐，至少在二进制的层面上，也无非是一种信息，那么为什么要强迫人为它付费呢？如果每个用户都把他拥有的音乐上传到网上，然后每个人都相当于拥有了世界上最好的音乐节目单。还有什么比这种做法更具平等主义精神呢？突然之间，互联网变成了这样一个世界，它不再由“拥有者与非拥有者组成，而是由现在拥有者与未来拥有者”组成，这样一种乌托邦的理念让大企业觉得，这种情况会带来新的令人恐惧的可能性。于是美国唱片工业协会（Recording Industry Association of America）便采取行动，对纳普斯特公司（Napster）一类点对点文件共享服务机构采取了臭名昭著的惩罚行动。

互联网这样一种受美国国防部大量资助的技术，却被视为分散自由的工具，这中间的讽刺意味并非被人视而不见。然而，至少在开始的时候，网络似乎很明显是科技嬉皮士的梦想。这好像是一个庞大的全球公社；在互联网上，人人都可以发出平等的声音。当然，电子商务的兴起终究会需要一套针对网络的有效的法律规则。毕竟，就连昔日美国西部边陲的开发城镇，也只是当警长就任之后才能真正繁荣。但是，这不会对早期网络的乌托邦气氛带来任何损害，无论对政府还是公司来说，对之进行任何真正有意义的监管似乎都非常不易。［早期有过一次失败的尝试，1996 年通过的《通讯规范法案》，意在禁止色情内容，并对在网络上使用 shit 这个词的人课以 25 万美元的罚金。《连线》杂志编辑路易斯·罗塞托（Louis Rossetto）将此举比作“文盲试图告诉人们如何阅读”。］

正如前述，苹果与乔布斯都错失了 20 世纪 90 年代上半叶的那场互联网盛宴。乔布斯曾经承诺要修正这一失误。1996 年 2 月，当时还在 NeXT 的乔布斯接受《连线》杂志的一次采访，他指出，从长远来说，网络的主要获益人不是那些愿意进入一个高科技礼品经济的人，而是那些有东西出售的人。［“你说的是分享（share）吗？”《连线》记者问。“是出售（sell）。”乔布斯重复道。］“这是商业行为。”他解释，“人们不会再跑到许多商店里去。他们将转而到网络上买东西。”然而，对于在他回归苹果之后会出现什么情况，乔布斯本人也没有准确的把握。这是少有的一次，他未能准确地把握科技的脉搏，没有看到会有越来越多的用户下载音乐然后拷到光盘上。早期的 iMac 在进入市场时不带可重写光盘（CD-RW）驱动器。在 20 世纪 90 年代后期，这还是一个 Windows PC 鲜为人知的功能，而到了 2000 年冬季，40% 的个人计算机都包含这一功能。乔布斯已经不再是年轻时的那个乞丐了——当时他睡在里德学院学生宿舍的地板上，白天步行 7 英里前往哈瑞奎师那神庙吃一顿免费餐。他没有跟上这次潮流。毕竟亿万富翁不需要拾人牙慧，跟在人家身后捡破烂。但没过多久他便意识到他犯了错误。“我感觉自己就是个笨蛋。”他承认。

iTunes 开始只是一款多媒体播放器，能够使用户保存、组织、播放、下载音乐文件到他们的苹果计算机上。颇具争议的是，乔布斯通过推出一款带有“扒歌、混制、烧盘”口号的软件，选择让苹果与网络乌托邦结成统一战线。迪士尼公司的首席执行官迈克尔·艾斯纳（Michael Eisner）强烈反对这一宣传。当在美国参议院商业委员会（United States Senate Commerce Committee）作证的时候，他以苹果的这条口号为例，指出盗版行为已经在很大程度上成了计算机行业最新的“杀手锏”。艾斯纳声称，“扒歌、混制、烧盘”是苹果在含蓄地建议，“只要购买一台麦金塔计算机，它的顾客便可以成功地进行盗窃”。

艾斯纳的反应带有一种理所当然的压抑。尽管这意味着直接对他们自己的顾客下手，但唱片与音乐工业认为，克服盗版的唯一方式是采取高压手段，采取法律体系可以允许的最强硬的诉讼手段对付盗版者。而乔布斯看到了另一个解决办法。他的解决办法可以说是苹果的最佳解决方案，既可以取悦大企业，又可以让苹果看上去比其他所有企业都更有人情味。“这些孩子用的是最好的产品。”他就非法下载音乐问题回答《君子》杂志，“在 iTunes 上市之前，Kazaa 是最好的产品。* 为什么这么说呢？因为一旦你从网络上得到音乐，并当场得到满足之后，一切便都不可逆转了……我不责备这些 15 岁的孩子。我责备我们自己，因为我们没有拿出一个更好的合法产品。”许多年后，乔布斯向传记作家沃尔特·艾萨克森发表了一通说教，其主要观点是：信息实际上根本不想要免费。“在苹果早期的日子里，我便

---

* 跟纳普斯特一样，Kazaa 也是一个点对点的文件分享应用软件，普遍用于用户之间的 MP3 音乐文件与其他文件的交换。

意识到，有了知识产权我们才能成功。"他说，"如果人们能够随意抄袭或者偷窃我们的软件，我们的企业就办不下去。如果知识产权得不到保护，我们就不会有创造新软件或者设计新产品的积极性。如果没有了对知识产权的保护，一些有创造性的公司就会消失，或者根本不会出现。但还有一个更简单的原因：偷窃是错误的。这会损害他人的利益，也有损自己的形象。"

事实上，传统版权法的崩溃，是否会导致创造性与革新精神的相应衰退，还是一个有待激烈争论的问题。* 不管怎样，乔布斯的上述评论确实是苹果的这位 CEO 在道德问题上的一个逆转。尽管如此，这还是同一个乔布斯，他曾在麦金塔项目大楼上空升起了一面海盗旗，告诉愿意听他说话的人："当海盗要比参加海军强。"与此类似，"微软即邪恶帝国"神话的形成，很大程度上是因为比尔·盖茨坚持认为，人们应该为奇妙的软件付钱。乔布斯在艾萨克森写的传记中说盖茨"基本上没有什么想象力"，还评论说他"从来没有发明过任何东西"，但他的这种说法是错误的。盖茨发明了一种理念：软件是一种可以出售的东西，无论是整个操作系统，还是简单的文件。乔布斯只是重新组织了这种想法，把它作为保护创造性的必要措施。

iTunes 商店本身的产生经历了 2002 年全年以及 2003 年年初。2002 年 1 月，一个代表华纳音乐公司（Warner Music）、美国在线时代华纳公司（AOL Time Warner）与索尼公司的高管团队飞到库比蒂诺来见乔布斯。乔布斯从来都不喜欢坐着观看整个演示，这次会见让他感到无聊而且烦恼。当华纳公司的高管们谈论他们的数码战略的时候，他开始不耐烦地在椅子上晃来晃去，最后他实在忍不住了。

"我不想跟你们讨论你们正在干些什么，"他直言不讳地说，"你们这些——"①

---

* 在这个问题上，杰伦·拉尼尔（Jaron Lanier）所著的《你不是个玩意儿》（*You Are Not a Gadget*）与劳伦斯·莱西希（Lawrence Lessig）的《思想的未来》（*The Future of Ideas*）都是有趣的读物。

① 原文为 You guys have always had your head up your，省略的最后一个词应该是 ass。意为愚蠢、盲目。

他的声音变小了,出于礼貌没有把最后一个词说出来。大家沉默良久。

“你说得对。”最后,华纳音乐集团的执行副总裁保罗·维迪奇(Paul Vidich)说。维迪奇因为重感冒就带了一个助手代表他说话,但现在他决定与乔布斯直接交流。

“但我们不知道该做什么,”他又重新开始说道,“你需要帮助我们弄清楚。”

* * *

这次会议取得的成果就是 iTunes 商店。它是一个网上商店,里面每首歌的定价都是 99 美分,至少开始的时候是这样。之所以把单曲的价格刚好定在 1 美元以下,是因为它足够便宜,让人产生直接的购买冲动。既然 iTunes 界面要比任何点对点网络(peer-to-peer network)提供的东西都一目了然,乔布斯有理由认为大多数用户会觉得,合法下载歌曲能更好地利用他们的时间。根据苹果推敲出的协议,该公司将在每笔销售中抽取大约 30%,其他归拥有版权的音乐公司所有。

iTunes 商店于 2003 年 4 月 28 日发布。为庆祝这一事件,苹果在旧金山会议厅举办了一个仪式。一曲鲍勃·迪伦的《时代在改变》(“The Times They Are A-Changin”)之后,乔布斯走上舞台发表讲话。他没有刮胡子,穿着一件黑色的针织衫,牛仔裤上没有皮带,脚上是一双新百伦运动鞋。“消费者不想被人当作罪犯,艺术家不愿意他们珍贵的作品被人偷窃,”他说,“iTunes 音乐商店为双方提供了一个具有突破性意义的解决办法。”

iTunes 商店发布带来的一个真正的革命当然是分销的民主化。尽管它几乎完全没有改变公众的品位,但它为音乐以及过去其他没有机会面对如此大量听众的媒介提供了一种可行的分销方法。

至少从理论上说,今天的用户比以往更知道他们在听些什么、在为什么而付费。2009 年 12 月,由于受到一个脸书上团体的友情提示,英国的用户开始大批购买重金属乐队“暴力反抗机器乐队”1992 年的歌曲《以孰之名杀戮》(“Killing in the Name”),以此阻止极受公众欢迎的电视节目《英国偶像》(*The X Factor*)的优胜者连续 5 年在音乐排行榜上赢得圣诞节第一名的位置；有人就 iTunes 被用作一种新的媒介向传统媒介发出信息做了一个说明。*

与此类似，通过拆分专辑里的歌曲（证实了纳普斯特公司过去提过的原则：音乐的自然计量标准不是专辑，而是歌曲），消费者可以击败贪婪的音乐公司高管——他们在专辑中放入一两首重磅歌曲，然后填充大量一般的歌曲。

同时，这种拆分专辑的做法也确实带来一些问题，其中一些涉及偏好。例如，一张像《佩珀中士的孤独之心俱乐部乐队》这样的专辑，不就是专门设计成一个有凝聚力的整体经验而非 13 首小歌让人聆听的吗？但这很快就成了一个过时的说辞。毕竟，如果你能够重构社会和自己的意识，为什么不能给你的音乐重新编排位置呢？** 不过还有一些问题暗示了科技乌托邦分子尚未解决的更大的问题。从本质上说，iTunes 的拆分模式反映了某种更大的文化变迁。在过去几十年间，迅速变化的生产和消费经济已经带来了各种媒介上各种实体的拆分。报纸日益式微，个人计算机的影响力越来越大，报纸的阅读人数下降。在麦金塔发布的 1984 年，美国报纸的日发行量达到了 6300 万的最高峰，此后便加速下跌。网络的崛起创造了比以往更多的新闻渠道，这些渠道不再是一个聚合的整体。网络广告的构建方式是，最成功的文章是那些点击率最高的文章，可以保证回报丰厚的横幅广告。在拆分发生之前的年代，一位派驻海外的记者或者调查性记者的工资或许是由分类广告产生的收入支付的。而在今天这样一个故事都已经个性化了的时代，每一个网页都必须独立。广告商当然不再为整体广告出资，而是寻找并选定他们的目标。

当然，这一点对于谷歌的打击超过了苹果，但 iTunes 也带有同样的拆分

---

* 当然，尽管“暴力反抗机器乐队”本身是一个重要的音乐团体，但购买它的歌曲并不一定是为了抗议音乐作为资本主义缩影而做出的最佳选择。让这一行动更具讽刺意味的是如下事实：人们选取的是一首索尼博德曼公司（Sony BMG）歌曲目录中的歌曲，它与《哈利路亚》（“Hallelujah”）、《不要停止相信》（“Don't Stop Believing”）与各种时常在《英国偶像》中出现的歌曲并无差别。

** 这种想法似乎因为 2005 年 1 月 iPod Shuffle 的问世而得到了加强。正如它的名字所显示，iPod Shuffle 利用了 iPod 受人欢迎的能力，允许用户迅速地在歌曲、艺人甚至整个体裁之间移动，从而使过去音乐消费的线性经历变成了超文本的听觉版本。

信息的倾向。正如丹尼尔·阿克斯特以《松绑的喜悦》(“Unbundles of Joy”)为题发表在《纽约时报》上的文章中所说的那样,具有讽刺意义的是,信息的拆分是将全世界的计算机连接成一个网络带来的最重大的结果之一。为了让用户可以只下载专辑里的一首歌, iTunes 生态为音乐所做的事情,正是谷歌为广告做的事情,或者维基百科为百科全书做的事情,或者是 YouTube 为视频内容做的事情。

* * *

在 iTunes 商店发布的第二天,乔布斯接受了《君子》杂志的采访。走进苹果无限循环园区主楼的大厅时,新闻工作者安迪·兰格(Andy Langer)注意到——想不注意都很难:一个“篮球场大小”的广告牌从天花板上垂下来,上面用醒目的大字写着:**“你说你要发动一场革命?”**(YOU SAY YOU WANT A REVOLUTION?[①])一位苹果公关人员快步前来迎接他,领他进了一间会议室。几分钟后乔布斯走了进来,选了一些汤和凉拌蔬菜做午餐。已经有人提醒过兰格说,乔布斯是一个极重隐私的人,他更乐于讨论苹果和音乐行业,兰格不会询问乔布斯的素食饮食或者任何有关个人方面的问题。

乔布斯开始谈论 iTunes 商店的产生。然后谈话转到了人们指控 iTunes 最初似乎提倡盗版这个问题上。“人们将烧录光盘等同于盗窃,”乔布斯说,并声称人们曲解了“扒歌、混制、烧盘”这个口号的含义。他解释道:许多人录制光盘自己使用,创制自定义的节目汇编。盗版只发生在人们访问 Kazaa 一类网站的时候。

乔布斯承认他年轻的时候听过鲍勃·迪伦的盗版歌曲,他对于讨论和苹果音乐公司的关系显然感到很不舒服;有人认为苹果本身便是一个媒体出版公司,对于这种说法他显然也不认同。

“我们并不拥有媒介。”他说,“我们不拥有音乐。我们不拥有电影或者电视。我们不是一个媒体公司。”

---

① 这是披头士的歌曲“Revolution”里的一句歌词。

采访刚刚进行了一会儿，乔布斯已经不耐烦了。

“我们就是苹果。”他结束了谈话，伸手关掉了兰格的录音机。

“感谢你来到加州。”他说，起身向多少有些惊愕的记者伸出手来。然后转身走出了房间。

# 第十五章　苹果托邦①

随着全球联网社会的到来,开放的概念变得前所未有的重要。这一点是让新世界得以运转的关键。一言以蔽之,即将到来的时代的关键公式是:开放,很好;关闭,糟糕。要把这一公式刻在你的前额上永志不忘。要把它应用于技术标准、商业战略和生活哲学上。在今后的岁月中,这是个人、国家与全球社会的制胜概念。

——彼得·施瓦茨与彼得·莱登:《连线》杂志(1977 年 7 月)

2007 年 1 月 9 日,乔布斯称他这两年半一直对这一天翘首以盼。在旧金山的莫斯康展览中心(Moscone Center)举行的 Macworld 展览会上,乔布斯站在一群苹果粉丝面前,宣布他将为三款新产品揭幕。首先是一款革命性的移动电话,第二个是一款新的宽屏触碰式 iPod,第三个是一个突破性的互联网设备。乔布斯重复了一遍,这一次语速慢了下来。"一个 iPod,一部手机,以及一个互网络通信设备。"他重复道,耐心地让那些看着他的人心领神会。"你们明白了吗?"乔布斯问,而且提高了他那种神奇少年发明家的嗓音的音量,"这不是三个独立的产品,而是一个设备。它就是 iPhone。"

这个设备带有一种欺骗性的简单,iPhone 的开发过程也如此。乔布斯与当时还叫辛格勒无线公司(Cingular)的 AT&T 达成了一项了不起的协议。这项收入分享协议让他对 iPhone 各方面拥有绝对控权制,包括外观、制造方式与营销手段,外加每个月从每个用户的电话费中提取 10 美元。作为交换条件,AT&T 将在 5 年内独享 iPhone 的经销权,获得在 AT&T 的商店中出售的

---

① 即 Appletopia,由"乌托邦"(untopia)而来。

iPhone 收入的 10%，以及 iTunes 收入的一小部分。接下来就是令人棘手的部分：**把这个该死的机器造出来。**

苹果内部有一批人参与了从 iPhone 的研发直至产品推出的全过程。他们把这次跋涉称为“死亡行军”：步履维艰地推动技术——按照第一次世界大战的说法，“爬出战壕进攻”，让它在购买者面前接受其最后命运。这一项目的研发代号为 P2(代表 Purple 2)，它就像一个致命的超级病毒：从苹果的各个部门抽调了最天才的工程师，甚至整个无限循环园区都被封锁了。2006 年，丹尼尔·克雷格(Daniel Craig)接过了 007 影片系列《皇家赌场》(*Casino Royale*)中的詹姆斯·邦德的角色，就在这同一年，苹果员工有机会亲自扮演特工。他们在入住旅店的时候要以总部设在德国新比贝格(Neubiberg)的半导体公司员工的身份登记，这家公司刚好在为 P2 制造发射器(transmitter)。甚至在苹果园区，保密也是至高无上的。硬件工程师在装有冒牌软件的电路上埋头苦干。软件工程师要想办法把电路板塞进木头盒子里。他们得到的指示是，要把他们正全力打造的那些产品用黑斗篷蒙住，好像他们正在研发某种感光胶片。如果他们去卫生间或者向同事求教，哪怕只要一小会儿，也得按下按钮，让一盏红灯闪亮，以此告诉附近的每一个人提高警惕。人们越来越容易发火了，距离最后的交货日期也越来越近了。那些开发 P2 的人成了缺席的家长、丈夫或者妻子。

“什么事情这么重要，连这件事你都来不了?”心怀忧虑的配偶们这样问。

标准的回答是：“对不起，这是机密。”

* * *

坊间早有传闻，说苹果正在开发一种智能手机。它会以一款名叫 iPhone 的设备进军移动电话市场，这种说法至少在 2002 年便开始流传。那一年正是 iPod 推出之后，有报道说乔布斯与史蒂夫·沃兹尼亚克再度联手通过新一代手机探索各种选择。“我们知道苹果要做一款智能手机，”摩托罗拉当时的 CEO 爱德华·詹德(Edward Zander)2005 年说，“它的推出只是个时间问题。”那年苹果漫不经心地在市场中试探水深，将 iTunes 技术许可给摩托罗拉,与后者合作了命运多舛的 ROKR 系列手机。这款手机未能成功。然而,关于苹果最后进入移动通信行业,如果有什么让人吃惊的事,就是这一行业竟然没有为随之而来的系统性重组做好充分准备。乔布斯的对手完全没有他那种救世主式的姿态,这一点是令人痛心还是松了一口气,就要取决于当事人的立场了。就在苹果的联合创始人谈论改变世界的时候,与他相当的对手似乎满足于扮演滑稽小丑的角色。当摩托罗拉的利润率于 2006 年急剧下降时,埃德·赞德骑着一辆浅黄色的自行车出现在拉斯维加斯消费电子展的舞台上发表主题演讲,说明“一切都处于运动中”。(苹果推出 iPhone 一个月之后,摩托罗拉发起反击,给它的手机穿上红色内衣,开展情人节促销。)

利用 iPhone,乔布斯又一次将自己装扮成即将来临的科技反叛运动的领袖。他身后的屏幕上闪耀着“革命性的用户界面”的巨大字眼,乔布斯开始了他的行动,震撼了现有手机市场的当权者。这里的当权者指的是这四款手机:摩托罗拉 Q(Moto Q)、黑莓手机(BlackBerry)、奔迈 Treo(Palm Treo)和诺基亚 E62(Nokia E62)。乔布斯称这些手机是“非常嫌疑犯”。他解释道,这些手机的问题都在屏幕下面的那 40% 上——内置键盘,“不管你需不需要,它无时无刻不在那里”。在展示了手机规范的图像与技术标准之后,乔布斯指出,现存的智能手机“控制按键都是塑料做好的、固定的,每一个应用都得面对它们”。**但是每一个用户,每一个应用,不都应该有自己独特的用户界面吗**?“如果你 6 个月后有了一个好点子,那会发生什么样的事情?”乔布斯慷慨激昂地问道,“哪怕你费尽心机也无法给它们加上按键,它们已经卖出去了。”黑莓和奔迈被创造出来的时候都以天才产品而名动一时,而带有点阵式屏幕(bitmapped screen)和多点触控技术的 iPhone,却可以从任何目的出发有效进化。

当然,iPhone 也绝对是那个时代的产物,尽管乔布斯并没有指出这一点。科技,特别是 iPhone 所拥有的那种肯定能掌握市场大势的科技,它的存在不能跳出一定的社会背景。成功的技术都是如此,因为它们要在一个社会里发挥功用,而来自那个世界的经验影响着这种特定设备的形式。或许通过 M. C. 埃舍尔(M. C. Escher)创造的著名形象《画手》(*Drawing Hands*),我们能更好地思考这一点。在这一形象中，一只从二维纸面上升起的三维左手在图上画右手，而这只右手也同样在画左手。如果我们设想一只手代表科技发展，另一只手代表社会，那么，这两个形象（让人联想到那个编程玩笑，苹果园区的名字——无限循环）的相互缠绕，恰好能总结这两个实体之间的象征关系。它们是一个统一体，一个与另一个携手并进。这也就是为什么嬉皮士梦想的一个实体脱离另一个而自由存在（也就是说，要把科技从它诞生其中的技术统治型社会中剥离出来）首次被提出来的时候，似乎造成了极为惊人的文化干扰。

乔布斯最优秀的品质在于，在恰当的时机抓住某个特定概念，并重新定义这个概念。尝试为时过早，技术尚不成熟，结果必然令人失望；而行动太晚，则很难站稳脚跟，无论其最终产品的质量如何。iPod 的硬盘驱动器只有 1.8 英寸，能存储 5G 的音乐，当乔恩·鲁宾斯坦劝说乔布斯把它买下为苹果所用时，这个产品刚走下生产线。iPhone 背后的技术支撑同样是崭新的，就连制造屏幕的材料也是前所未有的。苹果公司原计划 iPhone 也用塑料屏幕，就像 iPod 一样。但乔布斯在最后时刻改变了主意。他决定用玻璃，而且是不容易打破的玻璃。他们找到了康宁公司（Corning Incorporated），派热克斯（Pyrex）耐热玻璃盘的制造商。20 世纪 60 年代，康宁公司曾经制造了一种叫作“金刚玻璃”的材料，几乎牢不可破，可以用作汽车与飞机窗户。然而，金刚玻璃很久以前就停产了。乔布斯告诉康宁的 CEO 温德尔·威克斯（Wendell Weeks），要他尽可能在 6 个月内生产出来。

“我们没有那个能力，”他告诉乔布斯，“我们的工厂现在都不生产那种玻璃了。”

但乔布斯连哄带骗。“动动脑子，”他说，“你们能做到的。”

6 个星期后，康宁开始重新生产经过改进的新金刚玻璃了。这种玻璃超级坚硬，苹果戏称之为大猩猩玻璃（Gorilla Glass）。当 iPhone 上市的时候，它成了这个世界前所未见的智能手机。从美学的角度看，它与不到 10 年前生产的滴状 iMac 几乎截然不同。柔和的边缘、充满艺术感的无定形与霓虹色都不复存在了，代之以令人吃惊的工业极简主义，这种风格似乎受到了迪特尔·拉姆斯（Dieter Rams）作品的影响。拉姆斯是德国消费品公司博朗

(Braun)的传奇设计师。苹果更新些的产品仍然参考了60年代的特点，那时博朗公司(被吉列集团吸收之前)正值巅峰，但它更多具有60年代的实用的简朴形象，而不是轻松愉快的乌托邦主义。* 同时，iPhone看上去非常现代，当然也比它的首要竞争者、相对无定形的黑莓手机更恰逢其时。后者的直线边缘和没有必要的曲线，显示出它没有自己真正独特的风格。与此相反，苹果则有自己独特的风格。2007年1月，苹果公司从它的名字中去掉了“计算机”一词，反映了这家公司向更一般的消费类电子产品转变的努力，这说明，苹果绝对清楚自己在世界上的位置。而且这家公司也变得更加老成了。

* * *

2007年，大卫·凯利病了。IDEO公司的这位56岁的领导人被诊断出患有4级鳞状细胞癌，但此前整整一年半被误诊为“鳃腺发炎”。现在癌细胞已经转移到了淋巴结，情况非常严重；他的肿瘤专家坐下来对他解释，说他只有40%的存活率。接下来的状况比凯利先前了解的任何疾病都更严重。他做了手术，接受了化疗。他的体重减轻了50磅，他感到口腔疼痛、头晕，他的喉咙炎症极为严重，这让他几乎无法吞咽。乔布斯在每一个阶段都陪伴着他。在共同工作了许多年后，这两个男人变成了好朋友。甚至凯利和他妻子的相识也是乔布斯介绍的。“史蒂夫曾在两年前被诊断出患有癌症，因此我的病情刚一确诊，他立即就过来告诉我该做些什么，他叫来了医生，威胁医院，告诉他们一定要好好照顾我，否则，”凯利回忆道，“但我不知道‘否则’指的是什么！他也警告我不要使用另类替换性药物，告诉我直接用西医疗法。”

当乔布斯向公众介绍iPhone的时候，凯利正在家中疗养。第二天，乔布斯带了一个手机过来送给他的朋友。“这是人们见过的第一批iPhone，他把它给了我，”凯利说，“这很令人感动。”乔布斯与凯利待在一起。他想要找点

---

* 有一个例子可以说明乔尼·艾夫受到了迪特尔·拉姆斯作品的影响，只要看看iPhone的计算器应用程序即可，它的设计强烈地反映了布朗的ET44与ET66计算器的风格，这两款计算器是苹果公司成立那一年的布朗产品。

事情干，所以决定打电话给 AT&T，想让这部 iPhone 运行起来。乔布斯走到外面打电话。凯利听到他似乎打了很长时间。“我要是能听到电话那头的人说些什么就好了。”凯利还记得，“史蒂夫会说：‘你好，我是史蒂夫·乔布斯。’对方或许会说：‘你好，我是拿破仑。’”最后乔布斯又回到房间里，看上去有些不安。

“我没有激活你的电话，”他承认，“他们不肯给我设置。”

第二天，凯利的妻子给 AT&T 打了电话，把他的 iPhone 激活了。

* * *

当时的 iPhone 用户并不知道，随同这款手机一同出现的还有一个类似的设备，尽管它比 iPhone 的 3 倍大一点点。因此，用《连线》记者史蒂芬·列维的话来说，这东西看上去就像一款专为潘多拉居民设计的、超大码的苹果手机。事实上，以这种眼光来看它是错误的。尽管 iPhone 是一个能打电话的小一些的 iPad，但 iPad 并不是一个大一些的 iPhone。在 2000 年过后不到 5 年，乔布斯有了一个直接在玻璃显示屏上打字的想法，并告诉他的团队中研究惯性滚动这类概念的人。这个时候，苹果已经着手研发自己的智能手机了；因此，乔布斯的这个想法虽然是针对平板电脑的，却转而被用到了智能手机上，平板电脑的想法就被暂时搁置了。不过，这一想法还可进一步往前追溯。乔布斯公开声称对平板电脑不感兴趣，但他长期以来都对艾伦·凯在 1972 年提出的一个想法很着迷，虽然当时凯还在施乐的 PARC 实验室工作。凯提出了 Dynabook 这个概念，并在一篇名为《适合各年龄段儿童的个人计算机》（“A Personal Computer for Children of All Ages”）的论文中发表了这一概念。乔布斯在 80 年代了解这个概念的时候，立刻为之倾倒。多年来，Dynabook 概念的一些元素已经在苹果的笔记本电脑上有所体现，但 iPad 充分实现了这一理念。

艾伦·凯出席了 2007 年 1 月的 iPhone 发布会。这个时候，66 岁的凯老先生已经离开苹果 10 年了。乔布斯回到苹果后，凯意识到他的先进技术团队 ATG 部门会大难临头，于是他便离开了苹果，去加州伯班克的华特·迪士尼幻想工程（Walt Disney Imagineering）找了一份工作，并成了研发部的副总裁。然而,他仍对苹果在做的事情很有兴趣,因而参加了这一次的仪式。当天的某个时刻,乔布斯转向他随意地问:“你觉得它怎么样,艾伦?它值不值得你评价一番?”

这句话指涉凯在差不多25年前做的一番评论,当时他认为最初的麦金塔是“第一台值得评判的计算机”。凯稍微琢磨了一会儿。在回答的时候,他把他随身带来的“鼹鼠皮”(Moleskine)笔记本递给苹果这位CEO看。

“把屏幕做到至少5英寸×8英寸大小,你就能征服世界。“他说。

当iPad于2010年4月3日第一次发布的时候,人们欢呼它带来了一个新的技术规范。它接受了必需的革命化处理。在与发布会同步播出的电视广告中,乔布斯雇用了演员彼得·考约特(Peter Coyote)来朗读一份煽情的画外音。考约特是一个令人神往的选择。他曾是无政府主义年代反主流文化戏剧团体“挖掘者”(the Diggers)①的成员,该团体以17世纪英格兰一个宗教极端分子教派的名字命名。尽管比较隐晦,但这位演员的加入,说明了他与反主流文化背景的另一层联系,而这一背景正是苹果创建的基础;这也是苹果在就公司的本源对顾客们略加提示。*

与iPhone类似,iPad也体现了深思熟虑的简洁风格。为了找出计算机最纯粹的形象,一切多余的东西都被剥除了。这将是科技的本质。没有鼠标,没有键盘,只有同样简洁的iOS界面的网络空间世界。这个决定不可避免地去除了一些特点。USB接口现在已成陈迹,过去被视为平板范式核心元素的触笔也不见踪影。乔布斯曾经把字体融入最初的麦金塔操作系统,从而把他对书法的热爱引入了主流数码世界;而现在,他成了挥刀斩去触笔的人。iPad与iPhone作为一对双生子,也许最能体现乔布斯在其职业生涯中形成的关于完美计算机的形式要素。很少有其他的图像,比一个由单一按键加强的简单显示屏更令人膜拜或者更令人敬畏的了。法国哲学家吉尔·德勒兹(Gilles Deleuze)认为,显示屏的理念暗示了一种新的手段,它将

---

① 60年代的一个神秘的表演团体,由激进分子、即兴演员和行为艺术家组成的社区组织。

* 当我问考约特,反主流文化与高科技运动之间的联系时,他承认对这一主题他并没有太多要说的,“但我确实知道,我有一些反主流文化的老朋友,他们向这些硅谷公司里的人卖出了许多大麻”。

人类的大脑设想为一个表面，在这个表面上，形象的物质性与感官取得了创造性的联系。而斯拉沃热·齐泽克（Slavoj Žižek）则认为，显示屏像一个幽幻的窗口，需要一种精神分析学推动的文化批判。随着数码空间的引力越来越强，生命本身将在显示屏中消失。

乔布斯（与乔尼·艾夫共有）的另一个最杰出的特点，是他对计算机的触觉元素的绝对推崇。在这方面，iPad 与 iPhone 都比之前的产品向前迈出了一步。通过去掉触控笔，让用户用手指触摸屏幕，人机之间建立了令人震惊的亲密关系。尽管仍旧存在着一个界面（根据定义，它是人机之间沟通的桥梁），人们却感觉不到这座桥梁的存在。作为一种纯粹情感上的反应，我们与机器融为一体。尽管我们很想不这么认为，但在此之前，用户和计算机之间的关系都是单向的。我们可以在屏幕上移动图标，或者重新为硬盘命名，但从本质上说，计算机不为所动。即使 iMac 有多种颜色可供选择，也只不过是计算机向我们，也就是用户略微点头回应而已。iPhone 和 iPad 改变了所有这一切。利用内置的加速计（accelerometer）和回转仪（gyroscope），这两款设备可以确定所处的空间维度位置。我们向一边倾斜屏幕的时候，屏幕上的形象也会相应地做出调整。这是真正的个人计算机。对于这一点，乔布斯比任何人都更清楚。当他让 iPad 第一次登台亮相的时候，他斜倚在一张舒适的勒·柯布西耶（Le Corbusier）皮椅子上。他当时一副悠闲惬意的样子，就好像正坐在帕洛阿尔托家中的起居室中一样。

毫无疑问，iPhone 和 iPad 代表苹果技术最为友好的一面。它们如此简洁、直观，甚至小孩子也能用。* 确实，伴随着 iPad 的视频可以随意表现孩子们与这台设备的互动。乔布斯读到《福布斯》杂志的一篇文章时，深受感动。这篇文章是由作家迈克尔·内尔（Michael Noer）撰写的，标题是《牛

---

* 在品牌顾问马丁·林德斯特伦（Martin Lindstrom）进行的一项研究中，20 个年龄在 14 到 20 个月的一组婴儿每人得到一部黑莓手机。据林德斯特伦称："电话一到手，这些孩子们的小手指便在手机的屏幕上滑动，好像它们是 iPhone 一样。他们好像期待着屏幕焕发生命。看上去，整整一代人都做好准备按照苹果证明的方式，虔诚地在电子仪器的世界中漫游。"2012 年 3 月，《每日电讯报》（*Daily Telegraph*）发表了一篇文章，标题为《民意测验显示：学校里的孩子会用 iPhone，但不会自己系鞋带》（"Schoolchildren Can Use an iPhone but Cannot Tie Their Shoelaces, Poll Finds"），这多少让人感到不安，但却能够与林德斯特伦的研究结果相互印证。

童与 iPad》（“The Stable Boy and the iPad”），这样的文章放到《全球概览》中一定不会让人感觉唐突，或许也可以作为附加诗句并入理查德·布劳提根《慈爱的机器照看一切》的诗歌中。内尔描述了他在哥伦比亚首都波哥大以北 40 英里的一家奶牛场里逗留的经历。当他正玩自己的 iPad 的时候，一位在牛棚里帮忙干活的小男孩走近了他。内尔猜测这个男孩大约 6 岁。不知出于何种原因，他把自己的 iPad 递给了这个男孩，当这个男孩在没有任何指导的情况下开始使用 iPad 的时候，他看得惊呆了。“史蒂夫·乔布斯设计了一款强大的计算机，连没读过书的 6 岁孩子都能在没有说明书的情况下使用。如果这都不神奇，我不知道还有什么称得上神奇了。”

许多作者都试图找出，究竟是什么使得苹果在过去 10 年取得了如此辉煌的成就。大部分回答集中在这样一个事实上，即这个公司生产的产品“就是管用”。“人们喜欢谈论苹果产品，这是有深刻原因的。”过去的苹果杰出科学家，现任印第安纳州立大学布卢明顿分校（Indiana University Bloomington）信息学教授的拉里·耶格尔如是说，“史蒂夫·乔布斯一直认为，科技应该像烤面包机一样简单易用，它应该改善你的生活，而不是需要你耗费生命在上面工作的东西。”特别是考虑到今天的世界，这种观念给人一种安慰。如果说 20 世纪 90 年代是一场 10 年盛宴，科技在此看起来将全面消除人类面临的政治、思想、经济、文化与生态上的所有问题；那么，21 世纪这一盛宴开始衰落，有关数码乌托邦主义的讨论迅速被圣战恐怖主义和帝国冒险所取代。从造成世贸中心双子塔轰然倒塌的被劫持的飞机，到技术空前的美国军方迅速转败为胜的企图失败，这 10 年似乎只是不断在证明：现代科技不但具有与生俱来的致命缺陷，而且具有令人战栗的能力，它会即刻转而反对我们。一系列诸如苹果创造的那些设备，那些能如我们所愿行事的东西，似乎恰好相反，只不过是几乎毫无希望的乌托邦。

* * *

在优秀著作《群体性孤独：为什么我们对科技期待更多，对彼此却不能更亲密？》（*Alone Together*: *Why We Expect More from Technology and Less from*

*Each Other*）中，麻省理工学院的雪莉·特克尔讲述了她和美国青少年围绕手机进行的一些谈话。这里出现的一种压倒一切地对于断开连接（disconnection）的恐惧，经常集中在9·11恐怖袭击的余波上。特克尔注意到，多少今天的青少年（2001年还是小学生的）曾被带出教室，躲藏到地下室里——冷战时期典型的藏身之地。

同时，父母作为礼品送给孩子的手机经常附带着这样的规定："如果我打电话来，你一定要接。"这种说明或者是心照不宣的，或者是公开说明的。本质上，这种规定带来的信息是：这是一种保护人安全的设备。一点也不奇怪的是，教师们要度过一段没收手机的艰难日子。一件高科技消费品的质量如此之高，即使70年代最为热情的黑客爱好者也会感到不可思议。但趣事般的证据表明，事实或许真的如此。当然，在科技DIY文化上——斯图尔特·布兰德在其《全球概览》油印本中所梦想的，很少有故事比丹·伍利（Dan Woolley）的更为惊人。伍利是一位美国电影制片人，为一家叫"怜悯国际"（Compassion International）的资助组织工作。2010年1月海地地震的时候，他正在那里拍摄一部有关海地贫困状况的视频。"我看到墙在剧烈震动，周围隆隆作响。"伍利后来回忆道，"这一切都发生得太快了。我的同事喊道：'是地震。'我们都拼命往前冲，但接着就陷入了一片黑暗中。"当他醒来的时候，他发现自己的后脑正在冒血，他所在的酒店大厅一片漆黑，他的右腿受了重伤。尽管手机没有信号，伍利还是利用事先下载好的iPhone急救应用程序得到了帮助。这款应用程序教他制作绷带和止血带包扎腿部，以及如何为头部伤口做止血处理。因为程序提醒他万不可在自己感觉要休克的时候睡着，所以伍利设置了iPhone的闹钟，每20分钟响一次。65个小时之后他被一支法国救援队救出。

伍利的故事让人感到不可思议，因为它表明存在着这样一个世界，用户可以"永远在线"（always on）。当记者为他所受的苦难采访他的时候，伍利特别提请人们注意一个几乎无可辩驳的事实："对于那些指出我应该在衣袋里放一个急救包的人来说，他们的错误在于我不会在衣袋里放这样一个东西。有多少人会在冲出去逃生的时候往衣袋里多加一件东西呢？而iPhone的可贵之处就在于，它一直在我的衣袋里。而且我认为，存储一些急救小贴士是个好主意，于是我就下载了那个应用软件。这就是这种功能的价值。”

20 世纪 90 年代中期，雪莉·特克尔在麻省理工学院的媒体实验室里遇到了一些年轻的研究人员，他们无论走到哪里都会随身带着计算机与无线电信号传送器。有些人更加夸张，甚至把数码显示屏夹在眼镜框上，这样无论在什么地方，都能通过无线连接联网。他们骄傲地自称“赛博格”（cyborgs），而且他们不把增加物视为对人类形象的损毁，而是视为改进。* 自此以后 20 年，拜 iPhone 一类设备所赐，我们中间多达 3.16 亿人会过着 90 年代的麻省理工学院媒体实验室所称的赛博格的生活方式。** 事实上，2011 年一年售出的 iOS 设备的数量，便超过了苹果过去 28 年售出的全部麦金塔计算机的总和。地球已经变成了一个赛博格星球。

最近几十年来，公众对这种现象的认知发生改变的方式很有趣。正如嬉皮士在 60 年代与 70 年代重新定义了计算机的位置，我们今天比以往更为欢迎我们一直身处其中的世界。无需舍近求远，只需看看在 1977 年的影片《星球大战》中第一次出现的黑武士达斯·维达。作为一个半人半机器的存在，在以苹果的创造为标志的 10 年中，维达是典型的赛博格梦魇。7 年之后，当麦金塔强势出击的时候，这个想法在苹果的“1984”广告中得到了检验。这支广告的一个关键就是科技嬉皮士的格言，即人类运用科技作为其外围设备，而不是相反。广告中出现的老大哥是电视屏幕的一个创造物，而全然不是真正的血肉之躯。事实上，观众无法断定，他到底生活在现实的世界，还是生活在某个界面的幻境之中。与此比较，那位作为麦金塔的化身并掷出铁锤的女性人物，则代表着科技可以向人类增加内容而不是剥离内容的方式。她就是泰德·弗里德曼在他名为《神通情人梦》（*Electric Dreams*）的书中提到的“短角羚女权主义者”（Reebok feminist）：

---

* 特克尔的工作建立在唐娜·哈拉维（Donna Haraway）的工作的基础上，哈拉维的论文题为《赛博格宣言：20 世纪晚期的科学、技术和社会主义 - 女权主义》（“Cyborg Manifesto: Science, Technology, and Socialist-Feminism in the Late Twentieth Century”），该文收入出版于 1991 年的书《类人猿、赛博格和女人：自然的重塑》（*Simians, Cyborgs and Women: The Reinvention of Nature*）中。

** 提出这一数字的根据，是发表在美国数据调查机构 Asymco 的网站上有关近几年来 iOS 操作系统装置的销售数字。

> 与广告中的其他人物相比，或许，那位奔跑着的女性，穿着短裤、胶底运动鞋与紧身背心，无拘无束，代表的是从技术中解脱出来的身体。但这种说法并非全然正确。她应该代表了一种诞生于20世纪80年代的新的理想运动员，这种运动员利用鹦鹉螺训练机、台阶机以及其他技术手段磨砺人体，使之臻于完善。这种"机器人化了"的运动员是赛博格噩梦的另一面。并不是技术在消耗她，而是她在消耗技术。

这种想法再次出现的时间，刚好与史蒂夫·乔布斯第二次在苹果工作的那段时期重合。最初的 iMac 是一台如此美丽、摄人心神，以致令人无法忘怀的计算机。但在它之后，苹果的产品虽然越来越受欢迎，但却开始在市面上消失了。"计算机哪里去了？"2005 年的 iMac G5 的广告这样问。G5 的内部组件，从硬盘驱动器到微处理器，全部都被整合进一个厚度不超过两英寸的显示屏里。尽管这些说法看上去粗浅，矛盾的是，这并不说明我们生活的世界里，计算机不再无所不在；而是说世界成了这样一个世界，计算机的物理存在淡薄了，但它却无所不在。这有悖于摩尔定律。苹果的产品预示了科幻作家梦想已久的世界：科技完美地融入环境，以致几乎不可见；它能满足人们每一个突发奇想，从通讯到娱乐，无所不包。苹果在这 10 年中推出的三大主要产品线：iPod、iPhone 和 iPad，它有自己的考虑。它们都便于携带，用户到什么地方都可以随身带着。

当然，有关"永远在线"的争论还有另外一个方面。嬉皮士梦想的世界，工作与游戏之间的传统藩篱将不复存在。工作如此迷人，让人迫不及待的要在早上醒来，而且它将成为游戏。游戏也将成为工作。同样的情感表现在 iPhone 和 iPad 的那种令人愉快的电子化上。由于我们一直存在着某种程度的连通性，所以我们可以一直保持接触。正如 iPod 一样，不存在开关键。

没有任何东西能比应用程序的概念更好地总结这一理念。顾名思义，App 代表着无穷无尽的生产工具，或许就是苹果意识形态（Apple ideology）的最纯粹的表达。它们由知识工作者创造出来，并为知识工作者服务。

让人吃惊的是，史蒂夫·乔布斯开始时甚至不想要它们。

* * *

说史蒂夫·乔布斯不让用户在 iOS 上创建应用程序,这种说法有些保守了。他**讨厌**这种想法。其他人试图让他冷静下来,特别是营销总监菲尔·席勒和董事会成员阿特·莱文森(Art Levinson)。莱文森一遍遍地打电话给乔布斯劝说他重新考虑。在莱文森看来,如果苹果不采取行动,另一家智能手机公司自会当仁不让。但乔布斯仍旧拒绝。他的考虑是,放开对他的设备散发出的完美的禅宗光环的控制权,就意味着允许不按他的严格标准行事的人损害这些设备。这就好比让不可靠的匠人帮助米开朗琪罗完成西斯廷教堂的天顶画一样。不,最好还是掌握全部的控制权,而不是甘冒感染病毒的风险,甚至——更糟的是,任由不达标的应用摧毁他已经创造的完整性。

事实上,这种态度充分说明了苹果与黑客之间的关系。尽管史蒂夫·沃兹尼亚克总是乐于自称黑客,乔布斯却从来没有这样定义过自己;他欣然接受计算机反叛队伍中为自由而战的黑客时尚,但也仅此而已。这种态度使乔布斯在这一问题上与主流思想基本一致。除了像视频游戏和皮克斯影片等好莱坞电影的兴起之外,苹果这样的公司帮助公众接受了计算机,黑客却越来越被妖魔化了;注意到这一点很有意思。在苹果的有生之年,我们在法庭上见证黑客行为被定为犯罪。同时,像《战争游戏》(*WarGames*,讲述一个中学生黑客在他郊区住宅的卧室里差点触发第三次世界大战)、《虎胆龙威 2》(*Die Hard* 2,数码恐怖主义者非法入侵了一个空中交通管制系统,试图摧毁一架满载乘客的飞机)和《网络惊魂》(*The Net*,其中桑德拉·布洛克在网上抹去了自己的身份)一类影片,透过大众传媒的镜头,反映了黑客道德规范。然而,与实际生活中的计算机黑客相比,这不过是小巫见大巫而已。实际生活中黑客受到的中伤超乎想象。凯文·米特尼克(Kevin Mitnick)的例子说明了这一点,他曾因入侵多个政府机构而一度成为美国头号计算机犯罪通缉犯;一家刊物称他是“一个真正的电子学界的汉尼拔·莱克特”,将他比作一位连环杀手。*

---

* 凯文·米特尼克的情况完美诠释了两个史蒂夫之间的不同。乔布斯不想与黑客搭上任何关系,沃兹尼亚克则同意为米特尼克于 2011 年出版的自传《线中幽灵》(*Ghost in the Wires*)撰写前言,并在其中称米特尼克是“我最好的朋友之一”。

说到乔布斯对于 iPhone 的看法，他并不认为它像 Apple II 那样是一个生成平台，而是一个功能被锁定的设备。只有苹果能够通过远程软件更新更改它。大写黑体字母对这种更新进行强调："**如果你更改了你的 iPHONE 软件，应用这一更新软件可能会让你的 iPHONE 永远无法工作。**"这不仅仅关乎自我。乔布斯坚定不移地相信，减少用户任何无必要的选择（因而也是冒险）行为，会带来更好的综合体验。"我们定义了这款手机上的一切。"他说，"……你不想让你的电话像一台 PC 一样。你最不想做的，就是在手机里装上三个应用程序，然后你打个电话它就不再工作了。这些手机更加类似于 iPod，而不像计算机。"乔布斯曾是一个出售蓝盒子的电话飞客，自那以后 30 多年过去了，他早已不再是那个伺机破坏体制的不速之客了。他现在已经成为一个坚定地扎根于"贝尔大妈"（the Ma Bell）阵营的人物了。"人们会试图闯进来。我们的工作就是阻止他们闯入。"这是他对试图成为 iPhone 黑客的人的一个警告。

乔布斯渴望把手机变成计算机，但讽刺的是，他这么做无异于开门揖盗，邀请人们侵入 iPhone。他不用等很长时间。2007 年 iPhone 上市后几个月，一位来自挪威的 23 岁青年，约恩·莱克·约翰森（Jon Lech Johansen），成为第一批打开这一设备的黑客中的一位。通过他的方法，用户可以使用 Windows 激活 iPhone，而不必订购（给钱或者提供个人信息）苹果当时指定的服务提供商 AT&T。约翰森用革命性的语言在他的博客上免费公布了破解方法，标题则是《iPhone 独立日》。约翰森的入侵行为强调了 iPhone 等同于一台计算机的程度何等之高。通过他的入侵方式，用户无法打电话，但可以使用这款电话的其他功能。就颠覆性而言，他的这种入侵方式是杰出的。尽管乔布斯认为他推出了一款高端智能手机，但黑客们却证明，事实上，他制造的是一台价格合适的计算机。

乔布斯终于认清了他错得有多么离谱，同意苹果应该发布一份软件开发工具包（SDK），允许外部人员开发他们自己的应用程序。早期一个成功的开发者是史蒂夫·迪米特（Steve Demeter），这位 28 岁的独立程序师开发了游戏《打击方块》（Trism）。作为一款滑动方块式益智游戏，《打击方块》创新地利用了 iPhone 内置的加速计。"作为非法人组织主体，你得现场拿出产品并加以展示。"迪米特说，"我没有庞大的营销预算，我知道我得想出一个立即能卖的主意,要利用某种从未畅销过的技术。”《打击方块》由此产生。迪米特在一个朋友和一位设计师的帮助下编出了这个游戏的程序,并付给他们500美元的酬劳。最初,迪米特以真正的黑客风格在越狱社区以免费本机应用程序的形式发布了这份软件。这意味着,用户只有在侵入了自己的iPhone之后才能玩这个游戏。不过,当苹果最后发布了他们的SDK之后,他成了第一批利用这个平台的人之一,并开始对每份拷贝收费5美元。两个月之内他便盈利25万美元。最棒的地方在哪里?就像30多年前的史蒂夫·沃兹尼亚克一样,迪米特甚至根本没有想到用它致富。“我确实没有想过钱的事。”他曾这样说,“我收到过一位女士的邮件,好像是一位50岁的女士。她说:‘我不玩游戏,但我喜欢《打击方块》。’这就是我开发游戏的目的。”

6个月后,另一位独立开发者打破了迪米特的传奇故事。伊桑·尼古拉斯(Ethan Nicholas)凭借他的坦克大炮应用程序iShoot,不到一个月就赚了60万美元。如果说迪米特的故事可以与沃兹尼亚克的相提并论,那么尼古拉斯的故事或许与乔布斯自我刻画的浪漫形象—— 一个一文不名的穷小子,略有共鸣。尼古拉斯是太阳微系统公司的一位工程师,每天花8个小时开发这个程序,一只手抱着年仅一岁的儿子,另一只手编程。iShoot一跃成为应用程序商店(App Store)排行榜的第一名,这时尼古拉斯辞去了他在太阳公司的工作。“我下个月还不会成为百万富翁,但如果我今年年底还不是,那我会非常吃惊。”他说。

事实证明,这两个人都只不过是恰逢其时而已。《打击方块》的销售速度终于放慢了,而尼古拉斯也无法拿出另一款可与iShoot匹敌的游戏。但是,这无关紧要。重要的是(至少对苹果而言),这两个故事成了一种非常诱人的神话,诱惑着潜在的企业家。这些故事充满了一种朴素的DIY精神,正是硅谷车库传奇第二代网络版本的活生生例子。正是这些自力更生的“车库人”使硅谷作为高科技梦工厂的历史得以延续。在2012年最初几个月,苹果宣布它总共支付给iOS App Store的开发人员40亿美元。由于这个公司从应用程序销售收入中抽取30%,这意味着,到那时为止,苹果从用户创造的程序中赚取了大约17.1亿美元。

但是,就像硅谷是美国人均百万富翁比率最高的地区,在美国城市工薪阶层工资下降的事件中，这个地区的工人工资下跌幅度也最大；在利用苹果平台开发软件的大潮中，与费尽全力才能收支平衡甚至赔钱的人相比，白手起家赢得万贯家私的故事只能说是其中极小的一部分。根据前苹果员工、艺电公司创始人特里普·霍金斯的计算，苹果 App Store 每份应用程序平均只能赚到大约 4000 美元。“这点钱连一张真正像样的足球桌都买不来。”他在一次会议的讲话中这样说。Apple Writer 的开发者保罗·卢特思将苹果 App Store 描述为“一个经典的营销者的美梦，其中有太多的程序员带着太多的程序，追逐为数不多的买家手中的金钱，而站在中间的营销者，才是真正的赢家。这个平台上确实有几个成功的故事。它们足以维持这个系统的运行，就像彩票中奖者的故事能让彩票的系统维持运行一样。而之所以能这样，仅仅是因为大部分玩家太年轻或者太缺乏经验而无法理解这样的系统”。

同时，如果说苹果看上去放弃了对外部开发人员的控制，这种放弃只不过是按照这家公司的条件进行的。“App Store 绝对是一种神奇的解决办法，直击要害。”苹果董事会成员阿特·莱文森说，“它带给我们开放的好处，同时也保持了端到端的控制。”与过去个人计算机的软件开发一样，热情的程序员必须在某个系统内工作（可以是公司、学术机构等）才有机会接触计算设备，今天的开发员则必须按照苹果的规则工作，这个规则有时候如同军工复合体那样死板、整个受到控制。对于在它的商店里出售的东西，苹果拥有编辑、出版、分销以及在它认为必要的情况下，按照它的愿望取消上架销售的权力，因此它享有随心所欲地行动的权力。某种应用程序可能被下架，因为它提供的服务与苹果提供（或者可能在将来希望提供）的服务过于类似；因为它的水平过于幼稚（“App Store 里已经有 35 万多个应用程序了，我们不再需要任何垃圾应用程序”）；因为它太业余，或者仅仅因为它触动了苹果的某一根敏感神经。“如果你想批评某个宗教，那就去写书。”苹果为开发者提供的官方指南指出：“如果你想描写性，那就写一本书或者一首歌，或者开发一个医学应用程序。这可能有点儿复杂，但我们已经决定不允许某些类型的内容出现在 App Store 中……我们将拒绝任何包含越界内容或越界行为的应用程序。什么界呢？你可能会问。就如一位最高法院的法官所说：‘当我看到了,我就知道了。'”

最后一点是最让人愤怒的。少数直言不讳的顾客声称,苹果背叛了作为其基础的自由主义理想。当然,有些审查看上去明显非常可笑,这更多的是技术失误造成的结果,而不是有意而为的错误。例如,2010 年,苹果的“粗俗词汇过滤”认为,赫尔曼·梅尔维尔(Herman Melville)的《白鲸》(*Moby-Dick*)中有不合标准的地方,因为亚哈船长(Captain Ahab)与一头抹香鲸(sperm whale)之间有世仇——在苹果那里,就成了 s***m whale。[这一点与经典的斯肯索普(Scunthorpe)的问题有异曲同工之妙;这座英格兰城市的名字经常被各种网络过滤器截留,原因是其中带有字母串“cunt”。另外,南约克郡的佩尼斯通(**Penis**tone)、萨里郡的莱特沃特(Ligh**twat**er)与兰开夏郡的克利塞罗(**Clit**heroe)都面临类似的问题。]然而这一切并非都是机器出的错。一部电子版的《爱经》(*The Kama Sutra*)被打上“淫秽”的标签,这让至少一家出版商讥讽苹果,说公元 2 世纪的印度书籍或许让这家公司处于尴尬的境地。类似的,在一份根据奥斯卡·王尔德的剧作《不可儿戏》(*The Importance of Being Earnest*)改编的连环画册中,改编者自作主张把王尔德原著中的人物改为全男班,结果受到严格的审查,男性接吻的图画上都涂上了黑杠杠。另一个例子是詹姆斯·乔伊斯(James Joyce)的《尤利西斯》(*Ulysses*)的一份带插图的改编本被拒绝在网上登载,因为里面有一幅图暴露了女人的乳房。当那位绘图的艺术家提出给这个形象打马赛克或者用一张无花果叶子遮盖的时候,苹果告知他,显示这位妇女身体的任何部分都不可接受,他应该裁剪这幅图画,只露出她的脸。(这里的讽刺在于,乔伊斯本人曾经因为《尤利西斯》的审查问题进行过长达 10 年之久的斗争。最后,法庭于 1933 年就此事达成了有利于作者的判决,这是支持言论自由的一个里程碑式的裁定。)

在上述每一个例子中,苹果都受到了媒体的严厉批评,迫使公司逐渐改变原来的立场。讽刺漫画家马克·菲奥雷(Mark Fiore)的作品曾经未能通过审查,因为他送上的应用程序的“内容涉嫌辱骂公众人物”;但同一部作品却获得了普利策奖,这意味着作品可以再次提交,在那时未受质疑地得以通过。

苹果并不是唯一一个在审查方面犯错的高科技公司。微软、谷歌与脸书都因不同程度的审查而受到诟病，人们控诉高科技的自由意志主义显然严重向清教徒的极端谨慎倾斜了。

然而，让苹果的处境更具挑战性，以至于它必须采取行动的是 iTunes 与 App Store 的经营方式。这种方式在本质上说是老式的。例如，YouTube 并不直接从任何个人送交的内容中盈利，他们的唯一义务是在有人抱怨的时候删去确实非法的内容。与此不同，苹果从每一项售出的内容中截留了一部分。“打个比方，就像美国最初出现电视的时候，那时候每一个节目都受某个特定公司的资助。”布鲁斯·托格纳兹尼说，“那些赞助商经常制作电视节目，这些节目因此要接受严格的审查，因为赞助商承担不了责任。如果雪佛兰公司赞助了一个含有限制级内容的节目，那些反对这种内容的人或许就不会再购买雪佛兰汽车了。苹果现在就处于这种境地。任何内容都可以登上谷歌的安卓平台，无论它是否有用。它或许带有病毒，但这无所谓。他们只不过是发布者。”让这种情况火上浇油的是，乔布斯坚持认为，苹果正在做的事情不仅是在法律条款的框架之内，其中还包括道德标准。“我们坚信，我们有将色情排除在 iPhone 之外的责任。”他在给一位顾客的邮件中这样写道，“那些想要色情的人可以去安卓购买。”

* * *

与谷歌进行比较是十分恰当的。在所有的硅谷公司中，没有任何一家公司像这家身价数十亿美元的搜索巨兽那样，从苹果、家酿俱乐部以及科技嬉皮士的自由意志主义梦想那里借鉴了这么多。* 就连它的建立也与苹果相似：它们都是由两个 20 来岁、富有远见的年轻人在车库里建立的。尽管谢尔盖·布林和拉里·佩奇都不具备史蒂夫·乔布斯那种狂热的领袖气质，

* 如果说谷歌是走上这条道路的排头兵，则其他的一些公司也表现出他们具有同样梦想的迹象。在所有著名的硅谷公司中，脸书的员工队伍是最年轻的，平均年龄为 26 岁；这个公司显然让人有一种置身于乱糟糟的大学宿舍的感觉，令人不禁想起 70 年代后期或者 80 年代初期的苹果的情况。它的墙上布满了涂鸦，写满了改变科技面貌的革命宣言。“这肯定与当年人们制造第一台麦金塔计算机时的情景类似。”戴夫·莫林（Dave Morin）在加入脸书之前在苹果工作过，当他一天凌晨 4 点从脸书的办公室驱车回家的路上这样说。

但这位苹果联合创始人以及他帮助建立的公司，都是他们成长时期的偶像。事实上，当他们被告知需要为谷歌雇用一位 CEO 时，乔布斯是他们的首选，而且开始时是唯一的一个人选。乔布斯当时已是两家上市公司（苹果与皮克斯）的 CEO，因而这种想法是不可能实现的；但在某种程度上他确实是这两位搜索引擎导演的导师。当时他正与微软进行一场恶战，在他眼中，谷歌是他在这场战争中潜在的强大同盟。他们的合作在 2006 年 8 月仍在持续，当时谷歌的董事长埃里克·施密特应邀成为苹果的董事会成员。施密特非常富于感情地称乔布斯是“当今世界上最好的 CEO”。即使这两家公司后来分道扬镳，也并非是因为经营方向上的重大差别，而是它们之间的共性：进军智能手机市场。*

今天，乔布斯当年的许多同事在谷歌的各个大厅进进出出，就像苹果昔日的幽灵。“这两家公司有许多共同点。”一位现在的谷歌工程师说，“我认为谷歌与苹果的创始人有着相似的、令人难以置信的创造天才，因此他们都希望自己的工作能比任何人做得都好。苹果与谷歌都摈弃了传统的规则。每一个问题，都寻求更好的解决方法。两家公司都有自身特有的气质，都全情投入于生产最好的产品。”这位工程师在说这些话时情绪激动，声音中带有“这是有史以来最酷的事物”的那种声音，让人觉得他好像是一个第一次参加疯狂大脚赛车拉力赛的 11 岁孩子。这位工程师不是别人，正是最初的麦金塔软件魔术师安迪·赫茨菲尔德。他是通过 90 年代炙手可热的新兴公司通用魔力公司，从苹果跳槽去谷歌的。赫茨菲尔德在谷歌成为“谷歌＋”的主要工程师，这份软件是谷歌涉足社交网络服务业、与脸书展开竞争的一把尖刀。

然而，尽管存在这些显而易见的相似之处，谷歌与苹果也有一些明显的差异。苹果的办公室看上去极简、重视功能性；只有门上的苏珊·卡蕾风格的小装饰，才真正称得上是对硅谷文化的一点致意。与此不同，谷歌浑身上下都带有怪才工程师式的明显特征，就像是另一个维度的苹果，只不过 CEO 不是乔布斯，而是史蒂夫·沃兹尼亚克。谷歌以其尽可能的平等主义而骄

---

* 事实上，安卓的联合创始人安迪·鲁宾（Andy Rubin）是 90 年代初期苹果的元老，这是有关这两家公司相互交融关系的又一个证据。

傲，其风格酷似施乐的PARC实验室或者是雅达利公司。谷歌的员工干起活来不要命，玩起来也不要命；他们可以悠闲地躺在懒人沙发上编程，或者在谷歌食堂享用健康的美味佳肴，甚至有为感恩而死乐队服务过的特别厨师在食堂中为他们烹制菜肴。完全不需要离开公司的园区，谷歌人便可以去看医生、参加普拉提课程、理发或者接受瑞典式按摩。任何确实需要离开的差事，都可以用每小时25美元的合理价格让别人替你完成。总而言之，这是行动中的网络自由意志主义的一座灯塔。谷歌的AdWords是按点击率计费的广告系统，2010年为该公司赚了280亿美元；依靠偶然发现的这样一个系统，谷歌实际上找出了一种通过纯粹的信息盈利的方法。我们每次点击一条链接，都会让谷歌与其股票持有人变得更加富裕一些。

网络自由意志主义的概念利用了阿尔文·托夫勒（Alvin Toffler）提出的科技发展的浪潮理论。根据托夫勒的理论，存在着三次这样的浪潮。第一次本质上是农业的，以人类劳动为核心。第二次浪潮的规模更为宏大，其形成围绕着大工业机械。第三次浪潮则专注于知识，主要是通过联网的计算机传播。苹果的强势崛起便是在第三波浪潮的浪尖上形成的。1986年，在苹果推出最初的麦金塔计算机两年之后，美国国务卿乔治·舒尔茨（George Schultz）宣布，"工业时代现在已经结束"，取而代之的是信息时代。他指出，从这个时候开始，权力不再由那些控制了黄金或者制造业的人决定，而是由掌握了知识的人决定。甚至更为美妙的是，根据托夫勒的理论，生命中最凄惨的方面——大众社会循规蹈矩的本性，是科技发展第二次浪潮的副产品，而它将完全被第三波浪潮席卷而去，化为乌有。毕竟，为了自身的运转，工业时代本质上要求大规模生产、中央集权的企业体制和大政府。随着信息时代的来临，所有这一切都将崩溃，其废墟上将诞生一个光辉灿烂的"分众化"[①]时代。

与谷歌一样，苹果也是分众化的崇尚者。许多著作都倾其全力描述苹果是怎样为简化公司运转而持续努力的。在公司内部，简化（simplification）思想近乎神圣，公司的营销与通信用银白色的粗体字母在办公室的墙上写

① demassification，托夫勒在其著作《第三次浪潮》中提出的一个概念。

了三遍。一如既往,甚至连这都要简化,前两次都被划掉了,结果变成了:**简化简化简化**。乔布斯相信,分众过程可以同样成功地应用于生活的方方面面。当他于1997年回归的时候,他见到的是一个群雄割据的公司。它远离了更为广阔的高科技世界中的竞争,唯一的竞争只在苹果不同部门之间上演。"苹果有许多能干的人才,但内部存在着疯狂的勾心斗角,"员工吉姆·里克斯如是说,他目睹了乔布斯归来前后的情况,"这些勾心斗角实在可怕,让一群实在算不得聪明的家伙掌握了大权。整个公司的组织结构只能以可笑二字形容。压根儿没有一个能真正做事的体系。"

以他在20世纪80年代得到的一个想法为中心,乔布斯重组了公司的整个组织结构。当乔布斯最初领导麦金塔部门的时候,他曾告诉当时的CEO约翰·斯卡利,在这个团队中,他只需要100号人,因为他只记得这些人的名字,而他不想成为一个连部门成员的名字都记不全的领导。今天的苹果每年都要召开一次非现场会议(offsite meeting),人称"Top 100"会议,公司高管团队(令人吃惊的是,刚好由100人组成)将在会议上制定苹果下一年的战略方针。通过将决策过程局限于这些人,苹果能够避开毫无必要的官僚层级。而按照乔布斯对传记作家沃尔特·艾萨克森的描述,在他的下一次商业探险中,他要把这些人带上假想的救生船。"我们是地球上最大的新兴公司。"乔布斯在2010年举行的一次全部数字化(All Things Digital)大会上这样骄傲地指出。

在各方面的业务上,苹果对其组织结构都只透露非常有限的信息。不过,就是这些有限的内容,已足以将苹果描绘成一个雇员超过6万人、组织结构特别扁平的公司。"苹果不像一个公司,倒更像一个狂热的宗教团体。"网络自由意志主义者约翰·佩里·巴罗说,"这个团体由史蒂夫、和史蒂夫直接在一起工作的人以及下面的所有人组成。它不是一个垂直的结构。"一个简单的公司结构可能仅仅被视为一种疯狂的思维过程的延伸,这种思维过程能从把计算机内部的电路板漆成与其外部颜色相配的黑色这一事件中看到价值;但现实却正如乔布斯指出的那样,它能让苹果以精兵简政、团结一致的方式运转,这是其他很多公司(有些比苹果还小)永远都赶不上的。后来,当肯·西格尔去英特尔工作的时候,他对此有了直接的体验。他回忆道:

英特尔过去与大约30家广告公司合作过。他们有时会举行一些大型会议，所有广告公司欢聚一堂，努力达成一致。在某一天的会议上，当时领导英特尔图形团队的女士站起来发表了一次讲话："大家都应该看一次苹果的发布会，看看它到底是怎么做的。"首先，人们对这次发布会有各种各样的预测。史蒂夫·乔布斯走上了旧金山的舞台。当他离开舞台的时候，人们也离开了会议中心。突然之间，他们进来时还不存在的大幅海报一下子在所有人面前展开了，以文字和图画展示了史蒂夫刚刚说过的内容。你走上街头，就会发现两小时前还空无一物的公共汽车亭和广告牌都贴满了海报。接着你走进苹果商店，墙上满是海报。你去报亭买一份杂志，上面就有广告或夹着产品介绍。然后你打开电视，里面全都是与此相关的商业广告。这一切在两个小时前都完全不存在，而苹果好像只不过按了一下电钮，这样一个声势浩大、通力配合的广告攻势便陡然出现在每个人的眼前。这种组织的精密程度是异乎寻常的。这是一个奇迹，而英特尔这类公司会指着它说"我们也应该这样做"，但他们就是做不到这一点。他们把事情弄得太困难了。史蒂夫永远不会把事情弄得这么复杂，复杂到无法完成。

苹果最好的产品也同样是这种分众化方法的结果。随着最初以开发麦金塔而形成的"公司内的公司"（company within a company）的模式，苹果把这种独特的高压锅模式推广到了所有主要的项目上。"iPod与iPhone都是作为非常规产品研发的，在一个与其他部门分开的独立的大楼中进行。"曾经参与iPod研发的乔治·克洛回忆道，"它们隐居在幽静的地方，高度机密，公司中大部分人根本不知道这些人在干些什么。"这种说法同样适用于iPad团体、OS X小组以及苹果几乎每个重要部门。按照媒体艺术实验室（Media Arts Lab）的说法，苹果甚至在Chiat/Day公司中有它自己的广告阵容，它独立于该公司的洛杉矶办公室，专门为苹果创造那些脍炙人口的广告。"史蒂夫所做的是，把一小批人隔离开，让他们连续很多天每天工作14甚至18个小时。"布鲁斯·托格纳兹尼在谈起乔布斯的生产过程中这样说，"只有苹果内部最核心的人知道即将到来的科技情况，他们发誓对此绝对保密。他们知道，如果有任何泄露，他们便会被解雇，而他们非常看重自己的工作。”据流传甚广的传闻称，iPhone 公开发布之前，只有 30 个人见到过这款手机的整机。“在各个不同的团队中，史蒂夫都培养了一种精品的感觉。” Mac OS X 技术负责人迈克尔·罗普说，“没有那种大公司的感觉。我的意思是，苹果当然是个大公司，你能看到的许多东西都会提醒你这一点，但人们做出了非常好的努力，让各个团队都感到自己是一个小的整体，尽管周围有着各种各样大的象征。”

然而，如果说苹果跟谷歌一样，是同一个自由意志主义、分众化梦想的产物，则它也在相当程度上固守着自己的道德观。“我已经习惯了计算机行业的这种文化；用一句老话来说，直到你真正明白了你应该做什么的时候，职位描述才是你在做的那些事情。”汉克·希夫曼（Hank Shiffman）说。他于 2002 年加盟苹果，此前在太阳微系统公司与硅谷图形公司工作。希夫曼很为自己的发现感到吃惊。“在苹果，管理方式似乎要保守得多，”他说，“他们的员工没有多少个人自由。”谷歌新招来的员工被称为“谷歌新血”（Nooglers），他们第一天上班时头戴无檐小便帽，帽子顶上装有螺旋桨，走上前做自我介绍的时候受到老员工的喝彩。而在苹果，新员工进入公司后经历的第一经验是所谓“灌输”（indoctrination），在此期间，他们接受有关安全重要性的简要培训，并得到警告，苹果对不合时宜发言的人实施零容忍的政策。对于任何为苹果工作的人来说，这都是第一号戒律。“他们对于员工对外人说话具有偏执狂式的警惕。”在 21 世纪头 10 年中期在苹果工作过 5 年的顾问迈克尔·格罗特豪斯（Michael Grothaus）这样说，“我有一个同事，她给百思买集团（Best Buy）商店的总经理看了我们的一份电子表格……其实这个表格里也没什么重要的信息，只是这个地区一季度的销售数字。她觉得她这么做是正确的，但她的上司不知道从哪种途径知道了这件事，第二天她就被解雇了。”

苹果园区内部反映了这种处处保密的要求。这是一种与 NeXT 那种敞开式平面布置的梦想大为不同的布局。在 NeXT，员工可以知道他们想知道的所有事，甚至连每个人拿多少钱都可以一清二楚；而在苹果，人们甚至都不能在园区内自由走动。几乎没有任何一个员工证能打开无限循环园区内的每一扇门，不同建筑物内的各个部分随着不同部门来回变动而被随机分成了机密的和解密的。“苹果的安保一直是一件令人头疼的事情，”前苹果员工吉姆·里克斯说，“你身上必须永远佩戴着胸章，进入任何一道门的唯一方法，就是把胸章在卡片识别器上晃一晃，门便会解锁。每一道门旁都会有一位保安人员看着你，确保你晃动了胸章。”当然，史蒂夫·乔布斯是不受规则管制的例外：他不但可以想去哪里就去哪里，而且也拒绝佩戴任何身份胸章。自然，这样做的后果就是，他没法用身份胸章开门。于是他就在他想进去的门上捶上一拳，这时候会有人跑过来为他开门。“在苹果，他是唯一能这么做的家伙。”一位前员工说，“他不在乎。他认为规则管不着他。”

苹果公司也没有硅谷流行的那种对于员工的纵容。“苹果给员工的特殊待遇很蹩脚。”过去的麦金塔操作系统工程师迈克尔·罗普说，“没有免费汽水，没有任何这类东西。自助餐厅是有补贴的，但员工还是得付钱，对吧？但对于我来说，合理的考虑是，你是愿意拿公司的股票作为特殊待遇呢，还是愿意喝免费汽水？这么一说，大家也就谁都不作声了。你听说过谷歌以及其他新兴公司的各种特殊待遇，但苹果的股票涨得这么快，你为什么还要投奔别的公司？”苹果从来不是一个像谷歌那样有雅量的公司，曾经有的特殊待遇也在90年代削减花销时逐步砍掉了。这一过程只不过是加速了乔布斯的回归。今天的苹果总部是一座足以令人感到愉快的建筑物，当然，按照硅谷的标准来说还不值一提。苹果园区内提供的设施包括室外篮球场，员工娱乐室里的桌上足球、台球与乒乓球台，但这些东西与谷歌的攀岩墙相比便不免相形见绌了。有一段时间，苹果的付费健身房几乎要关门大吉，幸亏当时 iPod 部门的高级副总裁乔恩·鲁宾斯坦提出了抗议，健身房才得以保全。在苹果，行事的动力源于两个同样重要的信念，一是相信他们正在做的工作，另一个是极度的担心。* 这本身就与许多硅谷公司大相径庭，这些公司强调对员工的授权，这种授权是由玛丽亚·蒙特梭利(Maria Montessori)与安妮·E. 乔治(Anne E. George)第一次阐述的。她们在1912年出版的《蒙特梭利教学法》(*The Montessori Method*)一书中声称：

---

* 我和一个苹果员工有过交谈，他说，尽管有电梯，他去办公室的时候总是爬楼梯，因为担心自己会跟乔布斯同乘一台电梯，那么他就必须想办法保住自己在公司中的工作。尽管乔布斯过去的助手否认，但据说乔布斯是一个会在电梯里开除员工的人，而且这种传说一直盛传不息。

> 纪律必须通过自由来体现……当一个人由于人为的训练变得像聋子一样不能说话、像瘫痪者一样不能动弹，我们不认为他是一个遵守纪律的人。他只是一个人格被**湮灭**了(annihilated)的个体，而不是一个**遵守纪律**(disciplined)的个体。一个能主宰自己的人才能被称为遵守纪律的人。

20世纪初，泰勒主义(Taylorism)大行其道，工人被视为可以更换的齿轮，那时候他们基本上没有注意到上述这种观点。但当“垮掉的一代”把这种观点捡起来，掸去灰尘，它一时间又重获生机。《反主流文化的形成》的作者西奥多·罗斯扎克在60年代后期写作极力反对蒙特梭利的观点，后者认为在一种愿意接受新想法的天真烂漫的状态，未来的乌托邦社会才会实现。“个性的发展不能通过特殊的训练达到，”他指出，“而是通过一种天真的经验的开放性来获得。”罗斯扎克认为，这是放弃控制，拥抱更高的宇宙意识状态的过程，这最终会让美国生活现存的组织结构崩溃。“我们必须准备好相信，如果与按照客观意识造就的个性相比，这种经过发展的个性会比前者更美好，更富有创造性，更人道。”

积极投身这一事业的远非罗斯扎克一人。在50年代和60年代，当不同的思路最终汇集成反主流文化的主干时，商业管理方面的思想家审查了自己有关大众社会批判的观点。首先出现的是对企业家精神的悼念，他们与众不同的思维方式在技术官僚的致命挤压下崩溃了。威廉·H. 怀特(William H. Whyte)的《有组织的人》(*The Organization Man*)这类畅销书哀叹着企业文化的失败，回避风险的公司高管们仅仅满足于维持现状，而不是尝试进行任何较大规模的变革。小阿尔弗雷德·P. 斯隆(Alfred P. Sloan, Jr)早在20世纪50年代便写了《我在通用汽车的岁月》(*My Years with General Motors*)，但一直拖到1964年才出版。在这本书中，斯隆极其详细地回忆了一个美国大企业里无穷无尽的官僚管理层，好像它们是特别无趣的荣誉徽章。*

---

* 不是别人，正是比尔·盖茨，曾就《我在通用汽车的岁月》这本书发表评论。他说：“如果你只想读一本有关企业的著作，则这本书或许是首选。”这则评论清楚地揭示了微软与苹果之间相互对立的意识形态。

随之而来的是应对药方。1960 年，道格拉斯·麦格雷戈（Douglas McGregor）出版了他的大部头《企业的人性方面》（*The Human Side of Enterprise*）。他在书中阐述了实行更为友好的管理方式的益处，在这种管理下，工人被视为个体，在很多大型组织中渗透的那种恐惧氛围不再存在。由于自动化程度与工人受教育水平的提高，许多人预测，传统行业的工人阶级将被一个新的脑力（而非体力）劳动生产阶级所代替。彼得·德鲁克为这一群体取了一个名字：知识型工作者。在他 1966 年的著作《卓有成效的管理者》中，德鲁克指出了这种情况："知识型工作者不能被严密控制或详细监督……他必须指导他自己。"

传统商业结构的这种巨大变革，发生在史蒂夫·乔布斯人生的前 15 年。如果我们检视一下这些例子，可以很容易地看到他选择了哪些原则，又完全摈弃了哪些原则。这里有一个显而易见的矛盾。"苹果是一个非常具有普鲁士风格的地方，这里痴迷于保密与控制，我认为这与反主流文化的思想背道而驰；但另外一个事实是，他们制造出来的产品却是特别富有人文气息的科技产物。"网络自由意志主义者约翰·佩里·巴罗说，"考虑到它似乎不是一个有人情味的机构，这种情况有些讽刺。尽管如此，他们的软件和产品，与其他人生产的软件和产品之间，有非常重要的差别。"2008 年，记者利安得·卡尼（Leander Kahney）在《连线》杂志上发表了一篇题为《邪恶/天才》（"Evil/ Genius"）的文章，他在其中也有类似的认识：

> 通过有意地蔑视谷歌的魔咒，苹果取得了繁荣……很难想象，如果乔布斯遵守硅谷那种过于情感化的哲学，苹果的这些成功是否还有可能达成。苹果用传统的方法创造了非拥有不可的产品：关上门，流血流汗，直到拿出完美的产品……或许苹果的策略看上去像是工业革命的遗迹，但它们帮助这家公司领先于竞争者，走在科技产业的前沿。有时，邪恶能够起作用。

当然，卡尼并没有像抨击谷歌的口号"不作恶"那样，把苹果本身说成是"邪恶"的。因为史蒂夫·乔布斯非常清楚，有时候，友善只会导致妥协。随着 Apple III 的失败,他很早便认识到,一个由委员会推动的创造,倘若背后没有一个唯一的见解,最后的结果就不会等于部分的总和,而只会成为刻意迎合大众口味的平庸产物。正如一位过去的苹果雇员告诉我的那样:“创造过程可以由委员会推动,但产品的定义则万万不可。”

这个在其他创意媒介(如电影)中广受评论的理念,却太容易被网络理论家忽略。他们中的许多人似乎相信,只要工作是依照民主精神(过去的公社精神的延伸)完成的,则最终的产品必然会满足最广泛用户的需要。有人认为,在审美、界面等方面,用户应该能够自己决定,这种想法似乎终将成为硅谷自由主义起作用的实例。社交网络工具聚友网(MySpace)在这方面进行了著名的试验。他们给用户按照自己的想法决定一切细节的权利,从背景图片到显示器上的字体。尽管许多用户无疑赞赏他们所得到的自由,但其他人很快便意识到了其中的负面影响。只有一小部分聚友网用户是专业设计师,而在大多数情况下,网页最终看上去不必要地凌乱,因为用户意识到,豹纹印花或许并不是理想的范例。一大批人想要的是一个社交网络站点,在那里他们真正可以在网上介绍中称自己为个人主义者;而这些人都转投了脸书,那里固定的网页设计没有多少供个人发挥的余地。* 谷歌的工程师沿着聚友网的未竟事业继续往前走,尽管他们在用户设计上采用了更为复杂的演算方法。既然谷歌搜索引擎业务的整个基础都以用户生成的数据库为中心运转,这种想法的一个合乎逻辑的扩展似乎就是:为什么不可以让界面也以这种民主化的方式决定呢?因此我们便看到了一种乱糟糟的局面:数学奇才、谷歌员工玛丽莎·迈耶(Marissa Mayer)指导她的团队对一种界面元素的 41 种渐变的蓝色进行用户测试。结果至少有一名设计师离开了公司。

这种蜂巢思维(hive-mind)的民主概念关系重大,已然超出谷歌主页上会出现哪些颜色这样的问题了。对于许多人(不包括乔布斯)来说,它对网

---

* 苹果是脸书的一个早期支持者。作为一个社交网站,脸书最初将自己的使命范围定位于高教系统,这一点与苹果的目标受众完美重合。2004 年 12 月,当脸书的名字还是 Thefacebook 的时候,苹果同意,每当有一位用户加入其团体,该公司便会每月为这个网站支付 1 美元,而且每月的保底金额为 5 万美元。这是到那时为止,脸书在它的短短的历史上得到的最大的财政方面的进展。

络自由很重要，就像整合对于数字构造（digital constitution）很重要一样。有关这件事的一个实际说明，是在1980年的SIGGRAPH会议上和1994年的电子音乐艺术节（Arts Electronica Festival）上进行的大众游戏实验，主持这两次实验的不是别人，正是皮克斯动画工作室的创始人之一洛伦·卡彭特，以及他的伴侣雷切尔（Rachel）。卡彭特给几百个参与者分发了红色与绿色的拍子，拍子颜色的变化可以通过摄像机捕捉。通过这种手段，所有参与者可以共同控制显示屏上出现的两个球拍，再现了1972年的街机游戏《乒乓》。这些人的民主决策将确定这款游戏如何进行。受到大众参与这一概念的触动，数字大师霍华德·莱茵戈德（Howard Rheingold）称这些人是第一批"**聪明行动族**"（smart mobs）：一个具有集体智慧的真正的公社，具有叠加能力，"以过去从未有过的方式通力合作，因为他们手中掌握着既能交流又能计算的设备"。尽管在一个充满iPhone、iPad甚至iTunes上可交易的播放列表的世界中，还是有可能看到这个想法占据一席之地，事实却是，苹果的方法与此大不相同。

如果乔布斯对某个项目感兴趣，他会全程参与，从工业设计到界面一直到产品营销。"iPhone出来的时候，史蒂夫坚持亲自为它写网页，因为他认为恰当的表述极为重要。"肯·西格尔还记得，"我当时正在做iPhone网页方面的工作，有人把他写的文字材料给了我，并告诉我：'这是史蒂夫写的。'说实在的，我读了这份材料之后心里想，嘿，我觉得这里有些地方夸张了点吧，但这正是他想要的。"*同时，大卫·凯利也讨论了乔布斯对于设计毫不妥协的态度：

> 在我所知的几乎每一个公司中，人们对于设计都有着合情合理的态度，这或许是正确的态度。而现实往往是，你有了一个应该如何做某

---

* 乔布斯对完美的追求无所不在，没有比麦金塔的OS 10.7"Lion"的事例更能说明这一点了。这一操作系统的标准背景图描画的是仙女座星系（Andromeda Galaxy），真正将用户提升到一种不朽的层面。然而，当天体摄影师罗伯特·吉德勒（Robert Gendler）把苹果的壁纸与真实的星系图像加以对比时，他发现，苹果从天空中删去了几颗恒星与一些星系，纯粹出于美学方面的考虑。显然，苹果有关完美世界的眼界远远超出了地球的大气层。

种东西的想法，一个有关未来的梦想，然后当你要投入生产、要实际创造它的时候，你不得不做出妥协——因为成本，或者是为了让实际制作容易一些，或许是别的什么原因。这个项目每进入一个环节，为了要把它变得更好（在公司看来），就会做出一点点妥协。史蒂夫从来不允许这种妥协发生。一旦确定了某个观点，一旦做出了设计，他不允许任何人做出妥协。这一点让设计部门的每个人都受益匪浅，因为我们有史蒂夫多年来做出的榜样：如果你不妥协，就可以做出伟大的设计。这就像一次耗时30年的科学实验，到头来你说："如果我们对这个观点没有任何互相让步的妥协会怎么样？现在出现的结果会如何？"而答案就是：看看苹果商店吧，看看苹果的产品吧。没有人会说，让我们用大块的铝板来制造便携式计算机的机箱。大家都会说这个想法行不通。首先你得去买世界上已有的所有铣床来加工产品。人人都会说这简直不合情理。但史蒂夫的现实扭曲力让他认为这些事情是可能的。结果，我们之间的关系变得比我们之前想象的亲近多了。

尽管乔布斯持有313项专利，但他本人并非一位发明家。* 他不像史蒂夫·沃兹尼亚克，他或许曾经指导团队在某种产品上选用某种零件，但从来没有就如何完成给出自己的方案。皮克斯董事兼首席创意官约翰·拉塞特曾公开表示，他不想知道太多有关计算机的事情，因此便不会让"可能"或者"不可能"左右自己的决定；与拉塞特类似，乔布斯也不在乎工程师有关可行性的考虑，他关心的是可以让用户做正确的事情。考虑到乔布斯能重新构想之前不成功（或不够成功）的技术，让它们充分表达用户体验，有人称乔布斯"真正的天才"并不在于他发明新科技的能力，而在于他重新改造现有科技的能力。乔布斯去世后不久，马尔科姆·格拉德维尔在《纽约客》上发表了一篇文章，他把苹果当前在高科技行业占据的主导性地位，与英国在工业革命时期对于法国和德国的地区优势做了一番比

* 除了像桌面、iPhone和iPad一类明显的专利之外，乔布斯也拥有那些用于苹果商店的独立玻璃楼梯、产品包装与电源适配器的专利。与此相反，在比尔·盖茨的名下只有9项专利。谷歌的拉里·佩奇和谢尔盖·布林拥有的专利数目稍多于一打。

较。格拉德维尔的论点是，历史学家们对此给出了一些传统解释，如英国的煤矿储量丰富，它有强大的专利制度，较高的劳动力成本激励他们寻找节省劳力的设备等；但他认为，这种状况与这些因素的关系不太大，而主要的原因在于，这个国家拥有大批技艺高超的工程师，他们有能力提出有潜力的想法，并加以调整，直至臻于完善。格拉德维尔的看法通过经济学家拉尔夫・梅森扎尔（Ralf Meisenzahl）和乔尔・莫基尔（Joel Mokyr）得到了适当的表述：正是历史的"巧匠"（tweakers）（甚至比发明者更能）真正定义了一个时代：

> 梦想家从一张白纸开始，然后重新构想整个世界。巧匠直接得到的是事物的本来面目，然后他们必须对这些事物推拉微调，让它们成为更接近完美的解决方案。这并不是一件较轻松的任务。

但是，如果乔布斯是一个巧匠，那他是一位技艺高超的大师。经过重新构想之后，任何从苹果车间里走出来的产品与之前都有天壤之别。（对于整个行业来说也同样如此。例如，可以比较一下 iPhone 出现前后无键盘智能手机触摸屏的数量。）

可能描述乔布斯的最佳方法，是称他为他所选定媒介的极具**个人风格的导演**（auteur）；当然，这一词语通常更多地出现在影评中，而不是高科技领域内。电影"导演中心论"（the auteur theory）是 50 年代和 60 年代的法国批评家的发明，他们坚持认为，导演之于影片，犹如诗人之于诗歌。这一点在今天似乎显而易见，但电影导演过去仅仅被视为合作过程中的一部分。他们或许有自己的想法，但制片人有他自己的想法，而摄影师或许也有他的一套。然而，导演中心论则认为，一部影片就是一件独立的艺术作品，它自身带有导演所独有的特立独行。这正是乔布斯本人在苹果发挥的创造性作用。作为一位杰出的微管理者，没有谁的个性能像乔布斯那样如此根深蒂固地体现在苹果产品中。当我们观察过去 15 年苹果产品的界面或者美学风格时，我们可以深切领会到史蒂夫・乔布斯的梦想、希望、雄心与渴望的一个（准）物理表现。"就好像几乎所有的产品都是他自己的表象。"作家汤姆·朱诺(Tom Junod)曾应邀为《君子》杂志撰写一份史蒂夫·乔布斯的生平简介,当他为此进行研究的时候,史蒂夫·沃兹尼亚克这样告诉他。* 朱诺的这篇文章是历来发表的关于乔布斯的最切中要害的描绘之一,她认真思考了这一想法:

> 这是一个道林·格雷(Dorian Gray)式的寓言,穿越时空来到了21世纪:史蒂夫·乔布斯之所以成为史蒂夫·乔布斯,是因为他做了前无古人之事:不仅仅将计算机视为工具,而且把它当成一面镜子;不仅仅把科技视为发动机,而且把它作为永恒超越的象征。

朱诺并不是第一个提出这种理论的人。乔布斯成年之后的大部分时间都与技术员(他们中的许多人也是科幻小说迷)在一起,他当然十分熟悉科幻小说的主题:一个人试图让自己的"精神"脱离肉体,进入一台计算机的金属格子中。在最初的麦金塔计算机发布前几年,美国宇航局的罗伯特·贾斯特罗(Robert Jastrow)便在《中了魔法的纺机:宇宙中的大脑》(*The Enchanted Loom: Mind in the Universe*)一书中,富有诗意地描写了他对这种转移有朝一日能够成为可能的希望。在这种意义上,生命或许可以永存。

> 因为思想是存在的本质,因此可以说,这位科学家跨入了计算机的世界,而且他现在就生活在那里。最终,安居在计算机里的人类大脑从孱弱的肉体中解放了出来……这是对自身命运的掌握。这台计算机便是它的身体,它便是这台计算机的思想。

或许,这是史蒂夫·乔布斯的去世带给人的冲击如此巨大的原因之一。这样一个让许多设备看上去如此生动的人怎么就这样与世长辞了呢?在乔

---

* 乔布斯本人有时也使用这种比喻。2004年7月,当他接受科技作家史蒂芬·列维的一次采访时发表过这样的评论:"明年我就50岁了,因此我自己就像是一部表面上带有划痕的iPod。"当时列维只不过把这个俏皮话当作无关痛痒的笑话,但后来他发现,他进行采访的那天,在这位苹果首席执行官接受癌症手术之前仅仅几周。这让乔布斯的这句话听起来更为酸楚。

布斯去世后，随即就有越来越多关于乔布斯的故事在坊间流传，其中许多丝毫不带虚夸的意味。这也是为什么在乔布斯去世之后，当越来越多关于他的故事开始在坊间流传（其中不乏坦率之言）的时候，会有那么多人难以相信，就是这同一个乔布斯，既做出了这么多漂亮的小玩意，也让苹果用户获得了个人解放的手段。

* * *

或许，世界上没有一个地方比硅谷更适合讨论乌托邦主义。“乌托邦”（Utopia）这个词语源于人道主义者和哲学家托马斯·莫尔在1516年出版的一本书，该书以《乌托邦》为题目。这个词本身即一语双关，由希腊词 ou-topos（“虚构之地”）和 eu-topos（“绝妙好地”）拼成，两种意思具有同样的分量。按照各人的观点，这个虚拟世界是个好地方，但根据定义，它也是一个虚无之所：位于星球上散落各处的服务器中，或许更为适宜地说，隐藏在显示屏后界面的幻象之中。

在本章的开头，我引用了1997年7月《连线》杂志的一篇文章，这篇文章的标题为《长期繁荣：未来的一段历史，1980—2020》（“The Long Boom：A History of the Future，1980－2020”）。文章发表的那个月，苹果前任CEO吉尔·阿梅里奥被赶出了苹果，史蒂夫·乔布斯成为**事实上**的首席执行官。在我引用的那一段之后，文章的两位作者，彼得·施瓦茨和彼得·莱顿继续比较了未来的可能世界，自然会走上“封闭”和“开放”两条不同的道路。在“封闭”的世界中，各个国家闭关自守，世界分裂成不同的集团。思想僵化，经济停滞不前，贫穷与褊狭随之而来，导致一个更加封闭和支离破碎的世界，陷入一种恶性循环。反之，施瓦茨与莱顿指出，如果社会采取了一种更为“开放”的模式，就会产生一个革新和新思想成为常态的乌托邦，一个新的富足时代会创造更高的宽容度、更小的经济单位、更大的透明度，最终会形成更为团结的世界。当然，这是一个不错的想法。今天，这个理念通过开源社区（Open Source community）的活动，得到了广泛的探索。开源（the Open Sourcers）（无论是依照Linux还是可在线编辑的维基百科进行工作）就像现代版的家酿计算机俱乐部，它们共同开发项目，没有（立即）关注商业化，通过一个以奉献为目的的世界范围的用户社区,相互修正、建立新的工作并进行文件编制,以期创建一种能够把我们从封闭的企业奴役下解放出来的工具。

任何乌托邦都会遇到的一个问题是:究竟是谁的乌托邦?乔布斯的观点或许有别于他的许多同龄人,但这并不减少它的乌托邦色彩。任何谈论要制造某种计算机,要“在宇宙中制造点动静”的人,从本质上说,都是世界的建造者。这一点从乔布斯职业生涯的早期便可以清楚地看出。第一本关于苹果的书最初出版于1984年,书名原为《小王国》。乔布斯从来没有改变过他的方法论。和比尔·盖茨一样,乔布斯也看到了计算机能在短时间内赚大钱。届时,比尔·盖茨可以通过慈善事业回馈社会,但乔布斯却去掉了这个中间步骤。即使在这个问题上,他也在简化步骤。乔布斯认为,通过制造“疯狂的伟大”的计算机,他一样能一点一滴地改变这个世界,与比尔·盖茨比则有过之而不无及。苹果的成功更多地表现为一个悖论,而非一个矛盾。如果是一个矛盾,它就不会有效果,但苹果的确成功了。用乔布斯自己的话来说就是:“它就是这么管用。”乔布斯创建了一个无论从哪种意义上讲都极其保密的公司,它生产的设备鼓励用户知其然,而不鼓励他们探究其内部的工作原理。这与硅谷的传统观念相悖。但这家公司却由此成为一家高科技梦工厂,一支看上去似乎无穷无尽的新产品大军进入了这个世界,装备整齐,好像是被施了魔法。

有关60年代的反主流文化,绝大多数反复被提及的流行论调都以同样的方式结尾:它们的主人公落伍了,背叛了。而苹果的故事一如既往地更加微妙。从苹果的早期开始,乔布斯看到的反主流文化观点便从本质上植根于出售大规模生产的产品,但也同样矛盾地植根于个人主义。乔布斯采纳了艾伦·凯叛逆的呐喊:“真正重视软件的人应该制造他们自己的硬件。”在他创建的这样一个公司中,设计的概念(被视为“事物是如何工作的”,而非“事物看上去如何”)甚至在工业时代和信息时代之间架起了一座桥梁。“苹果创造了美好的、神奇的新产品,它们征服了每个人的想象。”布鲁斯·霍恩如是说,“这都在于对真正的产品怀有激情,而不是为了赚钱。制造出满足人们的需要和渴望,并让他们更愉快、更幸福的神奇产品,赚钱就是水到渠成之事。”这种态度和嬉皮士对于信息时代的梦想完全吻合：在这样一个时代，资本主义不必然伴随剥削。尽管在和这种纯信息时代优雅的软件梦想（譬如谷歌和脸书）打交道的时候，这种可能性也许会出现，但如果你的业务中至少有一部分是制造硬件的福特式上市公司，而这一公司的目标是尽力创造最高的利润率，这个时候就会出现问题。确实，同其他大型高科技公司一样，苹果近几年越来越因其产品的生产方式而受到人们的密切关注。苹果把它的产品生产外包给了中国台湾的一家公司，名叫富士康科技集团公司，其分公司鸿海精密工业公司（Hon Hai Precision Industry）在中国大陆的工厂组装苹果设备。有媒体报道了这些工厂低于标准的工作条件，存在雇用未成年工人的可能，严重的超时工作，严厉的惩罚与工人自杀的情况。在2010年发生了多次死亡事件之后，工厂安装了特制的救生网来兜住自杀者。

就像苹果界面的表面光泽一样，这种现象也是为大众市场生产赋能产品不可避免的阴暗面吗？当然，这些工人远远没有被赋予什么权利。如前所述，苹果并不是唯一一家通过富士康制造产品的公司，但它的反主流文化姿态让它成了众矢之的。* 通过其界面对愿望的满足，苹果是一个相当真切地对待渴望（desire）的公司。正如自马克思以来的每一位社会批判家指出的那样，意识形态批判致力于这样一种理论，即刺激经济发展的是人们难以看清的生产力，政治经济是利比多经济（libidinal economy）的影子戏。最终产生的问题是，苹果的产品究竟授予什么样的人权利。由于涉及产品本身，这些讨论一直在网上热烈地进行着，其中最引人注目的是苹果支持者（fanboys）和苹果反对者（haters）之间的火爆论战。那些赞扬苹果的人认为，乔布斯成功完成了让计算机不再神秘的嬉皮士之梦。他没有减少什么，就让复杂的科技变简单了。那些猛烈抨击苹果的人认为，乔布斯只不过是利用个人崇拜向易于受骗的草根粉丝大众出卖标价过高、过分简单化的偶像产品。

* 值得称道的是，苹果正严肃对待这件事。在笔者落笔的时候，苹果对于这类问题做出了应该依例执行的新规定。“我们想让每个人知道我们正在做些什么，而且我们希望人们会照做。”现任苹果 CEO 蒂姆·库克（Tim Cook）在接受卡拉·斯威舍（Kara Swisher）与沃尔特·莫斯伯格（Walt Mossberg）的采访时说，“我们做出了极大的努力，将超时工作数量压了下来。”

在匹克威克夫人艺术博客(Madame Pickwick Art Blog)上,一位匿名博主写道:"苹果产品就是我想要(iWant),我想要,我想要,我渴望(iDesire),我渴望……它是美国中产阶级价值观最合适的象征。盛气凌人、昂贵,美国文化的普遍吸引力。漂亮的设计,漂亮的广告。所有这一切,都是一台愚蠢的计算机的卖点。这就是他们的造物。他们在银行里的现金比诈骗之王伯纳·马多夫(Bernie Madoff)欠的钱都多。对苹果新产品发布产生的这种酷炫的崇拜,似乎充满了宗教般的迷狂,是弥赛亚和乌托邦式的。这就是迷人的苹果教,它蔑视人们对其产品的一致批评——必需品 iPad,精品设计师的定价,但功能未必强于其他同类产品。苹果及其企业文化、家长统治文化与殖民文化最清楚的例子之一,是美国商品拜物教最明显可见的例子。"争辩的双方都如此根深蒂固地严守着各自的思维方式绝不动摇,任何想要改变他们想法的企图都很难奏效。

在一篇题为《i 法西斯主义?》("iFascism?")的文章中,一位替网站 TPM 写作的作家约翰·马歇尔(John Marshall)指出:"在麦金塔上面,审美特点与集中控制之间的互动非常有意思。"这是一个极其复杂的问题,因为它指出了两种事物间的微小差别,一个是给用户一个简洁、友好的用户体验,一个是在人们可以做和不可以做什么方面过分蛮横的规定。* 从本质上说,苹果粉丝与苹果仇恨者之间并无根本的意见分歧。正如让·鲍德里亚(Jean Baudrillard)在提及科技时指出的那样,正是它神秘的不透明性令其具有特殊的魅力。总会有那么一些人,他们对于接口级别下一层隐藏着的技术控制的程度深感兴趣,而在这一点上,技术嬉皮士们与他们的观点完全一致。

在《疯狂的简洁:驱使苹果走向成功的梦魇》(*Insanely Simple: The Obses-*

---

* 在简洁和简洁所造成的反生产的程度之间有一条线。2009 年,一个讽刺性新闻网站《洋葱报》(*The Onion*)聪明地对此进行了拙劣的模仿。在一段一本正经的视频中,《洋葱报》装模作样地推出了苹果的最新创新产品:MacBook Wheel。根据苹果一位"高级产品发明家"(雇来的一个演员饰演)所说,这一产品标志着计算机范例的又一个飞跃,因为它用一个优雅的、灵敏的 iPod 式滚轮代替了经典的键盘。镜头切换到用户发邮件的情景。他们利用滚轮确定单个字母的位置,然后点击中央按钮选择该字母。如果这一过程耗时过长,MacBook Wheel 也吹嘘其具有预言句子的技术,其中包括一些永恒适用的例子,如"这只土豚要求得到一柄尖刀"以及"那头和蔼可亲的鳄鱼用一把牙刷刷牙"。这段视频以一段宣告为结尾,说苹果正在投入大量人力物力,研发 MacBook Wheel 的下一代版本。而新一代电脑的重量将比其前辈轻 4 个盎司,因为它将不再有显示屏、硬盘或者轮盘。

*sion that Drives Apple's Success*）一书中，前苹果员工肯·西格尔讲述了这样一个故事。在一次灾难性的会议上，一位新的广告公司策划人受雇代表潜在顾客的立场而不是他的老板或者雇用人的立场，他犯了一个基本错误，把苹果的“品牌审计”变成了为史蒂夫·乔布斯而做的一次长时间的、明确的东海岸演示，动用了电子表格、数据表格与图表，说明人们对于苹果产品的兴趣随年龄组的变化而不同。当乔布斯跌坐到他的椅子上，脸上透露出厌倦与不耐烦的神色时，那位策划人显然还不知道等待他的命运会是什么，还在继续讨论他的发现。

“我们甚至前往哈莱姆区（Harlem）的贫民窟，询问那些在篮球场上的孩子们对于苹果的观感。”他说。

“你为什么要问他们？”乔布斯厉声喝问，“他们根本就没钱！”

会议结束后5分钟，西格尔在前往圣何塞机场的路上接到了乔布斯的电话。“听着，我不知道那个家伙是谁，也不知道你为什么把他带来，我不会为他做的事情付一分钱，而且我永远不想在苹果再见到他。”乔布斯说。他的评论无关种族，而关乎钱。你要么有足够的钱，从而成为苹果革命的一部分；要么就与你无关。如果你不打算买新iPad或者MacBook Air，谁在乎你的意见？这种观点在吉尔·德勒兹的一篇文中得到了阐释。他以非凡的先见之明，预见到所谓“控制社会”的出现。在这样一个社会中，在确定我们的社会地位的时候，我们的信用卡号和社保卡号比任何东西都更重要。一个人可以从积极或消极两个方面看待自由市场社会重组的这一小部分。德勒兹选择了后者。他把这种现象看作是用一种“俘获的手段”代替了另外一种而已。今天，与其说是通过性别、种族或者阶级来将我们分成不同的人，不如说是通过信用额度或债务来实现这一点。我们已经不再是“受到限制的人，而是欠了债的人”。

* * *

2005年6月12日，史蒂夫·乔布斯在斯坦福大学的毕业典礼上给毕业生做演讲。这是该校历史上第114次这样的讲话，而毫无疑问这次讲话可以跻身最杰出的演讲之列。在某种意义上，这次演讲是典型的乔布斯风格。

尽管他用黑紫两色的学位服代替了一贯的黑色高领毛衣和蓝色李维斯牛仔裤，乔布斯仍然很好地扮演了他的角色：苹果与皮克斯这两家公司的人形商标。他以理想主义的语调谈到了他的童年时代，他 1985 年黯然告别苹果，以及他的胜利回归。他把这些零星的故事串了起来，听起来就像约瑟夫·坎贝尔（Joseph Campbell）描述的英雄之旅，其中包括探险的召唤、试炼之路，以及最后从一无所有到胜利回归。然而，就算去除那些抒情性的夸耀，这次演讲也极具启发性。尽管他清楚意识到且乐意品味他所具有的这种偶像价值，但乔布斯从来没有如此享受地畅谈他的个人生活。就在这同一年，他曾试图阻止一本未经授权的乔布斯传记出版，里面涉及一些不那么光彩的场景。阻挠未果后，他下令禁止这家出版社未来所有出版物出现在苹果的数码零售商店内。乔布斯的不悦显而易见。尽管他在写讲稿的时候得到了一位亲密朋友的帮助，但他似乎对于照本宣读讲稿中的词句不完全有把握。但奇怪的是，当讨论到死亡的时候，他的情绪似乎最为轻松，就像他在推出一项苹果的新产品。

就在乔布斯结束演讲后不久，他接到了一封来自《全球概览》创始人斯图尔特·布兰德的邮件。布兰德因为乔布斯在演讲中提到《全球概览》的过往而深受感动，他认为现在已经到了这两位人物在一起回忆往事的时候了。不过，乔布斯的时间非常难凑，直到 2006 年年初，他才在自己的日程中找到了一段合适的时间。他同意在门洛帕克市沙丘路（Sand Hill Road）的一家高档寿司餐馆里与布兰德会面，这条路因大批风投公司云集而闻名。年已 67 岁但身体尚好的布兰德提起了乔布斯最近的健康问题。

“我躲过了一枚子弹。”乔布斯承认。

“天哪，胰腺癌，”布兰德回答，“这更像是躲过了一枚火箭弹。”

谈话转到了别的事情上。他们谈论布兰德的慈善工作，谈论比尔·盖茨未能善待他的用户，还谈论了伊拉克战争。布兰德发现乔布斯有关伊拉克战争的观点十分有趣。乔布斯认为整件事都微不足道，他不明白这一切到底是怎么回事。

“美国这一仗就连热身都算不上，但却弄得全国上下都为这件事动员起来了。”他说。

与平时一样，这是乔布斯最为矛盾的地方：一位左倾的亿万富豪，尽管他拒绝踏入公认的自由阵线。

自布兰德创办《全球概览》至今，近40年已经过去了，当年那些“快乐的恶作剧者”也早已从事其他的行当。[《全球概览》的后继者，虚拟社区“全球电子链”(Whole Earth'Lectronic Link，通常简称WELL)也于1999年卖给了Salomon.com。]当然，布兰德和乔布斯一样，与当年刚刚起家的时候有天壤之别，但他感到自己和这位苹果CEO之间存在着确定无疑的亲缘关系。“在某种意义上，我们是同一类人。”他说，“他比我年轻得多，但我们感兴趣的领域和人，我们曾经有过工作关系的事物和人，都在多年间有许多重合交织之处。我一直密切关注着他逐步向上攀登，而我相信，他的目光中也出现过我的身影。”

他们不再讨论有关伊拉克以及全球政治的风云变幻，转而回到以硅谷为中心的话题上。当时，苹果似乎有着席卷高科技领域之势。在美国政府对微软提出反垄断诉讼之后，微软的影响力正在衰退，而苹果却以同样的速度向前发展。亲眼见证“邪恶帝国”的没落之后，布兰德热切地想确认苹果会证明自己能够按照科技嬉皮士一直想要的平等主义方式处理事情。

“你能保证，苹果会变成一个仁慈的霸主吗？”他问桌子对面的乔布斯。

乔布斯看着他，避开了这个问题。

“我们现在还远远不是霸主呢。”他说。

5年之后，2010年5月26日，纳斯达克股市收盘，结束了苹果股值上涨而微软股值下跌的一天。苹果的市值达到2220亿美元，而微软的市值为2190亿美元——现在，苹果变成了世界上最大的高科技公司。

但故事并没有到此结束。

# 后记：革命万岁！[①]

对机器开战。特别要对垂死公司的毫无生气的机器和保卫它们的机器人开战。

——阿比·霍夫曼：《偷走你的财富》(1971)

2011 年 10 月初，一个异常晴朗的上午，一群记者满怀期待地聚集在库比蒂诺。吸引他们来这里的，是苹果公关公司做的一个典型且特别诱人的游击式营销。到场的每位记者手中都抓着一份请帖，上面印着四种 iOS 操作软件的图标。第一个是熟悉的日历的图像，标记着当天的日期；第二个是一个时钟，指针指着上午 10 点；第三个是一张地图，地图上的箭头指向苹果园区；最后一个是一个电话的图标，上面有一个电话号码。图标的下面是一句话："让我们聊聊 iPhone。"临近 10 点的时候，空气中弥漫着热情。大家普遍认为，这将会是苹果震撼行业的智能手机最新迭代 iPhone 5 的发布会。市政厅礼堂内挤满了记者，这里距离洛思阿图斯城克里斯特大道 11161 号乔布斯的那座车库只有 3 英里，或者说 8 分钟的车程。就是在那里，两位史蒂夫一手接生了呱呱坠地的苹果。有些东西已经改变了，有些事情依然如旧。改变的是规模。懒洋洋、一脸无所谓的家酿俱乐部成员曾于 1976 年见证了第一台 Apple I 的演示；今非昔比，无论苹果推出什么产品，这个 10 月上午的宣布都将在发出几分钟后传遍全球，而且会作为重要新闻和当天的要闻一同在电视上报道。不变的是苹果的个性。创建 35 年后，这家公司一直以自己反主流文化的根源而自豪。当记者大军就位的时候，广播开始播放四首歌

① 原文为西班牙语"¡VIVA LA REVOLUCIÓN!"。

曲，分别是滚石乐队的《拇指之下》（“Under My Thumb”）、齐柏林飞艇乐队（Led Zeppelin）的《全部的爱》（“Whole Lotta Love”）、谁人乐队（The Who）的《无法解释》（“Can't Explain”）以及滚石乐队的《跳跃杰克之光》（“Jumpin' Jack Flash”）。这四首歌都是在1964—1969年推出的。这一天还有一件事也同过去一样，但这件事令人失望。

这次推出的并不是具有革命性意义的 iPhone 5，而是 iPhone 4S，是现有 iPhone 稍微升级的版本。这里的“S”代表什么呢？权威评论员问道。会不会是“快门”（Shutter），指代手机内置的 800 万像素相机？是“Siri”吗，代表这款手机新的语音激活虚拟个人助手？要么是“Speed”（速度），因为 4S 的微处理器速度是它前身的两倍？或许它代表的是 Steve，是对这个 8 月末辞去 CEO 职位的人的纪念，并可能以此作为试探，默默恢复公司昔日以不同人的名字命名产品的习惯？尽管 iPhone 4S 受到普遍的欢迎，但选择推出这一产品的时机在许多方面令人吃惊。过去，苹果总是在最新款的 iPhone 销售下滑时推出新品，但 4S 推出的时候，iPhone 4 的销售量并没有达到顶峰。同时，这款手机无论在技术还是设计方面都没有太大的飞跃，有些人对此感到不安。“尽管 iCloud 和 Siri 语音控制都是迷人的特点，但硬件的更新并没有达到苹果应有的水平。”一位网络评论员抱怨道。与其他人一样，科技博客瘾科技（Engadget）的蒂姆·史蒂文斯（Tim Stevens）总结了人们对这款手机的反应，他指出：“iPhone 4S 在各方面都比 iPhone 4 更好，但它就是没有带来任何实质上的**不同**。”难道说，以精心打磨每一件产品著称的苹果，匆匆忙忙就把一件产品送出门了吗？**革命在哪里？**

第二天，另一项变故赫然出现，这让人们想到了一个可能的答案。在被确诊患有胰腺癌（同一种恶性肿瘤于 2005 年杀死了麦金塔最初的创造者杰夫·拉斯金）之后 8 年，史蒂夫·乔布斯在他帕洛阿尔托的家中溘然长逝，享年 56 岁。据多个消息来源透露，他一直通过特殊的视频转播，在沙发上观看这次“让我们聊聊 iPhone”的活动。虽然乔布斯是一个备受喜爱的品牌的 CEO，他的上镜频率十分高，但他的去世带来如此大规模的公众反应依然令人吃惊。整个世界突然都密切关注了起来。苹果商店店面正面的橱窗里放满了便条贴，赞美者匆匆在上面写下他们的颂词。

在乔布斯去世后不久，塔尼娅·戈尔德（Tanya Gold）在英国《卫报》上撰文评论，苹果这位联合创始人的神化，是该公司迄今为止取得的最大营销成就。她写道："现在，史蒂夫·乔布斯是救世主，是全世界最著名的人，只是太晚而无法享受这一荣誉了。"戈尔德提出，人们并不单纯地满足于热爱消费品，当创造这些产品的人去世的时候，使用者感到自己情不自禁地进入了一种精神上的颓废，这几乎是不可避免的。在乔布斯于 8 月 24 日辞去苹果 CEO 的职务之后，多年间与他一起工作过或者认识他的人写下的赞颂之词便开始铺天盖地般飞来。意识到他的去世只不过是时间问题，这时候，"糟糕史蒂夫"的故事便很快被装点一新，以"激情史蒂夫"的故事出现。谷歌负责工程的副总裁维克·甘多特拉（Vic Gundotra）说起了发生在 2008 年的一件往事。在一个星期天早上很早的时候，乔布斯给他打电话，为他在谷歌的 iPhone 应用程序的界面元素上选择了错误的黄色而对他大加鞭挞。在乔布斯去世刚好 6 周之后，第二波乔布斯狂热兴起了。唯一一家总部设在硅谷的航空公司，维珍美国航空公司（Virgin America），用这位前 CEO 的名字命名它的一队航班，并把斯图尔特·布兰德的名句"保持饥饿，保持愚蠢"用纹章装饰在一架空客 A320 的机身侧面，以示敬意。一家香港公司宣布，他们计划推出一款能够活动的史蒂夫·乔布斯小塑像，售价 99.99 美元包邮，并辅以"一些附件，用以帮助使用者复制乔布斯各种著名的姿势"。后来，由于来自代表苹果和乔布斯遗产继承人的律师的"巨大压力"，该公司不得不放弃这一计划。1998 年，设计师马克·雅各布（Marc Jacobs）曾为这位苹果的联合创始人设计了著名的无框眼镜，现在要求同款眼镜的订单如洪水般涌来，这让他的公司不得不把顾客放入最长达三个月的等候名单中。

在某种意义上，这象征着现在已进入了后乔布斯时代。2011 年 3 月，乔布斯出席了生前最后一次重大活动，他看上去非常消瘦，但精神敏锐如常。他谈到了"后 PC 世界"的开创。它背后的思想其实很简单。从此以后，以个人计算机为中心的苹果"数字枢纽"（revolving around）将被一种在线存储平台 iCloud 取代，它将代替苹果灾难性的 MobileMe 订阅服务。至于苹果移动操作系统的最新迭代产品 iOS 5，苹果公司仔细梳理了 iOS，并找出了使用或者需要个人计算机的每一个特点，而且用其他的特点予以更换，使之依赖于云服务。正如苹果新闻网站 Cult of Mac 的记者利安得·卡尼所说的那样：

> 有了 iOS 5，苹果能把你的一切数据都存贮在 iCloud 云服务里，包括你的邮件、日历、通讯录、照片、音乐，你的电子书，你的涂鸦跳跃(Doodle Jump)存盘游戏等。iTunes Match 将把你完整的音乐收藏放入苹果服务器中，供你随时随地下载，而不需要拔下你的苹果数据线。与此同时，Wi-Fi 同步(Wi-Fi Syncing)可以保证，如果你的 iPhone 或者 iPad 需要和你的个人计算机交谈，那么只需要把插头插在墙上的插座上，而插座距离你的个人计算机一步之遥。

2011 年晚些时候，苹果在苹果全球开发者会议(Apple Worldwide Developers Conference)上正式宣布了云服务的诞生。"问题是，苹果已经切断了 iOS 与个人计算机的固有联系吗？或者说，iOS 5 不过是迈向乔布斯预见到的后个人计算机世界的一个较小的中间步骤呢？"卡尼这样问道，"好几个月以来，我们一直在玩 iOS 5。我们心中想的是：向上帝发誓，苹果完成了这件工作。"如果苹果真的正在走向一个美丽新世界，在这个世界中，个人计算机和 iPod、iPhone 或者 iPad(当然不如前两者重要)一样不再是中心，那么，这将是一个没有史蒂夫·乔布斯的世界，尽管这个人一生都致力于让个人计算机转变为消费者产品。

* * *

当然，问题在于，苹果将由此去往何处。乔布斯去世的时候，比他年轻 5 岁的蒂姆·库克(Timothy Donald Cook)已经接过了苹果 CEO 的职务。蒂姆·库克在许多方面都与乔布斯不同。尽管他生于 1960 年，因此也算婴儿潮那一代人，但他成长于阿拉巴马州的一个小镇罗伯茨代尔(Robertsdale)，是一个远离硅谷反主流文化高科技天堂的地方。库克是一位船坞工人的儿子，他在奥本大学主修工业工程学，1988 年在杜克大学获得企业管理学位之后加盟 IBM，在那里待了 12 年，负责 PC 的物流业务。之后，他从 IBM 跳槽到康柏计算机公司担任副总裁，负责公司材料采购。1998 年听说苹果正在物色新的运营负责人时，他刚在康柏工作了6个月。上一个在乔布斯手下担任这个职务的人只3个月便举手投降了。或许乔布斯不过是为了赶快找一个人来替他分担工作，但他并没有暴露这一点。把库克招进来之前，乔布斯拒绝了一长串具有充分资历能担此任的人物。康柏公司的一位高管在接受乔布斯面谈时只待了5分钟，乔布斯便拂袖而去，留他一个人在房间里。这位高管只来得及解释说，他现在没有工作，他愿意填补苹果的这一空缺。

库克的情况明显不同，无论相对于其他的申请人还是对于乔布斯来说都是如此。乔布斯大学辍学，库克却通过上夜校拿到了MBA。乔布斯骄傲地夸口说电子表格在苹果已经过时了；库克却不知疲倦地痴迷于数字与图标，其方式是乔布斯从来也没有耐心使用的，而且这种痴迷他现在依旧保持。加入苹果几个月内，库克便成功大幅减少了苹果的库存，包括原件与成品，使其从上一年12月的4亿美元降到仅仅0.78亿美元。这一举动为他赢得了“库存界的匈奴王阿提拉”(Attila the Hun of inventory)的绰号。在乔布斯会大发雷霆的场合，库克会轻声细语，但立场同样坚定。他现在依然如此。乔布斯曾告诉传记作家沃尔特·艾萨克森，为了摧毁谷歌的安卓平台，“我愿意发动热核战争”，而库克单刀直入地阐明自己的观点，称其不愿意像他的前任那样，轻易与竞争对手对簿公堂，而情愿采取“和解而非大战”的方式。在接掌CEO之后，库克做出的头几项决定之一，便是设立了一个慈善捐款补贴项目，苹果将资助员工的个人慈善捐款，每年的补贴额上限在1万美元。该计划实施两个月便提供了260万美元的捐款。(与此相比，乔布斯1997年回归苹果时，采取的首批举措，便包括取消公司所有慈善项目，用以节约开支。)在库克的领导下，苹果会不会成为反主流文化最大的悖论：一个友好的企业？

事实上，有些人推测正是库克与乔布斯的不同点而不是相似点，让他一步步成为乔布斯的得意门生。苹果公司有许多人，他们比库克更像乔布斯。例如，苹果负责iOS软件的高级副总裁斯科特·福斯特尔(Scott Forstall)，他与乔布斯一样注重产品细节，甚至购买了与乔布斯同款的银色梅赛德斯轿车，用以显示他的灵感来源。然而，接替乔布斯的却是库克，因为他愿意完成乔布斯没有多少兴趣做的工作。

但这两个人的确有许多共同之处。与乔布斯一样，库克也是一位工作狂，他表现出了乔布斯要求的那种对苹果的投入，甚至经常在凌晨4点30分回复邮件。他也以一种并非每个人都能做到的方式领悟了苹果的文化。这一点在2009年年初清楚地呈现在人们面前。在乔布斯宣布他要休6个月的病假之后一周，库克主持了一次电话会议，与投资人和华尔街的分析家讨论上一年第四季度的苹果公司收益。不出所料，会议提出的第一个问题便是，如果苹果联合创始人乔布斯无法返回苹果重掌大权，库克会不会接任CEO的职务。这个问题，无论出于高层关系的需要或者其他原因，库克本来都可以轻松地避而不答。但他却借此机会发表了一番有些激动人心、看上去是即席发挥的讲话，大谈苹果的群体和文化。他重提了苹果早期的价值观，而且言辞与斯图尔特·布兰德曾在《全球概览》上亲笔写下的一篇评论遥相呼应：

> 我们相信，我们正站在地球上创造伟大的产品，这一点并没有改变。我们一直专注于创新。我们信奉简洁而不是复杂。我们认为，我们需要拥有和控制我们的产品所必需的主要技术，而只参与那些我们能够对之有显著贡献的市场。我们相信，拒绝成千上万个项目，才能够真正专注于少数对我们真正重要且有意义的项目。我们相信团队间的深度合作与互相交流，这使我们能够以独有的方式创新。坦率地说，我们公司的每一个团体，都拒绝接受不够优秀的产品；我们具有足够的自我诚实承认错误，并勇于改正。我认为，无论是谁接掌这项工作，这些价值观都已经深深地嵌入这个公司，苹果会继续做得极好。而且……我强烈地相信，苹果正在创造它历史上最杰出的产品。

* * *

史蒂夫·乔布斯不想让他走后的苹果变成这样一个公司：不管什么情况下，人们总会问："如果史蒂夫在的话，他会如何处理？"苹果的高管们必须学会不这么做。这种学习极具挑战性，在这个行业中，即使那些不在苹果公司的人也在试图按照乔布斯的方式思考，并在不同程度上取得了成功。乔布斯本人对昔日的辉煌并无多少留恋。他 1997 年回归苹果的时候，向斯坦福大学的硅谷档案室赠送数以百计的箱子，里面装着苹果过去的材料（包括蓝图、用户手册和公司 T 恤），以此向世人宣告：苹果不会在旧日的光辉下生活。从那一刻起，他便告诉人们，苹果将着眼于未来。

乔布斯是世界上曝光最多的 CEO 之一，许多人认为他与苹果的成就直接相关（有时还错误地将苹果的一切成就都归功于他）。当然，作为与乔布斯相似的一个人物，库克面临的局面便显得更具挑战性了。许多企业分析家指出，一些与苹果类似的大公司也存在这样的情况：一个极具魅力的领袖将带领公司走向巅峰，一旦那个人离开，公司便迈入一段艰难的持续衰落期。这些例子包括宝丽来、索尼和迪士尼；恰巧，这些都是乔布斯极为推崇的企业。如上所述，用社会学家马克斯·韦伯在 1947 年出版的著作《社会组织和经济组织理论》（*The Theory of Social and Economic Organization*）中的话来讲，它们的管理者都“与众不同，上天赋予他们以超自然、超人类的天赋，或者至少具有特别超绝的能力或品质”。在每一个例子中，公司有魅力的创建人的去世［分别是宝丽来的埃德温·兰德（Edwin Land）、索尼的盛田昭夫（Akio Morita）和迪士尼的华特·迪士尼］，都会带来一个平静期，这个时期，公司可以依靠过去的成功安稳度日，但随之便会不可避免地从荣耀中无情地滑落。乔布斯 1985 年离开苹果的时候，类似的情况就出现过，这一次，历史会重演吗？目前尚不清楚，但现在将之说成是必然还为时过早。

现在，观察苹果已经成了一种公认的独立的媒体职业，因此，其中的一些新闻工作者预测这个公司濒临毁灭。甚至有一个调侃的网页，取名“苹果丧钟计时器”（Apple Death Knell Counter），专门记录保存各位记者、分析家、权威人士和企业高管发出的不正确的中伤。（就在笔者写下这段文字之时，自 1995 年以来，苹果被这些人宣告死亡的次数已经不少于 59 次。*）自然，按照历史发展的规律，苹果的影响总有一天会消退，但这并不意味着它会在我们可预见的未来发生。

---

* 读者可以在这一网址上找到上述网页：http://www.macobserver.com/tmo/death_knell/。

事实上，迄今为止，一切证据都表明情况正与此相反。在2012上半财年，苹果收入增至858.3亿美元，超过了2010整个财年的收入。当然，苹果公司还需要在今后的一些季度报告中呈现佳绩，才能证明库克是这个公司需要的那种有远见的人物。但人们感兴趣的是，公司何时再有重新定义行业的重大举措，就像当年乔布斯推出iPod和iPhone一样。今天，苹果大约四分之三的收入来自iOS设备（也就是iPad和iPhone）。库克是否会有乔布斯的那种肆无忌惮的疯狂，将整个苹果的结构重组到这样一种程度？

而毫无悬念的是，从现在起，不管苹果采取什么行动，都会被拿来和乔布斯当CEO时的经营比较，无论是苹果内部还是外部。乔布斯管理公司14年，实现了一个人对商业所能期待的最好的转机。考虑到这一点，这对任何人来说都会是一个望而生畏的挑战。如果苹果产品从此继续辉煌，人们会把这些成功和乔布斯在iPod、iPhone和iPad上取得的巨大成功相比。如果它们失败了，或者过于笨拙、未臻完美，它们会遭到抨击；人们会认为，如果乔布斯仍旧掌舵，这种产品根本没有资格走出苹果的大门。多年来，通过提供这些重新定义行业标准的工具，苹果在一定程度上收获了人们的善意，但它从来不是一家坐吃山空的公司。

苹果未来成功的一个关键，与网络自由意志主义加以发扬光大的另一个嬉皮士梦想相关。这就是机器的生态模型。这个想法来源于巴克敏斯特·富勒1968年出版的《地球号太空船操作手册》（*Operating Manual for Spaceship Earth*），以及理查德·布劳提根关于一个机器和动物可以和谐共存的世界的梦想。在凯文·凯利的著作《失控：机器、社会与经济的新生物学》（*Out of Control: The New Biology of Machines, Social Systems and the Economic World*）中，这位《连线》杂志主编向读者证明，嬉皮士有关地球上自然平衡的理念能够适应今天的科技世界：

> 生产材料从一个机器到一个机器的复杂流动被视为一种网络社区，即一个工业生态。与所有生命系统一样，这种相互缠结的人造生态系统往往倾向于扩展，在各种困难条件下工作，适应逆境。用正确的方式理解的话，一个坚实的工业生态系统就是生物圈自然生态系统的延

伸……材料从生物圈流向科技圈，然后再回归到自然和人造物的大仿生生态中。

对于苹果来说，它已经可以用很少有公司能做到的方式，创造一种有效的产品生态系统了。iPhone 的销售带动了 App Store 的使用，后者反过来推动了音乐的销售，音乐销售又促进了 iPhone 的销售，接着又增进了 iPad 的销售。iPad 再次推动了音乐的销售，接着应用软件的销售增长，这种增长带动了 Macbook Air 的销售，后者又拉动了应用程序的销售，进而又带动了 iPhone 的销售——就这样，周而复始，永无止境。这样一个生态系统通过正反馈得到改进，其中的每一个元素都改善了其他部分的使用。每一项的增长，都凭一己之力，带动了其他所有部分的增长。苹果生态的天才之处在于，它的产品要求用户购买的是一个系统，一旦你进入并掌握了其中的奥秘就难以自拔。毕竟，一旦对一台 iPod 的控制在"内隐"记忆（控制人不假思索地做每一件事情）中根深蒂固，当需要更新换代的时候，他为什么要弃苹果产品不用，而改用 Microsoft Zune 或者其他品牌的产品呢？而且，如果 iPone 和 iMac 可以完美同步，他为什么还要买一个做不到这一点的智能手机或者个人计算机呢？

然而，乔布斯有关自我维持的生态系统的梦想并没有局限于产品线。他也想创造一个没有他领导也能维持自身的公司。2008 年，随着健康每况愈下，乔布斯雇用耶鲁大学商学院院长乔尔·M. 波多尼（Joel M. Podolny）为他创办苹果大学（Apple University）：一种另类培训学校，旨在确保乔布斯辞去苹果职务之后，苹果的价值观不会随之消失。波多尼不是一位普通的教授。2005 年，他以 39 岁之龄成为耶鲁大学商学院院长，随之颇具争议地对当时的课程设置大动干戈，在其中增加了大量诸如"创造性与革新性"一类深奥的课程。

问题在于，乔布斯的这一努力是否成功了；或者说，他精心培养的那批各具独特才能的助手是否都能如他所愿，和谐一致地工作。"如果你看看今天的苹果，就不会担心缺少天才，因为他们确实网罗了一大堆。"前苹果工程师迈克尔·罗普如是说，"我担心的是，史蒂夫是在让一批极具个性和一批极为自负的人密切合作。你看看苹果今天的那些高级职员，就会发现这样一批天才是被一个比他们所有人都更强大的家伙管着。我担心的是，当这个最强大的自我离去的时候，会不会又回到史蒂夫回归之前的那种群雄并立的状态？"

当然，这是乔布斯第一次离开苹果时出现的情况。尽管除了他当时在麦金塔项目中的地位之外，没有多少人认为他是公司成功的关键，但乔布斯能够将自己的个性灌输到苹果中，以至于在10多年后，当年纪渐长、已经不那么鲁莽的乔布斯回归的时候，这个组织的方方面面仍旧有当时那个鲁莽的年轻人的影子。"许多公司的文化会逐步与领袖取得一致，并且具有领袖个人的文化特征，对苹果来说尤其如此。"网络自由意志主义者约翰·佩里·巴罗说，"苹果有一种保密性强、充满竞争精神与思想性的制度；这在某种形式上直接与史蒂夫息息相关。"正是面对这种挑战，乔布斯一直抗争到他生命的最后一刻。正如苹果董事会成员阿尔·戈尔告诉沃尔特·艾萨克森的那样："苹果的环境有了翻天覆地的变化……现在已经不是向老大哥掷出铁锤的时代了。现在苹果成为一个大公司，人们认为它很傲慢……史蒂夫还没有完全适应这样一种状况。与作为一位谦虚的巨人相比，他居于弱势的时候表现更为出色。"

从麦金塔"1984"广告的那个遥远时代开始，苹果就一直带有某种人们认可的优势地位。列夫·格罗斯曼在2005年的一期《时代》周刊上发表了一篇题为《苹果是怎样做的》("How Apple Does It")的文章：

> 这几乎可以说是不可思议：苹果的员工彼此喜欢，他们强烈意识到他们是地球的选民，而且他们也不会成为一个笨蛋。但所有在这个尘世中生活的其他人都丧失了机会，因为他们没有在苹果公司工作。

这个公司拥有一种苹果前营销主任迈克尔·梅斯称为"自命不凡"的派头。"你使用苹果的产品，就是在跟自己和全世界说：你是人类的高级形态。"他说，"你比其他人知道得更多，你属于一个凌驾于其他人之上的精英团体。你可以对其他人得意地笑，这里面肯定有一种自我满足感。我们正在向人类最精明、最富创造力的那部分人出售能够证明生命价值的产品。这是一个绝佳的例子，你可以让细分市场与公司文化、产品设计和广告相匹配，也可以让人看出，当你把所有那些因素都掌握自如的时候，它能够发挥何等空前强大的作用。”家住旧金山的前苹果配件设计师艾伦·伦道夫（Allan Randolph）支持梅斯的看法：“苹果迎合了我们自己的神话，迎合了我们认为自己是精尖的、受欢迎的这种秘密想法，因为数十上百的朋友们都迫不及待地等着听我们高谈阔论。乔布斯知道，人们对我们的了解也仅限于此。到头来，我们只不过是非常单纯、脆弱的一伙人，而苹果让哪怕最乏味的生命闪现出光芒。”

20世纪90年代，微软在其全盛期被冠以“邪恶帝国”的称号；尽管苹果变得越来越无处不在，但迄今为止，它成功避免了微软曾经遭遇的厄运。苹果无疑属于20世纪60年代“和平与爱”那一代创建的公司，但是作为一家公司的苹果在做生意方面的名声远没有那么乌托邦。当它变得越来越大、越来越成功，那种“我们能成就任何事业”的嬉皮士梦想越来越确定无疑地变成了“我能够成就任何事业”的反乌托邦心态。

例如，当苹果第一次决定使用iPhone这个名字的时候，它发现，一家雇用职工人数比苹果多一万人的网络巨头思科系统公司（Cisco Systems）已经拥有了这个商标。这个名字早在1996年便已经被注册了，比乔布斯回归苹果早一年，比肯·西格尔想到iMac这个词早两年。简言之，思科公司无疑是自己想到这个名字的，但因为它还没有推出相应的产品，苹果便认定自己还有机会，无论这个商标是否已经注册。思科听说这件事之后，以诉诸公堂相威胁。苹果仍然一意孤行，宣布推出iPhone。思科诉苹果侵权。此案最终达成和解，思科同意苹果保留产品名字，而两家公司也达成合作意向。一场战乱，反掌间消弭于无形。三年后，苹果宣布它想用iOS命名iPhone操作系统。思科出面阻止，这家公司近20年来一直称它自己的互联网操作系统为IOS。“绝对不行，”他们说，对苹果的厚颜无耻感到震惊。结果两家又达成了第二项协议。2010年，当乔布斯让iPhone 4首次出场的时候，他宣布了重新命名的iOS。

当然，在商业中如此行事是一回事，在顾客面前以此为荣就是另一回事了。在“买一台 Mac”系列电视广告中（在 2006—2009 年推出），苹果成功完成了不可能完成的任务：让人们为微软感到遗憾。它请喜剧演员约翰·霍奇曼（John Hodgman）扮演陈腐愚钝的 PC，请好莱坞演员贾斯汀·隆（Justin Long）扮演更年轻新潮的 Mac。所有镜头都围绕着 Mac 对它老迈呆板的对手所取得的永无休止的胜利而展开。一开始看上去很有趣，但很快就让人觉得，这无异于在观看穆罕穆德·阿里和一个学校里不受人欢迎的小胖子对练。在为《石板》（*Slate*）杂志撰写的一篇文章中，作家塞斯·史蒂文森（Seth Stevenson）称这次广告为“心胸狭窄的”行为，并问道：“无论表现得何等友善，穿着如何随意，这种自鸣得意的优越感作为一种品牌战略是否有些令人不快？”当这波广告进入英国后，这种分裂意见愈演愈烈。在那里，隆与霍奇曼由喜剧双星米切尔与韦伯代替。在这 15 支英国版的广告中，大卫·米切尔（David Mitchell）饰演 PC，而罗伯特·韦伯（Robert Webb）则出演 Mac。尽管每一份广告都十分成功，问题是——任何一位熟悉这两位演员的人都不会不注意到，在情景喜剧《窥视秀》（*Peep Show*）中，这两位演员都有角色饰演：米切尔饰演那位招人喜爱的有点神经兮兮的失败者，而韦伯刻画的则是个装腔作势的自恋狂。这样一来，正如《卫报》的查理·布鲁克（Charlie Brooker）指出的那样，看完广告的观众觉得，“PC 是有点垃圾，但归根到底还是可爱的，而 Mac 就是个自以为是的傻冒”。

需要把握好分寸。

* * *

今天，把苹果视为一个反主流文化的公司已经越来越不容易了。我对这个公司的兴趣主要集中在它跟六七十年代的黑客爱好者和科技嬉皮士的联系，当时为大众制造计算机还是一个相当激进的想法；尽管如此，我还是一直关注着苹果，这个自成立之日起就充满矛盾的公司。当然，首要的矛盾就是：这个世界上最具价值的高科技品牌，如何在不变成当权派（the Establishment）的情况下，成为一个公司（the establishment）的呢？尽管在 20 世纪 90 年代前半段它曾自我憎恨，但讽刺的是，在一个苹果并没有做出多少革命性举动的时代，将之视为一个真正革命性的公司，从很多方面来说接受这一点并不难。循着嬉皮士反主流文化的前提直到其逻辑结论，一个人要么保持年轻、自由与另类的理念，要么就逐渐老朽，背弃最初的理想。在本书第十三章的开头，我引用了诺曼·梅勒在他 1957 年的文章《白种黑人》中的一段话，其中便给出了这两种选择。那篇文章极好地阐述了生机勃勃的反主流文化的美学观。梅勒写道："一个人要么很时尚，要么很古板……一个人要么是叛逆者，要么是顺从者；一个人要么是在美国的蒙昧时期开发西部边陲的拓荒者，要么是守旧的隐士，困守在美国社会的极权主义组织中，假如要成功，不管愿不愿意，都注定顺从。"其中表达出来的情绪，与 40 年后罗布·西尔塔宁在苹果的"非同凡想"广告中传达出来的思想何其相似。正是出于这一原因，像 27 岁便离世的音乐家吉姆·莫里森（Jim Morrison）和吉米·亨德里克斯这样的人，才会永远被视为年轻的理想主义叛逆者；某些团体会为 67 岁仍登台演出的米克·贾格尔击节叫好，也会为如今仍可雇鲍勃·迪伦在"公司庆祝活动上、私人聚会上、筹款活动中，或者俱乐部里"高歌一曲而鼓掌。90 年代，苹果各方面业务或许都在衰退，有时甚至有意识地努力避免去做一些刚好有利于它的品牌的事情；但它那时仍然是一个受压迫者，而受压迫者正是反主流文化人士的宠儿。

但如今，这与事实相去甚远。"苹果已经到了增长的极限了。"苹果前员工乔治·克洛如是说，"他们占据绝对的市场份额，但是如果不能开发新的市场空间，他们便无法保持之前的发展速度。另外一个挑战是，管理层变动而新人涌入。如果我们走运，这些人会继续接受苹果文化的灌输。但如果我们不走运，苹果就会沦为又一个平庸的美国公司，在今后的 25 年中只关注亏盈。或许，史蒂夫带回苹果的唯一重要的事情是：他并不关心下一个季度的情况，他关心的是征服世界。我认为蒂姆·库克和他有同样的观点，乔尼·艾夫也同样如此。但我不知道他们怎样才能长久地保持这种眼界……我希望他们能够给我一个惊喜。"

对于其他人而言，苹果当前的庞大规模让人很难将它归入叛逆者之列。迈克尔·格罗特豪斯在 21 世纪头 10 年为苹果工作，我问了他关于苹果在当今世界上的反主流文化的身份问题。他回答说："苹果实在太大了，他们占领了平板市场，拥有 MP3 音乐播放机的市场——尽管这些在今天都不值一提了；说到智能手机市场，他们做的成绩也让人称奇……我的意思是，他们现在究竟要反什么呢？他们**就是**那种文化。”

问题或许就在这里。苹果意识形态——那种混合着联合反抗铁板一块的科技精英的黑客精神的极客反主流文化，今天已经变成了主流。毕竟，正如托马斯·弗兰克在他的《堪萨斯州究竟怎么了》（*What's the Matter with Kansas*）一书中所写的那样：

> 今天，反主流文化已经过于商业化，对企业如此友善，以至于一群城市理论家由此繁荣起来。他们对许多市政当局提供指导性意见，告诉他们应该如何吸引艺术家、时髦群体、同性恋与摇滚乐队前往他们的城市。因为这些群体所到之处，企业办公室也会接踵而来。

但苹果至少还拥有一件东西，可以作为他们仍然具有革命精神的证明。它的崛起并非源于追随其他公司的模式，或者把一点革命热情用到市场中，而是源于它对抗流行观念的一贯倾向。高科技公司以及其他媒体公司大致可以被分成两类，一为“制造浪潮者”（wave makers），一为“顺应浪潮者”（wave riders）。制造浪潮者杀出自己的一条道路，在这个过程中又对消费者和其他公司的行为产生了根本的影响；而顺应浪潮者则满足于顺势而行。后者的例子在硅谷比比皆是，但前者却凤毛麟角。苹果正是前者。这个公司一次又一次地表现出它有能力，也有强烈的渴望，在新的形式下重新创造自己，即使这样做看上去与权威人士眼中的行业方向背道而驰。

用乔布斯的话来说，一台糖果色的计算机更像一种你情愿“舔上一口”，而不会用来进行严肃业务的东西，但它却与分析家认为的关于 PC 市场的想法完全相悖。iTunes 将音乐的传播大众化，这样做避开了更流行的基于订阅的在线聆听音乐的手段，支持将专辑拆分成单曲。iPhone 彻底颠覆了人们对一款智能手机的期待——与其说它是一部有计算机功能的电话，倒不如说它是一台能打电话的计算机，并以此带来了移动通信业的革命。同时，苹果的广告一贯而清楚地展示出，这个公司的产品并不是为了迎合大众消费者追赶时髦而推出的最新的小工具，而是为少数思想自由的反叛者设计的个性化设备。墨守成规者不属此列。由此，苹果建立了比以往任何时候都更广阔的用户基础。毕竟，在内心深处，每个人不都想打破现状吗？

而苹果把希望寄托在你会这样做。

# 采　访

（于2011—2012年间进行）

迈克尔·阿尔博（Michael Albaugh），约翰·阿尔法诺（John Alfano），丹尼斯·阿利森（Dennis Allison），威廉·阿姆斯（William Arms），罗恩·阿维祖尔（Ron Avitzur），理查德·巴布鲁克（Richard Barbrook），约翰·佩里·巴罗（John Perry Barlow），朱尔斯·布卢门塔尔（Jules Bloomenthal），斯图尔特·布兰德（Stewart Brand），吉姆·伯格（Jim Burger），迪克·卡维特（Dick Cavett），丹尼斯·科恩（Dennis Cohen），乔治·克劳（George Crow），大卫·科尔博（David Curbow），保罗·达利（Paul Dali），马丁·德比舍尔（Martin Darbyshire），史蒂夫·迪米特（Steve Demeter），阿尔弗雷德·迪布拉斯（Alfred DiBlase），蒂姆·德克斯（Tim Dierks），约翰·德雷珀（John Draper），比尔·德雷斯尔豪斯（Bill Dresselhaus），保罗·N.爱德华兹（Paul N. Edwards），克雷格·艾略特（Craig Elliott），罗恩·英格利希（Ron English），哈特穆特·艾斯林格（Hartmut Esslinger），李·费尔森施泰因（Lee Felsenstein），托比·菲奇（Tobey Fitch），戴维·弗拉丁（David Fradin），鲍勃·弗兰克斯顿（Bob Frankston），菲利普·格雷（Philip Gray），克莱夫·格里耶（Clive Grinyer），迈克尔·格罗特豪斯（Michael Grothaus），安迪·赫茨菲尔德（Andy Hertzfeld），帕特里克·霍勒伦（Patrick Holleran），迈克尔·霍利（Michael Holley），布鲁斯·霍恩（Bruce Horn），迪安·霍维（Dean Hovey），罗布·让诺夫（Rob Janoff），迈克尔·杰伊（Michael Jay），泰德·凯勒（Ted Kaehler），米奇·卡普尔（Mitch Kapor），比尔·凯利（Bill Kelley），大卫·凯利（David Kelley），丹尼尔·科特基（Daniel Kottke），鲍勃·拉希（Bob Lash），马克·莱布伦（Marc LeBrun），迈克尔·罗普（Michael Lopp），保罗·卢特思（Paul Lutus），迈克尔·梅斯（Michael Mace），杰里·马诺克（Jerry Manock），约翰·马科夫

(John Markoff),马修·梅代罗斯(Matthew Medeiros),理查德·梅尔蒙(Richard Melmon),麦克·默里(Mike Murray),基·内瑟利(Kee Nethery),弗兰克·奥马霍尼(Frank O'Mahoney),艾伦·奥本海默(Alan Oppenheimer),里奇·佩奇(Rich Page),约瑟夫·帕塔内(Joseph Patane),肯·佩尔林(Ken Perlin),彼得·菲利普斯(Peter Phillips),吉姆·里克斯(Jim Reekes),格雷格·罗宾斯(Greg Robbins),菲利普·罗伊鲍尔(Philip Roybal),约翰·斯卡利(John Sculley),肯·西格尔(Ken Segall),汉克·希夫曼(Hank Shiffman),罗布·西尔塔宁(Rob Siltanen),布拉德·希尔弗伯格(Brad Silverberg),阿尔维·雷·史密斯(Alvy Ray Smith),戴维·史密斯(David Smith),华特·史密斯(Walter Smith),马蒂·斯珀格尔(Marty Spergel)(邮件),理查德·斯托曼(Richard Stallman),米奇·斯坦(Mitch Stein),克雷格·谷本(Craig Tanimoto),拉里·特斯勒(Larry Tesler),布鲁斯·托格纳兹尼(Bruce Tognazzini),吉姆·沃伦(Jim Warren),兰迪·威金顿(Randy Wiggington),兰斯·威廉姆斯(Lance Williams),戴夫·威尔逊(Dave Wilson),拉里·耶格尔(Larry Yaeger)。

# 参考文献


包括纸质书和电子资源

Ahl, David. 'The First West Coast Computer Faire'. *The Best of Creative Computing*, Vol. 3, 1980.

— and Betsy Staples. 'Woz and Us'. *Creative Computing*, September 1982.

Amerika, Mark. 'Countdown to Ecstasy: the disappearance of the interface'. Amerika On-Line #6, 22 December 1997. Available at: http://www. heise. de/tp/artikel/3/3145/1. html

Arlidge, John. 'Father of Invention'. *Observer*, 21 December 2003.

Arreguín-Toft, Ivan. *How the Weak Win Wars*. Cambridge University Press, 2005.

Atkinson, Bill, and Andy Hertzfeld. Computer History Museum interview with Grady Booch, 8 June 2004.

Avitzur, Ron. 'The Graphing Calculator Story', 2004. Available at: http://www. pacifict. com/Story/

Barbrook, Richard. *Imaginary Futures*. Pluto Press, 2007.

—. 'The Hi-Tech Gift Economy'. December 1998. Available at: http://www. imaginaryfutures. net/2007/04/19/the-hi-tech-gift-economy-by-richard-barbrook/

—and Andy Cameron. 'The Californian Ideology (Extended Mix)'. September 1998. Available at: http://www. hrc. wmin. ac. uk/ theory-californianideology-main. html

Belk, Russell and Gülnur Tumbat. 'The cult of Macintosh'. *Consumption, Markets and Culture*, Vol. 8, No. 3, September 2005.

Bird, Brad. Interview with *Readymade*. March 2005.

Biskind, Peter. *Easy Riders, Raging Bulls*. Simon & Schuster, 1998.

Brand, Stewart. 'Spacewar'. *Rolling Stone*, 7 December 1972.

—. 'Keep Designing'. *Whole Earth Review*, 46, May 1985.

—. *The Media Lab*. Viking, 1987.

—. 'We Owe It All To The Hippies'. *Time*, 145, special issue, Spring 1995.

Braunstein, Peter and Michael William Doyle (ed.). *Imagine Nation*. Routledge, 2002.

Brooks, David. *Bobos in Paradise*. Simon & Schuster, 2000.

Buxton, Bill. *Sketching User Experiences*. Morgan Kaufmann, 2007.

Catmull, Edwin Earl. 'A Subdivision Algorithm for Computer Display of Curved Surfaces'. University of Utah dissertation, December 1974.

—. Interview with Gardiner Morse. *Harvard Business Review*, August 2002.

Chen, Brian X. *Always On*. Da Capo Press, 2011.

Cortada, James. *The Digital Hand*. Oxford University Press, 2004.

Cringely, Robert X. 'Next Question'. *InfoWorld*, 17 October 1988.

—. *Accidental Empires*. Viking Penguin, 1992.

Daly, James. 'Of Sailing Ships and Sales Dips'. *Computerworld*, 1 October 1990.

Dediu, Horace. 'Apple sold more iOS devices in 2011 than all the Macs it sold in 28 years'. *Asymco*, 16 February 2012. Available at: http://www.asymco.com/2012/02/16/ios-devices-in-2011-vs-macs-sold-it-in-28-years/

Deleuze, Gilles. *Cinema 1*. University of Minnesota Press, 1986.

—. *Cinema 2*. University of Minnesota Press, 1989.

Deutschman, Alan. *The Second Coming of Steve Jobs*. Broadway, 2000.

Donovan, Tristan. *Replay*. Yellow Ant, 2010.

Drucker, Peter F. *The Effective Executive*. Harper & Row, 1967.

Eco, Umberto. 'The Holy War'. *Espresso*, 30 September 1994.

Ellul, Jacques. *The Technological Society*. Knopf, 1964.

English, Ron, Carlo McCormick and Colin Moynihan. *Popaganda*. Soft Skull Press, 2001.

Esslinger, Hartmut. *A Fine Line*. Jossey-Bass, 2009.

—. Computer History Museum interview with Barry Katz, 20 April 2011.

Feenberg, Andrew. *Between Reason and Experience*. MIT Press, 2010.

Fisher, Lawrence. 'Computer venture confirmed by Perot'. *New York Times*, 31 January 1987.

Floch, Jean-Marie. *Visual Identities*. Continuum, 2000.

Flynn, Laurie. 'Apple tells buyers not to expect low-cost Mac'. *InfoWorld*, 30 June 1989.

Frank, Thomas. *The Conquest of Cool*. University of Chicago Press, 1997.

—. *What's the Matter with Kansas?* Henry Holt and Co. 2004.

Freiberger, Paul, and Michael Swaine. *Fire in the Valley*. McGraw-Hill, 1999.

Friedman, Ted. *Electric Dreams*. New York University Press, 2005.

Fuller, Buckminster. *Operating Manual for Spaceship Earth*. Southern Illinois University Press, 1969.

Gere, Charlie. *Digital Culture*. Reaktion, 2002.

Gibson, William. *Neuromancer*. Ace, 1984.

Gladwell, Malcolm. *Outliers*. Little, Brown and Company, 2008.

—. ‘Creation Myth’. *New Yorker*, 16 May 2011.

—. ‘The Tweaker’. *New Yorker*, 14 November 2011.

Glaser, Eliane. *Get Real*. Fourth Estate, 2011.

Gross, Doug. ‘Still relevant after decades, the Beatles set to rock’. *CNN Entertainment*, 4 September 2009.

Haraway, Donna. *Simians, Cyborgs and Women*. Routledge, 1991.

Hayden, Steve. ‘Working with Steve Jobs was “challenge of a lifetime”’. *Ad Age*, 26 August 2011.

Heath, Joseph, and Andrew Potter. *The Rebel Sell*. Capstone, 2006.

Hertzfeld, Andy. *Revolution in the Valley*. O'Reilly Media, 2004. (See also his website, folklore. org)

Hiatt, Brian. ‘Bono on Steve Jobs' Rock and Roll Spirit’. *Rolling Stone*, October 7 2011. Available at: http://www. rollingstone. com/music/news/exclusive-bono-on-steve-jobs-rock-and-rollspirit-20111007

Hiltzik, Michael. *Dealers of Lightning*. HarperBusiness, 2000.

Illingworth, Monteith. ‘George Coats: Toast of the Coast’. Available at: http://www. cyberstage. org/archive/cstage12/coats12. htm

Isaacson, Walter. *Steve Jobs*. Simon & Schuster, 2011.

Ive, Jonathan. Interview with British Council Design Museum, 2007.

Jastrow, Robert. *The Enchanted Loom*. Simon & Schuster, 1981.

Jenkins, Henry. *Convergence Culture*. New York University Press, 2006.

Jobs, Steve.

— Akst, Daniel. ‘Unbundles of Joy’. *New York Times*, 11 December 2005.

— and Dan'l Lewin. Interview with Peter Denning and Karen Frenkel. Communications of the ACM, April 1989.

—. Grossman, Lev. ‘How Apple does it’. *Time*, 16 October 2005.

—. Interview with Jeff Goodell. *Rolling Stone*, 16 June 1994.

—. Interview with Jeff Goodell. *Rolling Stone*, 3 December 2003.

—. Interview with Bill Gates and Brenten Schlender. *Fortune*, 26 August 1991.

—. Junod, Tom. ‘Steve Jobs and the Portal to the Invisible’. *Esquire*, October 2008.

—. Langer, Andy. ‘The God of Music?’ *Esquire*, July 2003.

—. Moore, Geoffrey. *Crossing the Chasm*. HarperBusiness, 1999.

—. Negroponte, Nicholas. *Being Digital*. Knopf, 1995.

—. Schefter, Jim. ‘Apple's Lisa’. *Popular Science*, June 1983.

—. Smithsonian oral history interview with Daniel Morrow, 20 April 1995.

—. Stanford commencement address, 12 June 2005.

Johansen, Jon Lech. ‘iPhone Independence Day’. Available at: http:// nanocr. eu/

2007/07/03/iphone-without-att/

Kahney, Leander. *Inside Steve's Brain*. Portfolio, 2008. (See also his website, cultofmac. com)

— 'Evil/Genius'. *Wired*, April 2008.

Kay, Alan. 'A personal computer for children of all ages'. Proceedings of the ACM National Conference, Boston, August 1972.

Kelly, Kevin. *Out of Control*. Addison-Wesley, 1994.

—. *New Rules for the New Economy*. Viking, 1998.

Kirkpatrick, David. 'The Second Coming of Apple ... '. *Fortune*, 9 November 1998.

—. *The Facebook Effect*. Virgin Books, 2010.

Klein, Naomi. *No Logo*. Flamingo, 2000.

Koning, Ben, and Anneke Metz. *Images of America: Sunnyvale*. Arcadia, 2011.

Kushner, David. *Masters of Doom*. Random House, 2003.

Lanier, Jaron. *You Are Not a Gadget*. Penguin, 2010.

Lappin, Joan. 'Motorola's Zander has real trouble now'. Forbes. com, 20 February 2007. Available at: http://www. forbes. com/2007/02/20/motorola-dell-zander-pf-ii-in_jl_0220soapbox_ inl. html

Lashinsky, Adam. *Inside Apple*. John Murray, 2012.

Lasseter, John. Interview with Aubrey Day. *Total Film*, 3 June 2009.

—. Interview with John Young. *Entertainment Weekly*, 16 June 2011.

Leach, Edmund. *A Runaway World?* Oxford University Press, 1968.

Leary, Timothy. *Chaos and Cyberculture*. Ronin, 1994.

Leonard, Andrew. 'Let My Software Go!' *Salon*, 30 March 1998.

Levine, Robert. *The Power of Persuasion*. Wiley, 2003.

Levy, Steven. 'Hackers in Paradise'. *Rolling Stone*, 15 April 1982.

—. *Hackers*. Doubleday, 1984.

—. 'The Whiz Kids Meet Darth Vader'. *Rolling Stone*, 1 March 1984.

—. *Insanely Great*. Viking Publishing, 1994.

—. *In the Plex*. Simon & Schuster, 2011.

Lew, Julie. 'House's Cave is Apple of Steve Wozniak's Eye'. *Chicago Tribune*, 7 April 1990.

Linzmayer, Owen W. *Apple Confidential 2.0*. No Starch Press, 2004.

Ludlow, Peter (ed.). *Crypto Anarchy, Cyberstates and Pirate Utopias*. MIT Press, 2001.

Lyotard, Jean-François. *The Postmodern Condition*. University of Minnesota Press, 1984.

Mace, Scott, and Tom Shea. 'Tech-powered concert puts tech fair in the shade'. *InfoWorld*, September 1982.

Mailer, Norman. 'The White Negro'. *Dissent*, Summer 1957.

Malone, Michael S. *The Valley of Heart's Delight*. John Wiley & Sons, 2002.

Markoff, John. *What the Dormouse Said*. Viking Penguin, 2005.

— and Paul Freiberger. 'Visit with Cap'n Software, Forthright Forth Enthusiast'. *InfoWorld*, October 1982.

Mason, Paul. *Why It's Kicking off Everywhere*. Verso, 2012.

McGregor, Douglas. *The Human Side of Enterprise*. McGraw-Hill, 1960.

McLuhan, Marshall. *Understanding Media*. McGraw-Hill, 1964.

Meikle, Graham. *Future Active*. Routledge, 2002.

Meyers, Cynthia B. 'Psychedelics and the Advertising Man: the 1960s "Countercultural Creative" on Madison Avenue'. *Columbia Journal of American Studies*, Vol. 4. No. 1, 2000.

Miller, Brian, and Mike Lapham. *The Self-Made Myth*. Berrett-Koehler, 2012.

Mitnick, Kevin D., with William Simon. *Ghost in the Wires*. Little, Brown and Company, 2011.

Montessori, Maria, and Anne E. George. *The Montessori Method*. Frederick A. Stokes, 1912.

Moore, Gordon. 'The Future of Integrated Electronics'. Fairchild Semiconductor internal publication, 1964.

—. 'Cramming more components onto integrated circuits'. *Electronics*, Vol. 38, No. 8, 19 April 1965.

More, Thomas, and Robert M. Adams. *Utopia: A New Translation*, Backgrounds, Criticism. Norton, 1975.

Moritz, Michael. *Return to the Little Kingdom*. Duckworth Overlook, 2009.（初版不包括序言和结语，名为 *The Little Kingdom*. William Morrow, 1984.）

Morozov, Evgeny. *The Net Delusion*. Allen Lane, 2011.

Nachbar, Jack, and Kevin Lause. *Popular Culture*. Bowling Green State University Popular Press, 1992.

Naughton, John. *A Brief History of the Future*. Phoenix, 2000.

Nelson, Theodore H. *Computer Lib*; *Dream Machines*. Rev. edn, Tempus Books, 1987.

Nocera, Joseph. 'The Second Coming of Steven Jobs'. *Esquire*, December 1986.

Noer, Michael. 'The Stable Boy and the iPad' *Forbes*. 8 September, 2010.

Nusselder, André. *Interface Fantasy*. MIT Press, 2009.

Orwell, George. *Nineteen Eighty-Four*. Secker & Warburg, 1949.

Paik, Karen. *To Infinity and Beyond!* Chronicle Books, 2007.

Parker, Rachel. 'Canon invests $100 million in NeXT'. *InfoWorld*, 19 June 1989.

Perot, Ross. Transcript of address at National Press Club, 17 November 1988.

Perry, Charles. *The Haight-Ashbury*. Random House, 1984.

Pink, Daniel. *Free Agent Nation*. Warner Business Books, 2001.

Pollack, Andrew. 'Businessland endorses takeover for $54 million'. *New York Times*, 5 June 1991.

Ponting, Bob. 'RenderMan imaging gets vendor support'. *InfoWorld*, 27 February 1989.

Prochnik, George. *In Pursuit of Silence*. Doubleday, 2010.

Raskin, Jef. Interview with Alex Pang, 13 April 2000. Available at: http://library.stanford.edu/mac/primary/interviews/raskin/ trans.html

—. 'Book of Macintosh' papers.

Reich, Charles. *The Greening of America*. Random House, 1970.

Rheingold, Howard. *Smart Mobs*. Perseus Publishing., 2003.

Rose, Frank. *West of Eden*. Viking Penguin, 1989.

Rosenbaum, Ron. 'Secrets of the Little Blue Box'. *Esquire*, October 1971.

Roszak, Theodore. *The Making of a Counter Culture*. Faber, 1970.

—. *From Satori to Silicon Valley*. Don't Call it Frisco Press, 1986.

Rubin, Michael. *Droidmaker*. Triad, 2006.

Saxenian, AnnaLee. *Regional Advantage*. Harvard University Press, 1996.

Schaefer, Peter, and Meenakshi Gigi Durham. 'On the Social Implications of Invisibility ...' *Critical Studies in Media Communication*, Vol. 24, No. 1, March 2007.

Schlender, Brenton. 'How Steve Jobs Linked Up With IBM,' *Fortune*, 9 October 1989.

Schwartz, Peter, and Peter Leyden. 'The Long Boom'. *Wired*, July 1997.

Scott, Michael. Interview with Jay Yarow. *Business Insider*, 24 May 2011.

Segall, Ken. *Insanely Simple*. Portfolio Penguin, 2012.

Shone, Tom. *Blockbuster*. Simon & Schuster, 2004.

Shorris, Earl. 'Love is Dead'. *New York Times Magazine*, 29 October 1967.

Sloan, Alfred P. *My Years with General Motors*. Doubleday, 1964.

Smith, Douglas, and Robert C. Alexander. *Fumbling the Future*. iUniverse, 1999.

Stewart, James B. *Disney War*. Simon & Schuster, 2005.

Stross, Randall E. *Steve Jobs & the NeXT Big Thing*. Atheneum/ Macmillan, 1993.

Thompson, Hunter S. *Fear and Loathing in Las Vegas*. Random House, 1971.

Turkle, Sheery. *Life on the Screen*. Simon & Schuster, 1995.

—. *The Second Self*. MIT Press, 2005.

—. *Alone Together*. Basic Books, 2011.

Turner, Fred. *From Counterculture to Cyberculture*. University of Chicago Press, 2006.

Vogelstein, Fred. 'Weapon of Mass Disruption'. *Wired*, February 2008.

Waters, John K. *Blobitecture*. Rockport Publishers, 2003.

Weber, Max. *The Theory of Social and Economic Organization*. Free Press, 1947.

Whyte, William Hollingsworth. *The Organization Man*. Simon & Schuster, 1956.

Wiener, Norbert. *The Human Use of Human Beings*. Houghton Mifflin, 1950.

Wittkower, D. E. (ed.). *iPod and Philosophy*. Open Court, 2008.

Wolf, Gary. 'The Next Insanely Great Thing'. *Wired*, February 1996.

Wolfe, Tom. *The Electric Kool-Aid Acid Test*. Farrar Straus Giroux, 1968.

—. 'The Tinkerings of Robert Noyce'. *Esquire*, December 1983.

Wozniak, Steve, with Gina Smith. *iWoz*. Norton, 2006.

—. 'Homebrew and How the Apple Came To Be'. Available at: http://www.atariarchives.org/deli/homebrew_and_how_the_apple.php

—. Interview with Rupert Neate. *Daily Telegraph*, 6 October 2008.

Young, Jeffrey. *Steve Jobs*. Scott, Foresman, 1988.

— and William Simon. *iCon*. John Wiley & Sons, 2005.

Zittrain, Jonathan. *The Future of the Internet and How to Stop It*. Yale University Press, 2008.

Žižek, Slavoj. *The Sublime Object of Ideology*. Verso, 1989.

# 译名对照表

阿尔伯克基市　Albuquerque
阿尔博，迈克尔　Albaug，Michael
阿尔杜伊诺　Arduino
阿尔法诺，约翰　Alfano，John
阿雷金－托夫特，伊万　Arreguín-Toft，Ivan
阿梅里奥，吉尔　Amelio，Gil
阿姆斯，威廉　Arms，William
阿特金森，比尔　Atkinson，Bill
阿维祖尔，罗恩　Avitzur，Ron
埃伯里出版公司　Ebury Publishing
爱虫金龟车　Love Bug
埃尔哈特，阿梅莉亚　Earhart，Amelia
艾夫，乔纳森　Ive，Jonathan
艾略特，杰伊　Elliot，Jay
艾略特，克雷格　Elliott，Craig
艾伦，保罗　Allen，Paul
埃克斯，约翰　Akers，John
艾萨克森，沃尔特　Isaacson，Walter
艾森斯塔特，阿尔　Eisenstat，Al
艾斯林格，哈特穆特　Esslinger，Hartmut
艾斯林格设计公司　Esslinger Design
艾斯林格，约翰尼斯·海因里希　Esslinger，Johannes Heinrich
艾斯纳，迈克尔　Eisner，Michael
埃斯皮诺萨，克里斯　Espinosa，Chris
埃文斯，戴夫　Evans，Dave
奥本海默，艾伦　Oppenheimer，Alan
奥尔康，阿尔　Alcorn，Al
奥法莱恩，珍妮特　O'Faolain，Janet
奥马霍尼，弗兰克　O'Mahoney，Frank
奥斯本，亚当　Osborne，Adam
奥托　Alto
奥威尔式的老大哥　Orwellian Big Brother
奥亚马，特里　Oyama，Terry

巴巴，美赫　Baba，Meher
巴恩斯，苏珊　Barnes，Susan
巴罗，约翰·佩里　Barlow，John Perry
百事新一代　Pepsi Generation
鲍姆，艾伦　Baum，Allen
贝尔维尔，鲍勃　Belleville，Bob
贝林格，库尔特　Kurt，Beringer
贝塞，阿尔伯特·W.　Besset，Albert W.
贝兹，琼　Baez，Joan
比奇，斯科特　Beach，Scott
伯班克　Burbank
伯德，布拉德　Bird，Brad
伯格，保罗　Berg，Paul
波诺　Bono
布拉沃　Bravo
布莱尔，普雷斯顿　Blair，Preston
布兰卡德，马尔科姆　Blanchard，Malcolm
布劳提根，理查德　Brautigan，Richard
布雷纳德，保罗　Brainerd，Paul
布里克林，丹　Bricklin，Dan
布林，吉姆　Blinn，Jim
布林，谢尔盖　Brin，Sergey
布鲁克斯，大卫　Brooks，David

布伦纳，鲍勃　Brunner, Bob
布伦南，克里斯安　Brennan, Chrisann
布什内尔，诺兰　Bushnell, Nolan
布特森，丹　Bootzin, Dan

超级碗　Super Bowl
《雌雄大盗》　*Bonnie and Clyde*
存储体转换　bank switching

《大白鲨》　*Jaws*
达斯，巴巴·拉姆　Dass, Baba Ram
大西洋城　Atlantic City
大卫·凯利设计公司　David Kelley Design
德比舍尔，马丁　Darbyshire, Martin
德雷福斯，理查德　Dreyfuss, Richard
德克斯，蒂姆　Dierks, Tim
德雷珀，约翰　Draper, John
德雷斯尔豪斯，比尔　Dresselhaus, Bill
德鲁克，彼得　Drucker, Peter
德士古之塔　Texaco Towers
登曼，唐　Denman, Don
迪恩，詹姆斯　Dean, James
《迪克·卡维特脱口秀》　*The Dick Cavett Show*
迪弗朗西斯科，戴维　DiFrancesco, David
迪伦，鲍勃　Dylan, Bob
迪米特，史蒂夫　Demeter, Steve
电话飞客　phone phreaks
电子数据系统公司　Electronic Data Systems
《电子世界争霸战》　Tron
东皮耶，史蒂夫　Dompier, Steve
《独立日》　*Independence Day*
《多布博士的计算机身体保健与牙齿矫正杂志》　*Dr. Dobb's Journal of Computer Calisthenics and Orthodontia*
多拉－嘉维斯　Dolar Jarvis
多伊奇曼，艾伦　Deutschman, Alan

恩格尔巴特，道格　Engelbart, Doug
《2001 太空漫游》　*2001: A Space Odyssey*

反主流文化　conterculture
《反主流文化运动的形成》　*The Making of a Counter Culture*
《疯狂》　"Crazy"
费尔南德斯，比尔　Fernandez, Bill
菲利普斯，彼得　Phillips, Peter
菲奇，托比　Fitch, Tobey
《飞越疯人院》　*One Flew Over the Cuckoo's Nest*
富勒，巴克敏斯特　Fuller, Buckminster
弗里德兰，罗伯特　Friedland, Robert
弗里蒙特市　Fremont
弗伦奇，戈登　French, Gordon

感恩而死乐队　Dead, Grateful
高盛投资公司　Sachs, Goldman
格德，唐　Goede, Don
戈德堡，阿黛尔　Goldberg, Adele
戈尔，阿尔　Gore, Al
格拉德维尔，马尔科姆　Gladwell, Malcolm
格雷，道林　Gray, Dorian
格雷，菲尔　Gray, Phil
格雷厄姆，比尔　Graham, Bill
格雷厄姆，凯瑟琳　Graham, Katharine
格雷厄姆，玛莎　Graham, Martha
格里耶，克莱夫　Grinyer, Clive
戈卢布，詹妮弗　Golub, Jennifer
格鲁夫，安迪　Grove, Andy
格伦鲍姆，埃里克　Grunbaum, Eric
格罗特豪斯，迈克尔　Grothaus, Michael
《公民凯恩》　*Citizen Kane*
工业光魔　Industrial Light and Magic

谷本,克雷格 Tanimoto, Craig
硅谷图形公司 Silicon Graphics
《滚石》 Rolling Stone
国家半导体公司 National Semiconductor

哈瑞奎师那神庙 Hare Krishna temple
海登,史蒂夫 Hayden, Steve
海特－阿什伯里 Haight-Ashbury
海因莱因,罗伯特 Heinlein, Robert
汉考克,赫比 Hancock, Herbie
汉森,埃德 Hansen, Ed
赫茨菲尔德,安迪 Hertzfeld, Andy
亨德里克斯,吉米 Hendrix, Jimi
《华尔街日报》 Wall Street Journal
《花花公子》 Playboy
华纳音乐公司 Warner Music
花之子 flower children
《幻想曲》 *Fantasia*
惠特尼,汤姆 Whitney, Tom
惠普公司 Hewlett-Packard
《混乱与网络文化》 *Chaos and Cyberculture*
霍恩,布鲁斯 Horn, Bruce
霍尔特,罗德 Holt, Rod
霍夫曼,阿比 Hoffman, Abbie
霍夫曼,乔安娜 Hoffman, Joanna
霍华德,布莱恩 Howard, Brian
霍金斯,威廉·“特里普” Hawkins, William ‘Trip’
霍姆斯特德中学 Homestead High School
霍珀,丹尼斯 Hopper, Dennis
霍奇曼,约翰 Hodgman, John
霍维,迪安 Hovey, Dean
霍维－凯利公司 Hovey Kelley
《活在当下》 *Be Here Now*

基恩,格兰 Keane, Glen
吉布森,威廉 Gibson, William
吉列公司 Gillette
纪念礼堂 Memorial Auditorium
《机器人总动员》 *Wall E*
《计算机解放/梦想机器》 *Computer Lib / Dream Machines*
计算机图形学实验室 Computer Graphics Laboratory
技术官僚 technocracy
加德纳,马丁 Gardner, Martin
贾格尔,米克 Jagger, Mick
加利福尼亚艺术学院 California Institute of the Arts
家酿计算机俱乐部 Homebrew Computer Club
加西,让－路易 Gassée, Jean-Louis
加州艺术学院 Cal Arts
尖端操作系统 Sophisticated Operating System
金斯伯格,艾伦 Ginsberg, Allen
9号云 Cloud Nine
《旧金山纪事报》 *San Francisco Chronicle*
旧金山湾 San Francisco Bay
聚神、入世、出尘 turn on, tune in, drop out
《君子》 *Esquire*

咔嚓船长 Cap'n Crunch
卡蕾,苏珊 Kare, Susan
卡里马雷特村 the village of Curry Mallet
卡马克,约翰 Carmack, John
卡彭特,洛伦 Carpenter, Loren
卡普尔,米奇 Kapor, Mitch
卡普斯,史蒂夫 Capps, Steve
卡萨迪,尼尔 Cassady, Neal
卡森,约翰尼 Carson, Johnny
卡特姆,埃德温·厄尔 Catmull, Edwin Earl

卡维特，迪克　Cavett, Dick
凯，艾伦　Kay, Alan
凯勒，泰德　Kaehler, Ted
凯利，比尔　Kelley, Bill
凯利，大卫　Kelley, David
凯西，肯　Kesey, Ken
坎贝尔，肯　Campbell, Ken
康柏　Compaq
康柏手提电脑　Compaq Portable
康宁公司　Corning Incorporated
考约特，彼得　Coyote, Peter
科茨，乔治　Coates, George
科尔，菲利斯　Cole, Phyllis
克拉克，吉姆　Clark, Jim
克劳，乔治　Crow, George
克洛，李　Clow, Lee
科特基，丹　Kottke, Dan
科瓦姆，厄尔·弗洛伊德　Kvamme, Earl Floyd
《科学美国人》　*Scientific American*
库布里克，斯坦利　Kubrick, Stanley
库尼兹，特里　Kunysz, Terry
库奇，约翰　Couch, John
库斯托，雅克　Cousteau, Jacques
垮掉的一代　Beat Generation

拉姆斯，迪特尔　Rams, Dieter
拉佩，弗朗西斯·摩尔　Lappé, Frances Moore
拉塞特，约翰　Lasseter, John
拉斯金，杰夫　Raskin, Jef
莱布伦，马克　LeBrun, Marc
赖林，鲍勃　Reiling, Bob
莱文森，阿特　Levinson, Art
莱西希，劳伦斯　Lessig, Lawrence
兰德，保罗　Rand, Paul
兰格，安迪　Langer, Andy
雷德伍德城　Redwood City
雷克斯，杰夫　Raikes, Jeff
里德学院　Reed College
里吉斯·麦肯纳公司　Regis McKenna, Inc.
利里，蒂莫西　Leary, Timothy
丽莎图形　LisaGraf
《连线》　*Wired*
列维，史蒂芬　Levy, Steven
林德斯特伦，马丁　Lindstrom, Martin
隆，贾斯汀　Long, Justin
鲁宾，安迪　Rubin, Andy
鲁宾斯坦，乔恩　Rubinstein, Jon
卢卡斯，乔治　Lucas, George
卢卡斯影业公司　Lucasfilm
卢特思，保罗　Lutus, Paul
卢因，丹尼尔　Lewin, Dan'l
伦道夫，艾伦　Randolph, Alan
罗宾斯，格雷格　Robbins, Greg
罗伯茨，埃德 Roberts, Ed
罗伯茨·韦弗集团　Roberts Weaver Group
罗克，阿瑟　Rock, Arthur
罗梅罗，约翰　Romero, John
罗普，迈克尔　Lopp, Michael
罗斯扎克，西奥多　Roszak, Theodore
罗特穆勒，肯　Rothmuller, Ken
罗伊鲍尔，菲尔　Roybal, Phil
洛夫莱斯，埃达　Lovelace, Ada
洛克威尔，诺曼　Rockwell, Norman
洛克威尔国际公司　Rockwell International
洛克希德公司　Lockheed Corporation
洛思阿图斯城　Los Altos
洛斯盖多斯　Los Gatos

马科夫，约翰　Markoff, John
马库拉，迈克　Markkula, Mike
马隆，迈克尔·S.　Malone, Michael S.
马洛伊，汤姆　Malloy, Tom

马诺克,杰里 Manock, Jerry
马诺克综合设计公司 Manock Comprehensive Design
马斯克,约翰 Musker, John
《麦金塔经》 Book of Macintosh
麦金塔实验室 McIntosh Laboratory
麦金托什,马修 McIntosh, Matthew
麦卡洛,彼得 McCullough, Peter
麦卡锡,约翰 McCarthy, John
麦克弗赖,埃里 McFly, Eli
麦克卢汉,马歇尔 McLuhan, Marshall
曼森,查尔斯 Manson, Charles
梅代罗斯,马特 Medeiros, Matt
梅尔蒙,理查德 Melmon, Richard
梅斯,迈克尔 Mace, Michael
门洛帕克 Menlo Park
门洛帕克市沙丘路 Sand Hill Road
米勒,罗恩 Miller, Ron
米切尔,大卫 Mitchell, David
米特尼克,凯文 Mitnick, Kevin
摩尔定律 Moore's Law
摩尔,弗雷德 Moore, Fred
莫格里奇,比尔 Moggridge, Bill
莫基尔,乔尔 Mokyr, Joel
莫里茨,迈克尔 Moritz, Michael

纳尔逊,泰德 Nelson, Ted
纳普斯特公司 Napster
内尔,迈克尔 Noer, Michael
尼古拉斯,伊桑 Nicholas, Ethan
纽约理工学院 New York Institute of Technology
诺曼,大卫 Norman, David
诺伊斯,罗伯特 Noyce, Robert

欧内斯特,莱斯 Earnest, Les

帕卡德,戴夫 Packard, Dave
帕卡德,戴维 Packard, David
帕洛阿尔托市 Palo Alto
帕森斯,蒂姆 Parsons, Tim
派拉蒙电影公司 Paramount Pictures
佩克,乔治 Pake, George
佩罗,罗斯 Perot, Ross
佩奇,拉里 Page, Larry
佩奇,里奇 Page, Rich
皮克斯图像计算机 Pixar Image Computer
苹果唱片 Apple Corps
苹果大学联盟 Apple University Consortium

奇想乐队 Kinks
《企业家》 *The Entrepreneurs*
恰特,杰伊 Chiat, Jay
强力计算机公司 Power Computing
乔纳森 Jonathan
青蛙公司 Frog
青蛙设计公司 frogdesign
《全球概览》 *The Whole Earth Catalog*

让达利,阿卜杜勒·法塔赫 Jandali Abdul Fattah
让诺夫,罗布 Janoff, Rob
人民计算机公司 People's Computer Company

萨根,卡尔 Sagan, Carl
萨阔曼,史蒂夫 Sakoman, Steve
赛博格 cyborgs
桑德,温德尔 Sander, Wendell
桑塔纳乐队 Santana
森尼维尔市 Sunnyvale
商地公司 Businessland
《圣何塞水星报》 *San Jose Mercury News*
圣克拉拉 Santa Clara

《神经漫游者》 *Neuromancer*
施乐公司 Xerox
史密斯，阿尔维·雷 Smith, Alvy Ray
史密斯，伯勒尔 Smith, Burrell
舒尔，亚历山大 Schure, Alexander
舒普，迪克 Shoup, Dick
斯宾德勒，迈克尔 Spindler, Michael
斯蒂文斯湾大道 Stevens Creek Boulevard
斯卡利，约翰 Sculley, John
斯科特，雷德利 Scott, Ridley
斯科特，迈克 Scott, Mike
思科系统公司 Cisco Systems
斯瑞尔，迈克尔 Shrayer, Michael
斯坦福大学人工智能实验室 Stanford Artificial Intelligence Laboratory
斯坦福线性加速器中心 Stanford's Linear Accelerator Centre, SLAC
斯坦，米奇 Stein, Mitch
斯图加特大学 the University of Stuttgart
斯托曼，理查德 Stallman, Richard
《死亡诗社》 *Dead Poets Society*
苏泽兰，伊凡 Sutherland, Ivan
索耶，史蒂夫 Sawyer, Steve

太阳微系统公司 Sun Microsystems
特克尔，雪莉 Turkle, Sherry
特勒尔，保罗 Terrell, Paul
特雷西，丹尼 Teresi, Denny
特里布尔，巴德 Tribble, Bud
特鲁多，加里·B. Trudeau, Gary B.
特斯拉，尼古拉 Tesla, Nikola
特斯勒，拉里 Tesler, Larry
通用魔力公司 General Magic
通用汽车公司 General Motors
图形用户界面 graphical user interface
团结农场 All One Farm
《退伍军人法案》 GI Bill
托夫勒，阿尔文 Toffler, Alvin
托格纳兹尼，布鲁斯 Tognazzini, Bruce
托马斯，弗兰克 Thomas, Frank

瓦伦丁，唐 Valentine, Don
《玩具总动员》 *Toy Story*
《顽皮跳跳灯》 *Luxo Jr.*
网景公司 Netscape
网络自由意志主义者 cyber-Liberbarian
韦伯，罗伯特 Webb, Robert
韦恩，罗恩 Wayne, Ron
威尔斯，奥逊 Welles, Orson
韦尔斯，弗兰克 Frank Wells
维迪奇，保罗 Vidich, Paul
威金顿，兰迪 Wiggington, Randy
威廉姆斯，罗宾 Williams, Robin
维纳，诺伯特 Wiener, Norbert
微特尔联盟 Wintel alliance
沃尔夫，汤姆 Wolfe, Tom
沃克，杰瑞·杰夫 Walker, Jerry Jeff
沃伦，吉姆 Warren, Jim
沃诺克，约翰 Warnock, John
伍德赛德 Woodside
伍德斯托克摇滚音乐节 Woodstock Rock Festival
伍利，丹 Woolley, Dan
《无因的反叛》 *Rebel Without a Cause*

席贝尔，乔安妮·卡罗尔 Schieble, Joanne Carole
希尔 Seal
希尔弗伯格，布拉德 Silverberg, Brad
西尔塔宁，罗布 Siltanen, Rob
西格尔，肯 Segall, Ken
西海岸计算机展 West Coast Computer Faire
席勒，菲尔 Schiller, Phil

嬉皮街 Haight Street
希区柯克,阿尔弗雷德 Hitchcock, Alfred
仙童半导体公司 Fairchild Semiconductor company
《小飞象》 *Dumbo*
《小王国》 *The Little Kingdom*
《逍遥骑士》 *Easy Rider*
《新闻周刊》 *Newsweek*
《信息世界》 *InfoWorld*
新左派 New Leftist
《星际迷航》 *Star Trek*
《星球大战》 *Star Wars*
休利特,比尔 Hewlett,Bill

雅达利 Atari
亚当斯,安塞尔 Adams, Ansel
亚特克斯 Atex
言论自由运动 Free Speech movement
耶格尔,拉里 Yaeger, Larry
《野兽家园》 *Where the Wild Things Are*
耶稣基督后期圣徒教会 the Church of Jesus Christ of Latter day Saints
艺电公司 Electronic Arts
《一个失控的世界?》 *A Runaway World ?*
伊卡利亚公司 Icarian
《慈爱的机器照看一切》 “All Watched Over by Machines of Loving Grace”
《以孰之名杀戮》 “Killing in the Name”
《异乡异客》 *Stranger in a Strange Land*
英格尔斯,丹 Ingalls, Dan
英格利希,罗恩 Ron English
《英国偶像》 *The X Factor*
犹他大学 University of Utah
《与安德烈共进晚餐》 *My Dinner with Andre*
约翰森,约恩·莱克 Johansen, Jon Lech

在宇宙中制造点动静 put a ding in the universe
知识导航员 Knowledge Navigator
《周六夜现场》 *Saturday Night Live*
朱诺,汤姆 Junod, Tom
《卓有成效的管理者》 *The Effective Executive*
字节商店 Byte Shop
《自旋》 *Spin*
自由意志主义者 Libertarians
祖弗纳罗斯基,杰克 Szufnarowski, Jake

**图书在版编目（CIP）数据**

叛逆精神：乔布斯与苹果企业文化 /（美）卢克·多梅尔著；李永学译. —杭州：浙江人民出版社，2018.5

书名原文：The Apple Revolution: Steve Jobs, the Counterculture and How the Crazy Ones Took Over the World

ISBN 978-7-213-08623-6

Ⅰ. ①叛…　Ⅱ. ①卢…　②李…　Ⅲ. ①电子计算机工业－工业企业－企业文化－美国　Ⅳ. ①F471.266

中国版本图书馆 CIP 数据核字（2018）第 017200 号

浙江省版权局
著作权合同登记章
图字：11-2018-73号

企业家文库系启蒙编译所旗下品牌

本书文本、印制、版权、宣传等事宜，请联系：qmbys@qq.com



**叛逆精神**：乔布斯与苹果企业文化

卢克·多梅尔 著　李永学 译

出版发行：浙江人民出版社（杭州体育场路347号　邮编 310006）
市场部电话：（0571）85061682　85176516
集团网址：浙江出版联合集团　http://www.zjcb.com
责任编辑：高辰旭　许 卉
责任校对：张谷年
印　　刷：山东鸿君杰文化发展有限公司
开　　本：720 毫米 × 965 毫米　1/16
印　　张：26.5
字　　数：385 千字
插　　页：11
版　　次：2018 年5月第 1 版
印　　次：2018 年5月第 1 次印刷
书　　号：ISBN 978-7-213-08623-6
定　　价：88.00 元

# 读者联谊表

（请发电邮索取电子文档）

姓名：　　　年龄：　　　性别：　　　宗教或政治信仰：

学历：　　　专业：　　　职业：　　　所在市或县：

邮箱：________________QQ：____________手机：____________

所购书名：__________________在网店还是实体店购买：________

本书内容：满意　一般　不满意　本书美观：满意　一般　不满意

本书文本有哪些差错：

装帧、设计与纸张的改进之处：

建议我们出版哪类书籍：

平时购书途径：实体店　　网店　　其他

每年购书金额：　　　藏书量：　　　本书定价：贵　不贵

您认为纸质书与电子书的区别：

您对纸质书与电子书前景的认识：

是否愿意从事编校或翻译工作：　　　愿意专职还是兼职：

是否愿意与启蒙编译所交流：　　　是否愿意撰写书评：

凡填写此表的读者，可六八折（包邮）购买启蒙编译所的书籍

本表内容均可另页填写。本表不作其他用途。

电子邮箱：qmbys@qq.com